Mañana

a mañana

Lecturas devocionales diarias

C. H. Spurgeon

ANEKO
PRESS

Mañana a mañana
©2025 por Aneko Press
Todos los derechos reservados. Primera edición 1865.
Edición revisada 2020

Diseño de portada: J. Lewis
Traducción: R. González
Edición y revisión: A. Nieto

Aneko Press
www.anekopress.com
Aneko Press, Life Sentence Publishing y nuestros logotipos son marcas registradas de Life Sentence Publishing, Inc.
203 E. Birch Street
Apartado postal 652
Abbotsford, WI 54405
RELIGIÓN / Vida cristiana / Devocional
Edición impresa ISBN: 979-8-88936-544-0
Libro electrónico ISBN: 979-8-88936-545-7
10   9   8   7   6   5   4   3   2   1
Disponible en tiendas de libros

Contenido

Enero

1 de enero

...comieron del producto de la tierra de Canaán
durante aquel año (Josué 5:12).

El agotador peregrinar de Israel había terminado, y el descanso prometido se había alcanzado. Ya no habría tiendas móviles, serpientes ardientes, feroces amalecitas ni desiertos aulladores. Llegaron a la tierra en la que fluían leche y miel, *y comieron del producto de la tierra* (Josué 5:11). Quizás este año, querido lector cristiano, este sea tu caso o el mío. La perspectiva es gozosa y si la fe es activa, producirá un deleite absoluto. Estar con Jesús en el descanso que queda para el pueblo de Dios (Hebreos 4:9) es una esperanza ciertamente alentadora, y esperar esta gloria tan pronto es un doble deleite.

La incredulidad se estremece ante el río Jordán que aún fluye entre nosotros y la buena tierra, pero tengamos la seguridad de que ya hemos experimentado más aflicción que la que la muerte en su peor momento puede causarnos. Disipemos todo pensamiento de temor y regocijémonos con inmenso gozo ante la perspectiva de que este año comenzaremos a estar para siempre con el Señor (1 Tesalonicenses 4:17).

Una parte de la multitud de santos permanecerá este año en la tierra para servir a su Señor. Si estamos en este grupo, no hay razón para que el texto de Año Nuevo no siga siendo cierto. *Porque los que hemos creído entramos en ese reposo* (Hebreos 4:3). El Espíritu Santo es la garantía de nuestra herencia. Él nos da la "gloria que comenzó abajo"[1]. En el Cielo están seguros y en la tierra somos preservados en Cristo Jesús. Allí triunfan sobre sus enemigos y nosotros también obtenemos victorias. Los espíritus celestiales disfrutan de la comunión con su Señor y esto no se nos niega aquí en la tierra. Allí descansan en Su amor y aquí tenemos perfecta paz en Él. Cantan Su alabanza en el cielo y es nuestro privilegio hacer lo mismo aquí. Recogeremos frutos celestiales en la tierra este año, donde la fe y la esperanza han transformado el desierto en el jardín del Señor. El hombre comió alimento de ángeles hace mucho tiempo, ¿y por qué no podemos hacerlo ahora?

¡Oh, por la gracia de alimentarnos de Jesús y comer del fruto de la tierra de Canaán este año!

---

1   Esta frase pertenece al himno en inglés de Isaac Watts, "Come, We That Love the Lord".

2 de enero

Perseveren en la oración (Colosenses 4:2).

Es interesante observar la gran parte de las Sagradas Escrituras que se dedica al tema de la oración, ya sea al dar ejemplos, imponer preceptos o pronunciar promesas. Apenas abrimos la Biblia, leemos: *Por ese tiemo comenzaron los hombres a invocar el nombre del Señor* (Génesis 4:26). Justo cuando estamos a punto de cerrar el libro, el *amén* de una ferviente súplica llega a nuestros oídos (Apocalipsis 22:21). Abundan los ejemplos. Encontramos a un Jacob que luchaba, a un Daniel que oraba tres veces al día y a un David que invocaba a su Dios con todo su corazón. Vemos a Elías en el monte y a Pablo y Silas en el calabozo. Tenemos multitud de mandatos e innumerables promesas.

Esto nos enseña la sagrada importancia y necesidad de la oración. Podemos estar seguros de que todo lo que Dios ha destacado en Su Palabra, quiso que fuera evidente en nuestras vidas. Si ha hablado tanto sobre la oración, es porque sabe que la necesitamos mucho. Tan profundas son nuestras necesidades que no debemos dejar de orar hasta que nuestra vida terrenal termine. ¿No necesitas nada? Entonces me temo que no conoces tu pobreza. ¿No tienes misericordia que pedirle a Dios? ¡Entonces que la misericordia del Señor te muestre tu miseria!

Un alma sin oración es un alma sin Cristo. La oración es el parloteo del niño creyente, el grito del creyente que lucha y el susurro del santo moribundo que se duerme en Cristo. Es el aliento, la consigna, el consuelo, la fuerza y el honor del cristiano. Si eres hijo de Dios, buscarás el rostro de tu Padre y vivirás en Su amor.

Ora para que este año seas santo, humilde, celoso y paciente. Ora para que tengas una comunión más estrecha con Cristo y entres más a menudo en el salón del banquete de Su amor (Cantares 2:4). Ora para que seas un ejemplo y una bendición para los demás, y para que vivas más para la gloria de tu Maestro.

El lema de este año debe ser: *Perseveren en la oración.*

3 de enero

Te guardaré y te daré por pacto del pueblo (Isaías 49:8).

esucristo mismo es la esencia del pacto y uno de sus dones. Él es propiedad de cada creyente. Creyente, ¿puedes estimar lo que has obtenido en Cristo? *Porque toda la plenitud de la Deidad reside corporalmente en Él* (Colosenses 2:9). Considera la palabra *Dios* y su infinitud, y luego medita en el *hombre perfecto* y toda su belleza, porque todo lo que Cristo, como Dios y hombre, tuvo o puede tener, es tuyo; por pura bondad, te lo ha entregado para que sea tu propiedad garantizada para siempre.

Nuestro bendito Jesús, como Dios, es omnisciente, omnipresente y omnipotente. ¿No te consolará saber que todos estos grandes y gloriosos atributos son completamente tuyos? ¿Él tiene poder? Ese poder es tuyo para sostenerte y fortalecerte, para vencer a tus enemigos y para preservarte hasta el fin. ¿Él tiene amor? Pues bien, no hay ni una gota de amor en Su corazón que no sea tuya. Puedes sumergirte en el inmenso océano de Su amor y decir: "¡Es mío!". ¿Él tiene justicia? Puede parecer un atributo severo, pero incluso eso es tuyo, pues por Su justicia se asegurará de que todo lo que se te promete en el pacto de gracia te sea con toda seguridad garantizado.

Todo lo que Él tiene como hombre perfecto es tuyo también. Como hombre perfecto, el deleite del Padre estaba en Él. Fue aceptado por el Altísimo. Oh, creyente, la aceptación de Dios a Cristo es tuya. ¿No sabes que el amor que el Padre dio a un Cristo perfecto te lo da ahora? Todo lo que Cristo hizo es tuyo. Esa justicia perfecta que Jesús obró, cuando mediante Su vida inmaculada guardó la ley y la hizo honorable, es tuya y te es imputada. Cristo está en el pacto.

> Dios mío, soy tuyo, ¡qué consuelo divino!
> ¡Qué bendición saber que mi Jesús es mío!
> En el Cordero celestial soy tres veces feliz,
> y mi corazón danza al oír Su nombre[2].

---

2   Del himno en inglés de Charles Wesley, "My God, I Am Thine".

4 de enero

*…crezcan en la gracia y el conocimiento de nuestro
Señor y Salvador Jesucristo* (2 Pedro 3:18).

Crece en la gracia. No crezcas solo en una gracia, sino en toda la gracia. Crece en esa gracia fundamental de la fe. Crece en las promesas con más firmeza que antes. Que la fe crezca en plenitud, constancia y sencillez.

Crece también en el amor. Pide que tu amor se haga más grande, más intenso y más práctico, influyendo en cada pensamiento, palabra y obra.

Crece en humildad. Procura ser humilde y conocer mejor tu propia insignificancia. A medida que desciendes en humildad, procura también ascender, acercándote más a Dios en oración y teniendo una comunión más íntima con Jesús.

Que Dios el Espíritu Santo te permita crecer en el *conocimiento de nuestro Señor y Salvador.* Quien no crece en el conocimiento de Jesús se niega a ser bendecido. Conocerlo es vida eterna y avanzar en el conocimiento de Él es crecer en felicidad. El que no desea saber más de Cristo, todavía no sabe nada de Él. Quien haya bebido este vino tendrá sed de más, pues si bien Cristo satisface, es el tipo de satisfacción que no sacia el apetito, sino que lo estimula. Si conoces el amor de Jesús —*como el ciervo anhela las corrientes de agua* (Salmo 42:1)—, tendrás sed de beber más profundamente de Su amor. Si no deseas conocerlo mejor, entonces no lo amas en absoluto, pues el amor siempre clama: "¡Más cerca, más cerca!". La ausencia de Cristo es el infierno, pero la presencia de Jesús es el Cielo.

No te conformes, pues, sin una cercanía cada vez mayor a Jesús. Busca conocerlo más en Su naturaleza divina, en Su relación humana, en Su obra consumada, en Su muerte, en Su resurrección, en Su gloriosa intercesión presente y en Su futuro regreso real. Permanece junto a la cruz y escudriña el misterio de Sus heridas. Un aumento del amor por Jesús y una comprensión más perfecta de Su amor por nosotros es una de las mejores pruebas del crecimiento en la gracia.

5 de enero

Dios vio que la luz era buena; y Dios separó
la luz de las tinieblas (Génesis 1:4).

La luz ciertamente debería ser buena, pues surgió de ese decreto de bondad: *Sea la luz* (Génesis 1:3). Quienes la disfrutamos deberíamos estar más agradecidos por ella de lo que estamos, y deberíamos ver más de Dios en ella y por medio de ella. Salomón dice que la luz física es agradable (Eclesiastés 11:7), pero la luz del evangelio es infinitamente más preciosa, pues revela cosas eternas y ministra a nuestra naturaleza inmortal.

Cuando el Espíritu Santo nos da luz espiritual y nos abre los ojos para contemplar la gloria de Dios en el rostro de Jesucristo, contemplamos el pecado en su verdadera naturaleza y nos vemos en nuestra verdadera posición. Vemos al Dios Santísimo tal como se revela, el plan de misericordia tal como lo presenta y el mundo venidero tal como lo describe la Palabra. La luz espiritual tiene muchos rayos y colores brillantes, pero ya sean conocimiento, alegría, santidad o vida, todos son divinamente buenos. Si la luz recibida es tan buena, ¡qué luz preeminente será, y qué glorioso será el lugar donde Dios se revela!

Tan pronto como surge algo bueno en el mundo, se hace necesaria una división. La luz y las tinieblas no tienen comunión. Dios las ha separado; no las confundamos. Los hijos de la luz no deben participar en las obras, doctrinas ni engaños de las tinieblas. Los hijos de este día deben ser sinceros, honestos y audaces en la obra de su Señor, dejando las obras de las tinieblas a quienes morarán en ellas para siempre.

Nuestras iglesias deben separar la luz de las tinieblas mediante la disciplina y nosotros debemos hacer lo mismo mediante nuestra clara separación del mundo. Debemos discernir entre lo precioso y lo malo en el juicio, en la acción, al escuchar, al enseñar y en la asociación, y debemos mantener esa gran distinción entre la luz y las tinieblas que el Señor hizo en el primer día del mundo. *En Él estaba la vida, y la vida era la Luz de los hombres* (Juan 1:4).

Oh, Señor Jesús, sé nuestra luz durante todo este
día, porque Tu luz es la Luz de los hombres.

6 de enero

...echando toda su ansiedad sobre Él, porque Él
tiene cuidado de ustedes (1 Pedro 5:7).

Es una manera feliz de aliviar la tristeza cuando realmente comprendemos que Él cuida de mí. Cristiano, no deshonres la religión cristiana con una expresión de preocupación constante. Ven y deposita tu carga sobre tu Señor. Te tambaleas bajo un peso que tu Padre no sentiría. Lo que para ti parece una carga abrumadora, para Él solo sería como el polvo de la balanza. Nada es tan dulce como "Quedarse pasivo en las manos de Dios y no conocer otra voluntad que la Suya"[3].

Oh, hijo del sufrimiento, ten paciencia. Dios no te ha ignorado en Su providencia. Quien alimenta a los gorriones también te proveerá con lo que necesitas. No te desanimes, sino que continúa esperando, y siempre espera. Toma las armas de la fe contra un mar de problemas y tus angustias terminarán. ¡Hay Uno que cuida de ti! ¡Su mirada está fija en ti! ¡Su corazón late con compasión por tu aflicción! ¡Su mano omnipotente aún te traerá la ayuda que necesitas! La nube más oscura se dispersará en lluvias de misericordia. La más negra penumbra dará paso a la mañana.

Si eres de Su familia, Él curará tus heridas y sanará tu corazón quebrantado. No dudes de Su gracia por tus problemas, sino cree que Él te ama tanto en tiempos de angustia como en tiempos de felicidad. ¡Qué vida tan tranquila y apacible llevarías si dejaras la provisión en manos del Dios de la providencia!

Con un poco de aceite en la tinaja y un puñado de harina en el barril, Elías sobrevivió a la hambruna, y tú harás lo mismo. Si Dios se preocupa por ti, ¿por qué debes preocuparte? ¿Puedes confiar en Él para tu alma, pero no para tu cuerpo? Él nunca se ha negado a llevar tus cargas. Nunca ha cedido ante su peso. Ven, pues; ¡deja de preocuparte y deja todas tus preocupaciones en manos de un Dios misericordioso!

---

3   Esto proviene de un himno de Augustus Toplady basado en el Salmo 104:34.

7 de enero

Pues para mí, el vivir es Cristo (Filipenses 1:21).

El creyente no siempre vivió para Cristo. Comenzó a hacerlo cuando Dios el Espíritu Santo lo convenció de pecado, y cuando por gracia fue llevado a ver al Salvador moribundo haciendo un sacrificio expiatorio por su culpa. Desde el momento del nuevo nacimiento celestial, una persona comienza a vivir para Cristo. Jesús es para los creyentes la perla de gran valor por quien estamos dispuestos a desprendernos de todo lo que tenemos (Mateo 13:46). Él ha conquistado nuestro amor de tal manera que vivimos solo para Él. Vivimos para Su gloria y estamos dispuestos a morir en defensa de Su evangelio. Él es el modelo de nuestra vida y el modelo según el cual deseamos moldear nuestro carácter.

Las palabras de Pablo significan más de lo que la mayoría de la gente cree. Muchos insinúan que el propósito y la meta de su vida era Cristo, pero no: su vida misma era Jesucristo. En palabras de un antiguo santo, él comió, bebió y durmió a Cristo. Jesús era su aliento, el alma de su alma, el corazón de su corazón y la vida de su vida. ¿Puedes decir, como cristiano profesante, que vives así? ¿Puedes decir honestamente que para ti vivir es Cristo?

Tu negocio, tu trabajo, tu carrera, ¿lo haces por Cristo? ¿No lo haces por el éxito mundano y la prosperidad de tu familia? ¿Te preguntas: "¿Es esa una mala razón?"? Para el cristiano, lo es. Si profesas vivir para Cristo, ¿cómo puedes vivir para cualquier otra persona o propósito sin cometer adulterio espiritual?

Hay muchas personas que siguen este principio parcialmente, pero ¿quién se atreve a decir que ha vivido completamente para Cristo como lo hizo el apóstol Pablo? Solo Jesús es la verdadera vida del cristiano. Solo Él es su fuente, su sustento, su ejemplo, su propósito y su meta; todo en una sola palabra.

Señor, acéptame; me presento aquí, orando para vivir solo en Ti y para Ti. Permíteme ser como el buey que se interpone entre el arado y el altar, para trabajar o para ser sacrificado; y que mi lema sea: "Listo para cualquiera de las dos cosas".

8 de enero

...la iniquidad de las cosas sagradas... (Éxodo 28:38).

¡Qué velo se levanta con estas palabras! ¡Qué revelación se hace! Nos humillará y nos será provechoso detenernos un momento y contemplar este triste panorama. ¡Cuánta iniquidad tenemos en nuestro culto público: su hipocresía, formalismo, tibieza, irreverencia, desvío de corazón y olvido de Dios! ¡Cuánta contaminación se encuentra en las iniquidades de nuestro trabajo para el Señor: su ambición, egoísmo, descuido, negligencia e incredulidad! ¡Qué montaña de tierra muerta se ve en nuestras devociones privadas: su descuido, frialdad, negligencia, somnolencia y vacío! Si observáramos con más atención, descubriríamos que esta *iniquidad de las cosas sagradas* es mucho mayor de lo que parece a primera vista.

Edward Payson, escribiendo a su hermano, dijo:

> Mi parroquia, así como mi corazón, se parecen mucho al jardín del perezoso, y lo que es peor, descubro que muchos de mis deseos de mejorar ambos provienen del orgullo, la vanidad o la pereza. Miro las malas hierbas que inundan mi jardín y deseo fervientemente que sean erradicadas. Pero ¿por qué? ¿Qué motiva ese deseo? Puede ser que salga y me diga: "¡Qué bien cuidado está mi jardín!". Esto es orgullo. O puede ser que mis vecinos miren por encima del muro y digan: "¡Qué bien florece tu jardín!". Esto es vanidad. O puede que desee la destrucción de la maleza, porque estoy cansado de arrancarla. Esto es pereza[4].

Incluso nuestros deseos de santidad pueden verse contaminados por motivos erróneos. Los gusanos se esconden bajo la hierba más verde; no necesitamos buscar mucho para descubrirlos.

Qué alentador es pensar que cuando el sumo sacerdote llevaba *la iniquidad de las cosas sagradas*, llevaba en su frente las palabras: *Santidad al Señor* (Éxodo 28:36). De la misma manera, mientras Jesús lleva nuestro pecado, no presenta nuestra impiedad ante el rostro de Su Padre, sino que presenta Su propia santidad. ¡Oh, por la gracia de contemplar a nuestro Gran Sumo Sacerdote con el ojo de la fe!

---

4   Esto proviene del Volumen 1 del libro *Memoir, Select Thoughts and Sermons of the Late Rev. Edward Payson, compilado por el reverendo Asa Cummings.*

9 de enero

Yo seré su Dios (Jeremías 31:33).

Cristiano, esto es todo lo que necesitas. Para ser feliz, necesitas algo que te satisfaga, ¿y acaso no es esto suficiente? Si puedes derramar esta promesa en tu copa, dirás con David: *"¡Tengo más de lo que mi corazón podría desear! Mi copa está rebosando"* (Salmo 23:5). Cuando esto se cumple —"Yo soy tu Dios"—, ¿no lo posees todo?

El deseo es tan insaciable como la muerte, pero Aquel que lo llena todo en todo puede colmarlo. Nadie puede medir la capacidad de nuestros deseos, pero la inmensurable riqueza de Dios puede sobreabundar. ¿No estás completo cuando Dios es tuyo? ¿Necesitas algo más que a Dios? ¿Acaso Su suficiencia total no es suficiente para satisfacerte, incluso si todo lo demás falla?

Pero deseas más que una satisfacción tranquila; deseas un deleite emocionante. Ven. En tu porción hay música digna del Cielo, pues Dios es el creador del Cielo. Toda la música que emana de dulces instrumentos o de cuerdas vivas no puede producir una melodía como esta dulce promesa: *Yo seré su Dios.* Este es un profundo mar de dicha, un océano de deleite sin orillas; ven, sumerge tu espíritu en él. Nada toda la vida y no encontrarás orilla. Sumérgete por la eternidad y no encontrarás fondo.

Yo seré su Dios. Si esto no hace brillar tus ojos ni que tu corazón lata con entusiasmo de alegría, entonces ciertamente tu alma no está sana.

Sin embargo, necesitas más que los deleites presentes. Anhelas algo en lo que puedas tener esperanza. ¿Qué más puedes esperar que el cumplimiento de la gran promesa de *Yo seré su Dios*? Esta es la obra maestra de todas las promesas. Su disfrute crea un cielo aquí abajo y creará un cielo arriba. Habita en la luz de tu Señor y que tu alma se deleite siempre con Su amor. Saca la médula y la grosura que esta porción te da (Salmo 63:5). Vive a la altura de tus privilegios y regocíjate con alegría inefable.

10 de enero

…me está reservada la corona de justicia (2 Timoteo 4:8).

h, tú, que dudas, a menudo has dicho: "Temo no entrar nunca al Cielo". ¡No temas! Todo el pueblo de Dios entrará. Me encantan las dulces palabras del moribundo que exclamó: "No tengo miedo de volver a casa. He enviado todo delante de mí. El dedo de Dios está en el picaporte de mi puerta y estoy listo para que Él entre".

—Pero ¿no temes perder tu herencia? — alguien le preguntó.

—No — respondió—, en absoluto; hay una corona en el Cielo que el ángel Gabriel no pudo usar. No cabe en ninguna cabeza excepto en la mía. Hay un trono en el cielo que el apóstol Pablo no pudo llenar. Fue hecho para mí, y lo tendré.

¡Oh, cristiano, qué pensamiento tan gozoso! Tu herencia está asegurada. Queda un descanso para el pueblo De Dios (Hebreos 4:9). ¿Preguntas si puedes perderlo? No, porque es seguro. Si soy hijo de Dios, no lo perderé. ¡Es mío tan cierto como si estuviera allí!

Ven conmigo, creyente, y sentémonos en la cima del monte Nebo y contemplemos la buena tierra, incluso Canaán (Deuteronomio 3:25; 34:1) ¿Ves ese pequeño río de muerte brillando a la luz del sol? Mira a través de él. ¿Ves los pináculos de la ciudad eterna? ¿Observas la agradable tierra y a todos sus alegres habitantes? Ten por seguro, entonces, que si pudieras cruzar ese río volando, verías escrito en una de sus muchas moradas: "Este lugar está reservado solo para él (tu nombre). Será arrebatado para morar eternamente con Dios" (1 Tesalonicenses 4:17).

Pobre incrédulo, contempla la hermosa herencia. ¡Es tuya! Si crees en el Señor Jesús, si te has arrepentido del pecado, si has renovado tu corazón, entonces eres parte del pueblo del Señor. Hay un lugar reservado para ti, una corona guardada para ti y un arpa especialmente provista para ti. Nadie más tendrá tu herencia. Está reservada en el Cielo para ti y la tendrás pronto, porque no habrá tronos vacantes en la gloria cuando todos los elegidos sean reunidos.

11 de enero

...no tienen raíz profunda (Lucas 8:13).

Examínate esta mañana a la luz de este texto. Has recibido la Palabra con gozo. Tus sentimientos se han conmovido y ha quedado una profunda impresión. Sin embargo, recuerda que recibir la Palabra en el oído es una cosa, pero recibir a Jesús en el alma es otra muy distinta. Un sentimiento superficial a menudo se une a una dureza de corazón y una profunda impresión de la Palabra no siempre es duradera.

En la parábola de la semilla y el sembrador, en un caso, la semilla cayó en un terreno rocoso, cubierto con una fina capa de tierra. Cuando la semilla comenzó a echar raíces, su crecimiento hacia abajo se vio obstaculizado por la dura piedra. Utilizó todas sus fuerzas para impulsar su brote verde hacia el aire lo más alto posible, pero al no tener la humedad interna derivada de la nutrición de la raíz, se secó.

¿Es esto lo que me pasa? ¿He estado dando una buena impresión en la carne sin tener una vida interior que la corresponda? El buen crecimiento se da tanto hacia arriba como hacia abajo al mismo tiempo. ¿Estoy arraigado en la sincera fidelidad y el amor a Jesús? Si mi corazón permanece sin ablandarse ni fertilizado por la gracia, la buena semilla puede germinar por un corto tiempo, pero al final se marchitará, porque no puede florecer en un corazón rocoso, firme y sin santificar.

Permíteme temer a la piedad que crece tan rápido y es tan débil en resistencia como la planta de Jonás (Jonás 4:6-7). Déjame calcular el costo de ser seguidor de Jesús (Lucas 14:28). Sobre todo, que sienta la energía de Su Espíritu Santo, y entonces poseeré una semilla que perdurará en mi alma. Si mi mente permanece tan terca como lo era por naturaleza, el sol de la prueba abrasará y mi corazón endurecido contribuirá a que el calor se agrave con más fuerza sobre la semilla mal cubierta. Mi religión pronto morirá y mi desesperación será terrible.

Por tanto, oh, Sembrador celestial, árame primero,
y luego infunde la verdad en mí. Que pueda
producir para Ti una cosecha abundante.

12 de enero

...y ustedes de Cristo (1 Corintios 3:23).

Perteneces a Cristo. Eres Suyo por donación, porque el Padre te dio al Hijo. Eres Suyo por Su compra sangrienta, porque Él pagó el precio de tu redención. Eres Suyo por dedicación, porque te has consagrado a Él. Eres suyo por parentesco, porque llevas Su nombre y has sido hecho uno de Sus hermanos y coheredero.

Esfuérzate de manera práctica por mostrar al mundo que eres siervo, amigo y esposa de Jesús. Cuando sientas la tentación de pecar, responde: "¡No puedo cometer este gran mal, porque soy de Cristo!". Los principios inmortales prohíben al amigo de Cristo pecar. Cuando sientas la tentación de enriquecerte mediante el pecado, di: "¡Soy de Cristo!" y no lo toques. ¿Estás expuesto a dificultades y peligros? Mantente firme en el día malo, recordando que eres de Cristo. ¿Estás en un lugar donde otros se sientan sin hacer nada? Ponte a trabajar con todas tus fuerzas y cuando el sudor te cubra la frente y sientas la tentación de detenerte, exclama: "No, no puedo detenerme, porque soy de Cristo y no puedo quedarme atrás".

Cuando el placer mundano intente apartarte del camino recto, responde: "No puedes cautivarme, porque soy de Cristo". Cuando la causa de Dios te invite a hacerlo, entrega tus bienes y a ti mismo, porque eres de Cristo. Nunca vivas en contra de tu profesión de fe en Cristo Jesús. Sé siempre de aquellos cuyo comportamiento es cristiano, cuyo hablar es como el del Nazareno y cuya conducta y conversación evocan tanto el Cielo que todos los que te vean sabrán que eres del Salvador, reconociendo en ti Sus rasgos de amor y Su semblante de santidad.

"¡Soy romano!" fue antaño una razón para la integridad; es más, que tu argumento para la santidad sea que "¡Yo soy de Cristo!".

13 de enero

Josafat se construyó naves de Tarsis para ir a
Ofir por oro, pero no fueron porque las naves se
rompieron en Ezión Geber (1 Reyes 22:48).

as naves de Salomón habían regresado sanas y salvas, pero las de Josafat nunca llegaron a la tierra del oro. La providencia prospera a uno y frustra los deseos de otro, en el mismo asunto y en el mismo lugar; sin embargo, el Gran Gobernante es tan bueno y sabio en un momento como en otro. Que hoy, recordando este texto, tengamos la gracia de bendecir al Señor por las naves hundidas en Ezión Geber, así como por las naves cargadas de bendiciones temporales. No envidiemos a quienes tienen más éxito, ni nos quejemos de nuestras pérdidas como si fuéramos elegidos y puestos a prueba. Al igual que Josafat, podemos ser valiosos a los ojos del Señor, aunque nuestros planes terminen en decepción.

La causa secreta de la pérdida de Josafat es muy digna de mención, pues es la raíz de gran parte del sufrimiento del pueblo del Señor. La causa de la pérdida de Josafat fue su alianza con una familia pecadora: su compañerismo con pecadores. En 2 Crónicas 20:37, se nos dice que el Señor envió un profeta para declarar: *Por cuanto te has aliado con Ocozías, el Señor ha destruido tus obras.* Este fue un castigo paternal que parece haber sido bendecido para él, pues en el versículo que sigue a nuestro texto, lo encontramos negándose a permitir que sus siervos navegaran en las mismas naves que los del malvado rey. *Entonces Ocozías, hijo de Acab, dijo a Josafat: «Permite que mis siervos vayan con tus siervos en las naves». Pero Josafat no quiso* (1 Reyes 22:49).

¡Que la experiencia de Josafat sirva de advertencia al resto del pueblo del Señor para que eviten unirse en yugo desigual con los incrédulos (2 Corintios 6:14)! Una vida de miseria suele ser el resultado de quienes se unen en matrimonio, o de cualquier otra manera, con personas mundanas. Oh, por tal amor por Jesús para que, como Él, seamos *santos, inocentes, inmaculados, apartados de los pecadores* (Hebreos 7:26); porque si no es así con nosotros, podemos esperar oír decir a menudo: *El Señor ha destruido tus obras.*

14 de enero

...poderoso para salvar (Isaías 63:1).

Las palabras "para *salvar*" se refieren a la totalidad de la gran obra de salvación, desde el primer deseo santo hasta la completa santificación. De hecho, toda la misericordia se encuentra en estas palabras. Cristo no solo es poderoso para salvar a quienes se arrepienten, sino que también es capaz de hacer que la gente se arrepienta. Él llevará al Cielo a quienes creen, pero también es poderoso para dar nuevos corazones y obrar la fe en ellos. Es poderoso para hacer que quien ahora la odia ame la santidad, y para obligar a quien desprecia Su nombre a doblar la rodilla ante Él.

Este no es todo el significado, pues el poder divino se ve igualmente en la obra posterior a la salvación. La vida de un creyente es una serie de milagros obrados por el Dios poderoso. La zarza arde, pero no se consume (Éxodo 3:2). Dios es poderoso para mantener a Su pueblo santo después de haberlo hecho así. Él es poderoso para preservar a Su pueblo en Su temor y amor hasta llevarlos al Cielo. El poder de Cristo no reside en hacer creer a un creyente y luego dejarlo a su suerte, sino que quien comienza la buena obra la continúa hasta completarla (Filipenses 1:6). Quien imparte la primera semilla de vida en el alma muerta también prolonga la existencia divina y la fortalece, hasta que rompe todo vínculo de pecado y el alma salta de la tierra, perfeccionada en gloria.

Creyente, aquí tienes ánimo. ¿Estás orando por algún ser querido? No desistas de tus oraciones, porque Cristo es poderoso para salvar. Tú eres incapaz de rescatar al rebelde, pero tu Señor es todopoderoso. Aférrate a ese brazo poderoso e inspíralo para que despliegue Su fuerza.

¿Es tu propia situación lo que te preocupa? No temas, porque Su fuerza te basta. Ya sea que Él esté comenzando la obra en otros o la continúe en ti, Jesús es poderoso para salvar. La mejor prueba de esto reside en el hecho de que Él te ha salvado. ¡Cuántas mil misericordias que no lo hayas encontrado poderoso para destruir!

15 de enero

...haz según has hablado (2 Samuel 7:25).

Las promesas de Dios nunca fueron para desecharse como papel de desecho. Dios quiso que fueran usadas. El oro de Dios no es dinero de avaros, sino que se acuña para ser intercambiado. Nada complace más a nuestro Señor que ver Sus promesas puestas en circulación. Le encanta ver a Sus hijos presentárselas y decirle: "Señor, haz lo que has dicho".

Glorificamos a Dios cuando imploramos Sus promesas. ¿Crees que Dios será más pobre por darte las riquezas que ha prometido? ¿Crees que será menos santo por darte santidad? ¿Te imaginas que será menos puro por lavarte de tus pecados? *"Vengan ahora, y razonemos", dice el Señor. "Aunque sus pecados sean como la grana, como la nieve serán emblanquecidos. Aunque sean rojos como el carmesí, como blanca lana quedarán"* (Isaías 1:18). La fe se aferra a la promesa del perdón y no se demora. La fe no dice: "Esta es una promesa preciosa; me pregunto si es verdadera", sino que va directamente al trono con ella y suplica: "Señor, aquí está la promesa. ¡Haz lo que has dicho!".

Nuestro Señor responde: *Hágase en ustedes según su fe* (Mateo 9:29). Cuando un cristiano se aferra a una promesa, deshonra a Dios si no se la presenta. Sin embargo, cuando se apresura al trono de la gracia y clama: "Señor, no tengo nada que me recomiende, salvo esto: Tú lo has dicho", entonces su deseo será concedido. Nuestro Banquero celestial se deleita en cobrar Sus propios cheques.

Nunca dejes que la promesa se oxide. Saca la palabra de la promesa de su funda y úsala con santa violencia. No pienses que Dios se perturbará si le recuerdas constantemente Sus promesas. A Él le encanta escuchar el clamor de las almas necesitadas. Se deleita en conceder favores. Él está más dispuesto a escuchar que tú a pedir. El sol no se cansa de brillar, ni la fuente de fluir. Es propio de Dios cumplir Sus promesas. Por lo tanto, ve de inmediato al trono y ora: "Padre, haz como has dicho".

16 de enero

"No temas… Yo te ayudaré", declara el Señor, "tu
Redentor es el Santo de Israel" (Isaías 41:14).

Esta mañana, escuchemos al Señor Jesús hablar a cada uno de nosotros: *Yo te ayudaré.* Es solo una pequeña cosa para Mí, tu Dios, ayudarte. Considera lo que ya he hecho. ¡¿Qué?! ¿Acaso no te ayudaré? Te compré con Mi sangre. ¿Acaso no te ayudaré? ¡He muerto por ti! Si he hecho lo más grande, ¿no haré lo menos? ¡Ayudarte! Es lo mínimo que haré por ti. He hecho más y haré más. Te elegí antes de que el mundo existiera. Hice el pacto por ti. Dejé a un lado Mi gloria y me hice hombre por ti. Entregué Mi vida por ti. Si hice todo esto, sin duda te ayudaré ahora. Al ayudarte, te doy lo que ya he comprado para ti. Si necesitaras mil veces más ayuda, te la daría. Necesitas poco comparado con lo que estoy dispuesto a darte. Es mucho lo que necesitas, pero no es nada para lo que Yo puedo darte. ¿Acaso no te ayudaré? ¡Tranquilo! Si hubiera una hormiga a la puerta de tu granero pidiendo ayuda, ¡no te arruinaría darle un puñado de tu trigo! De la misma manera, tú no eres más que un pequeño insecto a la puerta de Mi suficiencia total. *Yo te ayudaré.*

Oh, alma mía, ¿no es esto suficiente? ¿Necesitas más fuerza que la omnipotencia de Dios? ¿Necesitas más sabiduría que la que existe en el Padre? ¿Necesitas más amor que el que se manifiesta en el Hijo? ¿Necesitas más poder que el que se manifiesta en las influencias del Espíritu? ¡Trae tu cántaro vacío aquí! Seguramente este pozo lo llenará. Date prisa, recoge tus necesidades y tráelas aquí. Trae tu vacío, tus penas y tus problemas. Mira, este río de Dios está lleno para tu sustento. ¿Qué más puedes desear? Avanza, alma mía, con esta tu fuerza. ¡El Dios eterno es tu ayudador!

> No temas, estoy contigo.
>   Oh, no desmayes,
> porque yo soy tu Dios,
>   y seguiré brindándote ayuda[5].

---

5   Del himno en inglés "How Firm a Foundation".

17 de enero

Miré que el Cordero estaba de pie (Apocalipsis 14:1).

El apóstol Juan tuvo el privilegio de mirar dentro de las puertas del Cielo. Al describir lo que vio, comienza diciendo: *Miré que el Cordero estaba de pie.* Esto nos enseña que el principal objeto de contemplación en el estado celestial es el Cordero de Dios. Nada atrajo tanto la atención del apóstol como ese Ser divino que nos ha redimido con Su sangre. Él es el tema de los cánticos de todos los espíritus glorificados y santos ángeles.

Cristiano, aquí hay gozo para ti: has mirado y has visto al Cordero. A través de tus lágrimas, tus ojos han visto al Cordero de Dios quitando tus pecados. ¡Regocíjate, entonces! Dentro de poco, cuando las lágrimas se hayan enjugado de tus ojos (Apocalipsis 21:4), ¡verás al mismo Cordero exaltado en su trono (Isaías 6:1)! Es el gozo de tu corazón tener comunión diaria con Jesús. Tendrás el mismo gozo, aunque en mayor grado, en el cielo. Disfrutarás de la visión constante de Su presencia. ¡Morarás con Él para siempre! *Miré que el Cordero estaba de pie.*

Pues ese Cordero es el Cielo mismo, porque como dijo Samuel Rutherford: "¡El Cielo y Cristo son la misma cosa!". Estar con Cristo es estar en el Cielo y estar en el Cielo es estar con Cristo. Rutherford, aquel prisionero del Señor, escribió con mucha dulzura en una de sus efusivas cartas: "Oh, mi Señor Jesucristo, si pudiera estar en el Cielo sin Ti, sería un infierno; y si pudiera estar en el infierno y aún tenerte, sería un paraíso para mí, porque Tú eres todo el Cielo que deseo". Es cierto, ¿verdad, cristiano? ¿No lo dice tu alma?

> Ni todas las arpas del cielo
> pueden hacer un lugar celestial,
> si Dios quita Su morada,
> o simplemente oculta Su rostro[6].

Todo lo que necesitas para ser bendecido, supremamente bendecido, es estar con Cristo (Filipenses 1:23).

---

6   Del himno en inglés de Isaac Watts, "My God, My Life, My Love".

18 de enero

*Queda, por tanto, un reposo sagrado para
el pueblo de Dios* (Hebreos 4:9).

¡Cuán diferente será el estado del creyente en el Cielo de que tiene aquí! Aquí nace para trabajar y sufrir cansancio, pero en la tierra de los inmortales, la fatiga no se conoce. Ansioso por servir a su Maestro, ahora descubre que su fuerza no está a la altura de su celo. Su clamor constante es: "Ayúdame a servirte, oh, Dios mío". Si se mantiene activo, tendrá mucho trabajo; no demasiado para su deseo, sino más que suficiente para su fuerza, de modo que exclamará: "¡No estoy cansado *del* trabajo, sino que estoy cansado *en él*!".

Ah, cristiano, el día caluroso del cansancio no dura para siempre. El sol se acerca al horizonte. Volverá a amanecer con un día más brillante que jamás hayas visto, sobre una tierra donde sirven a Dios día y noche, y aun así descansan de sus labores. Aquí el descanso es sólo parcial, pero allí es perfecto. Aquí, el cristiano siempre está inquieto; siente que aún no lo ha logrado. Allá, todos descansan. Han alcanzado la cima de la montaña y han ascendido a los brazos de su Dios. ¡No pueden ir más alto!

Ah, trabajador agotado, ¡piensa en cuando descansarás para siempre! ¿Puedes concebirlo? Es un descanso eterno, un descanso que permanece. Aquí, mis mayores alegrías son solo temporales. Mis hermosas flores se marchitan. Mis delicadas copas se vacían hasta el sedimento. Mis pájaros más dulces caen ante las flechas de la muerte. Mis días más placenteros se convierten en noches. Las mareas de mi dicha se reducen a reflujos de tristeza. Pero allí, todo es inmortal. El arpa permanece intacta, la corona inmaculada, el ojo sin nublarse, la voz sin temblar y el corazón inquebrantable. El ser inmortal está completamente absorto en un deleite infinito. Será un día feliz cuando la mortalidad sea absorbida por la vida, ¡y comience el descanso eterno!

19 de enero

Lo busqué, pero no lo hallé (Cantares 3:1)

*D*ime dónde perdiste la compañía de Cristo y te diré el lugar más probable para encontrarlo. ¿Has perdido a Cristo en el aposento por descuidar la oración? Entonces es allí donde debes buscarlo y encontrarlo. ¿Perdiste a Cristo por el pecado? No Lo encontrarás de otra manera que renunciando al pecado y buscando, por medio del Espíritu Santo, destruir el elemento en el que habita la lujuria. ¿Perdiste a Cristo por descuidar las Escrituras? Entonces debes encontrarlo en las Escrituras. Es un proverbio verdadero: "Busca algo donde lo dejaste caer, porque allí está". Así que busca a Cristo donde Lo perdiste, porque Él no se ha ido.

Sin embargo, es difícil volver a Cristo. John Bunyan nos cuenta que para el peregrino, el camino de regreso a la Llanura de la Facilidad, donde perdió su pergamino, fue el más difícil que jamás había recorrido. Treinta kilómetros hacia adelante es más fácil que retroceder uno en busca de la evidencia perdida. Cuida, pues, de aferrarte a Él cuando encuentres a tu Maestro.

Pero ¿cómo es que Lo has perdido? ¡Uno pensaría que nunca te separarías de un amigo tan preciado, cuya presencia es tan dulce, cuyas palabras son tan reconfortantes y cuya compañía es tan querida! ¿Cómo es que no Lo vigilabas a cada momento por miedo a perderlo de vista? Sin embargo, desde que lo dejaste ir, qué misericordia que Lo busques, aunque gimas con tristeza: *¡Quién me diera saber dónde encontrarlo!* (Job 23:3).

Sigue buscando, porque es peligroso estar sin tu Señor. Sin Cristo eres como una oveja sin pastor, como un árbol sin agua en sus raíces y como una hoja seca en la tormenta, sin aferrarte al árbol de la vida. Búscalo con todo tu corazón y Lo encontrarás (Jeremías 29:13). Entrégate por completo a la búsqueda y Lo descubrirás para tu gozo y alegría.

20 de enero

Abel fue pastor de ovejas (Génesis 4:2).

omo pastor, Abel santificó su trabajo para la gloria de Dios y ofreció un sacrificio de sangre sobre su altar, y el Señor tuvo aprecio por Abel y su ofrenda (Génesis 4:4). Este primer tipo de nuestro Señor es sumamente claro y distintivo. Como el primer rayo de luz que ilumina el este al amanecer, no lo revela todo, pero manifiesta con claridad la gran realidad de que el sol está saliendo.

Al ver a Abel, pastor y, sin embargo, sacerdote, ofreciendo un sacrificio de olor fragante a Dios, discernimos a nuestro Señor, quien presenta ante Su Padre un sacrificio que Dios siempre respeta. Abel fue odiado por su hermano. Fue odiado sin causa, y también lo fue el Salvador (Juan 15:25). El hombre natural y carnal odió al hombre aceptado en quien se halló el Espíritu de gracia y no descansó hasta que su sangre fue derramada. Abel cayó y roció su altar y sacrificio con su propia sangre. En esto vemos al Señor Jesús inmolado por la enemistad del hombre mientras servía como sacerdote ante el Señor.

El buen pastor da Su vida por las ovejas (Juan 10:11). Lloremos por Él al verlo inmolado por el odio de la humanidad, manchando los cuernos de Su altar con Su propia sangre. La sangre de Abel habla. El Señor le dijo a Caín: *La voz de la sangre de tu hermano clama a Mí desde la tierra* (Génesis 4:10). La sangre de Jesús tiene una lengua poderosa y el sentido de su clamor predominante no es venganza, sino misericordia. Es invaluable estar ante el altar de nuestro Buen Pastor, verlo sangrar allí como el sacerdote inmolado y luego escuchar Su sangre proclamar paz a todo su rebaño: paz en nuestra conciencia, paz entre el hombre y su Creador ofendido, y paz por los siglos de la eternidad para quienes son lavados en Su sangre. Abel es el primer pastor en el orden del tiempo, pero nuestros corazones siempre pondrán a Jesús en primer lugar en el orden de excelencia.

Gran Guardián de las ovejas, nosotros, el pueblo de
Tu prado, te bendecimos con todo nuestro corazón
cuando te vemos inmolado por nosotros.

21 de enero

Así, todo Israel será salvo (Romanos 11:26).

Cuando Moisés cantó en el mar Rojo, se alegró al saber que todo Israel estaba a salvo. Ni una gota de agua cayó de esa sólida pared de agua hasta que el último israelita de Dios puso un pie seguro al otro lado de la inundación. Cuando eso sucedió, la inundación se disolvió de inmediato, volviendo a su lugar original, pero no hasta entonces. Parte de ese cántico era: *En tu misericordia has guiado al pueblo que has redimido; con Tu poder los has guiado a Tu santa morada* (Éxodo 15:13).

De la misma manera, en el último tiempo, cuando los elegidos canten el cántico de Moisés, siervo de Dios y del Cordero, Jesús se jactará: *De los que me diste, no perdí ninguno* (Juan 18:9). En el Cielo, no habrá un trono vacante.

> Entonces toda la descendencia elegida
> se reunirá alrededor del trono,
> bendecirá la conducta de Su gracia
> y dará a conocer Sus maravillas[7].

Todos los que Dios ha elegido, todos los que Cristo ha redimido, todos los que el Espíritu ha llamado y todos los que creen en Jesús cruzarán sanos y salvos el mar divisorio. Aún no hemos llegado todos a salvo: "Parte de Su ejército ha cruzado el diluvio y parte ya lo está cruzando"[8]. La primera parte del ejército ya ha llegado a la orilla. Marchamos a través de las profundidades. Hoy seguimos con ahínco a nuestro Líder hacia el corazón del mar. Tengamos buen ánimo: el último de los soldados pronto estará donde los demás ya están. El último de los elegidos pronto habrá cruzado el mar y entonces se oirá el canto de triunfo, cuando todos estén a salvo.

Pero, ¡oh!, si tan solo uno faltara, si tan solo uno de Su familia escogida fuera desechado, ello haría una discordia eterna en el cántico de los redimidos y cortaría las cuerdas de las arpas del paraíso, de modo que jamás se podría obtener música de ellas.

---

7   Esto es del himno en inglés de Isaac Watts, "To God the Only Wise".

8   Esto es del himno en inglés de Charles Wesley, "Come, Let Us Join Our Friends Above".

22 de enero

Hijo de hombre, ¿en qué es mejor la madera de
la vid que cualquier otra rama de árbol que haya
entre los árboles del bosque? (Ezequiel 15:2).

Estas palabras son para humillar al pueblo de Dios. Se les llama la vid de Dios, pero ¿qué son por naturaleza más que otros? Ellos, por la bondad de Dios, han llegado a ser fructíferos, al haber sido plantados en buena tierra. El Señor los ha educado en los muros del santuario y dan fruto para Su gloria. Pero ¿qué son sin su Dios? ¿Qué son sin la influencia continua del Espíritu que produce fecundidad en ellos?

Oh, creyente, aprende a rechazar el orgullo, ya que no tienes motivos para ello. Seas lo que seas, no tienes nada que te haga sentir orgulloso. Cuanto más tienes, más estás en deuda con Dios y no deberías enorgullecerte de aquello que te convierte en deudor. Considera tu origen. Recuerda lo que eras. ¡Piensa en lo que habrías sido si no hubiera sido por la gracia divina!

Mírate cómo eres ahora. ¿No te reprocha tu conciencia? ¿No te dicen tus mil extravíos que no eres digno de ser llamado hijo de Dios? Si Él te ha creado algo, ¿no te enseña que es la gracia la que ha marcado la diferencia? ¡Gran creyente, habrías sido un gran pecador si Dios no te hubiera cambiado! ¡Oh, tú, valiente por la verdad, habrías sido igual de valiente por el error si la gracia no te hubiera dominado!

Por lo tanto, no te enorgullezcas, aunque poseas una gran propiedad —un vasto dominio de gracia—, pues antes no tenías nada que llamar tuyo, excepto tu pecado y tu miseria. ¡Oh, qué extraña obsesión que tú, que lo has tomado todo prestado, pienses en exaltarte! ¡Qué extraño que tú, que dependes de la generosidad de tu Salvador para todo, que te secarías y morirías sin las frescas corrientes de vida de Jesús, seas orgulloso! ¡Qué corazón tan necio!

¿Qué tienes que no recibiste? Y si lo recibiste, ¿por qué te
jactas como si no lo hubieras recibido? (1 Corintios 4:7).

23 de enero

He exaltado a un escogido de entre el pueblo (Salmo 89:19).

¿Por qué fue Cristo escogido del pueblo? Habla, corazón mío, pues los pensamientos del corazón son mejores. ¿No fue para que Él pudiera ser nuestro hermano, en el bendito lazo de la sangre? ¡Oh, qué relación hay entre Cristo y el creyente! El creyente puede decir: "Tengo un hermano en el Cielo. Puede que sea pobre, pero tengo un Hermano que es rico y es Rey, y Él no permitirá que me falte nada bueno mientras Él esté en Su trono. Él me ama. ¡Él es mi Hermano!".

Creyente, lleva este bendito pensamiento como un collar de diamantes alrededor del cuello de tu memoria. Llévalo como un anillo de oro en el dedo del recuerdo y úsalo como el sello del Rey, estampando las peticiones de tu fe con la confianza del éxito. Él es un hermano nacido para ayudarte en la adversidad (Proverbios 17:17). Trátalo como tal.

Cristo también fue elegido de entre el pueblo para conocer nuestras necesidades y compadecerse de nosotros. Fue tentado en todo como nosotros, pero sin pecado (Hebreos 4:15). En todas nuestras penas, tenemos Su compasión. Tentación, dolor, decepción, debilidad, cansancio y pobreza: Él las conoce todas, porque las ha sentido todas. Recuerda esto, cristiano, y deja que te consuele. Por difícil y doloroso que sea tu camino, está marcado por las huellas de tu Salvador. Incluso cuando llegues al oscuro valle de la sombra de la muerte y a las profundas aguas del Jordán, ¡encontrarás allí Sus huellas! En todos los lugares a donde vamos, Él ha sido nuestro precursor. Cada carga que tenemos que llevar fue puesta una vez sobre los hombros de Emanuel.

> Su camino fue mucho más áspero
> y más oscuro que el mío.
> ¿Sufrió Cristo, mi Señor,
> y debo lamentarme?[9]

¡Ánimo! Pies reales han dejado una huella roja de sangre en el camino y han consagrado el sendero espinoso para siempre.

---

9   Esto es del himno en inglés de John Newton, "Begone Unbelief".

24 de enero

Porque Él te libra del lazo del cazador (Salmo 91:3).

Dios libra a Su pueblo del lazo del cazador en dos sentidos: Él los libra del lazo y los libra de la trampa.

Primero, los libra de la trampa. No les permite caer en ella. Segundo, si caen en ella, los libra. La primera promesa es la más valiosa para algunos; la segunda es la mejor para otros.

Porque Él te libra del lazo del cazador. ¿Cómo?

Las dificultades son a menudo el medio por el cual Dios nos libra. Dios sabe que nuestra reincidencia pronto terminará en nuestra destrucción y Él, en Su misericordia, envía la vara de la corrección. Decimos: "Señor, ¿por qué es esto?". No nos damos cuenta de que nuestra tribulación ha sido el medio para librarnos de un mal mucho mayor. Muchos se han salvado de la ruina espiritual de esta manera: por sus penas y sus cruces. Estas cosas han ahuyentado a las aves del lazo del cazador.

En otras ocasiones, Dios protege a Su pueblo del lazo del cazador dándoles gran fuerza espiritual, de modo que cuando se ven tentados a hacer el mal, se preguntan: *¿Cómo entonces podría yo hacer esta gran maldad y pecar contra Dios?* (Génesis 39:9).

Pero qué bendición es que si el creyente cae en la trampa en una hora mala, ¡Dios lo librará! Oh, rebelde, abate tu corazón, pero no desesperes. Aunque te hayas descarriado, escucha lo que dice tu Redentor: *Vuelvan, hijos infieles, Yo sanaré vuestra infidelidad* (Jeremías 3:22). Pero dices que no puedes volver, porque eres cautivo. Entonces escucha la promesa: *Porque Él te libra del lazo del cazador.* Aún serás librado de todo mal en el que has caído y aunque nunca dejes de arrepentirte de tus caminos, Aquel que te ha amado no te rechazará. Él te recibirá y te dará alegría y gozo para que los huesos que Él ha quebrantado se regocijen. ¡Ninguna ave del paraíso morirá en el lazo del cazador!

25 de enero

Las misericordias del Señor recordaré, las alabanzas del Señor,
conforme a todo lo que nos ha otorgado el Señor (Isaías 63:7).

¿Acaso no puedes hacer esto también? ¿No has experimentado misericordias? ¿Qué importa si ahora estás triste? ¿Puedes olvidar aquella hora bendita en que Jesús te encontró y te dijo: *Ven a mí* (Mateo 11:28)? ¿No recuerdas aquel momento gozoso en que rompió tus ataduras, arrojó tus cadenas al suelo y dijo que vino a *romper todo yugo* (Isaías 58:6)? O si olvidas el amor de tu prometido, sin duda debe haber algún hito preciado en el camino de la vida, aún no cubierto de musgo, en el que puedas leer un feliz recuerdo de Su misericordia hacia ti.

¿No has padecido una enfermedad como la que padeces ahora y no te restauró? ¿Acaso no eras pobre antes y no te proveyó Él para tus necesidades? ¿Acaso no estabas en dificultades antes y no te libró Él? Levántate, ve al río de tu experiencia, arranca algunos juncos y teje con ellos un arca donde tu fe incipiente pueda flotar segura en la corriente.

No olvides lo que tu Dios ha hecho por ti. Revisa el libro de tus recuerdos y considera los días de antaño (Malaquías 3:16). ¿No recuerdas el monte Mizar (Salmo 42:6)? ¿Acaso el Señor nunca te encontró en el monte Hermón? ¿Nunca has subido a las Montañas de las Delicias?[10] ¿Nunca has recibido ayuda en momentos de necesidad? ¡Sé que sí! Retrocede, entonces, un poco, a las misericordias especiales de ayer, y aunque todo parezca oscuro ahora, enciende las lámparas del pasado. Brillarán en la oscuridad y confiarás en el Señor hasta que amanezca y huyan las sombras (Cantares 2:17).

Acuérdate, oh Señor, de Tu compasión y de Tus
misericordias, que son eternas (Salmo 25:6).

---

10   Esta es una referencia de *El progreso del peregrino*, de John Bunyan, disponible en Aneko Press.

26 de enero

El Padre celestial (Mateo 6:26).

El pueblo de Dios es doblemente Sus hijos: son Su descendencia por creación y son Sus hijos por adopción en Cristo. Por lo tanto, tienen el privilegio de llamarlo "Padre nuestro, que estás en los cielos".

¡"Padre"! ¡Qué palabra tan preciosa! Aquí hay autoridad: *Si yo soy padre, ¿dónde está Mi honor?* (Malaquías 1:6). Si ustedes son hijos, ¿dónde está su obediencia? Aquí hay afecto mezclado con autoridad. Esta es una autoridad que no provoca rebelión. Exige una obediencia que se da con alegría y que no se negaría ni aunque se pudiera. La obediencia que los hijos de Dios le rinden debe ser amorosa. No se dediquen al servicio de Dios como esclavos del trabajo de su capataz, sino sigan con gusto Sus mandatos, porque es el camino de su Padre. Presenten sus cuerpos *como instrumentos de justicia* (Romanos 6:13), porque la justicia es la voluntad de su Padre, y Su voluntad debe ser la voluntad de Su hijo.

¡"Padre"! Este es un atributo real, tan dulcemente velado por el amor, que la corona del Rey se olvida en Su rostro y Su cetro no es una vara de hierro, sino un cetro de plata de misericordia. ¡El cetro parece olvidado en la tierna mano de quien lo sostiene!

¡"Padre"! Aquí hay honor y amor. ¡Cuán grande es el amor de un padre por sus hijos! Lo que la amistad no puede hacer y lo que la mera bondad no intenta, el corazón y la mano de un padre deben hacer por sus hijos. Son su descendencia y él debe bendecirlos. Son sus hijos y él debe mostrarse fuerte en su defensa. Si un padre terrenal cuida de sus hijos con amor y cuidado incesantes, ¿cuánto más nuestro Padre celestial cuida de nosotros?

¡"Abba"! ¡"Padre"! Quien puede decir esto, como Jesús (Marcos 14:36), ha expresado una música mejor que la que pueden alcanzar los querubines y serafines. Hay Cielo en la profundidad de esa palabra: ¡"Padre"!. En esa palabra está todo lo que puedo pedir, todo lo que mis necesidades pueden exigir y todo lo que mis deseos pueden desear. Lo tengo todo en la eternidad cuando puedo decir: ¡"Padre"!

27 de enero

Pues de Su plenitud todos hemos recibido,
y gracia sobre gracia (Juan 1:16).

Estas palabras nos dicen que hay plenitud en Cristo. Hay plenitud de deidad esencial, *porque toda la plenitud de la Deidad reside corporalmente en Él* (Colosenses 2:9). Hay plenitud de humanidad perfecta, pues en Él, corporalmente, se reveló esa Deidad. Hay plenitud de eficacia expiatoria en Su sangre, porque *la sangre de Jesús Su Hijo nos limpia de todo pecado* (1 Juan 1:7). Hay plenitud de justicia justificadora en Su vida, pues *ahora no hay condenación para los que están en Cristo Jesús* (Romanos 8:1). Hay plenitud de predominio divino en Su súplica, pues *Él también es poderoso para salvar para siempre a los que por medio de Él se acercan a Dios, puesto que vive perpetuamente para interceder por ellos* (Hebreos 7:25). Hay una plenitud de victoria en Su muerte, pues mediante ella destruyó al diablo, quien tenía el poder de la muerte (Hebreos 2:14). Hay una plenitud de eficacia en Su resurrección de entre los muertos, pues *nos ha hecho nacer de nuevo a una esperanza viva* (1 Pedro 1:3). Hay una plenitud de triunfo en Su ascensión, pues *cuando ascendió a lo alto, llevó cautivo un gran número de cautivos, y dio dones a los hombres* (Efesios 4:8).

Hay una plenitud de bendiciones de todo tipo y forma. Hay una plenitud de gracia para perdonar, una plenitud de gracia para regenerar, una plenitud de gracia para santificar, una plenitud de gracia para preservar y una plenitud de gracia para perfeccionar. Hay plenitud en todo momento. Hay plenitud de consuelo en la aflicción y plenitud de guía en la prosperidad. Hay una plenitud de cada atributo divino: sabiduría, poder y amor. Esta es una plenitud imposible de abarcar y mucho menos de explorar. *Porque agradó al Padre que en Él habitara toda la plenitud* (Colosenses 1:19). ¡Oh, qué plenitud debe ser esta, de la cual todos reciben!

Es plenitud en verdad cuando el arroyo fluye siempre, pero el manantial brota tan libre, tan rico y tan lleno como siempre. Ven, creyente, y recibe todas tus necesidades. Pide mucho y mucho recibirás, porque esta plenitud es inagotable y está atesorada donde todos los necesitados pueden alcanzarla: ¡en Jesús, Emanuel, Dios con nosotros!

28 de enero

...perfecto en Cristo (Colosenses 1:28).

¿Sientes en tu alma que la plenitud, o la perfección, no están en ti? ¿Acaso no te lo enseña cada día? Cada lágrima que resbala de tus ojos llora "imperfección"; cada palabra áspera que sale de tus labios murmura "imperfección". Con demasiada frecuencia has visto tu propio corazón como para soñar ni por un instante con la perfección en ti. Pero en medio de esta triste conciencia de imperfección, aquí tienes un consuelo: estás perfecto en Cristo Jesús. Ante Dios, *ustedes han sido hechos completos en Él* (Colosenses 2:10). Incluso ahora eres acepto *en el Amado* (Efesios 1:6).

Pero hay una segunda perfección que aún está por alcanzarse y es segura para toda la descendencia escogida. ¿No es un deleite anhelar el momento en que toda mancha de pecado será eliminada del creyente y será presentado sin mancha ante el trono (Judas 1:24) *sin que tenga mancha ni arruga ni cosa semejante* (Efesios 5:27)? La iglesia de Cristo será entonces tan pura que ni siquiera el ojo de la Omnisciencia verá mancha ni defecto alguno en ella. La iglesia será tan santa y gloriosa que John Kent no se extralimitó al decir en su himno: "Con Su vestidura inmaculada, santo como el Santo".

Entonces conoceremos, gustaremos y sentiremos la felicidad de esta vasta pero breve frase: *perfecto en Cristo*. Solo entonces comprenderemos plenamente la grandeza y la profundidad de la salvación de Jesús. ¿No se alegra tu corazón al pensarlo? Tan oscuro como estés en el pecado, un día serás tan blanco como la nieve (Isaías 1:18). Tan sucio como estés ahora, serás puro. ¡Oh, es una salvación maravillosa! ¡Cristo toma un gusano y lo transforma en un serafín! Cristo toma algo vil y miserable y lo hace puro e incomparable en Su gloria, incomparable en Su belleza y digno de ser Su compañero eterno. Detente y admira esta bendita verdad de perfección en Cristo.

29 de enero

*...al no poner nuestra vista en las cosas que se ven, sino en
las que no se ven. Porque las cosas que se ven son temporales,
pero las que no se ven son eternas (2 Corintios 4:18).*

En nuestra peregrinación cristiana, es bueno, en su mayor parte, mirar hacia adelante. Hacia adelante está la corona y hacia adelante es la meta. Ya sea por esperanza, gozo, consuelo o por la inspiración de nuestro amor, ¡el futuro debe ser, después de todo, el gran objetivo de la mirada de la fe!

Mirando hacia el futuro, vemos el pecado expulsado, el cuerpo de pecado y muerte destruido, y el alma hecha perfecta y apta para participar de la herencia de los santos en luz (Colosenses 1:12). Mirando aún más allá, la mirada iluminada del creyente puede ver el río de la muerte pasado, el arroyo sombrío vadeado y las colinas de luz alcanzadas sobre las que se yergue la ciudad celestial. Se ve a sí mismo entrando por las puertas de perla, aclamado como más que vencedor, coronado por la mano de Cristo, abrazado en los brazos de Jesús, glorificado con Él y sentado junto a Él en Su trono, así como Él ha vencido y se ha sentado con el Padre en Su trono.

La contemplación de mi glorioso futuro bien puede aliviar la oscuridad del pasado y la tristeza del presente. ¡Las alegrías del Cielo sin duda compensarán las penas de la tierra! ¡Silencio, silencio, mis miedos! La muerte no es más que un arroyo angosto y pronto lo habrás cruzado. ¡Qué corto es el tiempo! ¡Qué larga la eternidad! ¡Qué breve la muerte! ¡Qué infinita la inmortalidad! Creo que incluso ahora como de las uvas de Escol (Números 13:23) y bebo del pozo que está dentro de la puerta (2 Samuel 23:15). ¡El camino es tan, tan corto! ¡Pronto llegaré!

*En el futuro me está reservada la corona de justicia que el Señor,
el Juez justo, me entregará en aquel día; y no solo a mí, sino
también a todos los que aman Su venida (2 Timoteo 4:8).*

30 de enero

Y cuando oigas el sonido de marcha en las copas de las balsameras, entonces actuarás rápidamente (2 Samuel 5:24).

Los miembros de la iglesia de Cristo deben orar con mucha devoción, buscando siempre que la unción del Santo descanse en sus corazones y también procurando que el reino de Cristo venga y *hágase Tu voluntad, así en la tierra como en el cielo* (Mateo 6:10). Pero hay momentos en que Dios parece favorecer especialmente a Sion. Esos momentos deberían ser para nosotros como *el sonido de marcha en las copas de las balsameras.* Deberíamos entonces ser doblemente devotos y doblemente fervientes, luchando más ante el trono de lo que hemos estado acostumbrados. La acción debe entonces ser pronta y vigorosa. La marea está subiendo; rememos ahora con valentía hacia la orilla. ¡Oh, por los derramamientos del Espíritu Santo y Su poder en nuestra obra!

Cristiano, hay momentos en que oyes *el sonido de marcha en las copas de las balsameras.* Tienes un poder especial en la oración. El Espíritu de Dios te da gozo y alegría. La Escritura está abierta a ti. Las promesas se aplican. Caminas en la luz del rostro de Dios. Tienes una libertad excepcional en la devoción y una comunión con Cristo más cercana que de costumbre.

En esos momentos de alegría, cuando oyes *el sonido de marcha en las copas de las balsameras,* es hora de ponerse en marcha. Ahora es el momento de deshacerte de cualquier mal hábito, mientras Dios el Espíritu ayuda en tus debilidades. Despliega tus velas, pero recuerda lo que a veces cantas en ese himno de Augustus Toplady: "Solo yo puedo desplegar la vela; solo tú debes respirar el viento auspicioso". ¡Solo asegúrate de tener la vela izada! No te pierdas el viento por no estar preparado. Busca la ayuda de Dios para que seas más ferviente en el deber cuando seas más fuerte en la fe, para que seas más firme en la oración cuando tengas más libertad en el trono y para que seas más santo en tu andar mientras vivas más cerca de Cristo.

31 de enero

El Señor, justicia nuestra (Jeremías 23:6).

iempre dará al cristiano la mayor calma, tranquilidad, alivio y paz pensar en la perfecta justicia de Cristo. ¡Con cuánta frecuencia se sienten abatidos y tristes los santos de Dios! No creo que deban estarlo. No creo que lo estarían si siempre pudieran ver su perfección en Cristo. Hay quienes siempre hablan de la corrupción, la depravación del corazón y la maldad innata del alma. Esto es muy cierto, pero ¿por qué no ir un poco más allá y recordar que estamos perfectos en Cristo Jesús? No es de extrañar que quienes se obsesionan con su propia corrupción tengan una mirada tan abatida, pero ciertamente, si recordamos que Cristo se hizo justicia para nosotros (1 Corintios 1:30), ¡nos alegraremos!

¿Y qué si me afligen las angustias, si Satanás me asalta o si puedo experimentar muchos problemas antes de llegar al cielo? Todo esto me es dado en el pacto de la gracia divina. No le falta nada a mi Señor. Cristo lo hizo todo. En la cruz dijo: *Consumado es* (Juan 19:30), y si está consumado, entonces estoy perfecto en Él y puedo regocijarme con un *gozo inefable y lleno de gloria* (1 Pedro 1:8), *no teniendo mi propia justicia derivada de la ley, sino la que es por la fe en Cristo, la justicia que procede de Dios sobre la base de la fe* (Filipenses 3:9).

No encontrarás en este lado del Cielo un pueblo más santo que aquellos que reciben en sus corazones la doctrina de la justicia de Cristo. Cuando el creyente dice: "Vivo solo en Cristo. Descanso en Él únicamente para mi salvación y creo que, por indigno que sea, sigo siendo salvo en Jesús", surge como motivo de gratitud este pensamiento: "¿No viviré para Cristo? ¿No lo amaré y serviré, ya que soy salvo por Sus méritos?".

¡El amor de Cristo nos gobierna (2 Corintios 5:14)! *Y por todos murió, para que los que viven, ya no vivan para sí, sino para Aquel que murió y resucitó por ellos* (2 Corintios 5:15). Si somos salvos por la justicia imputada, valoraremos enormemente la justicia impartida.

Febrero

1 de febrero

...cantarán de los caminos del Señor (Salmo 138:5).

Los cristianos comienzan a cantar los caminos del Señor cuando liberan su carga al pie de la cruz. Ni siquiera los cánticos de los ángeles parecen tan dulces como el primer canto de deleite que fluye de lo más profundo del alma del hijo perdonado de Dios. Ya sabes cómo lo describe John Bunyan en su libro *El progreso del peregrino*. Dice que cuando el pobre peregrino perdió su carga en la cruz, dio tres grandes saltos y siguió su camino cantando: "¡Bendita cruz! ¡Bendito sepulcro! ¡Bendito sea el hombre que allí fue avergonzado por mí!".

Creyente, ¿recuerdas el día en que se te soltaron las cadenas? ¿Recuerdas el lugar donde Jesús te encontró y te dijo: *Con amor eterno te he amado. He disipado como una densa nube tus transgresiones y como espesa niebla tus pecados* (Jeremías 31:3; Isaías 44:22)? ¡No se mencionarán más en tu contra para siempre! ¡Oh, qué dulce momento es aquel en que Jesús quita el dolor del pecado!

Cuando el Señor perdonó mi pecado por primera vez, me sentí tan gozoso que apenas pude contenerme de bailar. De camino a casa, desde la casa donde había sido liberado, pensé que debía contar a las piedras de la calle la historia de mi liberación. Mi alma estaba tan llena de gozo que quería contarle a cada copo de nieve que caía del cielo el maravilloso amor de Jesús, ¡quien había borrado los pecados de uno de los principales rebeldes!

Pero no solo al comienzo de la vida cristiana los creyentes tienen motivos para cantar; a lo largo de su vida, descubren motivos para cantar los caminos del Señor y la experiencia de su constante bondad amorosa los lleva a decir: *Bendeciré al Señor en todo tiempo; continuamente estará Su alabanza en mi boca* (Salmo 34:1). Hermano, procura engrandecer al Señor hoy. "Mientras pisamos esta tierra desierta, nuevas misericordias exigirán nuevos cánticos"[11].

---

11   Del himno en inglés de Philip Doddridge, "Our Helper, God, We Bless His Name".

2 de febrero

...sin derramamiento de sangre no hay perdón (Hebreos 9:22).

Esta es la voz de la verdad inalterable. En ninguna ceremonia judía se perdonaban los pecados, ni siquiera en las típicas, sin derramamiento de sangre. En ningún caso ni de ninguna manera se puede perdonar el pecado sin expiación. Es evidente, entonces, que no hay esperanza para mí fuera de Cristo, pues no hay otro derramamiento de sangre que merezca siquiera la consideración de expiación por el pecado. ¿Estoy, entonces, creyendo en Él? ¿Se aplica realmente la sangre de Su expiación a mi alma? Todas las personas están al mismo nivel en cuanto a su necesidad de Él. No importa cuán morales, generosos, amables o patriotas intentemos ser, la regla no cambiará para hacer una excepción para nosotros. El pecado no cederá ante nada menos poderoso que la sangre de Aquel a quien Dios ha establecido como sacrificio expiatorio.

¡Qué bendición que exista un solo camino para el perdón! ¿Por qué buscaríamos otro? Las personas de religión meramente formal no pueden entender cómo podemos regocijarnos de que todos nuestros pecados nos sean perdonados por amor a Cristo. Sus obras, oraciones y ceremonias les brindan muy poco consuelo. Bien podrían estar preocupados, pues están descuidando la única gran salvación y tratando de obtener la remisión del pecado sin sangre.

¡Alma mía, siéntate y contempla la justicia de Dios obligada a castigar el pecado! Observa ese castigo que fue ejecutado sobre tu Señor Jesús y luego cae con humilde alegría y besa los amados pies de Aquel cuya sangre ha hecho expiación por ti. Es en vano cuando la conciencia se agita para buscar consuelo en sentimientos y señales; este es un hábito que aprendimos en el Egipto de nuestra esclavitud legal. ¡El único remedio para una conciencia culpable es ver a Jesús sufriendo en la cruz! *La vida de la carne está en la sangre,* dice la ley levítica (Levítico 17:11), y tengamos la seguridad de que es la vida de la fe, el gozo y toda otra gracia santa. "¡Oh, qué dulce es contemplar el fluir de la preciosa sangre de mi Salvador, con la divina seguridad de saber que me hizo la paz con Dios![12]".

---

12   Esto es del himno en inglés "Far Beyond All Comprehension", de Richard Lee.

3 de febrero

Así que, hermanos, somos deudores (Romanos 8:12).

Como criaturas de Dios, todos estamos en deuda con Él. Estamos obligados a obedecerle con todo nuestro cuerpo, alma y fuerzas. Al haber quebrantado Sus mandamientos, como todos lo hemos hecho, somos deudores de Su justicia y le debemos una enorme cantidad que no podemos pagar. Pero del cristiano se puede decir que no le debe nada a la justicia de Dios, pues Cristo pagó la deuda de Su pueblo. Por esta razón, el creyente debe más: debe amar. Soy deudor de la gracia y la misericordia perdonadora de Dios, pero no soy deudor de Su justicia, pues Él nunca me acusará de una deuda ya pagada. Cristo dijo: ¡*Consumado es!* (Juan 19:30) y con eso quiso decir que cualquier deuda de pecado que Su pueblo tuviera fue borrada para siempre del libro memorial (Malaquías 3:16). Cristo ha satisfecho la justicia divina al máximo. La cuenta está saldada, la escritura está clavada en la cruz (Colosenses 2:14), el recibo está dado y ya no somos deudores de la justicia de Dios.

Sin embargo, al no ser deudores de nuestro Señor en ese sentido, nos volvemos diez veces más deudores de Dios de lo que seríamos de otra manera. Cristiano, detente y reflexiona un momento. ¡Considera cuánto le debes a la soberanía divina! ¡Considera cuánto le debes a Su amor desinteresado, pues dio a Su propio Hijo para morir por ti! ¡Considera cuánto le debes a Su gracia perdonadora, que después de recibir diez mil ofensas de ti, te ama tan infinitamente como siempre! Considera lo que le debes a Su poder: cómo te resucitó de la muerte en pecado, cómo preservó tu vida espiritual, cómo te evitó caer y cómo, aunque mil enemigos te han asaltado, has podido permanecer firme en tu camino. Considera lo que le debes a Su inmutabilidad. Aunque has cambiado mil veces, ¡Él no ha cambiado ni una sola! Estás en deuda con cada atributo de Dios, tanto como es posible. A Dios te debes a ti mismo y todo lo que tienes. Preséntate como sacrificio vivo y santo, porque es tu culto racional (Romanos 12:1).

4 de febrero

...así como el Señor ama (Oseas 3:1).

reyente, recuerda toda tu experiencia y piensa en cómo *el Señor tu Dios te ha traído por el desierto* (Deuteronomio 8:2), cómo te ha alimentado y vestido cada día, cómo ha soportado tus pecados y tus faltas, cómo ha soportado todas tus murmuraciones y todos tus anhelos por las ollas de carne de Egipto (Éxodo 16:3), cómo ha abierto la roca para darte agua (Salmo 105:41) y cómo te ha alimentado con el maná que descendió del cielo (Éxodo 16:4). Piensa en cómo Su gracia te ha bastado en todas tus dificultades, cómo Su sangre te ha perdonado todos tus pecados y cómo Su vara y Su cayado te han confortado (Salmo 23:4). Cuando hayas recordado así el amor del Señor, deja que la fe considere Su amor en el futuro, pues recuerda que el pacto y la sangre de Cristo contienen algo más que el pasado. Aquel que te ha amado y perdonado nunca dejará de amarte y perdonarte.

Él es el Alfa y también será la Omega. Él es el Primero y será el Último (Apocalipsis 22:13). Por lo tanto, recuerda que cuando pases por el valle de sombra de muerte, no tendrás que temer ningún mal, porque Él está contigo (Salmo 23:4). Cuando estés en las frías aguas del Jordán, no tendrás que temer, porque la muerte no puede separarte de Su amor. Y cuando entres en los misterios de la eternidad, no tendrás que temblar, *porque estoy convencido de que ni la muerte, ni la vida, ni ángeles, ni principados, ni lo presente, ni lo por venir, ni los poderes, ni lo alto, ni lo profundo, ni ninguna otra cosa creada nos podrá separar del amor de Dios que es en Cristo Jesús Señor nuestro* (Romanos 8:38-39).

Ahora, alma, ¿no se ha renovado tu amor? ¿No te hace esto amar a Jesús? ¿Acaso un vuelo a través de las "ilimitadas llanuras del éter del amor"[13] no inflama tu corazón y te impulsa a deleitarte en el Señor tu Dios? Sin duda, al meditar en el amor del Señor, nuestro corazón arderá en nuestro interior ¡y ansiaremos amarlo aún más!

---

13   Esto podría ser una referencia a una cita del relato *La gran dama de 1830*, de Madame Stephanie De Longueville, incluido en el libro *Pictures of the French* (1840). Un verso del relato dice: "...pues el campo del orgullo es tan ilimitado como las llanuras del éter".

5 de febrero

...el Padre envió al Hijo para ser el Salvador
del mundo (1 Juan 4:14).

s un dulce pensamiento que Jesucristo no vino sin el permiso, la autoridad, el consentimiento y la ayuda de Su Padre. Fue enviado por el Padre para ser el Salvador de la humanidad. Solemos olvidar que, si bien existen distinciones entre Dios Padre, Jesús el Hijo y el Espíritu Santo, no existen distinciones de honor. Con demasiada frecuencia atribuimos el honor de nuestra salvación, o al menos la profundidad de su compasión, más a Jesucristo que al Padre. Este es un gran error. Sí, Jesús vino, pero ¿acaso no lo envió Su Padre? Sí, Jesús habló maravillosamente, pero ¿acaso Su Padre no derramó gracia en Sus labios para que fuera un ministro capaz del nuevo pacto?

Quien conoce al Padre, al Hijo y al Espíritu Santo como debe conocerlos, nunca los pone por encima de los demás en su amor. Los ve en Belén, en Getsemaní y en el Calvario, todos igualmente comprometidos en la obra de la salvación. Oh, cristiano, ¿has puesto tu confianza en Cristo Jesús? ¿Has depositado tu confianza únicamente en Él? Si estás unido a Él, entonces cree que también estás unido al Dios del Cielo.

Puesto que eres hermano de Cristo Jesús Hombre y estás en estrecha comunión con Él, estás también en unión eterna con Dios. ¡El Dios eterno *y el Anciano de Días* (Daniel 7:9) es tu Padre y amigo! ¿Consideraste alguna vez la profundidad del amor en el corazón de Dios cuando Dios Padre equipó a Su Hijo para la gran obra de la misericordia? Si no, que esta sea tu meditación del día. ¡El Padre Lo envió! Reflexiona sobre este tema. Piensa en cómo Jesús obra lo que el Padre quiere. Observa el amor del gran *Yo Soy* (Éxodo 3:14) en las heridas del Salvador moribundo. Que cada pensamiento sobre Jesús esté también conectado con el Dios eterno y siempre bendito, porque *quiso el Señor quebrantarlo, sometiéndolo a padecimiento* (Isaías 53:10).

6 de febrero

...oren en todo tiempo (Efesios 6:18).

¡Cuántas oraciones hemos elevado desde el primer momento en que aprendimos a orar! Nuestra primera oración fue por nosotros mismos; pedimos que Dios tuviera misericordia de nosotros y borrara nuestro pecado. Él nos escuchó. Luego, después de que Él borró nuestros innumerables pecados, oramos más por nosotros mismos. Tuvimos que orar por la gracia santificante, por la gracia que nos constriñe y por la gracia que nos restringe. Hemos sido guiados a buscar una renovada seguridad de fe, la aplicación reconfortante de la promesa, liberación en la hora de la tentación, asistencia en el tiempo del deber y ayuda en el día de la prueba. Nos hemos visto obligados a acudir a Dios por nuestras almas, como mendigos constantes, pidiéndolo todo.

Hijos de Dios, den testimonio de que nunca han podido conseguir nada para sus almas en ningún otro lugar. Todo el pan que su alma ha comido ha descendido del Cielo. Toda el agua que ha bebido ha fluido de la Roca viva: Cristo Jesús el Señor. Tu alma nunca se ha enriquecido por sí misma. Siempre ha dependido plenamente de las bendiciones diarias de Dios. Tus oraciones han ascendido al cielo en busca de una gama de misericordias espirituales prácticamente infinitas. Tus necesidades eran innumerables, y por lo tanto, ¡la provisión ha sido infinitamente grande! Tus oraciones han sido tan variadas como incontables han sido las misericordias.

Por lo tanto, tienes muchas razones para decir: *Amo al Señor, porque oye mi voz y mis súplicas* (Salmo 116:1). Así como tus oraciones han sido muchas, también lo han sido las respuestas de Dios a ellas. Él te ha escuchado en el día de la angustia. Te ha fortalecido y te ha ayudado, incluso cuando Lo deshonraste temblando y dudando ante el propiciatorio. Recuerda esto y deja que tu corazón se llene de gratitud a Dios, quien ha escuchado misericordiosamente tus pobres y débiles oraciones. *Bendice, alma mía, al Señor, y no olvides ninguno de Sus beneficios* (Salmo 103:2).

7 de febrero

Levántense y marchen (Miqueas 2:10).

Se acerca la hora en que el mensaje nos llegará, como a todos: "Levántate y sal de la casa donde has vivido, de la ciudad donde has trabajado, de tu familia, de tus amigos. ¡Levántate y emprende tu último viaje!".

¿Qué sabemos del viaje? ¿Qué sabemos del país al que nos dirigimos? Hemos leído un poco sobre él y una pequeña parte nos ha sido revelada por el Espíritu, pero sabemos tan poco sobre los reinos del futuro. Sabemos que hay un río negro y tormentoso llamado Muerte. Dios nos exige cruzarlo, prometiendo estar con nosotros. Después de la muerte, ¿qué sucederá? ¿Qué mundo maravilloso se abrirá ante nuestros ojos asombrados? ¿Qué escena de gloria se desplegará ante nuestra vista? Ningún viajero ha regresado jamás para contarlo, pero sabemos lo suficiente de la tierra celestial como para recibir nuestra llamada con gozo y alegría.

El camino hacia la muerte puede ser oscuro, pero podemos avanzar sin temor, sabiendo que Dios está con nosotros mientras caminamos por el valle sombrío y, por lo tanto, no debemos temer ningún mal. Nos alejaremos de todo lo que hemos conocido y amado aquí, pero iremos a la casa de nuestro Padre, donde está Jesús: *la ciudad que tiene cimientos, cuyo arquitecto y constructor es Dios* (Hebreos 11:10). Este será nuestro último hogar: morar para siempre con Aquel a quien amamos, en medio de Su pueblo, en la presencia de Dios.

Cristiano, medita mucho en el Cielo; hacerlo te ayudará a seguir adelante y a olvidar el esfuerzo del camino. ¡Este valle de lágrimas (Salmo 84:6) es simplemente el camino a una patria mejor! Este mundo actual de aflicción es solo el trampolín hacia un mundo de deleite.

8 de febrero

...le pondrás por nombre Jesús (Mateo 1:21).

Cuando apreciamos a una persona, todo lo relacionado con ella se vuelve valioso por su causa. Así, tan preciosa es la persona del Señor Jesús a los ojos de todos los verdaderos creyentes, que consideran todo lo que Lo rodea como inestimable. *"Todas Tus vestiduras están perfumadas con áloe, mirra y casia·, dijo David* (Salmo 45:8), como si las mismas vestiduras del Salvador estuvieran tan dulcificadas por Su persona que no pudiera sino amarlas.

Es cierto que no hay lugar que ese pie sagrado haya pisado, ni una palabra que esos labios benditos hayan pronunciado, ni un solo pensamiento que Su amorosa Palabra haya revelado, que no sea inestimable para nosotros. Esto también aplica a los nombres de Cristo; todos son dulces al oído del creyente. Ya sea que Jesús sea llamado el Esposo de la Iglesia, su Prometido o su Amigo; ya sea que sea llamado el Cordero inmolado desde la fundación del mundo, el Rey, el Profeta o el Sacerdote, cada título de nuestro Maestro, como Siloh, Emmanuel, Admirable y el Poderoso Consejero, cada nombre es como un panal que destila miel y dulces son las gotas que salen de él.

Pero si hay un nombre más dulce que otro al oído del creyente, es el nombre de Jesús. ¡Jesús! Es el nombre que hace vibrar las arpas del cielo. ¡Jesús! Ese nombre es la vida de todas nuestras alegrías. Si hay un nombre más hermoso, más precioso que otro, es este. Está entretejido en la base misma de nuestra música. Muchos de nuestros himnos comienzan con él y casi ninguna canción útil termina sin él. Es la suma total de todos los deleites. Es la música con la que repican las campanas del cielo. Es una canción en una palabra y un océano de comprensión, aunque es una gota por brevedad, un oratorio incomparable en dos sílabas y una recopilación de los aleluyas de la eternidad en cinco letras. "Jesús, amo Tu encantador nombre; ¡es música para mis oídos!"[14].

---

14   Esto es del himno en inglés de Philip Doddridge, "Jesus, I Love Thy Charming Name".

9 de febrero

David consultó al Señor (2 Samuel 5:23)

uando David hizo esta consulta, acababa de luchar contra los filisteos y obtuvo una notable victoria. Los filisteos subieron en grandes multitudes, pero con la ayuda de Dios, David los puso en fuga fácilmente. Sin embargo, cabe destacar que cuando volvieron a atacar, David no subió a combatirlos sin consultar al Señor. Ya había salido victorioso y podría haber dicho, como muchos otros en circunstancias similares: "Volveré a ser victorioso. Estoy seguro de que si he vencido una vez, triunfaré otra vez. ¿Por qué debo esperar para consultar al Señor?". No fue así con David. Había ganado una batalla gracias a la fuerza del Señor y no se aventuraría a otra hasta asegurar la victoria. Le preguntó a Dios: ¿Subiré contra los filisteos? (2 Samuel 5:19). Esperó hasta que Dios le diera la respuesta.

Aprende de David y no des ningún paso sin Dios. Cristiano, si quieres conocer el camino del deber, toma a Dios como tu brújula. Si quieres guiar tu barco a través de las oscuras olas, busca la ayuda de la mano del Todopoderoso. Muchas rocas podrían evitarse si dejáramos que nuestro Padre tomara el timón; muchos bancos de arena o arenas movedizas podrían evitarse si permitiéramos que Dios escogiera y mandara según Su voluntad soberana. Como dijo un puritano: "Tan cierto como que un cristiano se labra los dedos, se cortará los suyos". Esta es una gran verdad. Otro antiguo teólogo dijo: "Quien se adelanta a la nube de la providencia de Dios emprende una misión inútil", y así lo hace. Debemos observar la providencia de Dios que nos guía, y si la providencia espera, entonces debemos esperar hasta que llegue. Quien se adelanta a la providencia se alegrará de regresar. *Yo te haré saber y te enseñaré el camino en que debes andar* es la promesa de Dios a Su pueblo (Salmo 32:8). Entreguémosle, pues, todos nuestros problemas y digámosle: "Señor, ¿qué quieres que haga?". No salgas de tu casa esta mañana sin consultar primero con el Señor.

10 de febrero

Sé vivir en pobreza, y sé vivir en prosperidad (Filipenses 4:12).

Muchos que saben vivir con humildad no han aprendido a prosperar. Cuando alcanzan la cima, se les marea la cabeza y están a punto de caer. El cristiano deshonra su profesión de Cristo con mucha más frecuencia en la prosperidad que en la adversidad. Es peligroso ser próspero. El crisol de la adversidad es una prueba menos severa para el cristiano que el crisol de la prosperidad. ¡Oh, cuánta flaqueza de alma y descuido de las cosas espirituales han sido traídos por las mismas misericordias y generosidad de Dios!

Sin embargo, esto no es una necesidad, pues el apóstol nos dice que él sabía tener abundancia y vivir en prosperidad. Cuando tenía mucho, sabía cómo usarlo. La gracia abundante le permitió manejar la abundante prosperidad. Cuando navegaba a toda vela, cargaba mucho lastre y, por lo tanto, flotaba con seguridad. Necesitamos más que habilidad humana para llevar la copa llena del gozo mortal con mano firme; sin embargo, Pablo había aprendido esa habilidad, pues declara: *«En todo y por todo he aprendido el secreto tanto de estar saciado como de tener hambre, de tener abundancia como de necesidad* (Filipenses 4:12).

Es una lección divina saber cómo saciarse, pues los israelitas estuvieron saciados una vez, pero mientras la carne aún estaba en sus bocas, la ira de Dios cayó sobre ellos (Números 11:33). Muchos han pedido misericordia para saciar la lujuria de su corazón. La saciedad de pan a menudo ha generado saciedad de sangre, y eso ha traído consigo pecaminosidad de espíritu. Cuando tenemos muchas de las misericordias providenciales de Dios, a menudo tenemos solo un poco de la gracia de Dios y poca gratitud por las bendiciones que hemos recibido. Estamos saciados y nos olvidamos de Dios. Satisfechos con esta tierra, nos conformamos con prescindir del cielo.

Tan desesperada es la tendencia de la naturaleza humana al orgullo y al olvido de Dios, que puedes estar seguro de que es más difícil saber cómo saciarse que saber cómo tener hambre. Asegúrate de pedir en tus oraciones que Dios te enseñe a saciarte. "No permitas que los dones que Tu amor otorga alejen nuestros corazones de Ti"[15].

---

15   Esto es del himno en inglés de Ottiwell Heginbotham, "Father of Mercies! God of Love!".

11 de febrero

...y reconocían que ellos habían estado con Jesús (Hechos 4:13).

Un cristiano debe ser una imagen evidente de Jesucristo. Quizás hayas leído libros hermosos y elocuentes sobre la vida de Cristo, pero la mejor vida de Cristo es Su biografía viviente, escrita en las palabras y acciones de Su pueblo. Si fuéramos lo que profesamos ser y lo que deberíamos ser, ¡seríamos imágenes de Cristo! Sí, fuéramos imágenes tan evidentes de Él que el mundo no tendría que decir: "Bueno, parece que se le parece un poco", sino que al vernos exclamarían: "¡Ha estado con Jesús! Ha aprendido de Él. ¡Es como Él! Ha captado la idea misma del Santo Hombre de Nazaret y la pone en práctica en su vida y acciones cotidianas".

Un cristiano debe ser como Cristo en su valentía. Nunca te avergüences de admitir que sigues a Jesús. Tu profesión de fe nunca te deshonrará; ten cuidado de no deshonrarla. Sé como Jesús, siendo muy valiente por tu Dios. Imítalo con tu espíritu amoroso. Piensa, habla y actúa con bondad, amor y generosidad para que otros digan de ti: "¡Ha estado con Jesús!".

Imita a Jesús en su santidad. ¿Fue celoso por Su Maestro? Tú también deberías serlo. Siempre haz el bien. No malgastes tu tiempo; es demasiado valioso. ¿Fue Jesús abnegado, sin preocuparse nunca por Sus propios intereses? Entonces sé igual. ¿Fue devoto? Entonces, sé ferviente en tus oraciones. ¿Fue sumiso a la voluntad de Su Padre? Entonces, sométete a él. ¿Fue paciente? Entonces, aprende a perseverar. Y lo mejor de todo, como la máxima representación de Jesús, intenta perdonar a tus enemigos como Él lo hizo. Que esas sublimes palabras de tu Maestro, *"Padre, perdónalos, porque no saben lo que hacen"* (Lucas 23:34), resuenen siempre en tus oídos. Perdona como esperas ser perdonado. Amontona brasas de fuego sobre la cabeza de tu enemigo con tu bondad (Proverbios 25:21-22). Devuelve bien por mal (1 Pedro 3:8-9). Sé piadoso en todo y por todos los medios. Vive de tal manera que todos digan de ti: "¡Ha estado con Jesús!".

12 de febrero

Porque así como los sufrimientos de Cristo son
nuestros en abundancia, así también abunda nuestro
consuelo por medio de Cristo (2 Corintios 1:5).

sta es una porción bendita. El Gobernante de la Providencia tiene una balanza. En un lado pone las pruebas de Su pueblo y en el otro, sus consuelos. Cuando la balanza de las pruebas está casi vacía, siempre encontrarás la balanza de los consuelos en casi la misma condición. Cuando la balanza de las pruebas está llena, encontrarás la balanza de los consuelos igual de pesada. Cuando las nubes negras se agolpan, la luz se nos revela con mayor intensidad. Cuando la noche desciende y la tempestad se acerca, el Capitán celestial siempre está más cerca de Su tripulación.

Es una bendición que cuando estamos más abatidos, es entonces cuando más nos elevan los consuelos del Espíritu. Una razón es que las pruebas dan lugar al consuelo. Los grandes corazones solo se forjan con grandes tribulaciones. La pala de la tribulación excava más profundamente el depósito de consuelo y crea más espacio para él. Dios entra en nuestro corazón y lo encuentra lleno. Empieza a romper nuestras comodidades y a vaciarlo. Entonces hay más espacio para la gracia. Cuanto más humilde sea una persona, más consuelo tendrá siempre, porque estará más dispuesta a recibirlo.

Otra razón por la que a menudo somos más felices en medio de nuestras dificultades es porque es cuando tenemos una relación más estrecha con Dios. Cuando el granero está lleno, podemos vivir sin Dios. Cuando la bolsa rebosa de oro, intentamos prescindir de tanta oración. Sin embargo, una vez que nos quitan las plantas (Jonás 4:7-8) anhelamos a nuestro Dios. Una vez que los ídolos son limpiados de la casa, entonces nos sentimos impulsados a honrar al Señor. *Desde lo más profundo, oh Señor, he clamado a Ti* (Salmo 130:1). No hay oración ni la mitad de sincera que la que surge de lo más profundo del alma a través de profundas pruebas y aflicciones. Nos acercan a Dios y somos más felices, porque la cercanía a Dios es felicidad. ¡Ven, creyente atribulado! No te angusties por tus pesadas tribulaciones, porque son mensajeras de grandes misericordias.

13 de febrero

Miren cuán gran amor nos ha otorgado el Padre: que
seamos llamados hijos de Dios. Y eso somos. Por esto
el mundo no nos conoce, porque no lo conoció a Él.
Amados, ahora somos hijos de Dios (1 Juan 3:1-2).

¡Miren cuán gran amor nos ha otorgado el Padre! Consideren quiénes éramos y cómo nos sentimos incluso ahora, cuando la corrupción es poderosa en nosotros, y nos maravillaremos de nuestra adopción en la familia de Dios. Sin embargo, somos llamados *hijos de Dios.* ¡Qué relación tan cercana es la de un hijo y cuántos privilegios trae! ¡Cuánto cuidado y ternura espera el hijo de su padre y cuánto amor siente el padre por él! Pero todo eso y más lo tenemos ahora por medio de Cristo.

En cuanto a la desventaja temporal de sufrir con el hermano mayor, la aceptamos como un honor: *Por esto el mundo no nos conoce, porque no lo conoció a Él.* Nos contentamos con ser desconocidos con Él en su vergüenza, pues con Él seremos exaltados.

Amados, ahora somos hijos de Dios. Es fácil leerlo, pero no tan fácil sentirlo. ¿Cómo se siente tu corazón esta mañana? ¿Estás sumido en la más profunda tristeza? ¿Aumenta la corrupción en tu espíritu y la gracia parece una chispa pisoteada? ¿Tu fe casi te falla? No temas, porque no es tu gracia ni tus sentimientos lo que te impulsa; simplemente debes vivir por la fe en Cristo. Con todo esto en contra ahora, en lo más profundo de nuestro dolor, dondequiera que estemos, ahora, tanto en el valle como en la montaña, *Amados, ahora somos hijos de Dios.*

"Pero", dices, "¡mira cómo estoy adornado! Mis gracias no son brillantes; mi justicia no brilla con gloria aparente". Pero lee el texto: *aún no se ha manifestado lo que habremos de ser. Pero sabemos que cuando Cristo se manifieste, seremos semejantes a Él* (1 Juan 3:2). El Espíritu Santo purificará nuestras mentes y el poder divino refinará nuestros cuerpos, y entonces *lo veremos como Él es* (1 Juan 3:2).

14 de febrero

*Le cambió sus vestidos de prisión, y comió siempre en la
presencia del rey, todos los días de su vida; 30 y para su sustento,
se le dio de continuo una ración de parte del rey, una porción
para cada día, todos los días de su vida* (2 Reyes 25:29-30).

Joaquín no fue enviado fuera del palacio real con provisiones para meses, sino que su provisión le fue dada como una porción diaria. Con esto, él representa bien la feliz posición de todo el pueblo del Señor. Una porción diaria es todo lo que una persona realmente necesita. No necesitamos las provisiones de mañana, porque ese día aún no ha amanecido y sus necesidades aún son desconocidas. La sed que podamos tener en el mes de junio no necesita ser saciada en febrero, porque aún no la sentimos. Si tenemos suficiente para cada día a medida que llegan los días, nunca conoceremos la escasez. Suficiente para el día es todo lo que podemos disfrutar.

No podemos comer, beber ni vestir más que la provisión diaria de alimento y ropa. El excedente nos da la preocupación de almacenarlo y la ansiedad de estar alerta ante un ladrón. Un bastón ayuda a un viajero, pero un manojo de bastones es una carga pesada. Lo *suficiente* no solo es tan bueno como un festín, sino que también es todo lo que el más glotón puede disfrutar. Lo *suficiente* es todo lo que debemos esperar; anhelar más que esto es ingratitud. Cuando nuestro Padre no nos da más, debemos contentarnos con Su ración diaria.

El caso de Joaquín es similar al nuestro. Tenemos una porción segura. Es una porción que nos dio el Rey. Es una porción de gracia y una porción perpetua. Esto es ciertamente motivo de gratitud.

Amado lector cristiano, necesitas una provisión diaria en materia de gracia. No tienes una provisión extra de gracia. Debes buscar la ayuda de Dios día a día. Es una dulce seguridad que se te provee una porción diaria. Recibirás renovadas fuerzas leyendo y meditando en la Palabra y también en la oración, esperando en Dios y mediante el ministerio de la Palabra. En Jesús, todo lo necesario te es provisto. Disfruta de tu provisión continua. ¡Nunca pases hambre mientras el pan de cada día de la gracia esté en la mesa de la misericordia! *Danos hoy el pan nuestro de cada día* (Lucas 11:3).

15 de febrero

A Él sea la gloria ahora y hasta el día de la eternidad (2 Pedro 3:18).

l cielo estará lleno de las incesantes alabanzas a Jesús. Eternidad, tus innumerables años correrán su curso eterno, pero lo harán por siempre jamás. *¡A Él sea la gloria!*

¿No es Él sacerdote para siempre según el orden de Melquisedec: Pues la Escritura dice: Tú eres sacerdote para siempre a semejanza de Melquisedec (Hebreos 7:17)? *¡A Él sea la gloria!* ¿No es Rey para siempre, Rey de reyes y Señor de señores, el Padre eterno (Apocalipsis 19:16, Isaías 9:6)? *¡A Él sea la gloria por siempre!* Sus alabanzas nunca cesarán. Lo que fue comprado con sangre merece perdurar mientras perdure la inmortalidad. La gloria de la cruz nunca debe ser eclipsada; el brillo de la tumba y de la resurrección nunca debe ser atenuado. *¡Oh, Jesús! Serás alabado por siempre. Mientras vivan los espíritus inmortales y perdure el trono del Padre, ¡por siempre, para ti sea la gloria!*

Creyente, anhelas el momento en que te unirás a los santos celestiales para atribuir toda la gloria a Jesús, pero ¿Lo estás glorificando ahora? Las palabras del apóstol son: *A Él sea la gloria, ahora y hasta el día de la eternidad.* Haz de esta tu oración hoy:

Señor, ¡ayúdame a glorificarte! Soy pobre; ayúdame a glorificarte con contentamiento. Estoy enfermo; ayúdame a honrarte con paciencia. Tengo talentos; ayúdame a ensalzarte dedicándolos a Ti. Tengo tiempo; Señor, ayúdame a redimirlo para poder servirte. Tengo un corazón que sentir; Señor, permite que ese corazón no sienta más amor que el Tuyo y que brille sin otra llama que el afecto por Ti. Tengo una mente para pensar; Señor, ayúdame a pensar en Ti y para Ti. Me has puesto en este mundo para algo, Señor; muéstrame qué es y ayúdame a encontrar el propósito de mi vida para Ti. No puedo hacer mucho, pero así como la viuda echó sus dos blancas, que era todo lo que tenía, así, Señor, pongo mi tiempo y mi eternidad en Tu tesoro. Soy todo Tuyo. Tómame y permíteme glorificarte ahora, en todo lo que digo, en todo lo que hago y con todo lo que tengo.

16 de febrero

…he aprendido a contentarme cualquiera que
sea mi situación (Filipenses 4:11).

stas palabras nos muestran que el contentamiento no es una tendencia natural. La maleza de problemas crece rápidamente. La codicia, el descontento y la murmuración son tan naturales para nosotros como la maleza lo es para la tierra. No necesitamos sembrar cardos ni maleza; crecen con bastante naturalidad porque son propios de la tierra. De la misma manera, no necesitamos enseñar a la gente a quejarse; se quejan con bastante rapidez sin que se les enseñe cómo hacerlo.

Sin embargo, las cosas preciosas de la tierra deben cultivarse. Si queremos cultivar trigo, debemos arar y sembrar. Si queremos flores, debe existir el jardín y todo el cuidado del jardinero. El contentamiento es una de las flores del cielo, y si queremos tenerlo, debemos cultivarlo, pues no crecerá en nosotros por naturaleza. Solo la nueva naturaleza puede producir contentamiento e incluso entonces debemos ser especialmente cuidadosos y vigilantes para mantener y cultivar la gracia que Dios ha sembrado en nosotros.

Pablo dice: *he aprendido a contentarme*. Es como si dijera que en un tiempo no supo cómo estar contento. Le costó mucho trabajo alcanzar el dominio de esa gran verdad. Sin duda, a veces creía haberlo aprendido y luego se derrumbaba. Cuando por fin lo logró y pudo decir: *he aprendido a contentarme cualquiera que sea mi situación*, era un anciano canoso al borde de la tumba, un pobre prisionero encerrado en la mazmorra de Nerón en Roma.

Bien podríamos estar dispuestos a soportar las debilidades de Pablo y compartir con él la fría mazmorra si también estuviéramos dispuestos a alcanzar su alto grado de contentamiento por cualquier medio. No creas que se aprende sin disciplina. No es una facultad que se ejerza naturalmente, sino una gracia que se adquiere gradualmente. Lo sabemos por experiencia. Acalla ese descontento, por natural que sea, y continúa siendo un alumno diligente en la Universidad del Contentamiento.

17 de febrero

Y habitó Isaac junto a Beer Lajai Roi (Génesis 25:11).

Agar había hallado liberación en el pozo de allí e Ismael había bebido del agua revelada con tanta gracia por el Dios que vive y ve a los hijos de los hombres, pero esta fue solo una visita casual, como la que la gente del mundo le hace al Señor en tiempos de necesidad, cuando les sirve. Claman a Él en la angustia, pero lo abandonan en la prosperidad. Isaac habitó allí e hizo del pozo del Dios vivo y omnisciente su fuente constante de abastecimiento.

El curso normal de la vida de una persona, la morada de su alma, es la verdadera prueba de su condición. Quizás la visita providencial que experimentó Agar impactó la mente de Isaac y lo llevó a reverenciar el lugar. Quizás su nombre místico, "el pozo del que vive y me ve", le hizo quererlo. Sus frecuentes meditaciones junto al pozo por las tardes le ayudaron a familiarizarse con él. Conocer a Rebeca allí le había hecho sentir como en casa cerca del lugar. Y lo mejor de todo, el hecho de disfrutar de la comunión con el Dios vivo allí le había llevado a elegir ese lugar sagrado como morada. Aprendamos a vivir en la presencia del Dios vivo. Pidamos al Espíritu Santo que hoy, y todos los días, sintamos la verdad de que "¡Tú, Dios, me ves!".

Que el Señor Dios sea para nosotros como un manantial deleitoso, reconfortante, inagotable y que brote para vida eterna. Nuestras botellas pueden agrietarse y secarse, pero el manantial del Creador nunca se acaba. Dichoso quien habita junto al manantial y por eso tiene provisiones abundantes y constantes a mano. El Señor ha sido un ayudador certero para otros: su nombre es Shaddai, Dios todo suficiente. Nuestros corazones han tenido a menudo una comunión deleitable con Él. Por medio de Él, nuestra alma ha encontrado a su glorioso Esposo, el Señor Jesús, y en Él hoy *vivimos, nos movemos y existimos* (Hechos 17:28). Permítanos, entonces, vivir en estrecha comunión con Él.

Señor glorioso, sostennos para que nunca Te abandonemos,
sino que moremos junto al manantial del Dios vivo.

18 de febrero

Hazme saber qué tienes contra mí (Job 10:2).

uizás, oh, alma atribulada, el Señor hace esto para cultivar tus virtudes. Algunas de tus virtudes nunca se descubrirían si no fuera por tus pruebas. ¿No sabes que tu fe nunca luce tan grande en verano como en invierno? El amor a menudo es como una luciérnaga, que no muestra mucha luz a menos que esté en medio de la oscuridad circundante. La esperanza misma es como una estrella: no se ve en el sol de la prosperidad, sino que solo se revela en la noche de la adversidad. Las aflicciones son a menudo las láminas negras en las que Dios coloca las joyas de las virtudes de sus hijos para hacerlas brillar aún más.

Hace apenas un momento estabas de rodillas diciendo: *Señor, me temo que no tengo fe; hazme saber que tengo fe.* ¿No era esto realmente, aunque quizás inconscientemente, orar por las pruebas? ¿Cómo puedes saber que tienes fe hasta que la ejercites? Ten por seguro que Dios a menudo nos envía pruebas para que descubramos nuestras gracias y podamos estar seguros de su existencia.

Además, no se trata solo de descubrir las gracias, sino también de que el verdadero crecimiento en la gracia es el resultado de las pruebas santificadas. Dios a menudo nos quita nuestras comodidades y privilegios para hacernos mejores cristianos. Él no entrena a Sus soldados en tiendas de lujo y comodidad, sino que los obliga a participar en marchas forzadas y duro servicio. Los hace vadear arroyos, cruzar ríos a nado, escalar montañas y caminar largas distancias con pesadas mochilas de dolor a sus espaldas.

Bueno, cristiano, ¿no podría esto explicar los problemas por los que estás pasando? ¿No está el Señor sacando a relucir tus gracias y haciéndolas crecer? ¿No es esta la razón por la que Él contiende contigo?

> Las pruebas hacen dulce la promesa,
>> Las pruebas dan nueva vida a la oración;
> Las pruebas me llevan a Sus pies,
>> Apóyame y mantenme allí[16].

---

16   Esto es del himno en inglés de William Cowper, "'Tis My Happiness Below".

19 de febrero

"Así dice el Señor Dios: 'Aún permitiré a la casa de Israel
que me pida hacer esto por ellos..."(Ezequiel 36:37).

La oración es precursora de la misericordia. Recurran a la historia sagrada y descubrirán que casi nunca ha llegado a este mundo una gran misericordia sin que la súplica la preceda. Ustedes han comprobado esto en su propia experiencia personal. Dios les ha concedido muchas bendiciones no solicitadas, pero la gran oración siempre ha sido el preludio de una gran misericordia para ustedes. Cuando encontraron paz por primera vez mediante la sangre derramada en la cruz, habían estado orando mucho e intercediendo fervientemente ante Dios para que Él disipara sus dudas y los librara de sus angustias. Su seguridad fue el resultado de la oración. Cuando en algún momento han tenido grandes y placenteras alegrías, las han visto como respuestas a sus oraciones. Cuando has tenido grandes liberaciones de intensas dificultades y una poderosa liberación en grandes peligros, has podido decir: *Busqué al Señor, y Él me respondió, y me libró de todos mis temores* (Salmo 34:4). La oración siempre es el prefacio de la bendición. Precede a la bendición como su sombra.

Cuando la luz de las misericordias de Dios ilumina nuestras necesidades, proyecta la sombra de la oración sobre la llanura. Cuando Dios amontona una montaña de misericordias, Él mismo brilla tras ellas y proyecta la sombra de la oración sobre nuestro espíritu, para que podamos estar seguros de que, si oramos mucho, nuestras súplicas son la sombra de la misericordia.

La oración se conecta con la bendición para mostrarnos su valor. Si tuviéramos las bendiciones sin pedirlas, pensaríamos que son cosas comunes, pero la oración hace que nuestras misericordias sean más preciosas que los diamantes. Lo que pedimos es precioso, pero no nos damos cuenta de su valor hasta que lo buscamos con fervor.

La oración hace que la nube oscura se retire;
la oración sube la escalera que Jacob vio;
ejercita la fe y el amor;
trae toda bendición de lo alto[17].

---

17   Esto es del himno en inglés de William Cowper, "What Various Hindrances We Meet".

20 de febrero

Dios, que consuela a los deprimidos (2 Corintios 7:6).

¿Quién consuela como Dios? Acércate a un hijo de Dios pobre, triste y angustiado, y hazle promesas amables y ofrécele palabras de consuelo, y será como una serpiente sorda; no escucha la voz del encantador, por muy astuta que sea. Está bebiendo hiel y ajenjo, y por mucho que lo consueles, solo obtendrás una o dos palabras de triste aceptación. No oirás salmos de alabanza, aleluyas ni sonetos alegres.

Sin embargo, si Dios viene a Su hijo y le levanta el rostro, los ojos del doliente brillarán de esperanza. ¿No lo oyes cantar: "Es el paraíso cuando estás aquí; si te vas, es el infierno"[18]? No podrías haberlo animado, pero el Señor lo ha hecho. Él es el *Dios de toda consolación* (2 Corintios 1:3). No hay bálsamo en Galaad, pero sí hay bálsamo en Dios (Jeremías 8:22). No hay médico entre las criaturas, pero el Creador es Jehová-Rofi, el Señor que sana (Éxodo 15:26). Es maravilloso cómo una dulce palabra de Dios puede crear cánticos completos para los cristianos. Una palabra de Dios es como una pieza de oro, y el cristiano puede forjar esa promesa durante semanas.

Así pues, pobre cristiano, no necesitas desesperarte. Acude al Consolador y pídele consuelo. Eres un pozo pobre y seco. Has oído decir que cuando una bomba se seca, primero debes echarle agua, y así tendrás agua. De la misma manera, cristiano, cuando estés seco, acude a Dios y pídele que derrame Su alegría en tu corazón, y entonces tu alegría será plena. No recurras a conocidos terrenales, pues los encontrarás como consoladores miserables (Job 16:2). Acude primero a tu Dios, que consuela a los deprimidos, y pronto dirás: *Cuando mis inquietudes se multiplican dentro de mí, Tus consuelos deleitan mi alma* (Salmo 94:19).

---

18   Esto es del himno en inglés de Isaac Watts, "My God, My Life, My Love".

21 de febrero

Él mismo ha dicho (Hebreos 13:5).

Si tan solo podemos comprender estas palabras por fe, tendremos en nuestras manos un arma que todo lo conquista. ¿Qué duda no será aniquilada por esta espada de dos filos? ¿Qué temor no caerá herido de muerte ante esta flecha del arco del pacto de Dios? Las angustias de la vida y los dolores de la muerte, la corrupción interior y las trampas exteriores, las pruebas de arriba y las tentaciones de abajo, todo parecerá aflicción ligeras cuando podamos refugiarnos bajo el baluarte de Él mismo ha dicho. Ya sea para deleitarnos en nuestra quietud o para fortalecernos en nuestro conflicto, debemos recurrir diariamente a *Él mismo ha dicho*.

Esto nos enseña el gran valor de escudriñar las Escrituras. Puede que haya una promesa en la Palabra que se ajuste perfectamente a tu caso, pero quizá no la conozcas y, por lo tanto, te pierdas Su consuelo. Eres como prisioneros en un calabozo y podría haber una llave en un gran juego de llaves que abriera la puerta y les permitiera ser libres; pero si no la buscas, seguirás siendo prisionero, aunque la libertad esté tan cerca.

Puede que haya un remedio poderoso en el gran libro medicinal de las Escrituras, y aun así, seguirás enfermo a menos que examines y escudriñes las Escrituras para descubrir lo que *Él mismo ha dicho*. ¿No deberías, además de leer la Biblia, llenar tu mente con las promesas de Dios y memorizarlas? Puedes recordar los dichos de grandes hombres y memorizar los versos de poetas de renombre, pero ¿no deberías profundizar en tu conocimiento de la Palabra de Dios para poder citarla sin demora cuando necesites enfrentar la adversidad o disipar una duda? Ya que *Él mismo ha dicho* que Él es la fuente de toda sabiduría y la fuente de todo consuelo, deja que more en ti abundantemente, *como una fuente de agua que brota para vida eterna* (Juan 4:14). Si lo haces, crecerás sano, fuerte y feliz en la vida divina.

22 de febrero

Pero su arco permaneció firme y sus brazos fueron ágiles
por las manos del Poderoso de Jacob (Génesis 49:24).

La fuerza que Dios da a Sus Josés es fuerza real. No es un valor alardeado, una ficción ni algo de lo que la gente habla, sino que se desvanece. Es verdad. Es fuerza divina. ¿Por qué José resiste la tentación? Porque Dios lo ayuda. No hay nada que podamos hacer sin el poder de Dios. Toda verdadera fuerza proviene *del Poderoso de Jacob*.

Observen la forma tan benditamente familiar en que Dios le da esta fuerza a José: *sus brazos fueron ágiles por las manos del Poderoso de Jacob*. Así, Dios es representado poniendo Sus manos sobre las manos de José, colocando Sus brazos sobre los brazos de José. Como un padre enseña a sus hijos, así el Señor enseña a quienes Le temen. ¡Él los abraza! ¡Maravillosa bondad! Dios Todopoderoso, eterno, omnipotente, se inclina desde Su trono y pone su mano sobre la mano del niño, extendiendo Su brazo sobre el brazo de José para fortalecerlo.

Esta fuerza también era la fuerza del pacto, pues se le atribuye al *Poderoso de Jacob*. Dondequiera que leas sobre el Dios de Jacob en la Biblia, debes recordar el pacto con Jacob. A los cristianos les encanta pensar en el pacto de Dios. Todo el poder, toda la gracia, todas las bendiciones, todas las misericordias, todos los consuelos —todo lo que tenemos— fluye hacia nosotros desde la fuente a través del pacto. Si no hubiera pacto, entonces fracasaríamos, pues toda gracia proviene de él, así como la luz y el calor provienen del sol. Ningún ángel sube ni baja excepto por esa escalera que vio Jacob, en cuya cima se encontraba un Dios del pacto (Génesis 28:12-13). Cristiano, puede que los arqueros te hayan causado muchos problemas, te hayan disparado y te hayan herido, pero tu arco aún conserva su fuerza. ¡Asegúrate, entonces, de atribuir toda la gloria al Dios de Jacob!

27 de febrero

Nunca te dejaré (Hebreos 13:5).

inguna promesa es *asunto de interpretación personal* (2 Pedro 1:20). Lo que Dios le ha dicho a un santo, se lo ha dicho a todos. Cuando abre un pozo para una persona, es para que todos beban. Cuando abre la puerta de un granero para dar alimento, puede que haya un hombre hambriento que la obligue a abrirse, pero todos los santos hambrientos pueden venir y alimentarse también. No importa si Él dio la palabra a Abraham o a Moisés, oh, creyente; Él te la ha dado como a uno de la simiente del pacto. No hay bendición demasiado alta para ti, ni misericordia demasiado extensa para ti. Alza ahora tus ojos al norte y al sur, al este y al oeste, porque todo esto es tuyo. Sube a la cima del Pisga y contempla el límite máximo de la promesa divina, porque la tierra es toda tuya. No hay arroyo de agua viva que no puedas beber. Si la tierra fluye leche y miel, come la miel y bebe la leche, porque ambas son tuyas. Ten valor para creer, porque Él ha dicho: *Nunca te dejaré ni te desampararé.*

Con esta promesa, Dios lo da todo a su pueblo. *Nunca te dejaré.* Ningún atributo de Dios puede dejar de estar comprometido con nosotros. ¿Es Él poderoso? Se mostrará fuerte a favor de quienes confían en Él. ¿Es Él amor? Entonces, con bondad amorosa, tendrá misericordia de nosotros. Sean cuales sean los atributos que componen el carácter de la Deidad, cada uno de ellos estará comprometido con nosotros al máximo. No hay nada que te pueda faltar, no hay nada que puedas pedir, no hay nada que puedas necesitar en el tiempo ni en la eternidad, no hay nada vivo, no hay nada muerto, no hay nada en este mundo, no hay nada en el mundo venidero, no hay nada ahora, no hay nada en la mañana de la resurrección, y no hay nada en el cielo que no esté contenido en este texto: *Nunca te dejaré ni te desampararé.*

24 de febrero

Haré descender lluvias a su tiempo; serán
lluvias de bendición (Ezequiel 34:26).

sta es la gracia soberana: *Haré descender lluvias*. ¿No es acaso la misericordia divina y soberana, pues quién puede decir *Haré descender lluvias* sino Dios? Solo hay una voz que puede hablar a las nubes y ordenarles que den lluvia. ¿Quién envía la lluvia sobre la tierra y quién esparce las lluvias sobre la hierba verde sino el Señor Dios Todopoderoso? La gracia es el don de Dios y no debe ser creada por el hombre.

También es gracia necesaria. ¿Qué haría la tierra sin las lluvias? Puedes romper los terrones y sembrar tus semillas, pero ¿qué puedes hacer sin la lluvia? Tan absolutamente necesaria como la lluvia es la bendición divina. En vano trabajas hasta que Dios concede la lluvia abundante y envía la salvación.

Esta también es gracia abundante. *Haré descender lluvias*. No dice: "Les enviaré gotas", sino lluvias. Así es con la gracia. Si Dios da una bendición, generalmente la da en tal medida que no hay suficiente para recibirla. ¡Gracia abundante! Necesitamos gracia abundante para mantenernos humildes, para hacernos orantes y para hacernos santos. La gracia abundante nos hace celosos, nos preserva a través de esta vida y finalmente nos lleva al Cielo. No podemos prescindir de las lluvias saturadas de gracia.

Esta gracia es gracia oportuna. *Haré descender lluvias a su tiempo*. ¿Cuál es tu tiempo esta mañana? ¿Es tiempo de sequía? Entonces ese es el tiempo de las lluvias. ¿Es un tiempo de gran tristeza y nubes negras? Entonces ese es el tiempo de las lluvias. *Y como tus días serán tus fuerzas* (Deuteronomio 33:25, RV1960).

Esta gracia es una gracia variada. Serán lluvias de bendiciones. La palabra está en plural. Dios enviará toda clase de bendiciones. Todas las bendiciones de Dios van juntas como eslabones de una cadena de oro. Si Él da gracia que convierte, también dará gracia que reconforta. Enviará lluvias de bendiciones. ¡Mira hacia arriba hoy, oh, planta seca, y abre tus hojas y flores para recibir un riego celestial!

25 de febrero

...la ira que está al venir (Mateo 3:7)

Es agradable caminar después de que pasa una tormenta: oler la frescura de las hierbas después de que cesa la lluvia y observar las gotas mientras brillan como diamantes puros a la luz del sol. Esa es la postura del cristiano. Atraviesa una tierra donde la tormenta se ha desbordado sobre la cabeza de su Salvador y si caen algunas gotas de tristeza, provienen de nubes de misericordia, y Jesús lo anima a seguir asegurándole que no son para su destrucción.

Pero ¡qué terrible es presenciar la llegada de una tormenta y observar sus señales! Vemos a las aves del cielo bajar las alas y al ganado agachar la cabeza aterrorizado. El cielo se oscurece, el sol no brilla y el cielo está furioso y ceñudo. ¡Qué horrible es esperar la terrible llegada de un huracán! Esperar con terrible aprensión hasta que el viento sople con furia, arrancando árboles de raíz, arrancando rocas de sus pedestales y derribando todas las moradas del hombre.

Y, sin embargo, pecador, esta es tu situación actual. Todavía no han caído gotas calientes, pero se avecina una lluvia de fuego. No aúllan vientos terribles a tu alrededor, pero la tempestad de Dios está reuniendo su temible artillería. Los torrentes de agua aún están contenidos por la misericordia, pero las compuertas pronto se abrirán. Los rayos de Dios aún están en su almacén, pero la tormenta se acerca rápidamente, y ¡cuán terrible será el momento en que Dios, revestido de venganza (Isaías 59:17), avance con furia!

¿Dónde, pecador, esconderás la cabeza o adónde huirás? ¡Oh, que la mano de la misericordia te guíe ahora a Cristo! Él se te presenta gratuitamente en el evangelio. Su costado desgarrado es la roca que te protege. Sabes que lo necesitas; cree en Él, arrójate a Él, ¡y entonces la furia se acabará para siempre!

26 de febrero

La salvación es del Señor (Jonás 2:9).

La salvación es obra de Dios. Es solo Él quien da vida al alma que está muerta en delitos y pecado (Efesios 2:1), y también quien mantiene el alma en su vida espiritual. Él es Alfa y Omega. *La salvación es del Señor.* Si oro, Dios me hace orar. Si recibo gracias, son dones de Dios para mí. Si mantengo una vida cristiana constante, es porque Él me sostiene con Su mano. No hago nada en absoluto por mi propia preservación excepto lo que Dios mismo hace primero en mí. Todo lo que tengo, toda mi bondad proviene solo del Señor. Cuando peco, es mío; pero cuando actúo correctamente, es entera y completamente de Dios. Si he ahuyentado a un enemigo espiritual, el Señor fortaleció mi brazo. ¿Vivo una vida consagrada? No soy yo, sino Cristo quien vive en mí (Gálatas 2:20). ¿Soy santo? No me purifiqué a mí mismo, sino que el Espíritu Santo de Dios me santificó. ¿Ya no me nutro del mundo? Eso se debe a que los castigos de Dios fueron santificados para mi bien. ¿Crezco en conocimiento? El gran Instructor me enseña. Todas mis joyas fueron creadas por arte celestial. Encuentro en Dios todo lo que necesito, pero en mí mismo no encuentro nada más que pecado y miseria.

Solo Él es mi roca y mi salvación (Salmo 62:2). ¿Me alimento de la Palabra? Esa Palabra no sería alimento para mí a menos que el Señor la convirtiera en alimento para mi alma y me ayudara a alimentarme de ella. ¿Vivo del maná que bajo del Cielo? (Juan 6:58)? Ese maná es Jesucristo mismo encarnado, cuyo cuerpo y sangre como y bebo (Juan 6:53-56). ¿Recibo continuamente nuevas fuerzas? ¿De dónde saco mi fuerza? Mi socorro viene de los montes celestiales (Salmo 121:1-2); ¡sin Jesús nada puedo hacer! Como una rama no puede dar fruto si no permanece en la vid, yo no puedo dar fruto si no permanezco en Él (Juan 15:4). Lo que Jonás aprendió en las profundidades, déjame aprenderlo esta mañana, a solas con Dios: La salvación *es del señor*.

27 de febrero

*Porque has puesto al Señor, que es mi refugio, Al
Altísimo, por tu habitación* (Salmo 91:9).

Los israelitas en el desierto estaban constantemente expuestos a cambios. Siempre que la columna de nube o de fuego se detenía, se armaban las tiendas; pero entonces, antes de que saliera el sol de la mañana, sonaba la trompeta, el arca se ponía en movimiento y la columna de nube ardiente guiaba el camino por los estrechos senderos de la montaña, subiendo la ladera o a lo largo de la árida soledad del desierto. Apenas tenían tiempo para descansar un poco cuando oían la voz de: "¡Fuera! ¡Este no es tu descanso; debes seguir avanzando hacia Canaán!". Nunca se quedaban mucho tiempo en un mismo lugar. Ni siquiera los pozos ni las palmeras podían detenerlos. Tenían un hogar permanente en su Dios. Su columna de nube era su refugio durante el día y su llama era el fuego de su hogar por la noche. Ellos debían ir de un lugar a otro, cambiando continuamente, sin tener tiempo para establecerse en un solo lugar y decir: "Ahora estamos seguros; en este lugar moraremos".

Sin embargo, aunque siempre estaban cambiando, Moisés pudo decir: *Señor, Tú has sido un refugio para nosotros de generación en generación* (Salmo 90:1).

El cristiano no conoce cambios con respecto a Dios. El cristiano puede ser rico hoy y pobre mañana. Puede estar enfermo hoy y sano mañana. Puede ser feliz hoy y estar angustiado mañana. Sin embargo, no hay cambios en su relación con Dios. Si Dios me amó ayer, me ama hoy. Mi inamovible mansión de descanso es mi bendito Señor. Aunque las perspectivas se arruinen, las esperanzas se desvanezcan, el gozo se marchite y todo sea destruido por el moho, no he perdido nada de lo que tengo en Dios. Él es la *roca de refugio, a la cual pueda ir continuamente* (Salmo 71:3). Soy un peregrino en el mundo, pero en mi Dios me siento en casa. En la tierra vago, pero en Dios habito en una morada tranquila.

28 de febrero

...de Él viene mi esperanza (Salmo 62:5).

s privilegio del creyente usar estas palabras. Si busca algo del mundo, es una esperanza pobre. Pero si busca en Dios la provisión de sus necesidades, ya sean bendiciones temporales o espirituales, su esperanza no será vana. Puede recurrir constantemente a la fuente de la fe y suplir sus necesidades con las riquezas de la bondad amorosa de Dios.

Prefiero a Dios como mi banquero que a todos los multimillonarios del mundo. Mi Señor nunca deja de cumplir Sus promesas, y cuando las llevamos a Su trono, nunca las devuelve sin respuesta. Por lo tanto, esperaré solo en Su puerta, porque siempre la abre con la mano de Su abundante gracia.

Pero tenemos esperanza más allá de esta vida. Moriremos pronto, y entonces, *de Él viene mi esperanza.* ¿Acaso no esperamos que cuando estemos en el lecho de la enfermedad, Él envíe ángeles para llevarnos a Sus brazos? Creemos que cuando el pulso sea débil y el corazón lata con fuerza, un mensajero angelical se detendrá, nos mirará con ojos amorosos y susurrará: "¡Espíritu hermano, ven!". Al acercarnos a la puerta celestial, esperamos escuchar la bienvenida invitación: *Vengan, benditos de Mi Padre, hereden el reino preparado para ustedes desde la fundación del mundo* (Mateo 25:34).

Esperamos arpas de oro y coronas de gloria. Anhelamos pronto estar entre la multitud de seres resplandecientes ante el trono. Anhelamos con ansias el momento en que seamos como nuestro glorioso Señor, *porque lo veremos como Él es* (1 Juan 3:2).

Si estas son tus esperanzas, vive para Dios. Vive con el deseo y la resolución de glorificar a Aquel de quien provienen todas tus provisiones y de cuya gracia en tu elección, redención y llamado es que tienes alguna esperanza de gloria venidera.

29 de febrero

...te he sacado con misericordia (Jeremías 31:3).

Los truenos de la ley y los terrores del juicio se usan para llevarnos a Cristo, pero la victoria final se logra por la misericordia de Dios. El hijo pródigo partió hacia la casa de su padre por necesidad, pero su padre lo vio a lo lejos y corrió a su encuentro. Así que los últimos pasos que dio hacia la casa de su padre fueron con el beso aún cálido en la mejilla y la bienvenida aún resonando en sus oídos.

> La ley y los terrores solo endurecen,
> mientras obran solos;
> pero la sensación de perdón comprado con sangre
> disolverá un corazón de piedra[19].

El Maestro llegó una noche a la puerta y llamó con la mano de hierro de la ley. La puerta se estremeció y tembló sobre sus goznes, pero el hombre apiló todos los muebles que encontró contra la puerta, porque dijo: "¡No Lo dejaré entrar!". El Maestro se dio la vuelta, pero luego regresó. Con Su propia mano suave, usando principalmente la parte donde había penetrado el clavo, volvió a llamar; ¡oh, con cuánta suavidad y ternura! Esta vez la puerta no tembló, sino que se abrió, y allí, de rodillas, se encontró el anfitrión, antes reacio, regocijándose de recibir a su invitado. "¡Pase, pase! Ha llamado de tal manera que me ha conmovido el afecto por Usted. No podía imaginar Su mano traspasada dejando Su marca de sangre en mi puerta, ni Su partida sin un lugar donde quedarse, con la cabeza llena de rocío y el cabello con las gotas de la noche (Cantares 5:2). ¡Me rindo, me rindo! ¡Su amor ha conquistado mi corazón!".

Es lo mismo en todos los casos: la bondad amorosa de Dios triunfa. Lo que Moisés con las tablas de piedra nunca pudo hacer, Cristo lo hace con Su mano traspasada. Esta es la doctrina del llamado eficaz. ¿Lo he experimentado? ¿Puedo decir: "Me atrajo hacia Él y Lo seguí"[20]? Si es así, ¡que Él continúe atrayéndome hasta que al fin me siente en la cena de las bodas del Cordero!

---

19 Esta estrofa pertenece al himno en inglés de Joseph Hart, "Jesus Is Our God and Saviour".

20 Esto se basa en un verso del himno en inglés de de Philip Doddridge "O Happy Day That Fixed My Choice". El verso del himno dice: "He drew me and I followed on" ("Él me atrajo y yo lo seguí").

Marzo

1 de marzo

Despierta, viento del norte, y ven, viento del sur; hagan que mi huerto exhale fragancia, que se esparzan sus aromas. Entre mi amado en su huerto y coma sus mejores frutas (Cantares 4:16).

Cualquier cosa es mejor que la calma sepulcral de la indiferencia. Nuestras almas pueden desear sabiamente el frío viento del norte de la angustia si solo este puede usarse para extraer el perfume de nuestras gracias. No debemos intentar evitar ni siquiera la ráfaga más fría que jamás haya soplado sobre las plantas de la gracia. ¿Acaso la esposa de este versículo no se sometió humildemente a las represiones de su Amado, solo deseando que Él enviara Su gracia de alguna manera, sin pedirle específicamente cómo debía venir? ¿Acaso no se cansó, como nosotros, de la inercia y la calma impía que anhelaba cualquier visita que la motivara a la acción?

Sin embargo, ella también desea el cálido viento del sur que nos consuela: las sonrisas del amor divino y la alegría de la presencia del Redentor. Estas a menudo son poderosamente eficaces para despertar nuestra perezosa vida espiritual. Ella desea uno u otro, o ambos: lo que le permita deleitar a su Amado con las especias de su jardín. Ella no puede soportar ser inútil y nosotros tampoco deberíamos.

¡Qué pensamiento tan alentador! Que Jesús pueda encontrar consuelo en nuestras pobres y débiles gracias. ¿Será posible? Parece demasiado bueno para ser verdad. Podemos acoger con alegría las pruebas o incluso la muerte misma, si así se nos ayuda a alegrar el corazón de Emanuel. ¡Oh, si nuestro corazón se desintegrara en átomos, si tan solo con tal conmoción nuestro dulce Señor Jesús fuera glorificado! Las gracias no ejercitadas son como dulces perfumes que dormitan en las copas de las flores. La sabiduría del gran Jardinero domina muchas causas opuestas para producir el único resultado deseado, haciendo que tanto la aflicción como el consuelo broten las gratas fragancias de la fe, el amor, la paciencia, la esperanza, la perseverancia, la alegría y las demás hermosas flores del jardín. ¡Que podamos experimentar esto con dulzura!

2 de marzo

Y todo Israel tenía que descender a los filisteos,
cada cual para afilar la reja de su arado, su azuela,
su hacha o su azadón (1 Samuel 13:20).

Estamos enfrascados en una gran guerra contra los filisteos del mal. Debemos usar todas las armas a nuestro alcance. Predicar, enseñar, orar, dar: todo debe ponerse en acción y los talentos que se han considerado insuficientes para el servicio deben ahora emplearse. Rejas de arado, picos, hachas u hoces pueden ser útiles para matar a los filisteos. Las herramientas toscas pueden asestar golpes duros y matar no necesita hacerse con elegancia, siempre que se haga con eficacia. Cada momento, oportuno o inoportuno; cada fragmento de habilidad, educada o no; cada oportunidad, favorable o desfavorable, debe aprovecharse, porque nuestros enemigos son muchos y nuestra fuerza es pequeña.

La mayoría de nuestras herramientas necesitan afilarse. Necesitamos rapidez de percepción, tacto, energía y prontitud. En esencia, necesitamos una adaptación completa a la obra del Señor. El sentido común práctico escasea entre quienes lideran y dirigen las actividades cristianas. Podríamos aprender de nuestros enemigos si quisiéramos y hacer que los filisteos afilaran nuestras armas.

Esta mañana, seamos lo suficientemente conscientes como para agudizar nuestro celo durante este día con la ayuda del Espíritu Santo. Observa la energía de los católicos romanos, cómo recorren mar y tierra para conseguir un solo converso (Mateo 23:15). ¿Acaso pretenden monopolizar toda la seriedad? Observen a los devotos paganos, ¡cuántas torturas soportan al servicio de sus ídolos! ¿Son ellos los únicos que muestran paciencia y abnegación? Observen al Príncipe de las Tinieblas: ¡cuán perseverante en sus esfuerzos, cuán descarado en sus intentos, cuán audaz en sus planes, cuán meditado en sus conspiraciones y cuán enérgico en todo! Los demonios están unidos como un solo hombre en su infame rebelión, mientras que nosotros, los creyentes en Jesús, estamos divididos en nuestro servicio a Dios y casi nunca trabajamos en unidad. Ojalá seamos más unidos y eficaces que las huestes de Satanás. ¡Vayamos como buenos samaritanos, buscando a quién bendecir en el nombre de Jesús!

7 de marzo

Te he probado en el crisol de la aflicción (Isaías 48:10).

Consuélate, creyente probado, con este pensamiento: Dios dice *te he probado en el crisol de la aflicción*. Que venga la aflicción; Dios me ha elegido y me ha probado. Pobreza, puedes entrar a mi puerta, pero Dios ya está en casa y me ha elegido. Enfermedad, puedes inmiscuirte, pero tengo un bálsamo listo: Dios me ha elegido. Pase lo que pase en este valle de lágrimas, sé que Él me ha probado.

Si, creyente, necesitas aún mayor consuelo, recuerda que tienes a Jesús contigo en el crisol (horno). En ese espacio silencioso tuyo, se sienta a tu lado Aquel a quien no has visto, pero a quien amas. A menudo, cuando no lo sabes, Él te prepara la cama en tu aflicción y te alisa la almohada. Estás en pobreza, pero el Señor de la vida y la gloria te visita con frecuencia. Le encanta venir a estos lugares desolados para visitarte. Tu Amigo se mantiene cerca de ti. No puedes verlo, pero puedes sentir la presión de Sus manos. ¿No oyes su voz? Incluso en el valle de sombra de muerte, Él dice: *No temas, porque Yo estoy contigo; no te desalientes, porque Yo soy tu Dios* (Isaías 41:10).

No temas, cristiano, porque Jesús está contigo. En todas tus pruebas de fuego, Su presencia es tu consuelo y tu seguridad. Él nunca abandonará a quien ha elegido para Sí. *No temas, porque Yo estoy contigo* es su promesa segura a sus elegidos en el *crisol de la aflicción*. ¿No te aferrarás entonces a Cristo y dirás: "A través de las aguas y las llamas, si Jesús me guía, lo seguiré adonde Él vaya"[21]?

---

21   Esto es del himno en inglés de John Rylandm "In All My Lord's Appointed Ways".

4 de marzo

Te basta mi gracia (2 Corintios 12:9).

Si ninguno de los santos de Dios estuviera atribulado ni probado, no conoceríamos ni la mitad de bien los consuelos de la gracia divina. Cuando encontramos a un vagabundo que no tiene dónde recostar la cabeza, pero puede decir: "Aun así confiaré en el Señor" (Job 13:15), o cuando vemos al pobre hambriento de pan y agua que aún se gloría en Jesús, o cuando vemos a la viuda desconsolada, abrumada por la aflicción, pero con fe en Cristo, ¡qué honor refleja esto para el evangelio!

La gracia de Dios se ilustra y magnifica en las dificultades y pruebas de los creyentes. Los santos resisten ante cualquier desánimo, creyendo que todas las cosas obran para su bien (Romanos 8:28) y que de los males aparentes ¡finalmente brotará una verdadera bendición! Creen que su Dios obrará una liberación para ellos rápidamente o con toda seguridad los apoyará en la dificultad mientras Le plazca mantenerlos en ella. Esta paciente perseverancia de los santos demuestra el poder de la gracia divina.

Hay un faro en el mar, pero en una noche tranquila no puedo saber si el edificio es firme. La tormenta debe rugir a su alrededor y entonces sabré si se mantendrá en pie. Así sucede con la obra del Espíritu. Si no estuviera rodeada muchas veces por aguas turbulentas, no sabríamos que es verdadera y fuerte. Si los vientos no soplaran sobre ella, no sabríamos cuán firme y segura es.

Las obras maestras de Dios son aquellas personas que se mantienen firmes e inamovibles en medio de las dificultades. "Tranquilos en medio del clamor desconcertante, confiados en la victoria"[22]. Quien desee glorificar a su Dios debe anhelar enfrentarse a muchas pruebas. Nadie puede ser ilustre ante el Señor a menos que sus conflictos sean muchos. Si, entonces, el tuyo es un camino con muchas pruebas, regocíjate en él, porque mostrarás mejor la gracia de Dios, que todo lo basta. En cuanto a que Él te falle, ni lo pienses. ¡Ni se te ocurra! ¡Puedes confiar hasta el final en el Dios que ha sido suficiente hasta ahora!

---

22   Esto es del himno en inglés de Thomas Lynch, "Brothers, let us sing to the Lord".

5 de marzo

...no durmamos como los demás (1 Tesalonicenses 5:6).

*H*ay muchas maneras de avanzar en nuestra vida cristiana. Como una de ellas, permítanme recomendar encarecidamente a los cristianos que conversen sobre los caminos del Señor. En *El progreso del peregrino,* Cristiano y Esperanzado, mientras viajaban hacia la Ciudad Celestial, se dijeron: "Para evitar la somnolencia en este lugar, entablemos una buena conversación". Cristiano preguntó: "Hermano, ¿por dónde empezamos?". Esperanzado respondió: "Por donde Dios empezó con nosotros". Entonces, Cristiano cantó esta canción: "Cuando los santos se duerman, que vengan aquí y escuchen cómo hablan estos dos peregrinos. Sí, que aprendan de ellos, de cualquier manera, para así mantener abiertos sus ojos somnolientos. La comunión de los santos, si se gestiona bien, los mantiene despiertos, y eso a pesar del infierno".

Los cristianos que se aíslan y caminan solos son muy propensos a la somnolencia. Si te mantienes en verdadera compañía cristiana, te mantendrás espiritualmente despierto y te sentirás renovado y animado para avanzar más rápido en el camino al Cielo. Pero al compartir este dulce consejo con otros en los caminos de Dios, procura que el tema de tu conversación sea el Señor Jesús. Que la mirada de la fe esté constantemente fija en Él. Que tu corazón esté lleno de Él. Que tus labios hablen de Su valor. Amigo, vive cerca de la cruz y no dormirás.

Esfuérzate por adquirir un profundo sentido del valor del lugar al que vas. Si recuerdas que vas al Cielo, no dormirás en el camino. Si piensas que el infierno está detrás de ti y que el diablo te persigue, no te quedarás atrás. ¿Dormiría el homicida con el vengador de la sangre a sus espaldas y la ciudad de refugio delante de él? Cristiano, ¿dormirás mientras las puertas de perla están abiertas, los cantos de los ángeles te esperan para que te unas a ellos y una corona de oro está lista para tu frente? ¡No! En santa comunión, continúa velando y orando para no caer en la tentación (Mateo 26:41).

6 de marzo

Tienen que nacer de nuevo (Juan 3:7).

La regeneración es un tema fundamental para la salvación. Debemos ser muy diligentes en asegurarnos de que realmente nacimos de nuevo, pues muchos creen serlo, pero no es así. Tengan la seguridad de que el *nombre* de un cristiano no define la naturaleza de un cristiano. Nacer en una tierra cristiana y ser reconocido como creyente no sirve de nada a menos que se le añada algo más: nacer de nuevo por el poder del Espíritu Santo.

La regeneración es un asunto tan misterioso que las palabras humanas no pueden describirlo. *El viento sopla por donde quiere, y oyes su sonido, pero no sabes de dónde viene ni adónde va; así es todo aquel que es nacido del Espíritu* (Juan 3:8). Sin embargo, es un cambio que se conoce y se siente. Se conoce por obras de santidad y se siente por una experiencia de gracia.

Esta gran obra es sobrenatural. No es una operación que una persona realiza por sí misma. Es un nuevo principio infundido en nosotros que obra en el corazón, renueva el alma y afecta a toda la persona. No es un cambio de nombre, sino una renovación de mi naturaleza, para que ya no sea la persona que era, sino una nueva persona en Cristo Jesús (2 Corintios 5:17). Lavar y vestir un cadáver es muy diferente a revivirlo. Los humanos pueden hacer lo primero, pero solo Dios puede hacer lo segundo.

Si, entonces, has nacido de nuevo, tu reconocimiento será: "Oh, Padre eterno, Tú eres mi padre espiritual. Si tu Espíritu no hubiera infundido en mí el aliento de una vida nueva, santa y espiritual, habría permanecido muerto en delitos y pecados. Mi vida celestial proviene completamente de Ti. Mi vida está *escondida con Cristo en Dios* (Colosenses 3:3). *Ya no soy yo el que vive, sino que Cristo vive en mí* (Gálatas 2:20)".

Que el Señor nos permita estar bien seguros en este punto vital, pues no ser regenerado es no ser salvo, no ser perdonado, no tener Dios y no tener esperanza.

7 de marzo

Tengan fe en Dios (Marcos 11:22).

La fe es el pie del alma que le permite marchar por el camino de los mandamientos. El amor puede hacer que los pies avancen con más rapidez, pero la fe es el pie que sostiene el alma. La fe es el aceite que permite que las ruedas de la santa devoción y la piedad sincera avancen bien. Sin fe, las ruedas se pierden en el carro y nos arrastramos pesadamente. Con fe, todo lo puedo; sin fe, no tengo ni la inclinación ni el poder para hacer nada al servicio de Dios. Si quieres encontrar a las personas que mejor sirven a Dios, debes buscar a las personas con más fe.

Poca fe salvará a una persona, pero poca fe no puede hacer grandes cosas por Dios. La pobre Poca Fe no podría haber luchado contra Apolión; necesitó a Cristiano para hacerlo[23]. Poca Fe no podría haber matado al Gigante Desesperación; ¡necesitó el brazo de Gran Corazón para derribar a ese monstruo! Poca Fe seguramente irá al cielo, pero a menudo tiene que esconderse en una cáscara de nuez y con frecuencia pierde todo menos sus joyas. Poca Fe dice: "Es un camino áspero, lleno de espinas afiladas y de peligros; ¡tengo miedo de ir!". Pero Gran Fe recuerda la promesa: "Tus zapatos serán de hierro y bronce; como tus días, así serán tus fuerzas", y así se aventura con valentía (Deuteronomio 33:25 RV1960). Poca Fe se queda abatida, mezclando sus lágrimas con la corriente, pero Gran Fe canta: No temas, porque Yo te he redimido, te he llamado por tu nombre; Mío eres tú. Cuando pases por las aguas, Yo estaré contigo, y si por los ríos, no te cubrirán. Cuando pases por el fuego, no te quemarás, ni la llama te abrasará. Porque Yo soy el Señor tu Dios, el Santo de Israel, tu Salvador (Isaías 43:1-3), y entonces cruza el arroyo.

¿Te gustaría sentirte cómodo y feliz? ¿Quieres disfrutar del cristianismo? ¿Deseas tener la religión de la alegría y no de la tristeza? Entonces ten fe en Dios. Si amas la oscuridad y te conformas con vivir en la tristeza y la miseria, conténtate con poca fe; pero si amas la luz del sol y prefieres cantar canciones de alegría, anhela con fervor este don supremo de la gran fe.

23　Estas son referencias de *El progreso del peregrino*, de John Bunyan, disponible en Aneko Press.

8 de marzo

*...a través de muchas tribulaciones entremos
en el reino de Dios* (Hechos 14:22).

l pueblo de Dios tiene sus pruebas. Al elegir a Su pueblo, Dios nunca planeó que no fueran probados. Fueron escogidos en el crisol de la aflicción. Nunca fueron escogidos para la paz y el gozo terrenales. Nunca se les prometió la liberación de las enfermedades y los dolores de la vida terrenal, pero cuando su Señor redactó la carta de privilegios, incluyó los castigos entre las cosas que inevitablemente heredarían. Las pruebas son parte de nuestra suerte. Nos fueron predestinadas en el último legado de Cristo: *En el mundo tienen tribulación* (Juan 16:33). Tan ciertas como las estrellas fueron hechas por Sus manos y sus órbitas fueron fijadas por Él, ¡así de ciertas son las pruebas que nos han sido asignadas! Dios ha ordenado su tiempo, su lugar, su intensidad y el efecto que tendrán sobre nosotros.

Las personas piadosas nunca deben esperar escapar de las dificultades; si lo hacen, se decepcionarán, pues ninguno de sus predecesores ha estado sin ellas. Recuerda la paciencia de Job. Recuerda a Abraham, pues él tuvo sus pruebas, y por su fe en ellas se convirtió en el padre de los fieles (Romanos 4:16). Observa bien las biografías de todos los patriarcas, profetas, apóstoles y mártires, y no descubrirás a nadie a quien Dios haya hecho vaso de misericordia que no haya pasado por el fuego de la aflicción. Está ordenado desde la antigüedad que la cruz de la tribulación esté grabada en cada vaso de misericordia, así como la marca real distingue a los vasos de honor del rey.

El camino de los hijos de Dios pasa por la tribulación. Tienen el consuelo de saber que su Maestro la ha recorrido antes que ellos. Tienen Su presencia y compasión para animarlos, Su gracia para sostenerlos y Su ejemplo para enseñarles a perseverar. Cuando lleguen al reino, habrá más que compensado las muchas tribulaciones por las que pasaron para entrar en él.

9 de marzo

Y todo él, deseable (Cantar de los Cantares 5:16).

La belleza superlativa de Jesús es sumamente atractiva. No es tanto para ser admirada como para ser amada. Él es más que agradable y hermoso, pues es *todo él, deseable*. Es completamente encantador. Sin duda, el pueblo de Dios puede justificar plenamente el uso de esta excelente frase, pues Él es el objeto de su más cálido amor, un amor fundado en la excelencia intrínseca de Su persona y la completa perfección de Su carácter.

Discípulos de Jesús, miren los labios de Su Maestro y digan: "¿No son dulcísimos?". ¿Acaso sus palabras no arden en sus corazones mientras Él les habla en el camino (Lucas 24:32)? Adoradores de Emanuel, miren Su cabeza de oro fino; ¿no son preciosos para ustedes Sus pensamientos? ¿No se endulza Su adoración con afecto al inclinarse humildemente ante ese hermoso rostro? ¿No hay deleite en cada uno de Sus rasgos y no está toda Su persona perfumada con la fragancia de Sus buenos ungüentos que Lo hacen amado? ¿Hay algún miembro de Su glorioso cuerpo que no sea atractivo? ¿Hay alguna parte de Su persona que no sea un imán para nuestras almas? ¿Hay algún rol Suyo que no sea un fuerte lazo para atar tu corazón?

Nuestro amor no es solo un sello sobre Su corazón lleno de amor, sino que también se extiende sobre Su brazo poderoso. No hay una sola parte de Él que no se adhiera a él. Ungimos Su ser entero con la dulce fragancia de nuestro ferviente amor. Deseamos imitar Su vida por completo. Queremos imitar Su carácter en su totalidad. En todos los demás seres notamos defectos y carencias, pero en Jesús solo hay perfección. Incluso los más preciados de Sus santos han tenido manchas en sus vestiduras y arrugas en sus frentes, pero Él es pura belleza. Todos los soles terrenales tienen sus manchas. El mundo mismo tiene su desierto. No podemos amar la totalidad ni siquiera de lo más hermoso, pero Cristo Jesús es oro puro, luz sin oscuridad y gloria sin nube. ¡Sí, *y todo él, deseable*!

10 de marzo

...en mi prosperidad dije: "Jamás seré conmovido" (Salmo 30:6).

eposada ha estado Moab desde su juventud... No ha sido vaciada de vasija en vasija (Jeremías 48:11). Dale riqueza a un hombre. Que sus barcos traigan continuamente a casa ricos cargamentos. Que los vientos y las olas parezcan sus siervos para llevar sus naves por la superficie del poderoso mar. Que sus tierras produzcan abundantemente. Que el clima sea favorable para sus cosechas. Que el éxito ininterrumpido lo acompañe. Que se destaque entre los hombres como un comerciante exitoso. Que goce de salud constante. Permítele fuerza y concentración para marchar por el mundo y vivir feliz. Dale un espíritu alegre. Que siempre tenga una canción en sus labios. Que sus ojos brillen de alegría. La consecuencia natural de una vida tan fácil para cualquiera, incluso si es el mejor cristiano que jamás haya respirado, será la presunción. Incluso David dijo: *Jamás seré conmovido,* y no somos mejores que David, ni siquiera la mitad de buenos.

Hermano, ten cuidado con los lugares tranquilos a lo largo del camino. Si el camino es áspero, da gracias a Dios. Si Dios siempre nos meciera en la cuna de la prosperidad, si siempre fuéramos mimados en las rodillas de la fortuna, si no tuviéramos algunas manchas en la columna de alabastro, si no hubiera algunas nubes en el cielo, si no tuviéramos algunas gotas amargas en el vino de esta vida, nos embriagaríamos de placer. Pensaríamos que estamos de pie, y lo estaríamos, pero sería sobre un pináculo. Como el hombre dormido en el mástil, estaríamos en peligro a cada momento. Damos gracias a Dios, entonces, por nuestras aflicciones. Le damos gracias por nuestros cambios. Ensalzamos Su nombre por las pérdidas de propiedad. Sabemos que si Él no nos hubiera castigado, podríamos habernos vuelto demasiado seguros. La prosperidad mundana continua es una prueba ardiente. "Las aflicciones, aunque parecen severas, a menudo son enviadas con misericordia[24]".

---

24   Esto es del himno en inglés de John Newton, "Afflictions, Though They Seem Severe".

11 de marzo

*Porque todos nosotros debemos comparecer ante
el tribunal de Cristo* (2 Corintios 5:10).

Cuídate de los pensamientos despreocupados sobre el pecado. Al
momento de la conversión, la conciencia es tan sensible que tememos
hasta el más mínimo pecado. Los jóvenes conversos tienen una santa timidez,
un temor piadoso de pecar contra Dios. Pero, lamentablemente, muy pronto
la hermosa flor de estos primeros frutos maduros se desvanece por el trato
brusco del mundo circundante y la delicada planta de la piedad juvenil se convierte en un sauce, demasiado dócil y demasiado fácil de ceder. Es tristemente
cierto que incluso un cristiano puede volverse muy insensible poco a poco, de
modo que el pecado que una vez lo asustó no lo alarma en lo más mínimo.

Poco a poco, las personas se familiarizan con el pecado. El oído en el que
ha resonado el cañón no percibirá sonidos débiles. Al principio, un pequeño
pecado nos asusta, pero pronto decimos: "¿No es solo uno pequeño?". Luego
viene un pecado mayor, y luego otro, hasta que poco a poco empezamos
a considerar el pecado como algo menor. Luego sigue una actitud impía:
"No hemos caído en pecado manifiesto. Es cierto que cometimos uno o
dos pequeños errores, pero en general nos mantuvimos en pie. Puede que
hayamos dicho alguna que otra palabra grosera, pero la mayor parte de
nuestra vida ha sido coherente". Así que intentamos ocultar el pecado. Lo
cubrimos con un manto y lo llamamos con nombres delicados.

Cristiano, ten cuidado con cómo piensas del pecado. Ten cuidado, no sea
que caigas poco a poco. ¿Es el pecado algo insignificante? ¿No es un veneno?
¿Quién conoce su letalidad? ¿Es el pecado algo insignificante? ¿Acaso las
zorras pequeñas no echan a perder las uvas? ¿Acaso el diminuto insecto coral
no construye una roca que destroza una armada? ¿Acaso los pequeños golpes
no derriban robles imponentes? ¿Acaso las gotas continuas no desgastan las
piedras? ¿Es el pecado algo insignificante? ¡Rodeó de espinas la cabeza del
Redentor y le atravesó el corazón! Le hizo sufrir angustia, amargura y dolor.

Si pudieras pesar el más mínimo pecado en la balanza de la eternidad,
huirías de él como de una serpiente. Aborrecerías la más mínima apariencia
de maldad. Considera todo pecado como aquello que crucificó a tu Salvador
y verás que es *en extremo pecaminoso* (Romanos 7:13).

12 de marzo

Amarás a tu prójimo (Mateo 5:43).

Amarás a tu prójimo. Quizás él sea muy rico y tú seas pobre, viviendo en tu pequeña cabaña junto a su majestuosa mansión. Cada día ves sus vastas propiedades, sus exquisitas posesiones y sus suntuosos festines. Dios le ha dado estos dones. No codicies su riqueza ni lo critiques. Confórmate con tu situación si no puedes mejorarla, pero no mires a tu prójimo deseando que fuera como tú. Ámalo y así no lo envidiarás.

Quizás, por otro lado, eres rico y algunas familias pobres viven cerca. No te niegues a reconocerlas como tus prójimos. Reconoce que estás obligado a amarlas. El mundo las llama tus inferiores. ¿En qué sentido son inferiores? Son mucho más iguales a ti que inferiores a ti, pues *Dios hizo todas las naciones del mundo para que habitaran sobre toda la superficie de la tierra* (Hechos 17:26). Quizás tu abrigo sea mejor que el de ellos, pero tú no eres en absoluto mejor que ellos. Son personas, ¿y qué eres tú más que eso? Cuídate de amar a tu prójimo, aunque ande harapiento o esté sumido en la pobreza.

Pero quizás digas: "No puedo amar a mi prójimo porque, a pesar de todo lo que hago, responde con ingratitud y desprecio". Esa es una razón más para que demuestres el heroísmo del amor. ¿Serías un guerrero emplumado en lugar de soportar la dura batalla del amor? Quien más se aventura, más triunfa. Si tu camino de amor es áspero, córrelo con valentía, amando a tu prójimo en las buenas y en las malas. Amontona brasas sobre sus cabezas (Proverbios 25:21-22), y si son difíciles de complacer, no te propongas complacerlos, sino complacer a tu Maestro. Recuerda que si rechazan tu amor, tu Maestro no lo ha rechazado, y tu obra es tan aceptable para Él como si lo hubiera sido para ellos. Ama a tu prójimo, porque al hacerlo estás siguiendo los pasos de Cristo.

13 de marzo

¿Por qué estamos aquí sentados esperando la muerte? (2 Reyes 7:3).

uerido lector, este pequeño libro fue creado principalmente para la edificación de los creyentes, pero si aún no eres salvo, nuestro corazón te anhela y con gusto te diríamos una palabra que pueda serte de bendición.

Abre tu Biblia y lee la historia de los leprosos (2 Reyes 7). Observa sus circunstancias, que eran muy similares a las tuyas. Si te quedas donde estás, perecerás. Si acudes a Jesús, lo peor que podría pasar es que mueras. "Quien no arriesga, no gana", dice el viejo proverbio, y en tu caso, la aventura es grande. Si te quedas sentado en una triste desesperación, nadie podrá compadecerte cuando llegue tu ruina; pero si mueres buscando misericordia, si tal cosa fuera posible, serías objeto de compasión universal. Nadie escapa si se niega a mirar a Jesús, pero sabes que al menos algunos se salvan si creen en Él, pues algunos de tus conocidos han alcanzado misericordia. ¿Por qué tú no?

Los ninivitas dijeron: *¡Quién sabe!* (Jonás 3:9). Actúa con la misma esperanza y prueba la misericordia del Señor. Perecer es tan terrible que, si tan solo hubiera una brizna de hierba, el instinto de supervivencia te llevaría a extender la mano.

Te hemos estado hablando desde tu propia incredulidad y ahora queremos asegurarte, como de parte del Señor, que si Lo buscas, Lo encontrarás (1 Crónicas 28:9). Jesús no rechaza a nadie que venga a Él. No perecerás si confías en Él. Al contrario, ¡encontrarás un tesoro mucho más valioso que el de los pobres leprosos reunidos en el campamento desierto de Siria (2 Reyes 7:8)! Que el Espíritu Santo te anime a ir de inmediato y no creerás en vano.

Cuando seas salvo, comparte la buena nueva con otros. Cuéntaselo primero a la casa del Rey y únete a ellos en comunión. Que el portero de la ciudad, el ministro, sea informado de su descubrimiento, y luego proclame la buena nueva en todo lugar. Que el Señor te salve antes de que se ponga el sol hoy.

14 de marzo

...el que cree que está firme, tenga cuidado,
no sea que caiga (1 Corintios 10:12).

Es curioso que exista el orgullo por la gracia. Alguien dice: "Tengo una gran fe. No caeré. Alguien con poca fe puede caer, pero yo, nunca".

"Tengo un amor ferviente", dice otro. "Puedo mantenerme firme. No hay peligro de extraviarme". Quien se jacta de la gracia tiene poca gracia de la que jactarse. Quienes imaginan que sus gracias pueden conservarlos no deben saber que el arroyo debe fluir constantemente de la fuente, o de lo contrario, el arroyo pronto se secará. Si un flujo continuo de aceite no llega a la lámpara, aunque hoy arda con fuerza, mañana humeará y tendrá un olor desagradable.

Cuídate de no jactarte de tus virtudes, sino que toda tu gloria y confianza recaigan en Cristo y Su fuerza, pues solo así podrás evitar caer. Ora mucho más. Dedica más tiempo a la santa adoración. Lee las Escrituras con más fervor y constancia. Vive con más cuidado. Vive más cerca de Dios. Toma como modelo los mejores ejemplos. Que tus acciones y conversaciones recuerden al Cielo. Que tu corazón se perfume con afecto por las almas de los demás. Vive de tal manera que la gente sepa que has estado con Jesús y has aprendido de Él.

Cuando llegue ese feliz día, cuando Aquel a quien amas te diga: "¡Sube más alto!", que sea tu alegría oírle decir: "Has peleado la buena batalla, has terminado la carrera y te espera la corona incorruptible de justicia" (2 Timoteo 4:7-8).

¡Continúa, cristiano, con cuidado y cautela! ¡Continúa con santo temor y temblor! Continúa con fe y confianza solo en Jesús y que tu petición constante sea: *Sostenme conforme a Tu promesa* (Salmo 119:116). Él es capaz, y solo Él, de *guardarlos a ustedes sin caída y para presentarlos sin mancha en presencia de Su gloria con gran alegría* (Judas 24).

15 de marzo

...fortalécete en la gracia que hay en Cristo Jesús (2 Timoteo 2:1).

Cristo posee gracia ilimitada en Sí mismo, pero no la ha reservado para Sí. Así como el depósito se vacía en las tuberías, así también Cristo ha derramado Su gracia para Su pueblo. *Pues de Su plenitud todos hemos recibido, y gracia sobre gracia* (Juan 1:16). Parece que solo tiene gracia para dárnosla. Él es como la fuente, siempre fluyendo, pero solo fluye para abastecer los cántaros vacíos y los labios sedientos que se acercan a ella. Como un árbol, da fruto dulce, no para colgar de las ramas, sino para ser recogido por quienes lo necesitan. La gracia, ya sea su obra de perdonar, purificar, preservar, fortalecer, iluminar, reavivar o restaurar, siempre se obtiene de Él gratuitamente y sin precio. No hay una sola forma de la obra de la gracia que Él no haya otorgado a Su pueblo.

Así como la sangre del cuerpo, aunque fluye del corazón, pertenece por igual a cada parte del cuerpo, así también las influencias de la gracia son la herencia de cada santo unido al Cordero. En esto hay una dulce comunión entre Cristo y Su iglesia, pues ambos reciben la misma gracia. Cristo es la cabeza sobre la que se vierte primero el aceite, pero el mismo aceite corre hasta las mismas bordes de las vestiduras, de modo que el santo más humilde recibe el mismo ungüento que el que cayó sobre la cabeza.

Esta es la verdadera comunión, cuando la savia de la gracia fluye del tronco a la rama y cuando se comprende que el tronco mismo se sustenta con el mismo alimento que alimenta a la rama. A medida que recibimos la gracia de Jesús día a día y la reconocemos cada vez más como proveniente de Él, Lo contemplaremos en comunión con nosotros y disfrutaremos del deleite de la comunión con Él. Hagamos uso diario de nuestras riquezas y acudamos siempre a Él como a nuestro propio Señor en pacto, tomando de Él la provisión de todo lo que necesitamos, ¡con la misma audacia con la que las personas toman dinero de sus propias billeteras!

16 de marzo

Porque extranjero soy junto a Ti (Salmo 39:12).

Sí, oh, Señor, soy un extraño (extranjero) *junto* a Ti, pero no *para* Ti. Tu gracia ha eliminado eficazmente todo mi distanciamiento natural de Ti y ahora, en comunión contigo, camino por este mundo pecaminoso como un peregrino en un país extranjero. Eres un extraño en Tu propio mundo. El hombre te olvida, te deshonra, establece nuevas leyes y costumbres extranjeras, y no te conoce. Cuando Tu amado Hijo vino a los Suyos, *los Suyos no lo recibieron* (Juan 1:11). *Él estaba en el mundo, y el mundo fue hecho por medio de él, y el mundo no lo conoció* (Juan 1:10).

Nunca un extranjero fue un pájaro tan señalado entre los habitantes de ninguna tierra como lo fue Tu Amado Hijo entre los hermanos de Su madre (Jeremías 12:9). No es de extrañar, entonces, que quienes vivimos la vida de Jesús seamos desconocidos y extraños aquí abajo. No quiero ser ciudadano donde Jesús fue extraño. Su mano traspasada ha desatado las ataduras que una vez ataron mi alma a esta tierra y ahora me encuentro como un extraño en la tierra. Mi habla parece un idioma extraño para estos babilonios entre quienes habito. Mis modales son peculiares y mis acciones son extrañas para la gente de este mundo. Nunca podría sentirme a gusto en el territorio de los pecadores.

Pero aquí está la dulzura de mi situación: *extranjero soy junto a Ti*. Eres mi compañero de sufrimiento y compañero de peregrinación. ¡Qué alegría es vagar en una compañía tan bendecida! Mi corazón arde en mi interior cuando me hablas y aunque soy un peregrino, soy mucho más bendecido que quienes se sientan en tronos, y me siento mucho más a gusto que quienes habitan en sus palacios de marfil.

17 de marzo

Solo nos pidieron que nos acordáramos de los pobres (Gálatas 2:10).

¿Por qué permite Dios que tantos de Sus hijos sean pobres? Podría enriquecerlos a todos si quisiera. Podría poner bolsas de oro en sus puertas. Podría enviarles una gran renta anual. Podría esparcir provisiones en abundancia alrededor de sus casas, tal como hizo que las codornices se amontonaran alrededor del campamento de Israel y les hizo llover pan del cielo para alimentarlos. No hay necesidad de que sean pobres, a menos que Dios lo considere conveniente. Los millares de animales en los cerros son suyos (Salmo 50:10). Él podría proveerlos. Podría hacer que los más ricos, los más grandes y los más poderosos pusieran todo su poder y riquezas a los pies de Sus hijos, porque los corazones de todas las personas están bajo Su control. Pero Él no elige hacerlo. Les permite sufrir necesidad. Les permite experimentar pobreza y oscuridad.

¿Por qué? Hay muchas razones. Una es dar a quienes han recibido suficiente favor la oportunidad de mostrar amor a Jesús. Demostramos nuestro amor por Cristo cuando cantamos sobre él y cuando le oramos, pero si no hubiera pobres en el mundo, perderíamos el dulce privilegio de demostrar nuestro amor al ministrar a Sus hermanos más pobres.

Dios ha ordenado que demostremos que nuestro amor no es solo de palabra, sino también de hecho y en verdad (1 Juan 3:18). Si verdaderamente amamos a Cristo, cuidaremos de quienes Él ama. Quienes son queridos por Él serán queridos por nosotros. Por lo tanto, no lo consideremos un deber, sino un privilegio, el ayudar a los pobres del rebaño del Señor. Recuerda las palabras del Señor Jesús: *en cuanto lo hicieron a uno de estos hermanos Míos, aun a los más pequeños, a Mí lo hicieron* (Mateo 25:40). Ciertamente, esta seguridad es lo suficientemente dulce y este motivo lo suficientemente fuerte como para llevarnos a ayudar a los demás con una mano dispuesta y un corazón amoroso, recordando que todo lo que hacemos por Su pueblo es aceptado por Cristo como hecho a Sí mismo.

18 de marzo

Todos ustedes son hijos de Dios mediante la
fe en Cristo Jesús (Gálatas 3:26).

La paternidad de Dios es común a todos Sus hijos. ¡Ah, Poca Fe!, a menudo has dicho: "¡Oh, si yo tuviera el coraje de Gran Corazón, si pudiera empuñar su espada y ser tan valiente como él! Pero, tristemente, tropiezo con cada brizna de hierba y una sombra me atemoriza". ¿No sabes, Poca Fe, que Gran Corazón es hijo de Dios, y tú también lo eres? Gran Corazón no es ni un ápice más hijo de Dios que tú. Pedro y Pablo, los apóstoles altamente favorecidos, eran de la familia del Altísimo, y tú también. El cristiano débil es tan hijo de Dios como el fuerte.

Todos los nombres están en el mismo registro familiar. Una persona puede tener más gracia que otra, pero nuestro Padre celestial tiene el mismo corazón tierno para con todos. Una persona puede hacer obras más poderosas y dar más gloria a Su Padre, pero aquel cuyo nombre es el más pequeño en el reino de los cielos es tan hijo de Dios como quien se encuentra entre los valientes del Rey. Que esto nos anime y nos consuele cuando nos acercamos a Dios y decimos: *Padre nuestro*.

Sin embargo, aunque nos reconforta saber esto, no nos conformemos con una fe débil, sino pidamos, como los apóstoles, que nuestra fe aumente (Lucas 17:5). Por débil que sea nuestra fe, si es una fe verdadera en Cristo, al final alcanzaremos el Cielo, pero no honraremos mucho a nuestro Maestro en nuestro peregrinar, ni abundaremos en gozo y paz. Si, pues, quieres vivir para la gloria de Cristo y ser feliz en Su servicio, procura llenarte cada vez más del espíritu de adopción, hasta que el amor perfecto eche fuera el temor (1 Juan 4:18).

19 de marzo

...se fortaleció en fe (Romanos 4:20).

Cristiano, cuida bien tu fe, pues la fe es la única manera de obtener bendiciones. Si deseamos las bendiciones de Dios, nada puede derribarlas excepto la fe. La oración no puede obtener respuestas del trono de Dios, excepto la oración sincera de quien cree. La fe es el mensajero angelical entre el alma y el Señor Jesús en gloria. Si ese ángel se retira, no podremos orar ni recibir respuesta. La fe es el cable entre la tierra y el cielo, por el cual los mensajes de amor de Dios vuelan tan rápido que antes de que clamemos, Él responde, y mientras aún hablamos, nos escucha. Pero si ese cable de fe se rompe, ¿cómo podemos recibir la promesa?

¿Estoy en problemas? Puedo obtener ayuda para los problemas por la fe. ¿Estoy siendo azotado por el Enemigo? Mi alma puede apoyarse por la fe en su querido Refugio. Pero si me quitan la fe, clamaré a Dios en vano. No hay camino entre mi alma y el Cielo excepto la fe. En pleno invierno, la fe es el camino por el que pueden transitar los caballos de la oración y mucho mejor bajo la helada penetrante; pero si bloqueas el camino, ¿cómo podremos comunicarnos con el Gran Rey?

La fe me vincula con la divinidad. Me reviste del poder de Dios. La fe pone la omnipotencia de Dios de mi lado. La fe asegura cada atributo de Dios en mi defensa. Me ayuda a desafiar a las huestes del infierno. Me hace marchar triunfalmente sobre el cuello de mis enemigos. Pero sin fe, ¿cómo puedo recibir algo del Señor? Que el que duda, que es como una ola del mar, no espere recibir nada de Dios (Santiago 1:6). Cristiano, cuida bien tu fe, porque con ella puedes ganar todo, por pobre que seas; pero sin ella no puedes obtener nada. *Todas las cosas son posibles para el que cree* (Marcos 9:23).

20 de marzo

Mi amado (Cantares 2:8)

Mi Amado era un nombre especial que la iglesia antigua, en sus momentos de mayor alegría, solía dar al Ungido del Señor. Cuando llegó el tiempo del canto de los pájaros y se oyó la voz de la tórtola en su tierra, su canto de amor fue más dulce que ninguno de los dos, pues cantaba: *Mi amado es mío, y yo suya* (Cantares 2:16). Siempre en su cantar de los cantares, lo llama por ese nombre encantador: ¡*Mi amado!* Incluso en el largo invierno, cuando la idolatría había marchitado el huerto del Señor, sus profetas encontraron espacio para dejar de lado su carga por un breve tiempo y decir, como Isaías: *Cantaré ahora a mi amado, el canto de mi amado acerca de Su viña* (Isaías 5:1). Aunque los santos nunca habían visto Su rostro y aunque aún no se había encarnado, ni había habitado entre nosotros, ni ningún hombre había contemplado Su gloria, sin embargo, *él era la consolación de Israel* (Lucas 2:25), la esperanza y el gozo de todos los elegidos, y el amado de todos los que eran rectos ante el Dios Altísimo.

Nosotros, en los días de verano de la iglesia, también estamos acostumbrados a hablar de Cristo como el más amado de nuestra alma y a sentir que Él es muy preciado, sobresaliente entre diez mil, y el más deseable (Cantares 5:10, 16). Es tan cierto que la iglesia ama a Jesús y lo proclama su Amado, que el apóstol Pablo se atreve a desafiar al universo entero para separarla del amor de Cristo y declara que ni las persecuciones, la angustia, la aflicción, el peligro ni la espada han podido hacerlo. De hecho, se jacta con gozo: *Pero en todas estas cosas somos más que vencedores por medio de Aquel que nos amó* (Romanos 8:35-39).

> *¡Oh, si supiéramos más de Ti, oh, siempre precioso!*
> *¡Mi única posesión es Tu amor! ¡Ni en la tierra ni en*
> *el cielo, no tengo otro tesoro! No pido nada más.*

21 de marzo

...serán esparcidos, cada uno por su lado,
y me dejarán solo (Juan 16:32).

Pocos compartieron las penas de Getsemaní. La mayoría de los discípulos no eran lo suficientemente avanzados en la gracia como para contemplar los misterios de la agonía. Ocupados en la fiesta de la Pascua en sus casas, representan a los muchos que viven según la letra del evangelio, pero son apenas niños en cuanto al espíritu del evangelio. A doce, no, solo a once, se les dio el privilegio de entrar en Getsemaní y contemplar este gran espectáculo (Éxodo 3:3). De los once, ocho se quedaron a distancia. Tuvieron comunión, pero no de esa intimidad a la que se admite a los hombres muy amados. Solo tres altamente favorecidos pudieron acercarse al velo del misterioso dolor de nuestro Señor; sin embargo, tras ese velo, ni siquiera ellos debían entrometerse. Debe dejarse una distancia mínima (Lucas 22:41). Él debe pisar el lagar solo, y del pueblo no debe haber nadie con Él.

Pedro y los dos hijos de Zebedeo representan a los pocos santos eminentes y experimentados que pueden ser considerados "Padres". Habiendo operado en grandes aguas, pueden, en cierta medida, medir las inmensas olas atlánticas de la pasión de su Redentor. A algunas personas selectas se les concede —para el bien de los demás y para fortalecerlas para futuros conflictos especiales y tremendos— entrar en el círculo íntimo y escuchar las súplicas del sufriente Sumo Sacerdote. Tienen comunión con Él en Sus sufrimientos y son hechos semejantes a Él en Su muerte. Sin embargo, ni siquiera estas personas pueden penetrar los lugares secretos del dolor del Salvador. "Vuestros sufrimientos desconocidos" es la expresión notable de la liturgia. Había un espacio interior en el dolor de nuestro Maestro, excluido del conocimiento y la comunión humanos. Allí Jesús queda completamente solo. Aquí Jesús fue, más que nunca, un *don inefable* (2 Corintios 9:15). Isaac Watts tiene toda la razón cuando canta:

Y todas las alegrías desconocidas que da,
    fueron compradas con agonías desconocidas.

22 de marzo

Y adelantándose un poco, cayó sobre Su
rostro, orando (Mateo 26:39).

Hay varios aspectos instructivos en la oración de nuestro Salvador en Su hora de prueba. El primero es que fue una oración solitaria. Jesús se apartó incluso de Sus tres discípulos predilectos. Creyente, dedica mucho tiempo a la oración solitaria, especialmente en momentos de prueba. La oración familiar, la oración social y la oración en la iglesia no son suficientes. Estas son muy valiosas, pero el incienso más aromático se encuentra en tus devociones privadas, donde nadie escucha excepto el oído de Dios.

Fue una oración humilde. Lucas dice que se arrodilló, pero Mateo dice que *cayó sobre su rostro*. ¿Dónde, entonces, debe estar tu lugar, oh, humilde siervo del Gran Maestro? ¡Qué polvo y ceniza debería cubrir tu cabeza! La humildad nos da un buen punto de apoyo en la oración. No hay esperanza de prevalecer ante Dios a menos que nos humillemos para que Él nos exalte a Su debido tiempo (1 Pedro 5:6).

Fue una oración relacional. *¡Abba, Padre!* (Marcos 14:36). Encontrarás una fortaleza en el día del juicio para defender tu adopción. No tienes derechos como súbdito, pues los has perdido por tu traición; pero nada puede privar a un hijo del derecho a la protección de un padre. No temas decir: "¡Padre mío, escucha mi clamor!".

Observa que fue una oración perseverante. Jesús oró tres veces. No dejes de orar hasta que prevalezcas. Sé como la viuda persistente, cuya continua venida obtuvo lo que su primera súplica no pudo (Lucas 18:1-5). Persevera en oración y vela en ella con acción de gracias (Filipenses 4:6).

Por último, fue la oración de rendición a la voluntad de Dios. *Pero no se haga Mi voluntad, sino la Tuya* (Lucas 22:42). Ríndete a Dios y Dios se rendirá. Que sea como Dios quiera y Él determinará lo mejor. Confórmate con dejar tu oración en Sus manos, pues Él sabe cuándo dar, cómo dar, qué dar y qué retener. Ruega con fervor y perseverancia, pero con humildad, y ríndete a Su voluntad, y sin duda prevalecerás.

23 de marzo

Su sudor se volvió como gruesas gotas de sangre,
que caían sobre la tierra (Lucas 22:44).

La presión mental que surgía de la lucha de nuestro Señor con la tentación le produjo una excitación tan sobrenatural que Sus poros manaban grandes gotas de sangre que caían al suelo. Esto prueba cuán tremendo debió ser el peso del pecado que logró aplastar al Salvador, de modo que manó grandes gotas de sangre.

Esto demuestra el inmenso poder de Su amor. Es una excelente observación del anciano Isaac Ambrosio que la resina que rezuma del árbol sin cortar es siempre la mejor. Este precioso alcanfor dio especias dulces cuando fue herido bajo los nudosos látigos y cuando fue traspasado por los clavos en la cruz, pero da su mejor aroma cuando no hay látigo, ni clavo, ni herida.

Esto expone la naturaleza voluntaria de los sufrimientos de Cristo, pues sin lanza, la sangre fluyó libremente. No hay necesidad de aplicar una sanguijuela ni un cuchillo, pues la sangre fluye espontáneamente. No hay necesidad de que los gobernantes griten: *¡Salta, oh pozo!* (Números 21:17), pues por sí misma fluye a torrentes carmesí. Si alguien sufre un gran dolor mental, aparentemente la sangre fluye al corazón. Las mejillas palidecen y la persona se desmaya, pues la sangre ha entrado como para nutrir al hombre interior mientras pasa por su prueba. Pero vean a nuestro Salvador en Su agonía. Él es tan completamente ajeno a Sí mismo que, en lugar de que Su agonía impulse Su sangre al corazón para nutrirlo, la impulsa hacia afuera para humedecer la tierra.

La agonía de Cristo, al derramarse sobre la tierra, representa la plenitud de la ofrenda que hizo por nosotros. ¿No percibimos cuán intensa debió ser la lucha por la que pasó y no escucharemos Su voz? *Porque todavía, en su lucha contra el pecado, ustedes no han resistido hasta el punto de derramar sangre* (Hebreos 12:4). ¡Contemplen al gran *Apóstol y Sumo Sacerdote de nuestra fe* (Hebreos 3:1), quien incluso sudó sangre antes que ceder al gran tentador de sus almas!

24 de marzo

Dios mío, Dios mío, ¿por qué me has abandonado? (Mateo 27:46).

¿Qué emociones sintió Jesús al sentirse completamente abandonado, tanto por Dios como por los hombres? Puede que haya pruebas más duras que esta, pero sin duda ser completamente abandonado es una de las peores. "Mira", dice Satanás, "¡no tienes ningún amigo en ninguna parte! Tu Padre ha cerrado los afectos de Su compasión contra Ti. Ningún ángel en Sus atrios extenderá su mano para ayudarte. Todo el Cielo está alejado de Ti. Estás solo. Mira a los compañeros con quienes has tenido dulces consejos; ¿de qué sirven? Hijo de María, mira allí a Tu hermano Santiago, a Tu amado discípulo Juan y a Tu audaz apóstol Pedro; mira cómo duermen los cobardes cuando Tú sufres. No te queda ningún amigo en el Cielo ni en la tierra. Todo el infierno está contra Ti. He despertado mi guarida infernal. He enviado mis cartas por todas las regiones convocando a todos los príncipes de las tinieblas para que te ataquen esta noche y no escatimaremos flechas; usaremos todo nuestro poder infernal para abrumarte. ¿Y qué harás, Tú, el Solitario?".

Quizás esta fue la tentación. Creemos que sí, porque la aparición de un ángel lo fortaleció y le quitó el miedo. Ya no estaba solo, sino que el Cielo estaba con El. Quizás esta sea la razón por la que fue tres veces a ver a sus discípulos. Como dice Joseph Hart: "Corrió tres veces, de un lado a otro, como si buscara ayuda humana". Quería comprobar por Sí mismo si era cierto que todos Lo habían abandonado. Los encontró a todos dormidos, pero quizás le consoló un poco pensar que dormían por tristeza y no por traición. El espíritu estaba dispuesto, pero la carne era débil (Mateo 26:36-46). En cualquier caso, fue escuchado por Su temor reverente. Jesús fue escuchado en Su más profunda angustia, y tú también lo serás.

25 de marzo

...¿con un beso entregas al Hijo del Hombre? (Lucas 22:48).

ngañosos los besos del enemigo (Proverbios 27:6). Que esté alerta cuando el mundo se muestre amoroso, pues, si es posible, me traicionará como lo hizo con mi Maestro: ¡con un beso! Siempre que alguien está a punto de atacar el verdadero cristianismo, suele profesar gran reverencia por él. Que me cuide de la hipocresía de rostro lisonjero que es escudero de la herejía y la incredulidad. Conociendo el engaño de la injusticia, que sea tan astuto como una serpiente para detectar y evitar los planes del enemigo.

El joven del libro de Proverbios, falto de entendimiento, fue extraviado por el beso de la mujer inmoral. Que mi alma sea tan bondadosamente instruida todo este día, que las muchas *palabras persuasivas* del mundo no tengan ningún efecto sobre mí (Proverbios 7:21).

Señor, soy un pobre y frágil hijo del hombre; ¡no permitas que me traicionen con un beso!

Pero ¿y si soy culpable del mismo pecado maldito que Judas, ese *hijo de perdición* (Juan 17:12)? He sido bautizado en el nombre del Señor Jesús, soy miembro de Su iglesia visible y me siento a la mesa de la comunión; pero todo esto puede ser solo un beso de mis labios. ¿Soy sincero en ello? Si no, soy un simple traidor.

¿Vivo en el mundo tan despreocupadamente como otros, pero profeso ser seguidor de Jesús? Entonces estoy exponiendo al cristianismo al ridículo y llevando a la gente a hablar mal del santo nombre por el que soy llamado. Sin duda, si actúo así de manera inconsistente, soy un Judas, ¡y mejor me hubiera sido no haber nacido! (Mateo 26:24). ¿Me atrevo a esperar tener claridad en este asunto? Que el Señor me guarde así.

Oh, Señor, hazme sincero y veraz. Presérvame de todo camino falso. Nunca permitas que traicione a mi Salvador. Te amo, Jesús, y aunque a menudo te contristo, deseo permanecer fiel hasta la muerte. Oh, Dios, no permitas que sea un exaltado profesor de cristianismo, solo para caer al final en el lago de fuego por traicionar a mi Maestro con un beso.

26 de marzo

Respondió Jesús: "Les he dicho que Yo soy; por tanto,
si me buscan a Mí, dejen ir a estos" (Juan 18:8).

¡Observen el cuidado que Jesús manifestó, incluso en Su hora de prueba, hacia las ovejas de Su mano! Su amor por Su pueblo es tan fuerte como en la muerte. Se entrega al enemigo, pero incluye una palabra poderosa para liberar a Sus discípulos. En cuanto a Sí mismo, *como oveja que ante sus trasquiladores permanece muda, Él no abrió Su boca* (Isaías 53:7). Pero por amor a Sus discípulos, habló con energía omnipotente. En esto reside el amor: ¡un amor constante, abnegado y fiel!

Pero ¿acaso no hay mucho más aquí de lo que se encuentra a simple vista? ¿No encontramos en estas palabras el alma y el espíritu de la expiación? *El buen pastor da Su vida por las ovejas* (Juan 10:11) y ruega que, por lo tanto, sean liberadas. La Promesa es firme y la justicia exige que a quienes Él representa se vayan. En medio de la esclavitud de Egipto, esa voz resuena como una palabra poderosa: *dejen ir a estos.* De la esclavitud del pecado y de Satanás, los redimidos deben salir. En cada celda de las mazmorras de la Desesperación, resuena la voz: *dejen ir a estos*, y el Desánimo y el Temeroso obedecen la orden. Satanás oye la voz conocida y aparta el pie del cuello de los caídos. La muerte también oye, y el sepulcro abre sus puertas para que los muertos resuciten.

Su camino es de progreso, santidad, triunfo y gloria, y nadie se atreverá a impedírselo. *Allí no habrá león, ni subirá por él bestia feroz* (Isaías 35:9). El ciervo de la mañana ha atraído sobre Sí a los crueles cazadores, y ahora los corzos y ciervas más tímidos del campo pueden pastar en perfecta paz entre los lirios de Su amor. La nube de tormenta ha estallado sobre la cruz del Calvario y los peregrinos de Sión jamás serán alcanzados por los rayos de la venganza. Ven, corazón mío, y regocíjate en la inmunidad que tu Redentor te ha asegurado. ¡Bendice Su nombre todo el día, todos los días!

27 de marzo

Entonces todos los discípulos lo abandonaron
y huyeron (Mateo 26:56).

Él nunca los abandonó, pero ellos huyeron de Él, cobardes y temerosos por sus vidas, desde el mismo comienzo de Sus sufrimientos. Este es solo un ejemplo ilustrativo de la fragilidad de todos los creyentes si se les deja solos. En el mejor de los casos, son ovejas, y huyen cuando viene el lobo. Todos habían sido advertidos del peligro y habían prometido morir antes que abandonar a su Maestro (Mateo 26:35); sin embargo, un pánico repentino los invadió y huyeron.

Puede que yo, al comenzar este día, haya decidido soportar una prueba por amor al Señor, y estoy seguro de que seré completamente fiel; pero permítanme ser muy cuidadoso conmigo mismo, no sea que, con el mismo corazón malvado de incredulidad, termine alejándome de mi Señor como lo hicieron los apóstoles. Una cosa es prometer y otra muy distinta cumplir. Habría sido para su eterno honor haber permanecido con valentía al lado de Jesús, pero huyeron del honor. ¡Que me libre de imitarlos!

¿Dónde más podrían haber estado tan seguros como cerca de su Maestro, quien inmediatamente pudo llamar a doce legiones de ángeles (Mateo 26:53)? Huyeron de su verdadera seguridad. *Oh, Dios, no me dejes hacer el tonto también.* La gracia divina puede hacer valiente al cobarde. El pábilo humeante puede arder como fuego en el altar cuando el Señor lo desea. Estos mismos apóstoles, que eran tímidos como conejos, se volvieron tan valientes como leones después de que el Espíritu descendió sobre ellos. De la misma manera, el Espíritu Santo puede hacer que mi espíritu abatido sea valiente para confesar a mi Señor y dar testimonio de Su verdad.

¡Cuánta angustia debió llenar al Salvador al ver a Sus amigos tan infieles! Este fue un ingrediente amargo en Su copa, pero esa copa está vacía. No permitas que yo le eche ni una gota más. Si abandono a mi Señor, lo crucificaré de nuevo y lo expondré *a la ignominia pública* (Hebreos 6:6).

Guárdame, oh bendito Espíritu, de tan vergonzoso fin.

28 de marzo

...el amor de Cristo que sobrepasa el conocimiento (Efesios 3:19).

El amor de Cristo, en Su dulzura, plenitud, grandeza y fidelidad, sobrepasa toda comprensión humana. ¿Dónde se pueden encontrar palabras que describan Su amor incomparable e inigualable hacia Su pueblo? Es tan vasto e ilimitado que todas las palabras descriptivas solo rozan la superficie, como la golondrina apenas roza el agua y no se sumerge en sus profundidades, mientras que inmensurables profundidades yacen debajo. Bien podría decir el poeta: "¡Oh, Amor, abismo insondable!"[25], pues este amor de Cristo es verdaderamente inmenso e insondable. ¡Nadie puede alcanzarlo!

Antes de que podamos tener una idea adecuada del amor de Jesús, debemos comprender Su gloria anterior en Su máxima majestad y Su humillación voluntaria en la tierra en toda Su profundidad de vergüenza. Pero ¿quién puede comprender la majestad de Cristo? Estaba entronizado en los cielos más altos. Los cielos y todo lo que hay en ellos fueron creados por Él. Su propio brazo todopoderoso sostenía los planetas y las estrellas. Las alabanzas de querubines y serafines Lo rodeaban perpetuamente. El coro completo de los aleluyas del universo fluía incesantemente a los pies de Su trono. Él reinaba supremo sobre todas Sus criaturas como Dios sobre todo, bendito por siempre. ¿Quién puede comprender la altura de Su gloria?

¿Y quién, por otro lado, puede comprender cuán bajo descendió? Ser hombre era algo, pero ser Varón de Dolores era mucho más. Sangrar, sufrir y morir fue mucho para Él, que era el Hijo de Dios, pero sufrir una agonía tan incomparable —soportar el abandono de Su Padre y una muerte de vergüenza—, ¡esta es una profundidad de amor condescendiente que incluso la mente más inspirada no logra comprender! En esto reside el amor, y verdaderamente es un amor que *sobrepasa el conocimiento*. Que este amor llene nuestros corazones de gratitud y nos lleve a manifestaciones prácticas de Su poder.

---

25   Las letras de este himno, "Now I Have Found the Ground Wherein", se han atribuido al pastor alemán Johann Andreas Rothe, y fueron traducidas al inglés por John Wesley.

29 de marzo

*Aunque era Hijo, aprendió obediencia por
lo que padeció* (Hebreos 5:8).

Se nos dice que el autor de nuestra salvación se perfeccionó mediante el sufrimiento (Hebreos 2:10); por lo tanto, nosotros, que somos pecadores y estamos lejos de ser perfectos, no debemos sorprendernos si somos llamados a pasar también por el sufrimiento. ¿Será coronada de espinas la cabeza y los demás miembros del cuerpo serán mecidos en el delicado regazo de la comodidad? ¿Debe Cristo atravesar mares de Su propia sangre para ganar la corona y debemos nosotros caminar al Cielo con cómodas zapatillas de plata? ¡No! La experiencia de nuestro Maestro nos enseña que el sufrimiento es necesario, y el verdadero hijo de Dios no debe, ni querría, escapar de él aunque pudiera.

Pero hay un pensamiento muy reconfortante en el hecho de que Cristo fue perfeccionado mediante el sufrimiento, y es que Él puede tener plena compasión por nosotros. *Porque no tenemos un Sumo Sacerdote que no pueda compadecerse de nuestras flaquezas, sino Uno que ha sido tentado en todo como nosotros, pero sin pecado* (Hebreos 4:15). En esta compasión de Cristo encontramos un poder sustentador. Uno de los primeros mártires dijo: "Puedo soportarlo todo, porque Jesús sufrió y se compadece de mí, y esto me fortalece". Creyente, aférrate a este pensamiento en todo momento de agonía. Deja que el pensamiento de Jesús te fortalezca al seguir Sus pasos. ¡Encuentra un apoyo valioso en Su compasión!

Recuerda que sufrir es honorable; sufrir por Cristo es gloria. Los apóstoles se regocijaron de ser considerados dignos de esto (Hechos 5:41). En la medida en que el Señor nos da gracia para sufrir por Cristo y con Cristo, en esa medida nos honra. ¡Las joyas del cristiano son sus aflicciones! Las galas de los reyes ungidos por Dios son sus problemas, tristezas y penas. Por lo tanto, no intentemos evitar ser honrados. No nos apartemos de ser exaltados. Las penas nos exaltan y los problemas nos elevan. *Si perseveramos, también reinaremos con Él* (2 Timoteo 2:12).

30 de marzo

Y con los transgresores [Él] fue contado (Isaías 53:12).

¿Por qué Jesús se dejó contar entre los pecadores? Esta asombrosa condescendencia fue justificada por muchas razones poderosas. De esta manera, pudo convertirse mejor en su Abogado. En algunos juicios, el consejero y el cliente se identifican, y ante la ley no pueden ser vistos como separados. Cuando el pecador es llevado ante el tribunal de justicia, Jesús mismo aparece allí. Se pone de pie para responder a la acusación. Señala Su costado, Sus manos y Sus pies, y desafía a la Justicia a presentar algo contra los pecadores a quienes representa. Argumenta Su sangre, y lo hace con tanta fuerza, siendo contado con ellos y teniendo parte con ellos, que el Juez proclama: "¡Déjalos ir! ¡Líbralos de descender a la fosa, porque he encontrado un rescate!".

Nuestro Señor Jesús fue contado entre los transgresores para que sintieran sus corazones atraídos hacia Él. ¿Quién puede temer a alguien que está en la misma lista que nosotros? Ciertamente podemos acercarnos a Él con valentía y confesar nuestra culpa. Quien está contado con nosotros no puede condenarnos. Él fue inscrito en la lista de transgresores para que pudiéramos ser inscritos en la lista roja de los santos. Él era santo y figuraba entre los santos. Nosotros éramos culpables y figurábamos entre los culpables. Él transfiere Su nombre de esa primera lista a esta oscura acusación y nuestros nombres son tomados de la acusación y escritos en la lista de aceptación, porque hay una transferencia completa entre Jesús y Su pueblo.

Jesús ha tomado todo nuestro pecado y miseria, y todo lo que Él tiene nos es transferido. Nos da Su justicia, Su sangre y todo lo que posee. Alégrate, creyente, en tu unión con Aquel que fue contado entre los transgresores. ¡Demuestra que eres verdaderamente salvo al ser contado obviamente entre aquellos que son nuevas creaciones en Él!

31 de marzo

Y por sus heridas hemos sido sanados (Isaías 53:5).

ilato entregó a nuestro Señor a los soldados romanos para que Lo azotaran. El látigo romano era un instrumento de tortura terrible. Estaba hecho de tendones de buey y entre ellos se entrelazaban huesos afilados. Cada vez que el látigo caía, estos trozos de hueso infligían terribles cortes y desgarraban la carne de la víctima. El Salvador estaba, sin duda, atado a la columna y así era golpeado. Ya había sido golpeado antes, pero esta flagelación de los soldados romanos fue probablemente la más severa que soportó.

Alma mía, quédate aquí y llora sobre Su pobre cuerpo afligido. Creyente en Jesús, ¿puedes contemplarlo sin lágrimas mientras está ante ti, la imagen del amor agonizante? Él es a la vez tan blanco como el lirio por su inocencia y tan rojo como la rosa por el carmesí de Su propia sangre. Al sentir la segura y bendita sanidad que Su flagelación ha obrado en nosotros, ¿no se derrite nuestro corazón al instante de amor y dolor? Si alguna vez hemos amado a nuestro Señor Jesús, ciertamente debemos sentir ese afecto ardiendo ahora en nuestro interior.

> Miren cómo permanece el paciente Jesús,
> ¡insultado en su más mínimo caso!
> Los pecadores han atado las manos del Todopoderoso,
> ¡y escupen en el rostro de su Creador!
>
> Con espinas, Sus sienes, desgarradas y horadadas,
> mandan torrentes de sangre por todas partes;
> Sus espaldas, azotadas con nudosos látigos,
> ¡pero látigos más agudos desgarran Su corazón![26]

Quisiéramos ir sinceramente a nuestras habitaciones a llorar, pero como nuestros asuntos nos llaman, primero oraremos para que nuestro Amado imprima la imagen de Su ser sangrante en las tablas de nuestros corazones todo el día. Al anochecer, regresaremos a comulgar con Él y lamentaremos que nuestro pecado le haya costado tan caro.

---

26   Esto es de un himno en inglés de Joseph Hart, que comienza: "Ahora, del jardín a la cruz".

Abril

1 de abril

¡Que me bese con los besos de su boca! (Cantares 1:2).

urante varios días hemos estado meditando en los sufrimientos del Salvador y nos detendremos allí un poco más. Al comenzar un nuevo mes, busquemos para nuestro Señor los mismos deseos que ardían en el corazón de la esposa elegida mencionada en nuestro texto.

Observa cómo se lanza de inmediato hacia Él; no hay palabras de introducción. Ni siquiera menciona Su nombre. Ella está en el corazón de su mensaje de inmediato, pues habla de Aquel que era el único "Él" en el mundo para ella.

¡Cuán audaz es su amor! Fue mucha condescendencia lo que permitió a la penitente llorosa ungir Sus pies con nardo puro (Juan 12:3). Fue un amor abundante lo que permitió a la dulce María sentarse a Sus pies y aprender de Él (Lucas 10:39). Aquí, sin embargo, el amor fuerte y ferviente asciende a mayores muestras de consideración y a una comunión más estrecha. Ester temblaba en presencia del rey Asuero, pero aquí la esposa, en la gozosa libertad del amor perfecto, no conoce el temor. Si hemos recibido el mismo espíritu amoroso, también podemos pedir lo mismo.

Suponemos que los *besos* son esas diversas formas de afecto mediante las cuales el creyente disfruta del amor de Jesús. Disfrutamos del beso de la reconciliación en nuestra conversión y fue tan dulce como la miel que gotea del panal. El beso de la aceptación aún está caliente en nuestra frente, pues sabemos que Él nos ha aceptado a nosotros y a nuestras obras mediante Su abundante gracia. El beso de la comunión íntima es el que deseamos repetir a diario hasta que se transforme en el beso de la recepción, que aleja el alma de la tierra, y en el beso de la consumación, que llena el alma con el gozo del cielo.

La fe es nuestro camino, pero la comunión experimentada es nuestro descanso. La fe es el camino, pero la comunión con Jesús es el pozo del que bebe el peregrino.

Oh, Amante de nuestras almas, no seas un extraño para
nosotros. Que los labios de Tu bendición se encuentren
con los labios de nuestra súplica. Que los labios de Tu
plenitud toquen los labios de nuestra necesidad.

2 de abril

Jesús no le respondió ni a una sola pregunta (Mateo 27:14).

Nunca había sido lento para hablar cuando podía bendecir a los hijos de los hombres, pero no decía ni una sola palabra por Sí mismo. *¡Jamás hombre alguno ha hablado como este hombre habla!* (Juan 7:46), y nunca un hombre calló como El. ¿Era este silencio extraordinario una indicación de Su perfecta abnegación? ¿Mostraba que no pronunciaría una palabra para detener la matanza de Su sagrada persona, la cual había dedicado como ofrenda por nosotros? ¿Se había entregado tan completamente que no interferiría en Su propia defensa, ni siquiera en lo más mínimo, sino que sería atado y muerto como una víctima voluntaria y sin quejas?

¿Era este silencio un símbolo de la indefensión del pecado? Nada puede decirse que disminuya o excuse la culpa humana, y por lo tanto, Aquel que cargó con todo Su peso permaneció sin palabras ante Su juez. ¿No es el silencio paciente la mejor respuesta a un mundo que se resiste? La perseverancia serena responde a algunas preguntas de forma infinitamente más concluyente que la mayor elocuencia. Los mejores apologistas del cristianismo en sus inicios fueron sus mártires. El yunque rompe una legión de martillos al soportar sus golpes en silencio.

¿Acaso el silencioso Cordero de Dios no nos dio un gran ejemplo de sabiduría? Donde cada palabra se convertía en ocasión para una nueva blasfemia, era nuestro deber no alimentar la llama del pecado. Los ambiguos y los falsos, los indignos y los desdeñosos, pronto se derribarán y desacreditarán a sí mismos, y por lo tanto, los leales pueden permitirse el lujo de callar, encontrando en el silencio su sabiduría.

Evidentemente, nuestro Señor, con Su silencio, cumplió notablemente la profecía. Una larga defensa de Sí mismo habría sido contraria a la predicción de Isaías: *Como cordero que es llevado al matadero, y como oveja que ante sus trasquiladores permanece muda, Él no abrió Su boca* (Isaías 53:7). Con su quietud, demostró de forma concluyente que era el verdadero Cordero de Dios. Por eso, lo saludamos esta mañana.

Quédate con nosotros, Jesús, y en el silencio de nuestros
corazones haznos escuchar la voz de Tu amor.

3 de abril

Tomaron, pues, a Jesús, y le llevaron (Juan 19:16 RV)

Jesús había estado en agonía toda la noche. Había pasado la madrugada en el pretorio y luego lo llevaron apresuradamente de Caifás a Pilato, de Pilato a Herodes, y de Herodes de vuelta a Pilato. Por lo tanto, le quedaban pocas fuerzas y, sin embargo, no se le permitió refrigerio ni descanso. Ansiaban Su sangre y por lo tanto lo llevaron a morir, cargado con la cruz. ¡Oh, dolorosa procesión! Bien pueden llorar las hijas de Jerusalén. Alma mía, tú también lloras.

¿Qué aprendemos aquí al ver a nuestro bendito Señor ser conducido? ¿Acaso no percibimos esa verdad que fue eclipsada por el chivo expiatorio (Levítico 16)? ¿Acaso el sumo sacerdote no traía el chivo expiatorio y ponía ambas manos sobre su cabeza, confesando los pecados del pueblo, para que estos fueran puestos sobre el macho cabrío y quitados del pueblo? Entonces, un hombre dispuesto conducía al macho cabrío al desierto y este se llevaba los pecados del pueblo, de modo que si se los buscaba, no se podían encontrar.

Ahora vemos a Jesús llevado ante los sacerdotes y gobernantes, quienes lo declaran culpable. Dios mismo le imputa nuestros pecados: *el Señor hizo que cayera sobre Él la iniquidad de todos nosotros* (Isaías 53:6). *Al que no conoció pecado, lo hizo pecado por nosotros* (2 Corintios 5:21). Él se convirtió en el sustituto de nuestra culpa, cargando nuestro pecado sobre Sus hombros, representado por la cruz. Vemos al gran Chivo Expiatorio llevado por los jueces designados.

Amado, ¿puedes estar seguro de que Él cargó con tu pecado? Al contemplar la cruz sobre Sus hombros, ¿representa tu pecado? Hay una manera de saber si Él cargó con tu pecado o no. ¿Has puesto tu mano sobre Su cabeza, confesado tu pecado y confiado en Él? Si es así, entonces tu pecado no recae sobre ti. Todo ha sido transferido por sagrada imputación a Cristo y Él lo lleva sobre Sus hombros como una carga más pesada que la cruz. No dejes que esa imagen desaparezca de tu mente hasta que te hayas regocijado en tu propia liberación y hayas adorado al amoroso Redentor sobre quien fueron depositadas tus iniquidades.

4 de abril

Al que no conoció pecado, lo hizo pecado por nosotros, para que fuéramos hechos justicia de Dios en Él (2 Corintios 5:21).

Cristiano afligido, ¿por qué lloras? ¿Te lamentas por tu propia corrupción? Mira a tu perfecto Señor y recuerda que estás completo en Él. Eres a los ojos de Dios tan perfecto como si nunca hubieras pecado. Es más, porque el Señor, nuestra Justicia, te ha revestido con una vestidura divina para que tengas más que la justicia del hombre: tienes la justicia de Dios.

Tú que lloras por tu pecado y depravación innatos, recuerda que ninguno de tus pecados puede condenarte. Has aprendido a odiar el pecado, pero también has aprendido a saber que el pecado no es tuyo, pues fue puesto sobre la cabeza de Cristo. Tu posición no está en ti mismo, está en Cristo. Tu aceptación no está en ti mismo, está en tu Señor. Eres tan aceptado por Dios hoy, con toda tu tendencia a pecar, como lo serás cuando estés ante Su trono, libre de toda corrupción.

Te suplico que te aferres a este precioso pensamiento: ¡perfección en Cristo! Estás completo en Él (Colosenses 2:10). Con la vestidura de tu Salvador puesta, eres tan santo como el Santo. *¿Quién es el que condena? Cristo Jesús es el que murió, sí, más aún, el que resucitó, el que además está a la diestra de Dios, el que también intercede por nosotros* (Romanos 8:34). Cristiano, que tu corazón se regocije, porque eres acepto en el Amado. ¿Qué tienes que temer?

Que tu rostro siempre luzca una sonrisa. Vive cerca de tu Maestro. Vive en las afueras de la Ciudad Celestial, porque pronto, cuando llegue tu hora, te levantarás donde Jesús se sienta y reinarás a Su diestra. Todo esto se debe a que el divino Señor se hizo *pecado por nosotros, para que fuéramos hechos justicia de Dios en Él*.

5 de abril

...y le pusieron la cruz encima para que la
llevara detrás de Jesús (Lucas 23:26).

En la experiencia de Simón al cargar la cruz, vemos una imagen de la obra de la iglesia a lo largo de todas las generaciones. La iglesia es la que lleva la cruz después de Jesús. Observa, pues, cristiano, que Jesús no sufre para excluir tu sufrimiento. No lleva una cruz para que puedas escapar de ella, sino para que puedas soportarla. Cristo te exime del pecado, pero no del dolor. Recuerda eso y espera sufrir.

Sin embargo, consolémonos con este pensamiento: en nuestro caso, como en el de Simón, no es nuestra cruz, sino la cruz de Cristo la que llevamos. Cuando seas perseguido por tu piedad, cuando tu vida cristiana te traiga la prueba del ridículo cruel, recuerda que no es tu cruz, sino la cruz de Cristo, ¡y qué deleite es llevar la cruz de nuestro Señor Jesucristo!

Llevas la cruz tras Él. Tienes bendita compañía, pues tu camino está marcado con las huellas de tu Señor. La marca de Su hombro rojo sangre está en esa pesada carga. Es Su cruz, y Él va delante de ti como un pastor va delante de sus ovejas. Toma tu cruz cada día y síguelo.

No olvides, además, que llevas esta cruz en compañía. Algunos opinan que Simón solo cargó un extremo de la cruz y no toda. Eso es muy posible. Cristo pudo haber llevado la parte más pesada, contra el travesaño, y Simón pudo haber llevado la parte más ligera. Ciertamente, es así contigo. Tú solo llevas la parte ligera de la cruz; Cristo lleva la parte más pesada.

Recuerda, también, que aunque Simón tuvo que llevar la cruz por muy poco tiempo, le dio honor eterno. Aun así, la cruz que llevamos es solo por un corto tiempo y entonces recibiremos la corona: ¡la gloria! Ciertamente debemos amar la cruz, y en vez de tratar de evitarla, debemos considerarla muy preciosa, porque produce en nosotros *un eterno peso de gloria que sobrepasa toda comparación* (2 Corintios 4:17).

6 de abril

Salgamos a Su encuentro fuera del campamento (Hebreos 13:13).

Jesús, cargando Su cruz, salió a sufrir fuera de la puerta. La razón por la que el cristiano abandona el campamento del pecado y la religión del mundo no es porque le guste estar solo, sino porque Jesús lo hizo y el discípulo debe seguir a su Maestro. Cristo no era *del mundo* (Juan 17:16). Su vida y su testimonio fueron una protesta constante contra la conformidad con el mundo. Nunca hubo un afecto tan desbordante por las personas como el que se encuentra en Él, pero aun así estaba separado de los pecadores (Hebreos 7:26).

De la misma manera, el pueblo de Cristo *debe salir a Él*. Deben tomar su posición fuera del campamento como testigos de la verdad. Deben estar preparados para andar por el camino recto y angosto. Deben tener corazones valientes, inquebrantables, como leones, amando a Cristo primero y después Su verdad, y amando a Cristo y Su verdad más que a todo el mundo.

Jesús quiere que Su pueblo *salga a Su encuentro fuera del campamento* para su propia santificación. No puedes crecer en la gracia a un alto nivel mientras te amoldes al mundo. La vida de separación puede ser un camino de tristeza, pero es el camino de la seguridad. Aunque la vida de separación pueda costarte aflicción y convierta cada día en una batalla, es una vida feliz después de todo. Ningún gozo puede superar el del soldado de Cristo. Jesús se revela con tanta gracia y da un refrigerio tan dulce que el guerrero siente más calma y paz en su lucha diaria que otros en sus horas de descanso.

El *Camino de Santidad* (Isaías 35:8) es el camino de la comunión con Jesús. Es allí donde esperamos ganar la corona si la gracia divina nos permite seguir fielmente a Cristo fuera del campamento. La corona de gloria seguirá a la cruz de la separación. Un momento de vergüenza será bien recompensado con el honor eterno. Un poco de tiempo de dar testimonio parecerá nada cuando estemos para siempre con el Señor (1 Tesalonicenses 4:17).

7 de abril

Hijos de hombres, ¿hasta cuándo cambiarán
mi honra en deshonra? (Salmo 4:2).

n escritor ilustrativo ha hecho una triste lista de los honores que el pueblo ciego de Israel otorgó a su Rey tan esperado:

1. Le ofrecieron una procesión de honor, en la que participaron legiones romanas, sacerdotes judíos y muchos hombres y mujeres, con Él mismo cargando Su cruz. Este es el triunfo que el mundo otorga a Aquel que viene a derrotar a los enemigos más perversos de la humanidad. Los gritos burlones son Sus únicas aclamaciones y las burlas crueles Sus únicos cánticos de alabanza.

2. Le ofrecieron el vino de honor. En lugar de una copa de oro con vino fino, le ofrecieron la bebida letárgica del criminal, que rechazó porque iba a disfrutar plenamente del sabor de la muerte. Después, cuando gritó: "¡Tengo sed!", le dieron vinagre mezclado con hiel y se lo pusieron en la boca sobre una esponja. ¡Oh, miserable y detestable inhospitalidad hacia el Hijo del Rey!

3. Se le proporcionó una guardia de honor, que demostró su estima por Él apostando por Sus vestiduras, las cuales habían tomado como recompensa. Tal era la guardia personal del Adorado del cielo: un cuarteto de jugadores brutales.

4. Se le encontró un trono de honor en el madero ensangrentado. La humanidad rebelde no le daría un lugar de descanso más fácil a su Siervo Señor. ¡La cruz ensangrentada era, de hecho, la expresión plena del sentimiento del mundo hacia Cristo! "Ahí tienes", parecían decir. "¡Oh, Hijo de Dios! ¡Así es como Dios mismo sería tratado si pudiéramos alcanzarlo!".

5. El título de honor era nominalmente "Rey de los judíos", pero la nación cegada repudió rotundamente ese título, prefiriendo llamarlo "Rey de los ladrones", al preferir a Barrabás y al colocar a Jesús en el lugar de mayor vergüenza entre dos ladrones. Su gloria fue convertida en vergüenza por los hijos de los hombres en todo, pero aun así alegrará los ojos de los santos y de los ángeles, por los siglos de los siglos.

8 de abril

Porque si en el árbol verde hacen esto, ¿qué
sucederá en el seco? (Lucas 23:31).

Entre otras interpretaciones de esta pregunta que invita a la reflexión, la siguiente está llena de enseñanzas: "Si el inocente sustituto de los pecadores sufre de esta manera, ¿qué sucederá cuando el pecador mismo, el árbol seco, caiga en manos de un Dios airado?". Cuando Dios vio a Jesús en el lugar del pecador, no lo perdonó. Cuando encuentre a los no salvos sin Cristo, no los perdonará.

¡Oh, pecador! Jesús fue arrastrado por Sus enemigos y así serás arrastrado por demonios al lugar designado para ti. Jesús fue abandonado por Dios, y si Él fue abandonado —Aquel que solo fue considerado pecador por imputación—, ¿cuánto más lo serás tú?

Jesús clamó a gran voz… "Dios Mío, Dios Mío, ¿por qué me has abando-nado?" (Mateo 27:46). ¡Qué grito tan terrible! Pero ¿qué harás cuando clames a Dios sin haberte convertido? Dirás: "¡Oh, Dios! ¡Oh, Dios! ¿Por qué me has abandonado?". La respuesta será: *Porque he llamado y han rehusado oír, he extendido Mi mano y nadie ha hecho caso. Han desatendido todo consejo Mío y no han deseado Mi reprensión. También Yo me reiré de la calamidad de ustedes, me burlaré cuando sobrevenga lo que temen, cuando venga como tormenta lo que temen y su calamidad sobrevenga como torbellino, cuando vengan sobre ustedes tribulación y angustia* (Proverbios 1:24-27).

Si Dios no perdonó a Su propio Hijo, ¡cuánto menos te perdonará a ti! ¡Qué látigos de alambre ardiente recibirás cuando la conciencia te golpee con todos sus terrores! Ustedes, los más ricos, los más alegres, los pecadores más santurrones, ¿quién estará en su lugar cuando Dios diga: "¡Despierta, espada, contra el que me rechazó; golpéalo y que sienta el aguijón para siempre!"?

Si Jesús fue escupido, entonces, pecador, ¡qué vergüenza será la tuya! No podemos resumir en una sola palabra la magnitud del dolor que cayó sobre la cabeza de Jesús, quien murió por nosotros; por lo tanto, nos es imposible comprender cuántos ríos, cuántos océanos de dolor deben inundar tu espíritu si mueres como eres ahora.

¡Por las agonías de Cristo, por Sus heridas y por Su sangre, no atraigan sobre ustedes la ira venidera! ¡Confíen en el Hijo de Dios y jamás morirán!

9 de abril

*Y seguía a Jesús una gran multitud del pueblo y de mujeres
que lloraban y se lamentaban por Él* (Lucas 23:27).

ntre la multitud que perseguía al Redentor hasta Su condenación, había algunas almas piadosas cuya amarga angustia buscaba desahogarse en lamentos y lamentaciones, ¡música adecuada para acompañar esa marcha de dolor!

Cuando mi alma imagina ver al Salvador cargando Su cruz hacia el Calvario, se une a las piadosas mujeres y llora con ellas, porque ciertamente hay un verdadero motivo de dolor, un motivo más profundo de lo que esas dolientes creían.

Se lamentaban por... ¡la inocencia maltratada, la bondad perseguida, el amor sangrante y la mansedumbre moribunda!

Pero mi corazón tiene un motivo más profundo y amargo para llorar. ¡Mis pecados fueron los azotes que laceraron esos hombros benditos y coronaron de espinas esa frente sangrante! Mis pecados clamaron: "¡Crucifícalo! ¡Crucifícalo!", y pusieron la cruz sobre los Sus amables hombros. Que lo llevaran a morir es suficiente dolor para una eternidad, pero haber sido Su asesino es más, infinitamente más, dolor del que una pobre fuente de lágrimas puede expresar. ¡Esas mujeres que amaron y lloraron no podrían haber tenido mayores motivos de amor y dolor que mi corazón!

La viuda de Naín vio a su hijo restaurado (Lucas 7:11-17), ¡pero yo mismo he resucitado a una nueva vida! La suegra de Pedro fue curada de la fiebre (Lucas 4:39), ¡pero yo mismo he sido curado de la plaga del pecado! A María Magdalena le expulsaron siete demonios (Lucas 8:2), ¡pero a mí me expulsaron una legión de demonios! María y Marta fueron favorecidas con las visitas de Jesús (Lucas 10:38), ¡pero Él mora conmigo! No me quedo atrás de estas mujeres favorecidas en deuda con Jesús; que yo, entonces, no me quede atrás de ellas en gratitud ni en tristeza.

> El amor y el dolor me parten el corazón,
>   con mis lágrimas lavaré Sus pies;
>   constante aún en la fe,
>   ¡el amor que brota de Su muerte![27]

---

27 Esto es del himno en inglés de James Allen, "Sweet the Moments, Rich in Blessing".

10 de abril

...al lugar llamado La Calavera (Lucas 23:33).

l *lugar llamado La Calavera* también se conoce como el Calvario. La colina del consuelo es la colina del Calvario. La casa de la consolación está construida con la madera de la cruz. El templo de la bendición celestial está fundado sobre la roca hendida, ¡rajada por la lanza que atravesó Su costado! ¡Ninguna escena en la historia sagrada alegra el alma como la tragedia del Calvario!

La luz brota de la medianoche del mediodía del Gólgota (Mateo 27:45). Cada flor de bendición florece dulcemente bajo la sombra del árbol una vez maldito. En ese lugar de sed, la gracia ha cavado una fuente que siempre brota con aguas tan puras como el cristal, ¡cada gota capaz de aliviar las aflicciones de la humanidad!

Quienes han pasado por momentos difíciles confesarán que no fue en el monte de los Olivos donde encontraron consuelo, ni en el monte Sinaí, sino que Getsemaní, Gabata (Juan 19:13) y el Gólgota les han sido un medio de consuelo. Las hierbas amargas de Getsemaní a menudo han aliviado las amargas punzadas de tu vida. El azote de Gabata a menudo ha azotado tus preocupaciones. Los gemidos del Calvario nos brindan un consuelo excepcional y rico.

Nunca habríamos conocido el amor de Cristo en toda su plenitud si Él no hubiera muerto, ni podríamos imaginar el profundo afecto del Padre si no hubiera entregado a Su Hijo a la muerte. Las misericordias comunes que disfrutamos cantan al amor, así como la concha cuando la acercamos a nuestros oídos susurra sobre las profundidades del mar de donde proviene. Pero si deseamos escuchar el océano mismo, no debemos fijarnos en las bendiciones cotidianas, sino en las acciones de la crucifixión. ¡Quien quiera conocer el amor debe retirarse al Calvario y ver morir al Varón de Dolores!

11 de abril

Soy derramado como agua, y todos mis huesos
están descoyuntados (Salmo 22:14).

¿Acaso la tierra o el cielo presenciaron jamás un espectáculo de aflicción más triste? En alma y cuerpo, nuestro Señor se sintió tan débil como el agua derramada sobre la tierra. La colocación de la cruz en su base lo había sacudido con gran violencia. Había tensado todos los ligamentos, dolorido cada nervio y prácticamente dislocado sus huesos. Cargado con su propio peso, el gran sufriente sintió que la tensión aumentaba a cada momento de esas seis largas horas. Su sensación de desmayo y debilidad general era abrumadora, mientras que para Su propia conciencia, se convirtió en nada más que una masa de miseria y desmayo.

Cuando Daniel tuvo la gran visión, describió su experiencia de esta manera: *No me quedaron fuerzas, y mi rostro se demudó, desfigurándose, sin retener yo fuerza alguna* (Daniel 10:8). ¡Cuánto más débil debió haber sido nuestro gran Profeta cuando vio la terrible visión de la ira de Dios y la sintió en Su propia alma!

Para nosotros, sensaciones como las que soportó nuestro Señor habrían sido insoportables y la amable inconsciencia habría acudido en nuestro rescate; pero en Su caso, fue herido y sintió la espada, y apuró la copa y probó cada gota de sufrimiento.

"¡Oh, Rey del dolor! ¡Oh, Rey de las heridas! ¡Cuánto me doleré por Ti!"[28].

Al arrodillarnos ante el trono de nuestro Salvador ahora ascendido, recordemos bien cómo lo preparó como trono de gracia para nosotros; bebamos en espíritu de Su copa para que seamos fortalecidos para nuestra hora de angustia, cuando sea que llegue. En Su cuerpo natural, cada parte sufrió, y así debe ser en lo espiritual; pero así como de todas Sus penas y aflicciones Su cuerpo salió ileso a la gloria y al poder, así también Su cuerpo místico saldrá del horno sin siquiera el olor del fuego sobre él.

---

28   Esto proviene del poema en inglés "The Temple", de George Herbert.

12 de abril

*Mi corazón es como cera; se derrite dentro
de mis entrañas* (Salmo 22:14).

Nuestro bendito Señor experimentó un terrible hundimiento y desfallecimiento de alma. *El espíritu del hombre puede soportar su enfermedad, pero el espíritu quebrantado, ¿quién lo puede sobrellevar?* (Proverbios 18:14). La profunda depresión de espíritu es la más dolorosa de todas las pruebas; todo lo demás parece nada. Bien pudo el Salvador sufriente clamar a su Dios: *No estés lejos de mí* (Salmo 22:11). Por encima de todas las demás etapas de la vida, el hombre necesita a su Dios cuando su corazón se derrite por la tristeza.

Creyente, acércate a la cruz esta mañana. Adora con humildad al Rey de Gloria, quien una vez fue humillado en angustia mental y angustia interior mucho más que cualquiera entre nosotros. Observa Su dignidad para convertirse en un fiel Sumo Sacerdote, pues Él comprende nuestras debilidades y fragilidad, habiendo padecido Él mismo las mismas.

Entremos en una comunión especial e íntima con Jesús si nuestra tristeza surge directamente de la pérdida del sentimiento presente del amor de nuestro Padre. No nos dejemos llevar por la desesperación, ya que el Maestro ha pasado por esta habitación oscura antes que nosotros. Nuestras almas a veces pueden tener sed de agonía y debilitarse en el deseo de contemplar la luz del rostro del Señor; en esos momentos, fortalezcámonos con la dulce certeza de la compasión de nuestro gran Sumo Sacerdote.

Nuestras gotas de tristeza bien pueden ser olvidadas en el océano de sus penas, pero ¡cuán alto debe elevarse nuestro amor! Entra, oh fuerte y profundo amor de Jesús, como el mar en la crecida de las mareas vivas. Cubre todas mis ansiedades, ahoga todos mis pecados, lava todas mis preocupaciones y eleva mi alma terrenal hasta los pies de mi Señor. Permíteme permanecer allí, un pobre cascarón roto, arrastrado por su amor, sin virtud ni valor, y solo atreviéndose a susurrarle que si me escucha, oirá en mi corazón los tenues ecos de las vastas olas de Su propio amor que me han traído a donde es mi deleite yacer, ¡incluso a Sus pies para siempre!

13 de abril

Mi amado es para mí un manojito de mirra (Cantares 1:13 RV).

La mirra puede ser elegida, con razón, como un símbolo de Jesús por su preciosidad, su perfume y su agradable aroma; sus cualidades curativas, preservadoras y desinfectantes, y su conexión con el sacrificio.

Pero ¿por qué se Le compara con un *manojito* de mirra?

Primero, por su abundancia. Él no es una gota de mirra, sino una canasta llena. No es una ramita de mirra, sino un manojo entero. Hay suficiente en Cristo para todas mis necesidades. No permitas que tarde en servirme de Él.

Nuestro Amado es comparado con un manojito por su variedad, pues en Cristo no solo hay lo único necesario (Lucas 10:42), sino que también *toda la plenitud de la Deidad reside corporalmente en Él* (Colosenses 2:9). Todo lo necesario está en Él. Observa a Jesús en Sus diferentes cualidades y verás una maravillosa variedad: Profeta, Sacerdote, Rey, Esposo, Amigo y Pastor. Considéralo en Su vida, muerte, resurrección, ascensión y segunda venida. Míralo en Su virtud, mansedumbre, valentía, abnegación, amor, fidelidad, verdad y rectitud. No importa cómo lo mires, ¡Él es un manojo de tesoros!

Es un manojo de mirra para la preservación. No es mirra suelta, sino mirra atada, para ser guardada en una caja. Debemos valorarlo como nuestro mayor tesoro. Debemos estimar sus palabras y mantener nuestros pensamientos y conocimiento de Él bajo llave, para que el diablo no nos robe nada.

Además, Jesús es un manojo de mirra para la soberanía. El símbolo sugiere la idea de la gracia soberana y discriminadora. Desde antes de la fundación del mundo, Él fue apartado para su pueblo. Él da su perfume solo a quienes saben cómo entrar en comunión con Él para tener una relación íntima con Él. ¡Oh, benditos sean aquellos a quienes el Señor ha admitido en sus secretos y por quienes se aparta! ¡Oh, favorecidos y dichosos son aquellos a quienes se les hace decir: *Mi amado es para mí un manojito de mirra!*

14 de abril

Todos los que me ven, de mí se burlan; hacen muecas
con los labios, menean la cabeza (Salmo 22:7).

Nuestro Señor fue burlado e insultado. La burla fue un ingrediente importante en la aflicción de nuestro Señor. Judas se burló de Él en el huerto. Los principales sacerdotes y los escribas se burlaron de Él. Herodes pensó que no era nada. Los sirvientes y los soldados se burlaron de Él y lo insultaron brutalmente. Pilato y sus guardias ridiculizaron Su realeza. Mientras estaba en la cruz, ¡le proferían todo tipo de comentarios horribles y palabras espantosas!

El ridículo siempre es difícil de soportar, pero cuando sufrimos intensamente, es tan despiadado y cruel que nos desgarra profundamente. Imagina al Salvador crucificado, afligido por una angustia que supera toda concepción mortal, y luego imagina a esa multitud heterogénea meneando la cabeza y burlándose de la pobre víctima sufriente con el más amargo desprecio. Seguramente debía haber algo más en el Crucificado de lo que podían ver, o de lo contrario una multitud tan grande y mezclada no Lo habría honrado unánimemente con tanto desprecio.

El mal confesaba, en el preciso instante de su aparente triunfo, que no podía hacer más que burlarse de la bondad victoriosa que reinaba entonces en la cruz.

Oh, Jesús, despreciado y rechazado por los hombres, ¿cómo pudiste morir por quienes te trataron tan terriblemente? Esto sí que es amor asombroso, amor divino, sí, amor inmenso[29]. Nosotros también te hemos despreciado en los días en que aún no éramos salvos. Incluso desde nuestro nuevo nacimiento, a menudo hemos puesto el mundo en alto en nuestros corazones, y sin embargo, Tú sangraste para sanar nuestras heridas y moriste para darnos vida. ¡Oh, si pudiéramos colocarte en un trono glorioso y alto en los corazones de todos! ¡Queremos proclamar Tus alabanzas por tierra y mar hasta que la gente universalmente te adore como una vez te rechazaron unánimemente!

---

29   Es probable que se trate de una referencia al himno en inglés de Isaac Watts, "Alas, and Did My Savior Bleed".

15 de abril

Dios mío, Dios mío, ¿por qué me has abandonado? (Salmo 22:1).

Aquí contemplamos al Salvador en lo más profundo de Sus dolores. Ningún otro lugar refleja tan bien las penas de Cristo como el Calvario. Ningún otro momento en el Calvario está tan lleno de agonía como aquel en el que Su grito desgarra el aire: *Dios mío, Dios mío, ¿por qué me has abandonado?* En ese momento, la debilidad física se unió a una aguda tortura mental por la vergüenza y el oprobio que tuvo que pasar. Para que Su dolor culminara con énfasis, sufrió una agonía espiritual que sobrepasó toda expresión, como resultado de la partida de la presencia de Su Padre. Esta fue la oscura medianoche de Su horror. Fue entonces cuando descendió al abismo del sufrimiento.

Nadie puede comprender el significado completo de estas palabras. Algunos a veces pensamos que podríamos clamar: *Dios mío, Dios mío, ¿por qué me has abandonado?* Hay épocas en que el brillo de la sonrisa de nuestro Padre se ve eclipsado por las nubes y la oscuridad, pero recordemos que Dios nunca nos abandona realmente. Solo lo parece con nosotros, pero en el caso de Cristo fue un verdadero abandono. Nos duele un pequeño alejamiento del amor de nuestro Padre, pero ¿quién puede calcular cuán profunda fue la agonía de Jesús que hizo que el rostro de Dios se apartara de Su Hijo? En nuestro caso, nuestro clamor a menudo surge de la incredulidad. En Su caso, fue la expresión de un hecho terrible, pues Dios realmente se había apartado de Él.

Oh, pobre alma afligida, que una vez viviste bajo la luz del rostro de Dios, pero ahora estás en la oscuridad, recuerda que Él no te ha abandonado realmente. Dios en las nubes es tan nuestro Dios como cuando brilla en todo el resplandor de Su gracia. Pero ya que incluso el pensamiento de que Él nos ha abandonado nos causa agonía, ¿cuál no habrá sido la agonía del Salvador cuando exclamó: *Dios mío, Dios mío, ¿por qué me has abandonado?*

16 de abril

Con sangre preciosa… la sangre de Cristo (1 Pedro 1:19).

Al pie de la cruz, vemos manos, pies y costado destilando torrentes carmesí de sangre preciosa. Es preciosa por su poder redentor y expiatorio. Por ella, los pecados del pueblo de Cristo son expiados. Son redimidos de la ley. Son reconciliados con Dios y hechos uno con Él.

La sangre de Cristo también es preciosa por su poder purificador. Nos limpia de todo pecado (1 Juan 1:9). *Aunque sus pecados sean como la grana, como la nieve serán emblanquecidos* (Isaías 1:18). Por la sangre de Jesús no queda mancha alguna en ningún creyente: *sin que tenga mancha ni arruga ni cosa semejante* (Efesios 5:27). Esta preciosa sangre nos limpia, quitando las manchas de abundante iniquidad y permitiéndonos permanecer aceptos en el Amado, a pesar de las muchas maneras en que nos hemos rebelado contra nuestro Dios.

La sangre de Cristo es igualmente preciosa en su poder preservador. Estamos a salvo del ángel destructor bajo la sangre rociada. Recuerden que la verdadera razón por la que somos salvados es porque Dios ve la sangre. Esto debería consolarnos cuando nuestra fe se nubla, pues la mirada de Dios sigue siendo la misma.

La sangre de Cristo también es preciosa en su influencia santificadora. La misma sangre que justifica al quitar el pecado también da vida a la nueva naturaleza y la guía para someterlo y cumplir los mandamientos de Dios. ¡No hay motivo para la santidad tan grande como el que fluye de las venas de Jesús!

Esta sangre es preciosa, indescriptiblemente preciosa, porque tiene un poder vencedor. Está escrito: *Ellos lo vencieron por medio de la sangre del Cordero* (Apocalipsis 12:11). ¿Cómo podrían hacer otra cosa? Quien lucha con la preciosa sangre de Jesús lucha con un arma invencible: ¡la sangre de Jesús! El pecado muere en su presencia. La muerte deja de ser muerte. Las puertas del cielo se abren. ¡La sangre de Jesús! Marcharemos, venciendo y para vencer, mientras podamos confiar en su poder.

17 de abril

Vengan... a la sangre rociada, que habla mejor
que la sangre de Abel (Hebreos 12:22, 24).

Lector, ¿has venido a la sangre rociada? La pregunta no es si has llegado a un conocimiento de la doctrina, a la observancia de ceremonias o a cierta forma de experiencia, sino a la sangre de Jesús. La sangre de Jesús es la vida de toda piedad vital.

Si de verdad has venido a Jesús, sabemos cómo: el Espíritu Santo te trajo dulcemente. Viniste a la sangre rociada sin ninguna bondad propia. Culpable, perdido e indefenso, viniste a tomar esa sangre, y solo esa sangre, como tu esperanza eterna. Viniste a la cruz de Cristo con un corazón tembloroso y dolorido. ¡Qué sonido tan precioso fue para ti escuchar la voz de la sangre de Jesús! El derramamiento de Su sangre es como la música del cielo para los hijos penitentes de la tierra. Estamos llenos de pecado, pero el Salvador nos llama a alzar la mirada hacia Él y al contemplar Sus heridas sangrantes, cada gota de sangre, al caer, clama: "¡Consumado es! ¡He puesto fin al pecado! ¡He traído la justicia eterna!". ¡Oh, dulce lenguaje de la preciosa sangre de Jesús!

Si has recurrido a esa sangre una vez, lo harás constantemente. Tu vida será una de mirar a Jesús (Hebreos 12:2). Toda tu conducta se resumirá en esto: *viniendo a Él* (1 Pedro 2:4). No es a quién he venido, sino a quién siempre voy. Si alguna vez has recurrido a la sangre rociada, sentirás la necesidad de hacerlo todos los días. Quien no desea lavarse en ella todos los días nunca se ha lavado en ella. El creyente siempre siente como su gozo y privilegio que aún haya una fuente abierta. Las experiencias pasadas son alimento dudoso para los cristianos; solo una visita presente a Cristo puede darnos gozo y consuelo. Esta mañana, rociemos el marco de nuestra puerta con sangre fresca y luego deleitémonos con el Cordero, seguros de que el ángel destructor pasará de largo (Éxodo 12:23).

18 de abril

…y ella ató el cordón escarlata a la ventana (Josué 2:21).

ahab dependía para su salvación de la promesa de los espías, a quienes consideraba representantes del Dios de Israel. Su fe era sencilla y firme, pero muy obediente. Atar el cordón escarlata a la ventana era un acto trivial en sí mismo, pero no se atrevió a correr el riesgo de omitirlo.

¿No hay aquí una lección para ti? ¿Has estado atento a toda la voluntad de tu Señor, aunque algunos de sus mandamientos te hayan parecido insignificantes? ¿Has observado las dos ordenanzas del bautismo de los creyentes y la Santa Cena a su manera? Descuidarlas revela mucha desobediencia desamorada en tu corazón. De ahora en adelante, sé irreprensible en todo, incluso hasta atar un hilo, si eso es un mandato.

Este acto de Rahab nos enseña una lección aún más solemne. ¿He confiado de todo corazón en la preciosa sangre de Jesús? ¿He atado el cordón escarlata, como con un nudo gordiano en mi ventana, de modo que mi confianza nunca pueda ser abandonada? ¿Puedo mirar hacia el mar Muerto de mis pecados o la Jerusalén de mis esperanzas sin ver la sangre y sin ver todo lo relacionado con su bendito poder?

Quienes pasan pueden ver un cordón de un color tan llamativo si cuelga de la ventana. Me beneficiará si mi vida hace evidente la eficacia de la expiación a todos los presentes. ¿De qué hay que avergonzarse? Que los hombres o los demonios miren si quieren, pero la sangre es mi orgullo y mi canción.

¡Alma mía, hay Alguien que verá ese cordón escarlata, incluso cuando por debilidad de fe no puedas verlo tú mismo! ¡Los muros de Jericó se derrumbaron! La casa de Rahab estaba sobre la muralla y, sin embargo, permaneció inmóvil. Mi naturaleza está arraigada en el muro de la humanidad, y aun así, cuando la destrucción golpee a la raza, estaré seguro. ¡Alma mía, ata el hilo escarlata a la ventana de nuevo y descansa en paz!

19 de abril

*En ese momento el velo del templo se rasgó en
dos, de arriba abajo* (Mateo 27:51).

No fue un milagro pequeño el rasgarse un velo tan fuerte y espeso, pero no fue una simple demostración de poder. Se enseñaron muchas lecciones con esto.

La antigua ley de ordenanzas fue desechada y, como una prenda desgastada, se rasgó y se dejó de lado. Cuando Jesús murió, todos los sacrificios terminaron, porque todo se cumplió en Él y, por lo tanto, el lugar de su presentación quedó marcado con una evidente señal de decadencia.

Ese rasgón también reveló todos los aspectos ocultos del antiguo orden: el propiciatorio ahora podía verse y la gloria de Dios resplandecía sobre él. Por la muerte de nuestro Señor Jesús tenemos una clara revelación de Dios, pues Él no era *como Moisés, que ponía un velo sobre su rostro* (2 Corintios 3:13). La vida y la inmortalidad ahora salen a la luz (2 Timoteo 1:10) y cosas que habían estado ocultas desde la fundación del mundo se dan a conocer en Él.

La ceremonia anual de expiación fue abolida. La sangre expiatoria que se rociaba tras el velo una vez al año ahora era ofrecida una vez por todas por el Gran Sumo Sacerdote (Hebreos 7:27) y, por lo tanto, el lugar del ritual simbólico fue destruido. Ya no se necesita sangre de toros ni de corderos, pues Jesús entró tras el velo con Su propia sangre (Hebreos 9:12). El acceso a Dios ahora es permitido y es privilegio de todo creyente en Cristo Jesús. No hay un pequeño espacio abierto a través del cual podamos mirar el propiciatorio, sino que la rasgadura se extiende de arriba abajo. Podemos acercarnos con confianza al trono de la gracia celestial (Hebreos 4:16).

No nos equivocaremos si decimos que la apertura del Lugar Santísimo de esta manera maravillosa por el grito de muerte de nuestro Señor fue un símbolo de la apertura de las puertas del paraíso a todos los santos en virtud del sufrimiento y la muerte de Cristo. Nuestro Señor sangrante tiene la llave del cielo. Él abre, y nadie cierra (Apocalipsis 3:7). Entremos con Él en los lugares celestiales y sentémonos allí con Él (Efesios 2:6), hasta que nuestros enemigos mutuos sean puestos por estrado de Sus pies (Hebreos 10:13).

20 de abril

...para anular mediante la muerte el poder de aquel
que tenía el poder de la muerte (Hebreos 2:14).

h, hijo de Dios, la muerte ha perdido su aguijón porque el poder del diablo sobre ella ha sido destruido. Deja, entonces, de temer a la muerte. Pide la gracia de Dios el Espíritu Santo para que, mediante un conocimiento íntimo y una firme creencia en la muerte de tu Redentor, seas fortalecido para esa hora temida. Viviendo cerca de la cruz del Calvario, puedes pensar en la muerte con placer y recibirla con intenso deleite cuando llega. Es dulce morir en el Señor; es una bendición del pacto dormir en Jesús. La muerte ya no es destierro, sino un regreso del exilio, un regreso a casa, a las muchas moradas donde ya habitan los seres queridos.

La distancia entre los espíritus glorificados en el cielo y los santos que luchan en la tierra parece grande, pero no lo es. No estamos lejos de casa; un momento nos llevará allí. La vela está desplegada y el alma se lanza a las profundidades. ¿Cuánto durará su viaje? ¿Cuántos vientos agotadores deberán azotar la vela antes de anclarse en el puerto de la paz? ¿Cuánto tiempo será esa alma sacudida por las olas antes de llegar a ese mar sin tormentas? Escuchen la respuesta: ausente del cuerpo, presente con el Señor (2 Corintios 5:8).

Ese barco lejano acaba de zarpar, pero ya está en puerto. Simplemente desplegó sus velas y allí estaba. Como aquel barco de antaño en el mar de Galilea, fue sacudido por una tormenta, pero Jesús dijo: *¡Cálmate, sosiégate!* (Marcos 4:39), e inmediatamente tocó tierra (Juan 6:20-21). No pienses que transcurre un largo período entre el instante de la muerte y la eternidad de la gloria. Cuando los ojos se cierran en la tierra, se abren en el Cielo. Los caballos de fuego no están en el camino ni un instante (2 Reyes 2:11).

Oh, hijo de Dios, ¿qué puedes temer de la muerte, si por la muerte de tu Señor su maldición y su aguijón son destruidos? La muerte es solo una escalera de Jacob cuyo pie está en la oscura tumba, pero su cima alcanza la gloria eterna.

21 de abril

Yo sé que mi Redentor vive (Job 19:25).

La esencia del consuelo de Job reside en esa pequeña palabra: *mi —mi Redentor—*, y en el hecho de que el Redentor vive. ¡Oh, aferrarnos a un Cristo vivo! Debemos tener parte en Él antes de poder disfrutarlo. ¿Qué me importa el oro de la mina? En Perú hay mendigos, y en California hay quienes mendigan su pan. Es el oro en mi mano, no en una mina, lo que satisfará mis necesidades al comprar el pan que necesito. ¿De qué sirve un redentor que no me redime? No te conformes hasta que puedas decir por fe: "Sí, me entrego a mi Señor vivo, y Él es mío". Tal vez lo aferres con mano débil y pienses que es presuntuoso decir: "Él vive como mi Redentor", pero recuerda que si solo tienes fe como un grano de mostaza, esa pequeña fe te da derecho a decirlo (Mateo 17:20).

Pero también hay otra frase aquí que expresa la firme confianza de Job: *Yo sé*. Decir "espero que sí" es reconfortante y hay miles en el rebaño de Jesús que casi nunca llegan más lejos. Pero para alcanzar la esencia del consuelo hay que decir: *Yo sé*. Los "si", los "pero" y los "tal vez" son asesinos seguros de la paz y el consuelo. Las dudas son algo deprimente en tiempos de tristeza. Como avispas, ¡pican el alma! Si tengo alguna sospecha de que Cristo no es mío, entonces hay vinagre mezclado con la hiel de la muerte (Mateo 27:34); pero si sé que Jesús vive por mí, entonces la oscuridad no es oscuridad, e incluso la noche es luz a mi alrededor.

Ciertamente, si Job, en aquellos tiempos antes de la venida y aparición de Cristo, pudo decir: "Yo sé", entonces no deberíamos hablar con menos positividad. Dios no permita que nuestra positividad sea presunción. Asegurémonos de que nuestras evidencias sean correctas, para no construir sobre una esperanza infundada. No nos conformemos, pues, con solo los cimientos, pues es desde los aposentos altos donde obtenemos la visión más amplia. ¡Un Redentor vivo, verdaderamente mío, es un gozo indescriptible!

22 de abril

A Él Dios lo exaltó (Hechos 5:31).

Jesús, nuestro Señor, una vez crucificado, muerto y sepultado, ¡ahora se sienta en el trono de gloria! El lugar más alto que el Cielo ofrece es Suyo por derecho indiscutible. Es grato recordar que la exaltación de Cristo en el Cielo es una exaltación representativa. Él es exaltado a la diestra del Padre. Obtuvo glorias eminentes que las criaturas finitas no pueden compartir; sin embargo, como Mediador, los honores que Jesús ostenta en el Cielo son herencia de todos los santos.

Es un deleite reflexionar en la estrecha unión de Cristo con Su pueblo. En realidad, somos uno con Él. Somos miembros de Su cuerpo y Su exaltación es nuestra exaltación. Él nos permitirá sentarnos en Su trono, así como Él venció y se sentó con Su Padre en Su trono. Él tiene una corona y también nos da coronas. Tiene un trono, pero no se conforma con tener un trono propio; a Su diestra debe estar su reina, vestida con el oro de Ofir (Salmo 45:9). Él no puede ser glorificado sin Su esposa.

Contempla a Jesús, creyente. Que tu fe lo contemple con muchas coronas sobre su cabeza. Recuerda que un día serás como Él cuando lo veas tal como es (1 Juan 3:2). No serás tan grande ni tan divino como Él, pero, en cierto modo, compartirás los mismos honores y disfrutarás de la misma felicidad y la misma dignidad que Él posee.

Confórmate con vivir en el anonimato por un tiempo y recorrer tu fatigoso camino por los campos de pobreza o por las colinas de la aflicción, porque pronto reinarás con Cristo. Él nos ha hecho reyes y sacerdotes para Dios, y reinaremos *por los siglos de los siglos* (Apocalipsis 5:10; 22:5). ¡Qué pensamiento tan maravilloso para los hijos de Dios! Tenemos a Cristo como nuestro glorioso representante en las cortes celestiales ahora, y pronto vendrá y nos recibirá para estar con Él allí, contemplar Su gloria y compartir Su gozo.

27 de abril

*Pero en todas estas cosas somos más que vencedores
por medio de Aquel que nos amó* (Romanos 8:37).

Acudimos a Cristo en busca de perdón y con demasiada frecuencia recurrimos a la ley para combatir nuestros pecados. Pablo nos reprende así: *¡Oh, gálatas insensatos! ¿Quién los ha fascinado a ustedes, ante cuyos ojos Jesucristo fue presentado públicamente como crucificado? Esto es lo único que quiero averiguar de ustedes ¿Recibieron el Espíritu por las obras de la ley, o por el oír con fe? ¿Tan insensatos son? Habiendo comenzado por el Espíritu, ¿van a terminar ahora por la carne?* (Gálatas 3:1-3).

Lleva tus pecados a la cruz de Cristo, porque el viejo hombre, la vieja naturaleza, solo puede ser crucificado allí; nosotros estamos crucificados con El. ¡La única arma para combatir el pecado es la lanza que atravesó el costado de Jesús!

Por ejemplo, si quieres dominar el mal genio, ¿cómo lo haces? Es muy posible que nunca hayas intentado la manera correcta de acercarte a Jesús con esto. ¿Cómo obtuve la salvación? Acudí a Jesús tal como era y confié en que Él me salvaría. ¡Debo acabar con mi ira de la misma manera! Es la única manera de acabar con ella. Debo ir a la cruz con ella y decirle a Jesús: "Señor, confío en que me librarás de ella". Esta es la única manera de asestarle un golpe mortal.

¿Eres codicioso? ¿Sientes que el mundo te está enredando? Puedes luchar contra este mal todo el tiempo que quieras, pero si es tu pecado más persistente (Hebreos 12:1), nunca serás librado de él de ninguna manera excepto por la sangre de Jesús. Llévaselo a Cristo. Dile: *Señor, he confiado en Ti. Tu nombre es Jesús, porque salvas a Tu pueblo de sus pecados. Señor, este es uno de mis pecados; ¡sálvame de él!*

Las ordenanzas y los sacramentos no son nada sin Cristo como medio para someter la carne. Tus oraciones, tu arrepentimiento y tus lágrimas, todas juntas, no valen nada aparte de Él. "Nadie más que Jesús puede hacer el bien a los pecadores indefensos"[30], ni tampoco a los santos indefensos. Si quieres ser un vencedor, debes serlo por medio de Aquel que te ha amado. Nuestros laureles deben crecer entre sus olivos en Getsemaní.

---

30   Esto es del himno en inglés de Joseph Hart, "Come Ye Sinners, Poor and Wretched".

24 de abril

A causa de todo esto, nosotros hacemos un
pacto fiel por escrito (Nehemías 9:38).

osotros hacemos un pacto fiel por escrito, o estamos haciendo un pacto seguro. Hay muchas ocasiones en nuestra experiencia en las que podemos, con toda razón y beneficio, renovar nuestro pacto con Dios. Después de recuperarnos de una enfermedad cuando, como Ezequías, se nos ha añadido un nuevo período de años a nuestra vida (2 Reyes 20:6), podemos hacerlo debidamente. Después de cualquier liberación de una dificultad, cuando nuestras alegrías broten de nuevo, visitemos de nuevo el pie de la cruz y renovemos nuestra consagración. Hagamos esto especialmente después de cualquier pecado que haya contristado al Espíritu Santo o haya deshonrado la causa de Dios. Miremos entonces a esa sangre que puede emblanquecernos más que la nieve, y ofrezcámonos de nuevo al Señor.

No solo debemos dejar que nuestros problemas confirmen nuestra dedicación a Dios, sino también nuestra prosperidad. Si alguna vez nos encontramos con ocasiones que merecen ser llamadas misericordias de coronación (Salmo 103:4), entonces, sin duda, si Él nos ha coronado, también debemos coronar a nuestro Dios. Renovemos todas las joyas de la divina indumentaria que hemos guardado en el joyero de nuestros corazones y dejemos que nuestro Dios se siente en el trono de nuestro amor, ataviado con ropajes reales.

Si aprendiéramos a aprovechar nuestra prosperidad, no necesitaríamos tanta adversidad. Si recogiéramos de un beso todo el bien que pudiera otorgarnos, no sufriríamos con tanta frecuencia bajo la vara. ¿Hemos recibido recientemente alguna bendición inesperada? ¿Ha puesto el Señor nuestros pies en una habitación espaciosa? ¿Podemos cantar de misericordias multiplicadas? Entonces, este es el día para poner nuestras manos sobre los cuernos del altar y decir: "Átame aquí, Dios mío; átame aquí con cuerdas de amor, para siempre" (Salmo 118:27).

Ya que necesitamos el cumplimiento de nuevas promesas de Dios, ofrezcamos oraciones renovadas para que nuestros antiguos votos no sean deshonrados. Hagamos con Él un pacto y un acuerdo seguro esta mañana, a causa de los dolores de Jesús, que durante el último mes hemos estado considerando con gratitud.

25 de abril

Mi amado habló, y me dijo: "Levántate, amada mía,
hermosa mía, y ven conmigo (Cantares 2:10).

¡Oigo la voz de mi Amado! ¡Me habla! El buen tiempo sonríe sobre la faz de la tierra, y Él no quiere que esté espiritualmente dormido mientras la naturaleza a mi alrededor despierta de su reposo invernal. Me llama a levantarme, y bien puede, pues ya he estado yaciendo entre las ollas de la mundanalidad demasiado tiempo. Él ha resucitado y yo he resucitado en Él; ¿por qué, entonces, habría de aferrarme al polvo? De amores, deseos, búsquedas y objetivos menores, quisiera elevarme hacia Él.

Me llama por el dulce título de *mi amada*, ¡y me considera hermosa! Este es un buen estímulo para levantarme. Si Él me ha exaltado así y piensa que soy hermosa, ¿cómo puedo permanecer en las oscuras tiendas de Cedar y hallar compañía en el mundo?

Él me pide: *ven conmigo*. ¡Aléjate cada vez más de todo lo egoísta, servil, mundano y pecaminoso! Me llama desde el mundo aparentemente religioso que no lo conoce y Él no simpatiza con los rituales ni las prácticas de la religión externa.

Ven conmigo no suena áspero a mis oídos, pues ¿qué me retiene en este desierto de vanidad y pecado?

Oh, mi Señor, quiero irme, pero estoy atrapado entre las espinas y no puedo escapar de ellas como quisiera. ¡Si fuera posible, no tendría ojos, ni oídos, ni corazón para el pecado! Me llamas a Ti diciéndome: *Ven conmigo*, y esta es, en verdad, una grata llamada. Ir a Ti es volver a casa del exilio, salir de la tormenta furiosa, descansar después de un largo trabajo y alcanzar la meta de mis deseos y la cima de mis anhelos. Pero, Señor, ¿cómo puede levantarse una piedra? ¿Cómo puede un trozo de barro salir del horrible pozo? ¡Oh, levántame, atráeme, y correré tras de Ti! Solo Tu gracia puede hacerlo. Envía Tu Espíritu Santo para encender las llamas sagradas del amor en mi corazón y seguiré elevándome hasta dejar atrás la vida y el tiempo, y realmente partir.

26 de abril

...hagan esto en memoria de Mí (1 Corintios 11:24).

Parece, entonces, que los cristianos pueden olvidar a Cristo. No habría necesidad de esta amorosa exhortación si no existiera la temerosa creencia de que nuestros recuerdos podrían resultar traicioneros. Y no es una simple conjetura. Lamentablemente, está demasiado bien confirmada en nuestra experiencia, no como una posibilidad, sino como un hecho lamentable. Parece casi imposible que quienes han sido redimidos por la sangre del Cordero moribundo y han sido amados con amor eterno por el Hijo eterno de Dios (Jeremías 31:3) ¡puedan olvidar a ese misericordioso Salvador! Pero si es sorprendente al oído, es, lamentablemente, demasiado evidente a la vista como para permitirnos negar el crimen.

¿Olvidar a Aquel que nunca nos olvidó? ¿Olvidar a Aquel que derramó Su sangre por nuestros pecados? ¿Olvidar a Aquel que nos amó hasta la muerte? ¿Será posible? Sí. No solo es posible, sino que la conciencia confiesa que también es una lamentable culpa nuestra que le permitamos ser como un hombre que viaja y se queda solo una noche. Aquel a quien deberíamos convertir en el residente permanente de nuestros recuerdos es solo un visitante. La cruz, donde uno pensaría que el recuerdo perduraría y donde la indiferencia sería un intruso desconocido, está profanada por los pies del olvido.

¿No te dice tu conciencia que esto es cierto? ¿No te olvidas de Jesús? Alguna criatura te roba el corazón y olvidas a Aquel en quien deberías depositar tu afecto. Algún asunto terrenal absorbe tu atención cuando deberías fijar la mirada en la cruz. Es la agitación incesante del mundo, la constante atracción por las cosas terrenales, lo que aleja el alma de Cristo. Mientras que la memoria preserva demasiado bien una mala hierba venenosa, permite que la Rosa de Sarón se marchite (Cantares 2:1). Determinemos atar un nomeolvides celestial alrededor de nuestros corazones para Jesús, nuestro Amado, y aferrémonos a Él, a cualquier otra cosa que dejemos pasar.

27 de abril

Dios, nuestro Dios (Salmo 67:6).

Es extraño lo poco que aprovechamos las bendiciones espirituales que Dios nos da, pero es aún más extraño lo poco que aprovechamos a Dios mismo. Aunque Él es nuestro propio Dios, parece que solo lo buscamos un poco y solo le pedimos un poco. ¡Cuán pocas veces pedimos consejo al Señor! ¡Con cuánta frecuencia nos ocupamos de nuestros asuntos sin buscar Su guía! En nuestros problemas, ¡cuán constantemente nos esforzamos por llevar nuestras cargas nosotros mismos en lugar de encomendárselas al Señor para que Él nos sustente (Salmo 55:22)!

Esto no se debe a que no podamos usarle, pues el Señor parece decir: "Soy tuyo; ven y úsame como quieras. Puedes venir libremente a Mi tesoro y cuanto más vengas, más bienvenido serás". Es culpa nuestra si no aprovechamos las riquezas de nuestro Dios.

Ya que tienes un amigo así y Él te invita a hacerlo, invócalo a diario. Nunca te falte nada mientras tengas un Dios a quien acudir. Nunca temas ni te debilites mientras tengas a Dios para ayudarte. Ve a tu tesoro y toma lo que necesites; todo lo que necesitas lo encontrarás allí. Aprende la divina habilidad de hacer que Dios sea todo para ti. Él puede proveerte de todo, o mejor aún, puede serlo todo para ti.

Permíteme, entonces, instarte a que recurras a tu Dios. Recurre a Él en oración. Acude a Él con frecuencia, porque Él es tu Dios. ¿Desperdiciarás tan gran privilegio? Acude a Él y cuéntale todas tus necesidades. Úsalo constantemente por fe en todo momento. Si alguna oscura providencia te ha cubierto de nubes, usa a tu Dios como un sol. Si un enemigo fuerte te ha rodeado, encuentra en Dios un escudo, porque Él es sol y escudo para Su pueblo (Salmo 84:11). Si te has extraviado en los laberintos de la vida, úsalo como guía, porque Él te guiará. Seas lo que seas y dondequiera que estés, recuerda que Dios es justo lo que necesitas, Él está justo donde lo necesitas y Él puede hacer todo lo que necesitas.

28 de abril

*Acuérdate de la palabra dada a Tu siervo, en la
cual me has hecho esperar* (Salmo 119:49).

ea cual sea tu necesidad específica, puedes encontrar fácilmente en la Biblia una promesa que se ajuste a ella. ¿Te sientes débil y desfallecido porque tu camino es áspero y estás cansado? Aquí está la promesa: Él da fuerzas al fatigado (Isaías 40:29). Cuando leas esta promesa, llévala al gran Prometedor y pídele que cumpla Su propia Palabra.

¿Buscas a Cristo y anhelas una comunión más estrecha con Él? Esta promesa brilla como una estrella sobre ti: *Bienaventurados son los que tienen hambre y sed de justicia, pues ellos serán saciados* (Mateo 5:6). Lleva esta promesa al trono continuamente. No supliques nada más, sino acude a Dios una y otra vez, diciendo: "Señor, tú lo has dicho; haz lo que has dicho".

¿Te angustia el pecado? ¿Acaso te agobia la pesada carga de tus iniquidades? Escucha estas palabras: Yo, *Yo soy el que borro tus transgresiones por amor a Mí mismo, y no recordaré tus pecados* (Isaías 43:25). No tienes ningún mérito propio que alegar. ¿Por qué debería Él perdonarte? Sin embargo, simplemente alega sus pactos escritos y Él los cumplirá.

¿Temes no poder resistir hasta el final, sino que, tras haber creído ser hijo de Dios, te verías abandonado? Si esa es tu afección, lleva esta palabra de gracia al trono y clama: *Porque los montes serán quitados y las colinas temblarán, pero Mi misericordia no se apartará de ti, y el pacto de Mi paz no será quebrantado* (Isaías 54:10).

Si has perdido la dulce sensación de la presencia del Salvador y Lo buscas con tristeza, recuerda sus promesas. *Vuelvan a Mí y Yo volveré a ustedes* (Malaquías 3:7). *Por un breve momento te abandoné, pero con gran compasión te recogeré* (Isaías 54:7). Deleita tu fe en la Palabra de Dios y sean cuales sean tus temores o necesidades, acude al Banco de la Fe con la nota escrita a mano por tu Padre, que dice: *Acuérdate de la palabra dada a tu siervo, en la cual me has hecho espera* (Salmo 119:49).

29 de abril

Tú eres mi refugio en el día de calamidad (Jeremías 17:17).

l camino del cristiano no siempre brilla con la luz del sol. Tiene sus temporadas de oscuridad y tormenta. Es cierto lo que está escrito en la Palabra de Dios: *Sus caminos son caminos agradables y todas sus sendas, paz* (Proverbios 3:17). Es una gran verdad que la religión cristiana tiene como propósito brindar a la persona felicidad en la tierra, así como paraíso en el Cielo. Pero la experiencia nos dice que si *la senda de los justos es como la luz de la aurora, que va aumentando en resplandor hasta que es pleno día* (Proverbios 4:18), a veces esa luz se eclipsa. En ciertos períodos, las nubes cubren el sol del creyente, y él camina en la oscuridad y no ve luz.

Hay muchos que se han regocijado en la presencia de Dios por un tiempo. Han disfrutado del sol de las primeras etapas de su carrera cristiana. Han caminado por *verdes pastos* junto a *aguas de reposo* (Salmo 23:2). Pero de repente, el glorioso cielo se nubla. En lugar de la fértil tierra de Gosén, tienen que viajar por el árido desierto. En lugar de aguas tranquilas, encuentran arroyos turbulentos que les resultan amargos. Dicen: "¡Si yo fuera hijo de Dios, esto no me sucedería!".

¡Oh, ustedes que caminan en tinieblas, no digan esto! Los mejores santos de Dios deben beber el ajenjo. Los más queridos de sus hijos deben llevar la cruz. Ningún cristiano ha disfrutado de prosperidad perpetua. Ningún creyente puede siempre apartar su arpa de los sauces (Salmo 137:2). Quizás el Señor te dio un camino llano y despejado al principio porque eras débil y tímido. Él suavizó el viento para el cordero trasquilado, pero ahora que eres más fuertes en la vida espiritual, debes entrar en la experiencia más difícil y áspera de los hijos adultos de Dios. Necesitamos vientos y tormentas para ejercitar nuestra fe, para arrancar la rama podrida de la autodependencia y para arraigarnos más firmemente en Cristo. El *día de calamidad* nos revela el valor de nuestra gloriosa esperanza.

30 de abril

Todos los israelitas murmuraron (Números 14:2).

Hay murmuradores y quejosos entre los cristianos ahora, tal como los hubo en el campamento de Israel de antaño. Hay quienes, cuando cae la vara, claman contra la mano de Dios. Preguntan: "¿Por qué estoy tan afligido? ¿Qué he hecho para ser castigado de esta manera?".

Una palabra para ti, ¡oh, murmurador! ¿Por qué murmuras contra el plan de tu Padre celestial? ¿Puede Él tratarte peor de lo que mereces? Considera lo rebelde que fuiste una vez, ¡pero Él te ha perdonado! Ciertamente, si Él en Su sabiduría considera oportuno castigarte ahora, no deberías quejarte. Después de todo, ¿estás tan herido como merecen tus pecados? Considera la corrupción que hay en tu corazón y entonces te preguntarás por qué se necesita tanta corrección para expulsarla. Pésate y discierne cuánta escoria hay mezclada con tu oro; ¿crees que el fuego es demasiado intenso para purgar toda la escoria que tienes? ¿Acaso ese espíritu orgulloso y rebelde tuyo no demuestra que tu corazón no está completamente santificado? ¿No son tus palabras quejosas contrarias a la naturaleza santa y sumisa de los hijos de Dios? ¿No es necesaria la corrección?

Si murmuras contra la mano disciplinaria de Dios, ten cuidado, pues será difícil para quienes murmuran. Dios puede castigar a Sus hijos dos veces si no soportan con paciencia la primera disciplina. Pero recuerda una cosa: *Él no castiga por gusto ni aflige a los hijos de los hombres* (Lamentaciones 3:33). Todas sus correcciones son enviadas con amor para purificarte y acercarte más a Él. Sin duda, te ayudará a soportar el castigo con paciencia si eres capaz de reconocer la mano de tu Padre. *El Señor disciplina a quienes ama y azota a todo el que recibe por hijo. Si soportas el castigo, es porque Dios te trata como a Sus hijos* (Hebreos 12:6-7). *Ni murmuren, como algunos de ellos murmuraron, y fueron destruidos por el destructor* (1 Corintios 10:10).

Mayo

1 de mayo

Sus mejillas, como eras de bálsamo, como riberas
de hierbas aromáticas (Cantares 5:13).

¡Ha llegado el mes florido! Los vientos de marzo y las lluvias de abril han hecho su trabajo, y la tierra está toda adornada de belleza. Ven, alma mía, ponte tu atuendo festivo y sal a recoger guirnaldas de pensamientos celestiales. Sabes adónde ir, pues conoces bien los lechos de especias y has olido tantas veces el perfume de las dulces flores que irás de inmediato a tu Amado y encontrarás toda la hermosura y todo el gozo en Él. Esa mejilla, una vez tan rudamente golpeada con una vara, a menudo rociada con lágrimas de compasión e incluso manchada con saliva, esa mejilla que sonríe con misericordia es como un perfume fragante para mi corazón.

No ocultaste tu rostro de la vergüenza ni de los escupitajos, oh, Señor Jesús, y por eso encontraré mi mayor deleite en alabarte. Esas mejillas estaban surcadas por el arado del dolor. Estaban enrojecidas por las rojas líneas de sangre de Tus sienes coronadas de espinas.

Tales muestras de amor infinito deleitan mi alma mucho más que columnas de perfume. Si no puedo ver Su rostro completo, permíteme contemplar Sus mejillas, pues el más leve vistazo a Él es sumamente refrescante para mi sentido espiritual y produce una variedad de deleites.

En Jesús encuentro no solo fragancia, sino también un manantial de especias. No encuentro solo una flor, sino toda clase de flores dulces. Él es para mí mi rosa y mi lirio, el consuelo de mi corazón y mi *ramillete de flores de alheña* (Cantares 1:14). Cuando Él está conmigo, es mayo todo el año y mi alma sale a lavar su rostro feliz en el rocío matutino de Su gracia y a alegrarse con el canto de los pájaros de Sus promesas.

Precioso Señor Jesús, permíteme conocer verdaderamente
la bienaventuranza que reside en la comunión
permanente e ininterrumpida contigo. Soy un pobre
indigno cuya mejilla te has inclinado a besar. Oh, déjame
besarte a cambio con los besos de mis labios.

2 de mayo

No te ruego que los saques del mundo (Juan 17:15).

Ir a casa con Jesús es un dulce y bendito acontecimiento que ocurrirá para todos los creyentes en el tiempo de Dios. En unos años más, los soldados del Señor, que ahora luchan la buena batalla de la fe (1 Timoteo 6:12), habrán terminado con el conflicto y habrán entrado en el gozo de su Señor. Pero aunque Cristo ora para que Su pueblo finalmente esté con Él donde Él está, no pide que sean llevados de inmediato de este mundo al cielo. Él quiere que se queden aquí.

Sin embargo, con cuánta frecuencia el peregrino cansado ora: *¡Quién me diera alas como de paloma! Volaría y hallaría reposo* (Salmo 55:6). Sin embargo, Cristo no ora así. Nos deja en las manos de Su Padre hasta que, como espigas de trigo maduras, cada uno de nosotros sea recogido en el granero de nuestro Maestro. Jesús no ruega por nuestra eliminación inmediata mediante la muerte, pues permanecer en este mundo es necesario para los demás, si no provechoso para nosotros. Pide que seamos librados del mal, pero no pide que seamos admitidos a la herencia en gloria hasta que alcancemos la madurez plena.

Los cristianos a menudo desean morir cuando tienen algún problema. Pregúntales por qué, y te dirán: "Porque queremos estar con el Señor". Tememos que no sea tanto porque anhelen estar con el Señor, sino porque desean librarse de sus problemas; de lo contrario, tendrían el mismo deseo de morir en otros momentos, cuando no están bajo la presión de la prueba. Quieren volver a casa no tanto por la compañía del Salvador, sino para descansar.

Ahora bien, es perfectamente correcto desear partir —si podemos hacerlo con el mismo espíritu que Pablo, porque estar con Cristo es mucho mejor (Filipenses 1:23)—, pero el deseo de escapar de los problemas es egoísta. En cambio, que tu preocupación y deseo sea glorificar a Dios con tu vida aquí mientras a Él le plazca, aunque sea en medio del trabajo, el conflicto y el sufrimiento. Deja que Él diga cuándo es suficiente.

3 de mayo

En el mundo tienen tribulación (Juan 16:33).

¿Te preguntas la razón de esto, creyente? ¿Por qué tendrás tribulaciones y problemas en este mundo?

Mira hacia arriba, a tu Padre celestial, y contémplalo: puro y santo. ¿Sabes que algún día serás como Él? ¿Serás fácilmente conformado a Su imagen? ¿No necesitas mucha purificación en el crisol de la aflicción para purificarte? ¿Será fácil deshacerte de tus corrupciones y hacerte tan perfecto como tu Padre celestial es perfecto (Mateo 5:48)?

Ahora, cristiano, mira hacia abajo. ¿Sabes qué enemigos tienes bajo tus pies? Una vez fuiste siervo de Satanás y ningún rey perdería voluntariamente a sus súbditos. ¿Crees que Satanás te dejará en paz? No. Siempre estará a tu alrededor, pues *anda al acecho como león rugiente, buscando a quien devorar* (1 Pedro 5:8). Por lo tanto, cristiano, espera problemas cuando mires debajo de ti.

Entonces mira a tu alrededor. ¿Dónde estás? Eres un extraño y un peregrino en tierra enemiga. El mundo no es tu amigo. Si lo es, entonces no eres amigo de Dios, porque quien es amigo del mundo es enemigo de Dios (Santiago 4:4). Ten por seguro que encontrarás enemigos por todas partes. Cuando duermas, piensa que descansas en el campo de batalla. Cuando camines, sospecha una emboscada en cada cercado. Así como se dice que los mosquitos pican más a los extranjeros que a los nativos, así también las pruebas de la tierra te serán más duras.

Por último, mira dentro de tu propio corazón y observa qué hay ahí. ¡El pecado y el yo siguen dentro! Si no tuvieras al diablo que te tiente, ni enemigos que te combatan, ni un mundo que te atrape, aún encontrarías en ti mismo suficiente maldad como para ser un doloroso problema, porque el corazón es engañoso sobre todas las cosas y perverso (Jeremías 17:9).

Espera, pues, dificultades, pero no te desanimes por ello, porque Dios está contigo para ayudarte y fortalecerte. Él ha dicho: *Yo estaré con él en la angustia; lo rescataré y lo honraré* (Salmo 91:15).

4 de mayo

*¿Puede hacer el hombre dioses para sí? ¡Pero
no son dioses!* (Jeremías 16:20).

Un gran pecado preocupante del antiguo Israel fue la idolatría, y nosotros, el Israel espiritual, estamos afligidos por una tendencia a la misma maldad. Ya no nos inclinamos ante palos y piedras, pero el mundo aún nos presenta su becerro de oro y los santuarios del orgullo no son abandonados. El yo, en diversas formas, lucha por someter a los elegidos bajo su dominio, y la carne erige sus altares dondequiera que encuentra espacio para ellos.

Los hijos suelen ser causa de mucho pecado en los creyentes. El Señor se entristece cuando nos ve malcriarlos y ceder a sus deseos desmedidos. Vivirán para ser una maldición tan grande para nosotros como Absalón lo fue para David, o nos serán arrebatados y dejarán nuestros hogares desolados. Si los cristianos desean que crezcan espinas para rellenar sus almohadas de insomnio, ¡que consientan demasiado a sus hijos!

Se dice con razón que *no son dioses*, pues los objetos de nuestra necia devoción son bendiciones muy dudosas; el consuelo que nos brindan ahora es peligroso y la ayuda que pueden brindarnos en la hora de la angustia es, en verdad, escasa.

¿Por qué, entonces, estamos tan cautivados por el vacío? Nos compadecemos de los pobres paganos que adoran a un dios de piedra, ¡pero nosotros adoramos a un dios de oro! ¿Dónde está la enorme superioridad entre un dios de carne y uno de madera? El principio, el pecado y el absurdo son los mismos en ambos casos, solo que en nuestro caso el crimen es más grave porque tenemos más luz, pero pecamos ante ella. El pagano se inclina ante una deidad falsa, pero nunca ha conocido al Dios verdadero. Cometemos dos males al abandonar al Dios vivo y recurrir a los ídolos (Jeremías 2:13). ¡Que el Señor nos purifique a todos de esta atroz iniquidad!

> El ídolo más querido que he conocido,
> cualquiera que sea es ídolo;
> ¡Ayúdame a arrancarlo de Tu trono,
> y adorarte solo a Ti![31]

---

31 Esto es del himno en inglés de William Cowper, "O For a Closer Walk with God".

5 de mayo

Y seré su Dios, y ellos serán Mi pueblo (2 Corintios 6:16).

Qué dulce título: ¡*Mi pueblo*! Qué revelación tan alentadora: ¡*su Dios*! Cuánto significado se expresa en esas dos palabras: ¡*Mi pueblo*! Aquí hay especificidad. El mundo entero es de Dios. El cielo, incluso el cielo de los cielos, es del Señor y Él reina entre los hijos de los hombres. Pero a aquellos que Él ha escogido, a quienes Él ha comprado para Sí, los llama específicamente *Mi pueblo*.

En esta palabra se encuentra la idea de propiedad. De manera especial, *la porción del Señor es Su pueblo; Jacob es la parte de Su heredad* (Deuteronomio 32:9). Todas las naciones de la tierra son Suyas. El mundo entero está en Su poder, pero Su pueblo, Su pueblo escogido, es más especialmente Su posesión, porque Él ha hecho más por ellos que otros. Los ha comprado con Su sangre. Los ha acercado a Sí. Él ha puesto Su gran corazón en ellos. Los ha amado con un amor eterno, un amor que las muchas aguas no pueden apagar y que las revoluciones del tiempo jamás podrán disminuir en lo más mínimo.

Queridos amigos, ¿pueden, por fe, verse en ese grupo? ¿Pueden mirar al cielo y decir: "Mi Señor y mi Dios; mío por esa dulce relación que me da derecho a llamarte 'Padre'; mío por esa santa comunión que me deleito en tener contigo cuando te place manifestarte a mí como no lo haces al mundo"?

¿Pueden leer el Libro de la Inspiración y encontrar allí las evidencias de su salvación? ¿Pueden leer su título escrito con sangre preciosa? ¿Pueden, por humilde fe, aferrarse a las vestiduras de Jesús y decir: "Mi Cristo"? Si pueden, entonces Dios dice de ustedes, y de otros como ustedes, "Mi pueblo"; porque si Dios es su Dios y Cristo es su Cristo, entonces el Señor les ha mostrado una gracia especial y específica. ¡Ustedes son el objeto de Su elección, aceptados en Su Hijo amado!

6 de mayo

...permanecemos en Él (1 Juan 4:13).

¿Necesitas un hogar para tu alma? ¿Te preguntas: "¿Cuál es el precio de compra?"? Su precio es menor de lo que la orgullosa naturaleza humana quisiera dar. Es gratuita y sin precio (Isaías 55:1). ¡Ah! ¡Te gustaría pagar un alquiler respetable! ¡Te encantaría hacer algo para ganar a Cristo! Entonces no puedes tener la casa, porque no tiene precio. ¿Tomarías la casa de mi Maestro en arrendamiento por toda la eternidad, sin nada que pagar, solo el alquiler de amarlo y servirlo para siempre? ¿Aceptarás a Jesús *y permanecerás en Él*?

Esta casa está equipada con todo lo que deseas. Está llena de más riquezas de las que gastarás mientras vivas. Aquí puedes tener comunión íntima con Cristo y deleitarte en Su amor. ¡Aquí hay mesas llenas de suficiente comida para que vivas para siempre! Cuando estés cansado, puedes encontrar descanso en esta casa con Jesús y desde ella puedes contemplar el cielo mismo.

¿Tendrás la casa? Dirás: "Me gustaría tenerla, pero ¿puedo tenerla?". ¡Sí! Ahí está la llave. La llave es: "Ven a Jesús".

"Pero", dices, "estoy demasiado desventurado para una casa así". No importa, hay ropa adentro. Si te sientes culpable y condenado, ven. Aunque la casa sea demasiado buena para ti, Cristo pronto te hará suficientemente bueno para ella. Él te lavará y te purificará, y aún podrás cantar: *permanecemos en Él*.

¡Creyente! ¡Qué feliz eres de tener una morada así! Eres un gran privilegiado, pues tienes una morada sólida en la que siempre estás seguro. Permaneciendo en Él, no solo tienes una casa perfecta y segura, sino también una eterna. Cuando este mundo se haya disuelto como un sueño, nuestra casa vivirá y se mantendrá más imperecedera que el mármol, más sólida que el granito y tan autoexistente como Dios, ¡porque es Dios mismo! *Permanecemos en Él*.

7 de mayo

Y muchos lo siguieron, y los sanó a todos (Mateo 12:15).

¡Qué variedad de terribles enfermedades debieron de presentarse ante la mirada de Jesús! Sin embargo, no leemos que sintiera repugnancia, sino que atendió pacientemente cada caso. ¡Qué asombrosa variedad de enfermedades debieron de presentarse ante Él! ¡Qué úlceras repugnantes y llagas putrefactas! Sin embargo, estaba preparado para cada nueva manifestación del monstruoso mal y lo venció en todas sus formas. Aunque la flecha volara desde cualquier dirección, Él apagó su ardiente poder. El calor de la fiebre, el frío del edema, el letargo de la parálisis, la confusión de la enfermedad mental, la inmundicia de la lepra o la oscuridad de la ceguera: todos conocían el poder de Su palabra y huían a Su orden. En cada rincón del campo, triunfaba sobre el mal y recibía el tributo de los cautivos liberados. Él venía, veía y vencía por doquier.

Así es incluso esta mañana. Sea cual sea mi caso, el Médico amado puede sanarme. Sea cual sea la condición de quienes recuerdo en este momento en oración, puedo tener esperanza en Jesús de que Él podrá sanarlos de sus pecados.

Hijo mío, amigo mío, mi querido, puedo tener esperanza para cada uno y para todos cuando recuerdo el poder sanador de mi Señor. Personalmente, no importa cuán severa sea mi lucha con los pecados y las enfermedades, aún puedo sentirme animado. Aquel que en la tierra recorrió los hospitales aún dispensa Su gracia y obra maravillas entre los hijos de los hombres. Permíteme acudir a Él con sinceridad y fervor de inmediato.

Permíteme alabarlo esta mañana al recordar cómo obró Sus curaciones espirituales, las cuales le dan el mayor renombre. Fue al tomar sobre sí nuestra pecaminosidad. *Por Sus heridas hemos sido sanados* (Isaías 53:5). La iglesia en la tierra está llena de almas sanadas por nuestro amado Médico. Los habitantes del Cielo mismo confiesan que Él *los sanó a todos*. Ven, pues, alma mía, y proclama la virtud de Su gracia, y *esto será para gloria del Señor, para señal eterna que nunca será borrada* (Isaías 55:13).

8 de mayo

Pero el que había sido sanado no sabía quién era (Juan 5:13).

Los años son cortos para quienes gozan de buena salud, pero treinta y ocho años de enfermedad debieron de parecerle muchísimo tiempo al pobre hombre débil. Por lo tanto, cuando Jesús lo sanó con una palabra mientras yacía junto al estanque de Betesda, sintió con deleite un cambio. De la misma manera, el pecador que durante semanas y meses ha estado paralizado por la desesperación y suspira con cansancio por la salvación es muy consciente del cambio cuando el Señor Jesús pronuncia la palabra de poder y da gozo y paz al creer. El mal eliminado es demasiado grande como para que lo eliminemos sin que lo reconozcamos. La vida impartida es demasiado extraordinaria como para permanecer inactiva. El cambio producido es demasiado maravilloso como para no percibirlo. Sin embargo, el pobre hombre ignoraba quién había sido el autor de su curación. No percibía la santidad de Jesús, el papel especial que desempeñaba ni la misión que lo trajo entre los hombres.

De la misma manera, mucha ignorancia de Jesús puede permanecer en corazones que aún sienten el poder de Su sangre. No debemos condenar apresuradamente a las personas por falta de conocimiento, sino que donde podamos ver la fe que salva el alma, debemos creer que la salvación ha sido dada. El Espíritu Santo hace que las personas se arrepientan mucho antes de que Él las convierta en teólogos. Quien cree en lo que sabe pronto sabrá con mayor claridad lo que cree.

Sin embargo, la ignorancia es un mal. Este pobre hombre fue muy cuestionado por los fariseos y no pudo hacerles frente. Es bueno poder responder a los oponentes, pero no podemos hacerlo si no conocemos al Señor Jesús con claridad y entendimiento. Sin embargo, la curación de la ignorancia de este hombre pronto siguió a la curación de su enfermedad, pues fue visitado por el Señor en el templo. Después de esa amable manifestación, se le encontró testificando que *Jesús era el que lo había sanado* (Juan 5:15).

Señor, si me has salvado, muéstrate a mí para
que yo pueda anunciarte a los demás.

9 de mayo

Que nos ha bendecido con toda bendición espiritual (Efesios 1:3).

Cristo concede a Su pueblo toda la bondad del pasado, presente y futuro. En las misteriosas eras del pasado, el Señor Jesús fue el primer elegido de Su Padre y nos dio parte en Su elección, pues fuimos escogidos en Él desde antes de la fundación del mundo (Efesios 1:4). Él tuvo las prerrogativas de la filiación desde la eternidad como Hijo unigénito y amado de Su Padre. En las riquezas de Su gracia, nos ha elevado a la filiación también por adopción y regeneración, y nos ha dado poder para *ser hijos de Dios* (Juan 1:12).

El pacto eterno, basado en una promesa y confirmado por Su juramento, es nuestro para nuestro firme consuelo y seguridad. En los eternos acuerdos de la sabiduría predestinadora y el decreto omnipotente, la mirada del Señor Jesús siempre estuvo fija en nosotros. Podemos estar seguros de que en todo el registro del destino no hay una sola línea que vaya en contra de los intereses de Sus redimidos.

El gran compromiso del Príncipe de Gloria es nuestro, pues es con nosotros con quien Él está comprometido, como las sagradas nupcias pronto declararán a un universo reunido. La maravillosa encarnación del Dios del cielo, con toda la asombrosa condescendencia y humillación que la acompañó, es nuestra. ¡El sudor de sangre, el azote y la cruz son nuestros para siempre! ¡Cualquier consecuencia placentera que derive de la obediencia perfecta, la expiación consumada, la resurrección, la ascensión o la intercesión, es toda nuestra por Su propio don!

Él ahora lleva nuestros nombres en Su pectoral, nos recuerda y defiende nuestra causa en Sus súplicas con autoridad ante el trono. Hace uso de Su dominio sobre principados y potestades, y de Su absoluta majestad en el cielo, para beneficio de quienes confían en El. Está tan a nuestro servicio ahora como lo estuvo cuando vivió en la tierra. Aquel que se entregó por nosotros en las profundidades del dolor y la muerte, no deja de preocuparse por nosotros ahora que está entronizado en los cielos más altos.

10 de mayo

*Pero ahora Cristo ha resucitado de entre
los muertos* (1 Corintios 15:20).

odo el sistema del cristianismo se basa en el hecho de que *Cristo ha
resucitado de entre los muertos,* porque *si Cristo no ha resucitado,
vana es entonces nuestra predicación, y vana también la fe de ustedes...
todavía están en sus pecados* (1 Corintios 15:14, 17). La divinidad de Cristo
encuentra su prueba más fehaciente en Su resurrección, ya que *fue declarado
Hijo de Dios con un acto de poder, conforme al Espíritu de santidad, por la
resurrección de entre los muertos: nuestro Señor Jesucristo* (Romanos 1:4).
No sería irrazonable dudar de Su deidad si no hubiera resucitado.

Además, la soberanía de Cristo depende de su resurrección, pues *para
esto Cristo murió y resucitó, para ser Señor tanto de los muertos como de los
vivos* (Romanos 14:9).

De nuevo, nuestra justificación, la principal bendición del pacto, está
vinculada con la victoria triunfante de Cristo sobre la muerte y el sepulcro,
pues *Él fue entregado por causa de nuestras transgresiones y resucitado para
nuestra justificación* (Romanos 4:25).

Más aún, nuestra regeneración está conectada con Su resurrección, pues
*nos ha hecho nacer de nuevo a una esperanza viva, mediante la resurrección
de Jesucristo de entre los muertos* (1 Pedro 1:3).

Sin duda, nuestra resurrección definitiva reside aquí, pues *si el Espíritu de
Aquel que resucitó a Jesús de entre los muertos habita en ustedes, el mismo que
resucitó a Cristo Jesús de entre los muertos, también dará vida a sus cuerpos
mortales por medio de Su Espíritu que habita en ustedes* (Romanos 8:11). Si
Cristo no resucitó, nosotros no resucitaremos; pero si resucitó, entonces los
que durmieron en Cristo no perecieron, sino que en su carne contemplarán
a su Dios (Job 19:26).

Así, el hilo conductor de la resurrección recorre todas las bendiciones
del creyente, desde su regeneración hasta su gloria eterna, y las une. ¡Cuán
importante será, entonces, este glorioso hecho desde su perspectiva y cómo
se regocijará de que, sin lugar a dudas, esté establecido que *Cristo ha resucitado de entre los muertos*!

11 de mayo

Yo estoy con ustedes todos los días (Mateo 28:20).

Es bueno que haya Uno que siempre es el mismo y que siempre está con nosotros. Es bueno que haya una roca estable en medio de las olas del mar de la vida. Oh, alma mía, no pongas tu afecto en tesoros oxidados, carcomidos por la polilla y en descomposición, sino pon tu corazón en Aquel que te permanece eternamente fiel. No construyas tu casa sobre las arenas movedizas de un mundo engañoso, sino basa tus esperanzas en la Roca que se mantendrá inamovible y segura en medio de la lluvia torrencial y las fuertes inundaciones.

Te insto a que guardes tu tesoro en la única caja fuerte. Guarda tus joyas donde nunca puedas perderlas. Pon todo tu ser en Cristo. Pon todo tu afecto en Él. Pon toda tu esperanza en Su mérito, toda tu confianza en Su sangre poderosa y todo tu gozo en Su presencia. Al hacerlo, podrás reírte de la pérdida y desafiar la destrucción.

Recuerda que todas las flores del jardín del mundo se marchitan y mueren, y llegará el día en que no quedará nada más que la tierra negra y fría. El extintor negro de la muerte pronto me apagará tu vela. ¡Oh, qué dulce es tener la luz del sol cuando la vela se ha apagado! ¡La oscura inundación pronto se extenderá entre ti y todo lo que tienes! Así que une tu corazón a Aquel que nunca te abandonará. Confía en Aquel que te acompañará a través de la oscura y embravecida corriente del río de la muerte, quien te llevará sano y salvo a la orilla celestial y te hará sentar con Él en lugares celestiales para siempre.

Ve, hijo afligido de la aflicción, y cuéntale tus problemas secretos al Amigo más cercano que un hermano (Proverbios 18:24). Confía todas tus preocupaciones a Aquel que nunca te será arrebatado, que nunca te dejará y que nunca permitirá que lo abandones. Él es Jesucristo, *el mismo ayer y hoy y por los siglos* (Hebreos 13:8). ¡*Yo estoy con ustedes todos los días* es suficiente para que mi alma viva, incluso si todos me abandonan!

12 de mayo

Lo amaré y me manifestaré a él (Juan 14:21).

El Señor Jesús da revelaciones especiales de Sí mismo a Su pueblo. Aunque las Escrituras no lo declararan, muchos hijos de Dios podrían dar testimonio de esta verdad por experiencia propia. Han tenido manifestaciones de su Señor y Salvador Jesucristo de una manera especial, como ninguna lectura ni audición podría proporcionar. En las biografías de santos eminentes, se encuentran muchos casos registrados en los que Jesús, de una manera muy especial, habló a sus almas y reveló las maravillas de Sí mismo. Sí, sus almas han estado tan inmersas en la felicidad que han creído estar en el cielo, cuando no estaban allí, aunque estaban muy cerca de su umbral. Cuando Jesús se manifiesta a Su pueblo, es el Cielo en la tierra. Es el paraíso en su forma inicial. ¡Es la dicha que comienza!

Estas manifestaciones especiales de Cristo ejercen una influencia santa en el corazón del creyente. Un efecto será la humildad. Si alguien dice: "He tenido ciertas comunicaciones espirituales y por lo tanto soy una gran persona", nunca ha tenido comunión alguna con Jesús, porque Dios respeta a los humildes, *pero al altivo conoce de lejos* (Salmo 138:6). No necesita acercarse a ellos para conocerlos y nunca los visitará con amor.

Otro efecto será la felicidad, porque en la presencia de Dios hay deleites para siempre (Salmo 16:11).

La santidad sin duda vendrá después. Una persona sin santidad nunca ha tenido esta manifestación. Algunas personas hablan mucho de sus creencias, pero no debemos creer a nadie a menos que veamos que sus obras concuerdan con lo que dice. *No se dejen engañar, de Dios nadie se burla* (Gálatas 6:7). Él no concederá sus favores a los malvados, pues si bien no rechazará a una persona piadosa, tampoco respetará a un malhechor.

Por lo tanto, la cercanía a Jesús traerá tres efectos: humildad, felicidad y santidad. ¡Que Dios te los conceda, cristiano!

13 de mayo

El llanto puede durar toda la noche, pero a la mañana
vendrá el grito de alegría (Salmo 30:5).

¡Cristiano! Si estás en una noche de prueba, piensa en el mañana. Alienta tu corazón con el pensamiento de la venida de tu Señor. Ten paciencia, porque "¡He aquí! ¡Él viene con las nubes!³²". ¡Ten paciencia! El Jardinero espera hasta cosechar Su cosecha. Ten paciencia, porque Él ha dicho: *Por tanto, yo vengo pronto, y Mi recompensa está conmigo para recompensar a cada uno según sea su obra* (Apocalipsis 22:12). Si alguna vez te sientes miserable y agotado, recuerda: "Unos cuantos soles más, como mucho, te llevarán a la hermosa costa de Canaán³³". Tu cabeza puede estar coronada de espinas ahora, pero pronto lucirá una corona de estrellas. Tu mano puede estar llena de preocupaciones, pero pronto tocará las cuerdas del arpa del Cielo. Puede que tus ropas ahora estén sucias de polvo, pero pronto estarán blancas como la nieve. Espera un poco más.

¡Qué simples nos parecerán nuestros problemas y pruebas al recordarlos! Mirándolos ahora, parecen inmensos; pero cuando lleguemos al Cielo, entonces, "con alegrías arrebatadoras, contaremos las fatigas de nuestros pies³⁴". 35 Nuestras pruebas parecerán entonces aflicciones leves y momentáneas. Sigamos adelante con valentía. Aunque la noche parezca muy oscura, llega la mañana; eso es más de lo que pueden decir quienes están encerrados en la oscuridad del infierno.

¿Sabes lo que es conocer el futuro de esta manera, vivir con esperanza, anticipar el Cielo? Creyente feliz, tienes una esperanza tan segura y reconfortante. Puede que ahora parezca todo oscuridad, pero pronto habrá luz. Puede que ahora parezca todo pruebas y tribulaciones, pero pronto será todo felicidad. ¿Qué importa si el llanto puede durar toda la noche cuando un grito de alegría llega por la mañana?

---

32   Esto es del himno en inglés de Charles Wesley, "Lo! He Comes with Clouds Descending".
33   Esto es del himno en inglés de Jehoiada Brewer, "Hail, Sovereign Love".
34   Esto es del himno en inglés de Isaac Watts, "Lord! What a Wretched Land Is This".

14 de mayo

Coherederos con Cristo (Romanos 8:17).

os inmensos reinos del universo de Su Padre pertenecen a Cristo por derecho propio. Como *heredero de todas las cosas* (Hebreos 1:2), Él es el único dueño de la vasta creación de Dios y nos ha permitido reclamarla toda como nuestra en virtud de la escritura que nos nombra coherederos, la cual el Señor ha ratificado con Su pueblo escogido. ¡Las calles doradas del paraíso, las puertas de perla, el río de la vida, el deleite trascendental y la gloria inefable nos son dados por nuestro bendito Señor para nuestra posesión eterna!

¡Todo lo que Él tiene lo comparte con Su pueblo! Ha colocado la corona real sobre la cabeza de Su iglesia, nombrándola un reino y llamando a Sus hijos un sacerdocio real, una generación de sacerdotes y reyes (1 Pedro 2:9). Se descoronó para que pudiéramos tener una coronación de gloria. Él no se sentaría en Su propio trono hasta que hubiera obtenido un lugar en Él para todos los que vencieron por Su sangre. Corona la cabeza, y todo el cuerpo comparte el honor.

¡Contempla aquí la recompensa de cada conquistador cristiano! ¡El trono, la corona, el cetro, el palacio, el tesoro, las vestiduras y la herencia de Cristo son tuyos! Muy superior a los celos, el egoísmo y la avaricia que no permiten que nadie más comparta sus ganancias, Cristo considera Su completa felicidad permitir que Su pueblo la comparta. *La gloria que me diste les he dado* (Juan 17:22). *Estas cosas les he hablado, para que Ni gozo esté en ustedes, y su gozo sea perfecto* (Juan 15:11).

Las sonrisas de Su Padre le son más dulces porque Su pueblo las comparte. Los honores de Su reino le son más gratos porque Su pueblo aparece con Él en gloria. Más valiosas para Él son sus conquistas, ya que le han enseñado a Su pueblo a vencer. Se deleita en Su trono porque hay un lugar para ellos en Él. Se regocija en Sus vestiduras reales, ya que están extendidas sobre Su pueblo. Se deleita aún más en Su alegría porque los llama a entrar en ella.

15 de mayo

…todo aquel que cree es justificado (Hechos 13:39).

El creyente en Cristo recibe una justificación presente. La fe no produce este fruto con el tiempo, sino ahora. En cuanto a que la justificación es resultado de la fe, se da en el momento en que uno confía en Cristo y lo acepta como su todo. ¿Son justificados ahora quienes están ante el trono de Dios? Sí, y somos tan verdadera y claramente justificados como quienes andan vestidos de blanco y cantan melodiosas alabanzas al son de arpas celestiales. El ladrón en la cruz fue justificado en el momento en que fijó su fe en Jesús. Pablo, el anciano siervo de Dios, no fue más justificado después de años de servicio que aquel ladrón que no había servido en absoluto.

Hoy somos aceptos en el Amado, hoy absueltos del pecado y hoy absueltos ante el tribunal de Dios. ¡Oh, qué pensamiento tan conmovedor! Hay algunos racimos de la vid de Escol (Números 13:23) que no podremos recoger hasta que entremos al Cielo, pero la justificación es una rama que cuelga sobre el muro. Esto no es como el grano de la tierra que no podemos comer hasta que crucemos el Jordán, sino que es parte del maná en el desierto, una porción de nuestro sustento diario que Dios nos provee en nuestro peregrinar. Ahora mismo somos perdonados. Nuestros pecados han sido perdonados. Ahora mismo somos aceptados ante Dios, como si nunca hubiéramos sido culpables. *Ahora no hay condenación para los que están en Cristo Jesús* (Romanos 8:1).

No hay ni un solo pecado en el Libro de Dios contra ninguno de Su pueblo. ¿Quién se atreve a imputarles algo? No queda ni una mota, ni mancha, ni arruga, ni nada parecido en ningún creyente en cuanto a la justificación ante el Juez de toda la tierra. Que el privilegio presente nos despierte al deber presente, y ahora, mientras dure la vida, dediquémonos y nos dediquemos a nuestro dulce Señor Jesús (2 Corintios 12:15).

16 de mayo

*...el cual nos da abundantemente todas las cosas
para que las disfrutemos* (1 Timoteo 6:17).

Nuestro Señor Jesús está siempre dando y no retira Su mano ni un instante. Mientras haya una vasija de gracia que aún no esté lleno hasta el borde, el aceite no se detendrá (2 Reyes 4:6). Él es un sol que siempre brilla. Es maná que siempre cae alrededor del campamento. Es una roca en el desierto, siempre enviando ríos de vida desde su costado herido. La lluvia de Su gracia siempre cae. El río de Su generosidad siempre fluye. El manantial de Su amor rebosa constantemente. Como el Rey nunca muere, Su gracia nunca falla. A diario recogemos Su fruto, y a diario Sus ramas se inclinan a nuestra mano con una nueva provisión de misericordia.

Hay siete días festivos en Sus semanas, y tantos como días, tantos son los banquetes en Sus años. ¿Quién ha regresado de Su puerta sin ser bendecido? ¿Quién se ha levantado de Su mesa insatisfecho? ¿Quién ha abandonado Sus brazos sin deleite? Sus misericordias *son nuevas cada mañana* (Lamentaciones 3:23) y frescas cada tarde.

¿Quién puede saber cuántas veces nos ha ayudado, o quién puede contar la lista de Sus bendiciones? Cada gota de arena que cae del cristal del tiempo simplemente sigue una multitud de misericordias. Las alas de nuestras horas están cubiertas con la plata de Su bondad y el oro amarillo de Su afecto (Salmo 68:13). El río del tiempo trae las arenas doradas de Su favor desde las montañas de la eternidad. Las innumerables estrellas son simplemente las abanderadas de una multitud de bendiciones aún más incontable. ¿Quién puede contar el polvo de los beneficios que otorga a Jacob, o quién puede decir la cuarta parte de sus misericordias hacia Israel (Números 23:10)?

¡Cuánto debería alabar mi alma a Aquel que cada día nos colma de beneficios y nos corona de amorosa bondad! ¡Oh, si mi alabanza fuera tan incesante como Sus bendiciones! ¡Oh, lengua miserable, cómo puedes callar! Despierta, te ruego, para que no te llame ya más mi gloria, sino mi vergüenza. *¡Despierten, arpa y lira! ¡A la aurora despertaré!* (Salmo 108:2).

17 de mayo

El que dice que permanece en Él, debe andar
como Él anduvo (1 Juan 2:6).

¿Por qué deben los cristianos imitar a Cristo? Deben hacerlo por su propio bien. Si desean que sus almas gocen de salud, si quieren escapar de la enfermedad del pecado y disfrutar del vigor de la gracia creciente, que Jesús sea su modelo. Por su propia felicidad, si desean beber vino refinado, si quieren disfrutar de una santa y feliz comunión con Jesús, si anhelan elevarse por encima de las preocupaciones y los problemas de este mundo, que anden como Jesús anduvo.

Nada les ayudará tanto a caminar hacia el Cielo con éxito como llevar la imagen de Jesús en su corazón para que gobierne todos sus impulsos. Es cuando, por el poder del Espíritu Santo, se les permite caminar con Jesús siguiendo Sus pasos, que son más felices y se les reconoce más como hijos de Dios. Pedro, a la distancia, se siente inseguro e intranquilo.

Luego, por amor al cristianismo, esfuérzate por ser como Jesús. La religión cristiana ha sido duramente atacada por enemigos crueles, pero no ha sido herida ni la mitad de peligrosamente por sus enemigos que por sus amigos. ¿Quién causó esas heridas en la preciosa mano de la piedad? Fue quien profesó ser cristiano quien usó la daga de la hipocresía. Quien entra al rebaño con propósitos egoístas o falsas pretensiones, siendo solo un lobo con piel de oveja, es más peligroso para el rebaño que el león de afuera. No hay arma ni la mitad de mortal que un beso de Judas. Quienes profesan el cristianismo de manera inconsistente hacen más daño al evangelio que el crítico burlón o el ateo.

Especialmente por amor a Cristo, imita Su ejemplo. Cristiano, ¿amas a tu Salvador? ¿Es Su nombre precioso para ti? ¿Es Su causa querida para ti? ¿Deseas ver los reinos del mundo convertirse en Suyos? ¿Es tu deseo que Él sea glorificado? ¿Deseas con ansias ganar almas para Él? Si es así, imita a Jesús. Sé una epístola de Cristo, *conocida y leída por todo los hombres* (2 Corintios 3:2).

18 de mayo

Porque toda la plenitud de la Deidad reside corporalmente en Él,
y ustedes han sido hechos completos en Él (Colosenses 2:9-10)

Todos los atributos de Cristo, como Dios y hombre, están a nuestra disposición. Toda la plenitud de la Deidad, sea cual sea ese maravilloso término que incluya, es nuestra para hacernos completos. Él no puede dotarnos con los atributos de la Deidad, pero ha hecho todo lo posible, pues ha subordinado incluso Su poder divino y su Deidad a nuestra salvación. Su omnipotencia, omnisciencia, omnipresencia, inmutabilidad e infalibilidad se combinan para nuestra defensa.

¡Levántate, creyente, y contempla al Señor Jesús uniendo toda Su divina Deidad al carro de la salvación! ¡Cuán vasta Su gracia, cuán firme Su fidelidad, cuán inquebrantable Su inmutabilidad, cuán infinito Su poder y cuán ilimitado Su conocimiento! Todos ellos son hechos pilares del templo de la salvación por el Señor Jesús y todos, sin disminuir Su infinitud, nos son prometidos como nuestra herencia perpetua.

Cada gota del insondable amor del corazón del Salvador es nuestra. Cada fibra del brazo poderoso, cada joya de la corona de majestad —la inmensidad del conocimiento divino y la severidad de la justicia divina—, todo es nuestro y será usado para nuestro beneficio. Cristo, en Su entrañable carácter como Hijo de Dios, nos es dado por Él mismo para que lo disfrutemos plenamente. Su sabiduría es nuestra guía, Su conocimiento nuestra instrucción, Su poder nuestra protección, Su justicia nuestro pacto, Su amor nuestro consuelo, Su misericordia nuestro solaz y Su inmutabilidad nuestra confianza. Él no reserva nada, sino que abre los rincones del Monte de Dios y nos insta a excavar en Sus minas en busca de los tesoros escondidos. "Todo, todo, todo es vuestro", dice Él. ¡Oh, qué dulce es contemplar a Jesús de esta manera e invocarlo con la cierta confianza de que al buscar la intercesión de Su amor o poder, simplemente estamos pidiendo lo que Él ya ha prometido fielmente!

19 de mayo

He visto siervos a caballo y príncipes caminando
como siervos sobre la tierra (Eclesiastés 10:7).

Los arrogantes con frecuencia ocupan los puestos más altos, mientras que los verdaderamente grandes se desvanecen en la oscuridad. Este es un enigma de la providencia cuya solución algún día alegrará los corazones de los rectos, pero es un hecho tan común que ninguno de nosotros debería quejarse si nos sucediera.

Cuando nuestro Señor estuvo en la tierra, aunque es el Príncipe de los reyes de la tierra, recorrió la senda del cansancio y el servicio como Siervo de siervos. ¿Qué tiene de extraño, entonces, que Sus seguidores, que son príncipes de sangre real, también sean menospreciados como personas inferiores y despreciables? El mundo está patas arriba y, por lo tanto, los primeros son los últimos y los últimos los primeros. ¡Miren cómo gobiernan los hijos subordinados de Satanás en la tierra! ¡Qué alto cabalgan! ¡Cómo alzan su cuerno! Amán está en la corte mientras Mardoqueo se sienta en la puerta. David vaga por las montañas mientras Saúl reina. Elías se queja en la cueva mientras Jezabel se jacta en el palacio. ¿Quién, sin embargo, querría ocupar el lugar de los orgullosos rebeldes? Por otro lado, ¿quién no envidiaría a los santos despreciados?

Cuando la rueda gira, los más bajos ascienden y los más altos se hunden. Ten paciencia, pues, creyente, pues la eternidad corregirá los males del tiempo. No caigamos en el error de dejar que nuestras pasiones y apetitos carnales triunfen mientras nuestros poderes más nobles andan en el polvo. La gracia debe reinar como príncipe y hacer de los miembros del cuerpo instrumentos de justicia (Romanos 6:13). El Espíritu Santo ama el orden y por eso coloca nuestros poderes y habilidades en su lugar, dando el mayor espacio a los poderes espirituales que nos vinculan con el gran Rey.

No alteremos el orden divino, sino pidamos gracia para mantener nuestro cuerpo en sujeción (1 Corintios 9:27). No fuimos creados de nuevo para permitir que nuestras pasiones nos dominen, sino para que, como reyes, podamos reinar en Cristo Jesús sobre el triple reino de espíritu, alma y cuerpo para la gloria de Dios Padre.

20 de mayo

Muestra maravillosamente Tu misericordia (Salmo 17:7).

Cuando damos de corazón con actos de bondad y generosidad, damos bien, pero a menudo fallamos en este aspecto. Sin embargo, nuestro Maestro y Señor nunca falló en esto. Su benevolencia siempre se realiza con el amor de Su corazón. No nos envía la carne fría ni los pedazos de la mesa de Su lujo, sino que moja nuestro bocado en Su propio plato y sazona nuestras provisiones con las especias de Su fragante afecto. Cuando pone las muestras de oro de Su gracia en nuestras palmas, acompaña el regalo con un apretón de manos tan cálido que la forma en que lo da es tan preciosa como la bendición misma. Él vendrá a nuestras casas para cumplir Sus mandatos de bondad y no actuará como algunos visitantes severos en la cabaña del pobre, sino que se sienta a nuestro lado, sin despreciar nuestra pobreza ni culpar nuestra debilidad.

Amados, ¡con qué sonrisas nos habla! ¡Qué frases de oro brotan de Sus labios llenos de gracia! ¡Qué abrazos de cariño nos derrama! Si tan solo nos hubiera dado centavos, Su forma de dar los habría cubierto de oro, pero así es, los preciosos regalos se colocan en una canasta de oro gracias a Su amable manera de dar. Es imposible dudar de la sinceridad de Su generosidad, pues hay un corazón sangrante estampado en el rostro de todas Sus bendiciones. *Él da abundantemente y sin reproche* (Santiago 1:5). No hay ni un indicio de que seamos una carga para Él. No tiene una mirada fría para Sus pobres beneficiarios. Se regocija en mostrarnos misericordia y nos abraza mientras derrama Su vida por nosotros. Hay una fragancia en Su bálsamo que solo Su corazón podría producir. Hay una dulzura en Su panal que no podría estar allí si no se hubiera mezclado con ella la esencia misma del afecto de Su alma. ¡Oh, la singular comunión que trae consigo una bondad tan especial! ¡Que podamos saborear y conocer continuamente la bendición de Su maravillosa bondad amorosa!

21 de mayo

...si es que han probado la bondad del Señor (1 Pedro 2:3).

*S*í, pues, esto no es algo que deba darse por sentado con respecto a todos los miembros de la raza humana. *Si*, pues, existe la posibilidad y la probabilidad de que algunos no hayan probado la bondad del Señor. *Si*, pues, esta no es una misericordia general, sino especial, y es necesario indagar si conocemos la gracia de Dios por experiencia propia.

No hay bondad espiritual que no sea motivo de escrutinio. Pero si bien esto debería ser motivo de indagación sincera y con oración, nadie debería estar contento mientras exista la duda de haber probado la bondad del Señor. Una desconfianza celosa y santa de uno mismo podría suscitar la duda, incluso en el corazón del creyente, pero la persistencia de tal duda sería, en verdad, algo terrible. No debemos descansar sin una lucha desesperada para abrazar al Salvador en los brazos de la fe y decir: *yo sé a quién he creído, y estoy convencido de que Él es poderoso para guardar mi depósito hasta aquel día* (2 Timoteo 1:12).

No descanses, oh, creyente, hasta tener plena seguridad de tu parte en Jesús. Que nada te satisfaga hasta que, por el testimonio infalible del Espíritu Santo, que da testimonio a tu espíritu, estés seguro de que eres hijo de Dios. No lo tomes a la ligera. No dejes que un "probablemente", un "si" y un "tal vez" satisfagan tu alma.

Edifica sobre las verdades eternas y verdaderamente sobre ellas. Recibe las *fieles misericordias mostradas a David* (Isaías 55:3) y asegúrate de obtenerlas. Deja que tu ancla se eche en lo que está dentro del velo y asegúrate de que tu alma esté unida a ella por un cable inquebrantable. Avanza más allá de estos lúgubres "si". No permanezcas más en el desierto de las dudas y los temores. Cruza el Jordán de la desconfianza y entra en la Canaán de la paz, donde la tierra siempre mana leche y miel.

22 de mayo

Y los guio por camino recto (Salmo 107:7).

as pruebas y los problemas a menudo llevan al creyente ansioso a preguntarse: "¿Por qué me pasa esto? Busqué luz, ¡pero llegó la oscuridad! Busqué paz, ¡pero encontré problemas! Señor, escondes Tu rostro, y estoy angustiado. Ayer mismo pude leer mi título con claridad, pero hoy mi evidencia se oscurece y mis esperanzas se nublan. Ayer pude subir a la cima del Pisga y contemplar el paisaje, regocijándome con confianza en mi futura herencia. Hoy, sin embargo, mi espíritu no tiene esperanza, sino muchos temores. No tiene alegrías, sino mucha angustia. ¿Es esto parte de Tu plan para mí? ¿Será esta la manera en que me llevarás al Cielo?".

¡Sí, así es! El eclipse de tu fe, la oscuridad de tu mente y el desfallecimiento de tu esperanza son simplemente partes del método de Dios para prepararte para la gran herencia que pronto recibirás. Estas pruebas sirven para probar y fortalecer tu fe. Son olas que te arrastran más lejos sobre la roca. Son vientos que impulsan tu barco con mayor rapidez hacia el puerto deseado.

Según las palabras de David, así podría decirse de ti: *Y Él los guio al puerto anhelado* (Salmo 107:30). Con honor y deshonra, con mala fama y con buena fama, con abundancia y con pobreza, con alegría y con angustia, con persecución y con paz: con todas estas cosas se sustenta la vida de tu alma. Cada una de ellas te ayuda en tu camino.

No pienses, creyente, que tus penas no forman parte del plan de Dios, pues son partes necesarias de él. *Es necesario que a través de muchas tribulaciones entremos en el reino de Dios* (Hechos 14:22). Aprende, entonces, a considerarlo *sumo gozo, hermanos míos, cuando se hallen en[a] diversas pruebas* (Santiago 1:2).

> ¡Oh, que mi alma temblorosa se aquiete,
>   y espere Tu sabia y santa voluntad!
> No puedo, Señor, ver Tu propósito;
>   sin embargo, todo está bien mientras que es gobernado por Ti[35].

---

35   Esto es del himno en inglés de John Bowring, "O Let My Trembling Soul Be Still".

23 de mayo

El Señor cumplirá Su propósito en mí (Salmo 138:8).

En resumen, la confianza que el salmista expresó aquí era divina. No dijo: "Tengo la gracia suficiente para perfeccionar lo que me concierne. Mi fe es tan firme que no flaqueará. Mi amor es tan cálido que nunca se enfriará. Mi resolución es tan firme que nada puede conmoverla". ¡No! Su dependencia residía únicamente en el Señor. Si nos entregamos a una confianza que no esté cimentada en la Roca de la Eternidad, nuestra confianza es peor que un sueño. Caerá sobre nosotros y nos cubrirá con sus ruinas, para nuestro dolor y confusión. Todo lo que la naturaleza humana teje, el tiempo lo deshará, para eterna confusión de todos los que están revestidos de ella.

El salmista era sabio. Confiaba únicamente en la obra del Señor. Es el Señor quien comenzó la buena obra en nosotros. Es Él quien la ha continuado. Si Él no la termina, ¡nunca estará completa! Si hay una sola puntada en el manto celestial de nuestra justicia que debamos insertar nosotros mismos, ¡estamos perdidos! Pero esta es nuestra confianza: *el que comenzó en ustedes la buena obra, la perfeccionará hasta el día de Cristo Jesús* (Filipenses 1:6). Él lo ha hecho todo, debe hacerlo todo y lo hará todo. Nuestra confianza no debe estar en lo que hemos hecho ni en lo que hemos resuelto hacer, ¡sino enteramente en lo que el Señor hará!

La incredulidad implica: "Nunca podrás permanecer firme. ¡Mira la maldad de tu corazón! ¡Nunca podrás vencer el pecado! Recuerda los placeres pecaminosos y las tentaciones del mundo que te atormentaron. ¡Sin duda serás seducido por ellos y extraviado!". Ciertamente pereceríamos si nos dejáramos solos a nuestra suerte. Si tuviéramos que navegar solos en nuestras frágiles embarcaciones por un mar tan agitado, ¡mejor abandonaríamos el viaje desesperados! Pero gracias a Dios, Él cumplirá lo que nos concierne y nos llevará al puerto deseado (Salmo 107:30). ¡Nunca podemos estar demasiado confiados cuando confiamos solo en Él!

24 de mayo

Bendito sea Dios, que no ha desechado mi oración (Salmo 66:20).

Si reflexionamos honestamente sobre la naturaleza de nuestras oraciones, nos maravillaremos de que Dios las haya respondido. Quizás algunos piensen que sus oraciones son dignas de ser aceptadas, como los fariseos. Pero el verdadero cristiano, en una reflexión más profunda, llora por sus oraciones y si pudiera volver sobre sus pasos, desearía orar con más fervor.

Recuerda, cristiano, ¡cuán frías han sido tus oraciones! Cuando estabas en tu lugar de oración, debiste haber luchado como Jacob; pero en cambio, tus oraciones han sido débiles y escasas, muy alejadas de esa fe humilde, creyente y perseverante que clama: *No te soltaré si no me bendices* (Génesis 32:26). Sin embargo, es maravilloso decir que Dios ha escuchado tus frías oraciones. Él no solo las ha escuchado, sino que también las ha respondido.

Reflexiona también sobre lo poco frecuentes que han sido tus oraciones, a menos que hayas estado en problemas y entonces hayas acudido con frecuencia al propiciatorio. Pero después de la liberación, ¿dónde han quedado tus oraciones constantes? Has dejado de orar como antes, pero Dios no ha dejado de bendecir. Cuando has descuidado el propiciatorio, Dios no lo ha abandonado, sino que la luz brillante de la gloria de la Shekinah siempre ha sido visible entre las alas de los querubines.

Es asombroso que el Señor preste atención a esos estallidos ocasionales de peticiones que van y vienen con nuestras necesidades. Qué gran Dios es Él al escuchar las oraciones de quienes acuden a Él cuando tienen necesidades urgentes, pero Lo descuidan cuando han recibido una bendición; quienes se acercan a Él cuando se ven obligados a acudir por necesidad, pero casi olvidan dirigirse a Él cuando las misericordias abundan y las penas son pocas. Que su bondadosa misericordia al escuchar tales oraciones toque nuestros corazones para que, desde este momento en adelante, nos encontremos orando siempre con toda *oración y súplica* en el Espíritu (Efesios 6:18).

25 de mayo

No me abandones, oh Señor; Dios mío, no
estés lejos de mí (Salmo 38:21).

A menudo oramos para que Dios no nos abandone en la hora de la prueba y la tentación, pero con demasiada frecuencia olvidamos que necesitamos orar así en todo momento. No hay momento de nuestra vida, por santo que sea, en el que podamos prescindir de Su apoyo constante. Ya sea en la luz o en la oscuridad, en comunión o en la tentación, igualmente necesitamos la oración: *No me abandones, oh Señor. Sostenme para estar seguro* (Salmo 38:21, 119:117).

Un niño pequeño, mientras aprende a caminar, siempre necesita la ayuda de sus padres. El barco abandonado por el piloto se desvía de su rumbo enseguida. No podemos prescindir de la ayuda continua de Dios. Que esta sea tu oración de hoy:

¡No me abandones! Padre, no abandones a Tu hijo, no sea que caiga en manos del Enemigo. Pastor, no abandones a Tu cordero, no sea que se aleje de la seguridad del rebaño. Gran Jardinero, no abandones a Tu planta, no sea que se marchite y muera. ¡No me abandones ahora, oh, Señor! No me abandones en ningún momento de mi vida. No me abandones en mis alegrías, no sea que absorban mi corazón. No me abandones en mis tristezas, no sea que murmure contra Ti. No me abandones en el día de mi arrepentimiento, no sea que pierda la esperanza del perdón y caiga en la desesperación. No me abandones en el día de mi fe más firme, para que mi fe no se convierta en presunción. No me abandones, porque sin Ti soy débil, pero contigo soy fuerte. No me abandones, porque mi camino es peligroso y está lleno de trampas, y no puedo andar sin Tu guía. La gallina no abandona a sus polluelos; cúbreme para siempre con Tus plumas y permíteme encontrar refugio bajo Tus alas. No te alejes de mí, oh, Señor, porque la angustia está cerca y no hay quien me ayude. ¡No me dejes ni me abandones, oh, Dios de mi salvación!

26 de mayo

Echa sobre el Señor tu carga, y Él te sustentará (Salmo 55:22).

Aunque la preocupación se ejerza sobre objetivos legítimos, conlleva cierto pecado si se lleva al exceso. Nuestro Salvador enseña con fervor una y otra vez la admonición de evitar la ansiedad. Los apóstoles la reiteran, y es una que no se puede descuidar sin incurrir en pecado, pues la esencia misma de la ansiedad es imaginarnos más sabios que Dios. Nos colocamos en Su lugar e intentamos hacer por Él lo que Él se ha comprometido a hacer por nosotros. Intentamos pensar en aquellas cosas que creemos que Él olvidará. ¡Nos esforzamos por cargar con nuestra pesada carga como si Él no pudiera o no quisiera hacerlo!

Esta desobediencia a Su claro precepto, esta incredulidad en Su Palabra y esta presunción de inmiscuirnos en Su dominio son pecados. Más aún, la preocupación ansiosa a menudo conduce al pecado. Quien no puede dejar tranquilamente sus asuntos en manos de Dios, sino que asume su propia responsabilidad, es muy probable que se vea tentado a usar medios equivocados para su propio beneficio. Este pecado lleva a abandonar a Dios como nuestro Consejero y a recurrir en cambio a la sabiduría humana. Esto es ir a la *cisterna* rota en lugar de a la *fuente*, un pecado que se impuso contra el antiguo Israel (Jeremías 2:13).

La ansiedad nos hace dudar de la bondad amorosa de Dios y así nuestro amor por Él se enfría. Desconfiamos y, por lo tanto, contristamos al Espíritu de Dios. Nuestras oraciones se ven obstaculizadas, nuestro ejemplo constante se empaña y nuestra vida se vuelve egoísta. Así, esta falta de confianza en Dios nos lleva a alejarnos de Él.

Pero si, mediante la simple fe en Su promesa, le encomendamos cada carga según viene, y si no nos preocupamos por nada porque Él se encarga de cuidarnos, esto nos mantendrá cerca de Él y nos fortalecerá contra muchas tentaciones. *Al de firme propósito guardarás en perfecta paz, porque en Ti confía* (Isaías 26:3).

27 de mayo

Pero Mefiboset moraba en Jerusalén, porque siempre comía a la mesa del rey. Estaba lisiado de ambos pies (2 Samuel 9:13).

El cojo Mefiboset no era un gran adorno en una mesa real, pero tenía un lugar permanente en la mesa de David por ser hijo de Jonatán. Al igual que Mefiboset, podemos clamar al Rey de la Gloria: *"¿Qué es su siervo, para que tome en cuenta a un perro muerto como yo? (2 Samuel 9:8).* Pero aun así, el Señor nos concede una estrecha comunión con Él porque llevamos el precioso nombre de Su amado Jesús.

El pueblo del Señor también es querido por los demás. Tan grande es el amor que el Padre tiene por Su Unigénito, que por Su causa eleva a Sus humildes hermanos de la pobreza y el destierro a la compañía de la corte, al rango noble y a la provisión real. Su deformidad no les priva de sus privilegios. La cojera no les impide ser hijos. El cojo es tan heredero como si pudiera correr como Asael (2 Samuel 2:18). Nuestra debilidad podría hacernos cojear, pero nuestro derecho como hijos de Dios no lo hará.

¡La mesa de un rey es un noble escondite para las piernas cojas! Aunque graves deformidades puedan ahora desfigurar a los santos más amados, en el banquete del evangelio aprendemos a gloriarnos en las debilidades porque el poder de Cristo reposa sobre nosotros. Aquí tenemos a alguien bien alimentado por David, pero tan cojo de ambos pies que no pudo viajar con el rey cuando huyó de la ciudad, y por lo tanto fue calumniado y herido por su siervo Siba (2 Samuel 16:3). Los santos cuya fe es débil y cuyo conocimiento es escaso son grandes perdedores. Están expuestos a muchos enemigos y no pueden seguir al rey adondequiera que vaya.

Esta debilidad surge con frecuencia de las caídas. Una mala crianza en su infancia espiritual a menudo hace que los conversos caigan en una tristeza de la que nunca se recuperan, y el pecado, en otros casos, resulta en fracturas.

¡Señor, ayuda al cojo a saltar como un ciervo, y
satisface a todo Tu pueblo con el pan de Tu mesa!

28 de mayo

A los que predestinó, a esos también llamó. A los que
llamó, a esos también justificó. A los que justificó,
a esos también glorificó (Romanos 8:30).

Aquí hay una verdad preciosa para ti, creyente. Puedes ser pobre, sufrir o ser desconocido, pero para tu ánimo, revisa tu llamado y las consecuencias que se derivan de él, especialmente ese bendito resultado del que se habla aquí. Tan cierto como que eres hijo de Dios hoy, con tanta certeza todas tus pruebas pronto terminarán y serás rico para todos los fines del paraíso. Espera un poco y esa cabeza cansada llevará la corona de gloria. La mano trabajadora tomará la palma de la victoria. No te lamentes ni lamentes tus problemas, sino más bien, regocíjate porque pronto estarás donde ya no *habrá más duelo, ni clamor, ni dolor* (Apocalipsis 21:4). Los carros de fuego están a tu puerta y un instante será suficiente para llevarte a estar con los glorificados. El cántico eterno está casi en tus labios. Las puertas del cielo están abiertas para ti.

No pienses que no podrás entrar en el descanso. Si Él te ha llamado, nada podrá separarte de Su amor (Romanos 8:38-39). Los problemas no pueden romper el vínculo. El fuego de la persecución no puede quemar el eslabón. El martillo del infierno no puede romper la cadena. Estás seguro. Esa voz que te llamó al principio te llamará de nuevo de la tierra al Cielo, de la oscuridad de la muerte a los esplendores inefables de la inmortalidad.

Ten la seguridad de que el corazón de Aquel que te ha justificado late con infinito amor hacia ti. Pronto estarás con los glorificados, donde está tu herencia. Solo esperas aquí a que te preparen para la herencia y una vez hecho esto, las alas de los ángeles te llevarán lejos, al monte de la paz, el gozo y la bienaventuranza. "Lejos de un mundo de dolor y pecado, con Dios eternamente encerrado"[36], ¡descansarás para siempre!

---

36   Esto es del himno en inglés de Charles Wesley, "Ye Waiting Souls, Arise".

29 de mayo

Has amado la justicia y aborrecido la iniquidad (Salmo 45:7).

Enójense, pero no pequen (Efesios 4:26). Difícilmente puede haber bondad en alguien si no está enojado con el pecado. Quien ama la verdad debe aborrecer *todo camino de mentira* (Salmo 119:104). ¡Cuánto la odió nuestro Señor Jesús cuando vino la tentación! Tres veces lo asaltó de diferentes maneras, pero cada vez la enfrentó con: *"¡Quítate de delante de Mí, Satanás!* (Mateo 16:23). Jesús la odió en otros, pero mostró su odio más a menudo con lágrimas de compasión que con palabras de reproche. Sin embargo, usó un lenguaje muy severo, al igual que Elías, con las palabras: *¡Ay de ustedes, escribas y fariseos, hipócritas, que devoran las casas de las viudas, aun cuando por pretexto hacen largas oraciones!* (Mateo 23:14).

Odió tanto la maldad que sangró para herirla profundamente. Murió para que muriera. Fue sepultado para enterrarla en Su tumba. Resucitó para pisotearla para siempre. Cristo está en el evangelio y ese evangelio se opone a la maldad en todas sus formas. La maldad se viste con ropas finas e imita el lenguaje de la santidad, pero los preceptos de Jesús, como Su látigo de cuerdas finas (Juan 2:15), la expulsan del templo y no la toleran en la iglesia.

Así también, en el corazón donde reina Jesús, ¡hay guerra entre Cristo y Belial (2 Corintios 6:15)! Cuando nuestro Redentor venga a ser nuestro Juez, esas palabras contundentes: *Apártense de Mí, malditos* (Mateo 25:41), que son, de hecho, simplemente una continuación de lo que enseñó a lo largo de Su vida sobre el pecado, dejarán claro Su aborrecimiento de la iniquidad.

Tan ardiente como es Su amor por los pecadores, tan ardiente es Su odio al pecado. Tan perfecta como es Su justicia, tan completa será la destrucción de toda forma de maldad.

Oh, glorioso Campeón del bien y Destructor del mal, por esta causa Dios, Tu Dios, te ungió con óleo de alegría más que a Tus compañeros.

30 de mayo

*Agarren las zorras, las zorras pequeñas que arruinan las
viñas, pues nuestras viñas están en flor* (Cantares 2:15).

Una pequeña espina puede causar mucho sufrimiento. Una pequeña nube puede ocultar el sol. Las zorras pequeñas arruinan las viñas. Los pecados pequeños dañan mucho el corazón tierno. Estos pequeños pecados se arraigan en el alma y la llenan de aquello que aborrece a Cristo, de modo que Él no tendrá ninguna comunión reconfortante con nosotros. Un gran pecado puede destruir a un cristiano, ¡y un pecado pequeño lo hará sumamente miserable!

Jesús no caminará con Su pueblo a menos que expulsen todo pecado conocido. Él dice: *Si guardan Mis mandamientos, permanecerán en Mi amor, así como Yo he guardado los mandamientos de Mi Padre y permanezco en Su amor* (Juan 15:10). Algunos cristianos rara vez disfrutan de la presencia de su Salvador. ¿Cómo es posible? Sin duda debe ser angustioso para un niño tierno estar separado de su padre. ¿Eres hijo de Dios y, sin embargo, te conformas con seguir adelante sin ver el rostro de tu Padre? ¡Qué! ¿Eres la esposa de Cristo y, sin embargo, te sientes feliz sin Su compañía? Seguramente has caído en una triste situación, pues la esposa pura de Cristo se lamenta como una paloma sin Su compañero cuando Él la deja.

Pregúntate, entonces, ¿qué ha alejado a Cristo de ti? Él esconde su rostro tras el muro de tus pecados. Ese muro se puede construir con pequeñas piedritas tan fácilmente como con grandes piedras. El mar está hecho de gotas, las rocas de granos y el mar que te separa de Cristo puede estar lleno de las gotas de tus pequeños pecados. La roca que casi ha naufragado tu barco puede haber sido hecha por la obra diaria de los insectos coralinos de tus pequeños pecados.

Si quieres vivir con Cristo, caminar con Cristo, ver a Cristo y tener comunión con Él, entonces ten cuidado con las zorras pequeñas que arruinan las vides, porque nuestras vides tienen flores delicadas. Jesús te invita a ir con Él y atraparlas. Como Sansón, seguramente atrapará a las zorras de inmediato y con facilidad (Jueces 15:4). ¡Ve de caza con Él!

31 de mayo

El rey también cruzó el torrente Cedrón (2 Samuel 15:23).

David cruzó ese arroyo sombrío al huir de su hijo traidor con su compañía de dolientes. El hombre conforme al corazón de Dios no estuvo exento de problema (1 Samuel 13:14). Su vida estuvo llena de dificultades. Era a la vez el ungido del Señor y Su afligido. ¿Por qué, entonces, deberíamos esperar escapar?

Los cristianos más nobles han esperado a las puertas del dolor con ceniza sobre la cabeza. ¿Por qué, entonces, deberíamos quejarnos como si nos hubiera sucedido algo extraño? El mismo Rey de reyes no fue favorecido con un camino más alegre ni más regio. Cruzó el foso inmundo de Cedrón, por donde fluía la inmundicia de Jerusalén. Dios tuvo un Hijo sin pecado, ¡pero ni un solo hijo sin la vara de la aflicción! Es un gran gozo creer que Jesús fue *tentado en todo como nosotros* (Hebreos 4:15).

¿Qué es nuestro Cedrón esta mañana? ¿Un amigo infiel, una triste pérdida, un reproche calumnioso o una oscura aprensión? El Rey ha pasado por alto todo esto. ¿Es dolor corporal, pobreza, persecución o desprecio? Sobre cada uno de estos cedrones, el Rey nos ha precedido. *En todas sus angustias Él estuvo afligido* (Isaías 63:9). La idea de estar libre de pruebas debe rechazarse de inmediato y para siempre, pues Aquel que es la Cabeza de todos los santos conoce por experiencia el dolor que consideramos tan único. Todos los ciudadanos de Sión deben formar parte de la Honorable Compañía de los Dolientes, de la cual el Príncipe Emanuel es Jefe y Capitán[37].

A pesar de la humillación de David, pronto regresó triunfante a su ciudad y su Señor resucitó victorioso de la tumba. Seamos, pues, valientes, porque también nosotros venceremos. Aún sacaremos agua de las fuentes de la salvación con alegría (Isaías 12:3), aunque ahora, por un tiempo, tengamos que pasar por las nocivas corrientes del pecado y la tristeza. ¡Ánimo, soldados de la cruz, porque el Rey mismo triunfó después de cruzar el Cedrón y ustedes también lo harán!

---

37   Esta es una referencia de *La Guerra Santa* de John Bunyan, disponible en Aneko Press.

Junio

1 de junio

Y fue la tarde y la mañana: un día (Génesis 1:5).

¿Fue así desde el principio? ¿Acaso la luz y la oscuridad dividieron el reino del tiempo en el primer día? No es de extrañar entonces que yo también experimente cambios en mis circunstancias, desde el sol de la prosperidad hasta la medianoche de la adversidad. No siempre será el resplandor del mediodía, ni siquiera en asuntos de mi alma. Debo esperar momentos en los que lamentaré la ausencia de mis antiguas alegrías y buscaré a mi Amado en la noche. No estoy solo en esto, pues todos los amados del Señor han tenido que cantar el cántico combinado de juicio y misericordia, de prueba y liberación, de duelo y de deleite.

Es uno de los planes de la Divina Providencia que el día y la noche no cesarán ni en la creación espiritual ni en la natural hasta que lleguemos a la tierra de la que está escrito: *Y ya no habrá más noche* (Apocalipsis 22:5). Lo que nuestro Padre celestial ordena es sabio y bueno. ¿Qué, entonces, alma mía, es mejor que hagas? Aprende a contentarte con este orden divino y disponte, como Job, a recibir tanto la adversidad como el bien de la mano del Señor (Job 2:10). Procura que la salida de la mañana y la de la tarde sean motivo de alegría. Alaba al Señor por el sol de alegría al salir y también por la oscuridad del atardecer al caer. Hay belleza tanto en el amanecer como en el atardecer. Canta sobre ello y glorifica al Señor. Como el ruiseñor, derrama tus notas a toda hora. Cree que la noche es tan útil como el día. El rocío de la gracia cae con fuerza en la noche del dolor. Las estrellas de la promesa brillan gloriosamente en medio de la oscuridad del dolor.

Continúa sirviendo a Dios en medio de todos los cambios. Si de día tu lema es "Trabaja", de noche cámbialo por "Vela". Cada hora tiene su deber, así que continúa en tu llamado como siervo del Señor hasta que Él aparezca repentinamente en Su gloria. Alma mía, se acerca la tarde de tu vejez y muerte. No temas, porque es parte del día, y el Señor ha dicho que Él protegerá y cubrirá a Su pueblo todo el día (Deuteronomio 33:12).

2 de junio

Porque el deseo de la carne es contra el Espíritu, y el
del Espíritu es contra la carne (Gálatas 5:17).

En el corazón de cada creyente hay una lucha constante entre la vieja naturaleza y la nueva. La vieja naturaleza es muy activa y no pierde oportunidad de usar todas las armas de su arsenal mortal contra la gracia recién nacida. Por otro lado, la nueva naturaleza siempre está alerta para resistir y destruir a su enemigo. La gracia en nosotros empleará la oración, la fe, la esperanza y el amor para expulsar el mal. Se reviste de toda la armadura De Dios (Efesios 6:11) y lucha con fervor.

Estas dos naturalezas opuestas nunca dejarán de luchar mientras estemos en este mundo. La batalla de Cristiano con Apolión duró tres horas, pero la batalla de Cristiano consigo mismo se prolongó desde la Puerta de la Aldaba hasta el río Jordán[38]. El enemigo está tan firmemente arraigado en nosotros que jamás podrá ser expulsado mientras estemos en este cuerpo. Aunque a menudo nos encontramos en intensos conflictos, tenemos un ayudador todopoderoso, Jesús, el Capitán de nuestra salvación, que siempre está con nosotros y nos asegura que finalmente saldremos más que vencedores por medio de Él (Romanos 8:37). Con tal ayuda, la naturaleza recién nacida es más que un rival para sus enemigos.

¿Estás luchando contra el adversario hoy? ¿Satanás, el mundo y la carne están en tu contra? No te desanimes ni desmayes. ¡Sigue luchando! Dios mismo está contigo. *Jehová Nissi* es tu estandarte (Éxodo 17:15) y *Jehová Rophi* es quien sana tus heridas (Éxodo 15:26). No temas. Vencerás, porque ¿quién puede derrotar a la Omnipotencia? Sigue luchando, con la mirada puesta en Jesús (Hebreos 12:2). Aunque el conflicto sea largo y difícil, la victoria será dulce y la recompensa prometida, gloriosa.

> Con cada fortaleza que tengas, sigue adelante;
>> lucha, pelea y ora,
> aplasta todos los poderes de las tinieblas
>> y gana el día bien combatido[39].

---

38   Esta es otra referencia de *El progreso del peregrino* de Bunyan.
39   Esto es del himno en inglés de Charles Wesley, "Soldiers of Christ, Arise".

3 de junio

*Estos eran alfareros, y moraban en medio de plantíos
y cercados; moraban allá con el rey, ocupados
en su servicio* (1 Crónicas 4:23 RV).

Los alfareros no eran los trabajadores más destacados, pero el rey necesitaba alfareros y, por lo tanto, estaban al servicio real, aunque el material sobre el que trabajaban no era más que arcilla. Nosotros también podríamos estar involucrados en la parte más servil de la obra del Señor, pero es un gran privilegio hacer cualquier cosa por el Rey. Por lo tanto, perseveraremos en nuestro llamado, con la esperanza de que, incluso si nos sentamos entre las ollas, seremos *como alas de paloma cubiertas de plata, y sus plumas de oro resplandeciente* (Salmo 68:13).

El texto nos habla de quienes vivían entre plantas y setos, con el duro y difícil trabajo de setos y zanjas que realizar. Quizás desearan vivir en la ciudad, en medio de su vida, sociedad y refinamiento, pero se quedaron donde estaban, pues también hacían la obra del rey. El lugar de nuestra habitación es fijo y no debemos alejarnos de él por capricho ni impulso. En cambio, debemos procurar servir al Señor en él, siendo una bendición para quienes vivimos.

Estos alfareros y jardineros tenían compañía real, pues vivían *con el rey*, y aunque estaban entre setos y plantas, allí moraban con él. Ningún lugar legítimo ni ocupación digna, por humilde que sea, puede excluirnos de la comunión con nuestro divino Señor. Al visitar chabolas, barrios marginales, albergues para personas sin hogar o cárceles, podemos acompañar al Rey. En todas las obras de fe, podemos contar con la compañía de Jesús. Cuando estamos en Su obra, podemos depender de Su sonrisa.

Obreros desconocidos que se dedican a su Señor en medio de la suciedad y la miseria de los más humildes, tengan ánimo, pues ya se han encontrado joyas en estercoleros, se han llenado vasijas de barro con tesoros celestiales y la maleza dañina se ha transformado en preciosas flores. Habita con el Rey para Su obra y cuando Él escriba Sus crónicas, tu nombre quedará registrado.

4 de junio

...la bondad de Dios nuestro Salvador, y Su amor (Tito 3:4).

¡Qué dulce es contemplar al Salvador en comunión con Su amado pueblo! No hay nada más delicioso que ser guiado a este fértil campo de deleite por el Espíritu divino. Consideremos por un instante la historia del amor del Redentor, y mil encantadores actos de afecto se nos presentarán, todos los cuales han tenido como propósito la unión del corazón con Cristo y la unión de los pensamientos y emociones del alma renovada con la mente de Jesús.

Cuando meditamos en este amor asombroso y contemplamos al glorioso Pariente de la iglesia dotándola de toda su antigua riqueza, nuestras almas pueden desfallecer de alegría. ¿Quién puede soportar tal peso de amor? Esa sensación parcial que el Espíritu Santo a veces se complace en dar es más de lo que el alma puede contener. ¡Cuán abrumadora debe ser una visión completa de Él! Cuando el alma tenga entendimiento para discernir todos los dones del Salvador, sabiduría para valorarlos y tiempo para meditar en ellos —tal como nos lo proporcionará el mundo venidero—, entonces tendremos una comunión con Jesús más íntima que ahora. Pero ¿quién puede imaginar la dulzura de tal comunión? Debe ser algo que no ha entrado en el corazón del hombre, pero que Dios ha preparado para quienes Lo aman (1 Corintios 2:9). ¡Oh, abrir de golpe la puerta de los graneros de nuestro José y ver la abundancia que Él ha guardado para nosotros! Esto nos llenará de amor.

Por la fe vemos, como en un espejo en una habitación oscura, la imagen reflejada de Sus tesoros infinitos; pero cuando veamos realmente las cosas celestiales con nuestros propios ojos, ¡cuán profunda será la corriente de comunión en la que se sumergirá nuestra alma! Hasta entonces, nuestras más preciadas palabras de amor estarán reservadas para nuestro amado benefactor, Jesucristo nuestro Señor, cuyo amor por nosotros es maravilloso, *más maravilloso que el amor de las mujeres* (2 Samuel 1:26).

5 de junio

…el Señor cerró la puerta detrás de Noé (Génesis 7:16).

Noé fue aislado del mundo por la mano del amor divino. La puerta del propósito electivo se interpone entre nosotros y el mundo que yace en las garras del maligno. No somos del mundo, como nuestro Señor Jesús no era del mundo (Juan 17:16). No podemos entrar en el pecado, la frivolidad ni en las aficiones de la multitud. No podemos jugar en las calles de la Feria de las Vanidades con los hijos de las tinieblas, porque nuestro Padre celestial nos ha encerrado.

Noé fue encerrado con su Dios. La invitación del Señor a Noé fue: *Entra en el arca* (Génesis 7:1), con lo cual demostró claramente que él mismo tenía la intención de morar en el arca con Su siervo y su familia. Así, todos los elegidos habitan en Dios y Dios en ellos. Estemos siempre atentos a ese llamado lleno de gracia: *Ven, pueblo mío, entra en tus aposentos, y cierra tras ti tus puertas; escóndete por corto tiempo, hasta que pase la indignación* (Isaías 26:20).

Noé estaba tan encerrado que ningún mal podía alcanzarlo. Las inundaciones solo lo elevaron al cielo y los vientos no hicieron más que arrastrarlo. Fuera del arca, todo era ruina, pero dentro todo era descanso y paz. Sin Cristo perecemos, pero en Cristo Jesús hay perfecta seguridad.

Noé estaba tan encerrado que no podía ni quería salir. Quienes están en Cristo Jesús están en Él para siempre *y nunca más saldrá de allí* (Apocalipsis 3:12). La fidelidad eterna los ha encerrado, y ni siquiera la malicia infernal puede sacarlos. El Príncipe de la casa de David *cierra y nadie abre* (Apocalipsis 3:7). Cuando el Dueño de la casa se levante y cierre la puerta en los últimos días, será inútil que quienes simplemente profesan seguir a Cristo llamen y exclamen: *Señor, Señor, ábrenos*, pues esa misma puerta que cierra a las vírgenes prudentes dejará fuera a las insensatas para siempre.

¡Señor, enciérrame por Tu gracia!

6 de junio

He aquí que yo soy vil (Job 40:4 RV).

¡Tengo una palabra de aliento para ustedes, pobres pecadores perdidos! Creen que no deben acercarse a Dios porque son viles. No hay cristiano en la tierra al que no le haya sido inculcado que es vil. Si Job, Isaías y Pablo confesaron ser viles, ¿te avergonzarás tú, pobre pecador, de confesar lo mismo? Si la gracia divina no quita todo pecado del creyente, ¿cómo esperas hacerlo tú mismo? Si Dios ama a Su pueblo mientras aún es vil, ¿cree que tu vileza Le impedirá amarte? ¡Cree en Jesús, tú, marginado de la sociedad mundial! Jesús te llama. Él llama a personas como tú.

Incluso ahora di: "Has muerto por los pecadores. Soy pecador. Señor Jesús, rocía Tu sangre sobre mí". Si confiesas tu pecado, hallarás perdón. Si ahora dices con todo tu corazón: "Soy vil; lávame", serás lavado ahora. El Espíritu Santo te permitirá clamar desde el corazón:

> Tal como soy, sin una sola súplica,
>> excepto que Tu sangre fue derramada por mí,
> y que me invitas a venir a Ti,
>> ¡oh, Cordero de Dios, vengo![40]

Si es así, te levantarás de la lectura de la porción de esta mañana con todos tus pecados perdonados. Aunque te hayas despertado esta mañana con todos los pecados que el hombre ha cometido, esta noche descansarás acepto en el Amado. Aunque una vez degradado con los harapos del pecado, serás adornado con un manto de justicia, ¡pareciendo tan resplandeciente como los ángeles! *He aquí ahora el tiempo aceptable* (2 Corintios 6:2). Si crees *en Aquel que justifica al impío* (Romanos 4:5), eres salvo. ¡Que el Espíritu Santo te dé fe salvadora en Aquel que recibe al más vil!

---

40 Esta es una estrofa del himno en inglés de Charlotte Elliott, "Just As I Am".

7 de junio

Los que aman al Señor, aborrezcan el mal (Salmo 97:10).

Tienes buenas razones para odiar el mal, pues simplemente considera el daño que ya te ha causado. ¡Cuánto daño ha traído el pecado a tu corazón! El pecado te cegó para que no pudieras ver la belleza del Salvador. Te hizo sordo para que no pudieras escuchar las tiernas invitaciones del Redentor. El pecado te llevó por el camino de la muerte y derramó veneno en la fuente misma de tu ser. Contaminó tu corazón y lo hizo *más engañoso que todo* y desesperadamente perverso (Jeremías 17:9).

¡Oh, qué vil criatura eras cuando el mal hizo todo lo posible contigo, antes de que la gracia divina interviniera! Eras heredero de la ira, al igual que los demás. Corriste con la multitud a hacer el mal. Todos éramos así. Pablo nos recuerda: *pero fueron lavados, pero fueron santificados, pero fueron justificados en el nombre del Señor Jesucristo y en el Espíritu de nuestro Dios* (1 Corintios 6:11). Tenemos buenas razones, sin duda, para odiar el mal cuando miramos atrás y rastreamos sus mortales obras. El mal nos hizo tanto daño que nuestras almas se habrían perdido si el amor omnipotente no hubiera intervenido para redimirnos. Incluso ahora es un enemigo activo, siempre al acecho para hacernos daño y arrastrarnos a la condenación eterna.

Por lo tanto, *aborrezcan el mal*, oh, cristianos, a menos que deseen problemas. Si no odian el mal, bien podrían sembrar su camino de espinas y plantar ortigas en su lecho de muerte. Pero si quieren vivir una vida feliz y morir en paz, entonces anden por todos los caminos de la santidad, odiando el mal hasta el final. Si realmente aman a su Salvador y desean honrarlo, entonces *aborrezcan el mal*. No hay cura para el amor al mal en un cristiano como la abundante comunión con el Señor Jesús. Convivan mucho con Él y les será imposible estar en paz con el pecado.

> Ordena mis pasos con Tu Palabra y haz mi corazón sincero;
> No permitas que el pecado tenga dominio, Señor, pero mantén mi conciencia limpia[41].

---

41   Esto es del himno en inglés de Isaac Watts, "O That the Lord Would Guide My Ways".

8 de junio

Muchos, pues, cayeron muertos, porque la
guerra era de Dios (1 Crónicas 5:22).

stedes, guerreros que luchan bajo el estandarte del Señor Jesús, observen este versículo con santo gozo, porque como fue en los días de antaño, así es ahora. Si la guerra es de Dios, la victoria es segura. Los hijos de Rubén, los gaditas y la media tribu de Manasés apenas pudieron reunir cuarenta y cinco mil hombres, y sin embargo, en su guerra contra los agarenos, mataron a cien mil hombres, *porque clamaron a Dios en la batalla, y Dios fue propicio a ellos porque confiaron en Él* (1 Crónicas 5:20).

Al Señor no le importa si salva por muchos o por pocos (1 Samuel 14:6). Nuestro deber es salir en el nombre del Señor, aunque seamos pocos, porque el Señor Todopoderoso está con nosotros como nuestro Capitán. No descuidaron el escudo, la espada y el arco, pero tampoco pusieron su confianza en estas armas. Debemos usar todos los medios apropiados, pero nuestra confianza debe descansar solo en el Señor, porque Él es la espada y el escudo de Su pueblo (Deuteronomio 33:29).

La gran razón de su extraordinario éxito residía en que Dios luchaba por ellos. Amado, al luchar contra el pecado externo e interno, contra el error doctrinal o práctico, contra la maldad espiritual en las altas esferas o en las bajas esferas, contra los demonios y sus aliados, estás librando la guerra del Señor, y a menos que Él mismo pueda ser vencido, no debes temer la derrota.

No te acobardes ante la superioridad numérica. No rehúyas las dificultades ni las imposibilidades. No te acobardes ante las heridas ni la muerte. ¡Golpea con la espada de dos filos del Espíritu y los muertos yacerán en montones! La batalla es del Señor y Él entregará a sus enemigos en nuestras manos (2 Crónicas 20:15). Con paso firme, mano fuerte, corazón intrépido y celo ardiente, apresúrate al conflicto y los ejércitos del mal volarán como paja en el viento.

> ¡Levántense! ¡Levántense por Jesús! La contienda no durará mucho;
> hoy el fragor de la batalla, al día siguiente el cántico del vencedor.

Al que venza, le será coronada la vida;
él, con el Rey de gloria, reinará eternamente[42].

---

42   Esta es una estrofa del himno en inglés de George Duffield, "Stand up! Stand Up for Jesus!".

9 de junio

Grandes cosas ha hecho el Señor con nosotros;
estamos alegres (Salmo 126:3).

Algunos cristianos, con tristeza, tienden a ver el lado oscuro de todo. Se concentran más en lo que han pasado que en lo que Dios ha hecho por ellos. Pregúntales qué piensan de la vida cristiana y te describirán sus continuos conflictos, sus profundas aflicciones, sus tristes adversidades y la pecaminosidad de sus corazones, sin apenas mencionar la misericordia y la ayuda que Dios les ha brindado.

Sin embargo, un cristiano con un alma sana se presentará con alegría y dirá: "No hablaré de mí mismo, sino para honrar a mi Dios. *Me sacó del hoyo de la destrucción, del lodo cenagoso; asentó mis pies sobre una roca y afirmó mis pasos. Puso en mi boca un cántico nuevo, un canto de alabanza a nuestro Dios. Grandes cosas ha hecho el Señor con nosotros; estamos alegres* (Salmo 40:2-3, 126:3).

Un resumen de experiencia como este es lo mejor que cualquier hijo de Dios puede presentar. Es cierto que soportamos pruebas, pero también es cierto que somos librados de ellas. Es cierto que tenemos nuestras corrupciones, y lo sabemos con tristeza, pero también es cierto que tenemos un Salvador todopoderoso que vence estas corrupciones y nos libra de su dominio.

Al mirar atrás, sería erróneo negar que hemos estado en el Pantano de la Desesperación y que nos hemos arrastrado por el Valle de la Humillación, pero sería igualmente erróneo olvidar que las hemos superado con seguridad y provecho. No hemos permanecido en ellas gracias a nuestro Todopoderoso Ayudador y Líder, quien nos ha sacado *a un lugar de abundancia* (Salmo 66:12). Cuanto más profundos sean nuestros problemas, más fuerte debe ser nuestro agradecimiento a Dios, quien nos ha guiado a través de todos ellos y nos ha preservado hasta ahora. Nuestras penas no pueden estropear la melodía de nuestra alabanza, pues las consideramos la parte principal del cántico de nuestra vida: *Grandes cosas ha hecho el Señor con nosotros; estamos alegres.*

10 de junio

...para el Señor vivimos (Romanos 14:8).

Si Dios lo hubiera querido, cada uno de nosotros podría haber entrado al Cielo en el momento de la conversión. No era absolutamente necesario para nuestra preparación para la inmortalidad que permaneciéramos aquí en la tierra. Es posible que alguien sea llevado al cielo y se encuentre listo para participar de la herencia de los santos en luz (Colosenses 1:12), aunque haya creído recientemente en Jesús. Es cierto que nuestra santificación es un proceso largo y continuo, y no seremos perfeccionados hasta que dejemos nuestros cuerpos y entremos *detrás el velo* (Hebreos 6:19). Sin embargo, si el Señor así lo hubiera querido, ¡podría habernos transformado de la imperfección a la perfección y habernos llevado al Cielo de inmediato!

¿Por qué, entonces, estamos aquí en la tierra?

¿Mantendría Dios a Sus hijos fuera del paraíso ni un solo momento más de lo necesario? ¿Por qué el ejército del Dios viviente sigue en el campo de batalla cuando una sola carga podría darles la victoria? ¿Por qué Sus hijos siguen vagando de un lado a otro como por un laberinto cuando una sola palabra de los labios de Dios los llevaría al centro de sus esperanzas en el Cielo?

La respuesta es que están aquí para *vivir para el Señor* y para que otros conozcan Su amor. Permanecemos en la tierra como sembradores para esparcir buena semilla, como labradores para romper el barbecho y como heraldos para anunciar la salvación. Estamos aquí como la sal de la tierra para ser una bendición para el mundo (Mateo 5:13). Estamos aquí para glorificar a Cristo en nuestra vida diaria. Estamos aquí como obreros para Él y como obreros con Él (2 Corintios 6:1).

Procuremos que nuestra vida responda a su fin. Vivamos vidas fervientes, útiles y santas *para alabanza de la gloria de Su gracia* (Efesios 1:6). Mientras tanto, anhelamos estar con Él y cantamos a diario:

> Mi corazón está con Él en Su trono,
>   y mal puede soportar demoras,
>   a cada momento escuchando la voz:
>   "¡Levántate y ven!"[43].

---

43 Esta es una estrofa del himno en inglés de Robert C. Chapman, "My Soul, Amid This Stormy World".

11 de junio

Nosotros amamos porque Él nos amó primero (1 Juan 4:19).

No hay luz en el planeta excepto la que proviene del sol y no hay verdadero amor por Jesús en el corazón excepto el que proviene del mismo Señor Jesús. Todo nuestro amor por Dios debe brotar de esta fuente rebosante del infinito amor de Dios. Siempre debe ser una gran y cierta verdad que lo amamos solo porque Él nos amó primero. Nuestro amor por Él es el fruto hermoso de Su amor por nosotros. Cualquiera puede sentir una fría admiración al estudiar las obras de Dios, pero la calidez del amor solo puede ser encendida en el corazón por el Espíritu de Dios. ¡Qué maravilla que personas como nosotros hayan llegado a amar a Jesús! ¡Qué maravilloso que cuando nos rebelamos contra Él, Él buscara acercarnos a Él mediante una muestra de amor tan asombroso! Nunca hubiéramos tenido un grano de amor hacia Dios si no hubiera sido sembrado en nosotros por la dulce semilla de Su amor por nosotros.

El amor por Jesús, entonces, comienza con el amor de Dios *derramado en nuestros corazones* (Romanos 5:5), pero después de nacer divinamente, debe ser nutrido divinamente. El amor no es una planta que florece naturalmente en tierra humana, sino que debe ser regado desde arriba. El amor por Jesús es una flor de naturaleza delicada. Si no recibiera más alimento que el que pudiera extraerse de la roca de nuestros corazones, pronto se marchitaría. Así como el amor viene del Cielo, también debe alimentarse del pan celestial. No puede existir en el desierto a menos que se alimente del maná de lo alto. El amor debe alimentarse del amor. La esencia misma de nuestro amor por Dios es Su amor por nosotros.

12 de junio

...ha sido pesado en la balanza y hallado falto de peso (Daniel 5:27).

s bueno pesarnos frecuentemente en la balanza de la Palabra de Dios. Encontrarás un ejercicio sagrado leer algún salmo de David y, al meditar en cada versículo, preguntarte: "¿Puedo decir esto? ¿Me he sentido como David? ¿Se ha quebrantado alguna vez mi corazón por el pecado como el suyo cuando escribió sus salmos penitenciales? ¿Ha estado mi alma llena de verdadera confianza en la hora de dificultad como la suya cuando cantó sobre las misericordias de Dios en la cueva de Adulam o en las fortalezas de En-gadi? ¿Tomo la copa de la salvación e invoco el nombre del Señor?".

Luego, vuelve a la vida de Cristo y, al leer, pregúntate hasta qué punto te has conformado a Su semejanza. Procura descubrir si tienes la mansedumbre, la humildad y el espíritu amable que Él constantemente enseñó y manifestó.

Luego, toma las Epístolas y mira si te identificas con lo que dijo el apóstol Pablo sobre su experiencia. ¿Alguna vez has exclamado como él: *¡Miserable de mí! ¿Quién me libertará de este cuerpo de muerte?* (Romanos 7:24)? ¿Has sentido alguna vez su humillación? ¿Te has considerado el mayor pecador (1 Timoteo 1:15) y menos que el más pequeño de todos los santos (Efesios 3:8)? ¿Has conocido algo de la devoción de Pablo? ¿Podrías unirte a él y decir: *Pues para mí, el vivir es Cristo y el morir es ganancia* (Filipenses 1:21)?

Si leemos la Palabra de Dios de esta manera como una prueba de nuestra condición espiritual, tendremos buenas razones para detenernos a menudo y decir: "Señor, siento que nunca he estado aquí". ¡Oh, tráeme aquí! Dame verdadera penitencia, como la que leo en Tu Palabra. Dame una fe verdadera. Dame un celo más ardiente. Infúndeme con un amor más ferviente. Concédeme la gracia de la mansedumbre. Hazme más como Jesús. Que ya no sea *hallado falto de peso* al ser pesado en la balanza del santuario, para que no sea *hallado falto de peso* en la balanza del juicio.

Pero si nos juzgáramos a nosotros mismos, no
seríamos juzgados (1 Corintios 11:31).

13 de junio

...y el que desee, que tome gratuitamente del
agua de la vida (Apocalipsis 22:17).

Jesús dice que *tomemos gratuitamente*. Él no requiere pago ni preparación. No busca la recomendación de nuestras emociones virtuosas. Si aún no tienes sentimientos santos, simplemente estás dispuesto, estás invitado; ¡por lo tanto, ven! Si no tienes fe ni arrepentimiento, ven a Él y Él te lo dará. Ven tal como eres y toma libremente, sin dinero ni precio. Él se da a los necesitados.

Las fuentes de agua potable de nuestros pueblos son cosas valiosas, pero no podemos imaginar a nadie tan insensato como para buscar en su billetera cuando se para frente a una de ellas, diciendo: "No puedo beber porque no tengo dinero". No importa cuán pobre sea la persona, la fuente está ahí para él y puede beber de ella tal como es. La gente sedienta, al pasar, ya sea bien vestida o andrajosa, no busca permiso para beber de la fuente. Su presencia les da permiso para tomar su agua libremente. La generosidad de algunos buenos amigos ha puesto allí el agua cristalina y refrescante, y podemos tomarla sin hacer preguntas

Quizás los únicos que necesitan pasar sed por la calle donde hay una fuente de agua potable son las damas y caballeros elegantes que van en sus carruajes. Puede que tengan mucha sed, pero no pueden pensar en ser tan bajos como para bajar a beber. Piensan que sería degradante beber de una fuente común, así que pasan con los labios resecos.

¡Oh, cuántos hay que son ricos en sus propias buenas obras y, por lo tanto, no pueden venir a Cristo! "No seré salvo", dicen, "como la prostituta o el borracho. ¡Qué! ¿Iré al cielo como un trabajador común? ¿No hay otro camino a la gloria que el que llevó allí al ladrón? No seré salvo así".

¡Esos orgullosos y jactanciosos deben quedarse sin el agua viva! Pero *y el que desee, que tome gratuitamente del agua de la vida.*

14 de junio

Pon tu delicia en el Señor (Salmo 37:4).

La enseñanza de estas palabras debe resultar muy sorprendente para quienes desconocen la piedad sincera, pero para el creyente sincero es solo la enseñanza de una verdad reconocida. La vida del creyente se describe aquí como un deleite en Dios y así quedamos certificados de la gran realidad de que el verdadero cristianismo rebosa de felicidad y gozo. Los impíos y quienes simplemente profesan el cristianismo nunca consideran la piedad como algo gozoso. Para ellos es servicio, deber o necesidad, pero nunca placer ni deleite. Si se involucran en la religión, es para obtener algún beneficio o porque no se atreven a hacer otra cosa.

La idea de deleitarse en Cristo es tan extraña para la mayoría de las personas que no hay dos palabras en su lenguaje más distantes que *santidad* y *deleite*. Pero los creyentes que conocen a Cristo entienden que el deleite y la fe están tan benditamente unidos que las puertas del infierno no pueden separarlos. Quienes aman a Dios con todo su corazón encuentran en El caminos agradables y en todas Sus sendas paz (Proverbios 3:17).

Los santos encuentran en su Señor tales alegrías, tan abundante bienaventuranza, tan desbordantes deleites, que lejos de servirle por tradición o rutina, lo seguirían incluso si el mundo entero rechazara Su nombre como malo. No amamos a Dios por obligación alguna. Nuestra fe no es una cadena. Nuestra profesión de fe en Jesús no es esclavitud. No somos arrastrados a la santidad ni obligados al deber cristiano. ¡No! Nuestra piedad es nuestro placer, nuestra esperanza es nuestra felicidad y nuestro deber es nuestro deleite.

La santidad y el deleite están tan estrechamente relacionados como la raíz y la flor. Son, de hecho, dos joyas preciosas que brillan juntas en un engaste de oro.

15 de junio

Sara dijo: "Dios me ha hecho reír; cualquiera que lo oiga se reirá conmigo" (Génesis 21:6).

staba muy por encima del poder de la naturaleza, e incluso era contrario a sus leyes, que la anciana Sara fuera honrada con un hijo. De la misma manera, está más allá de toda norma común que yo, un pobre, indefenso y arruinado pecador, encontrara la gracia de tener el Espíritu del Señor Jesús morando en mi alma. Yo, que una vez desesperé, como con razón debía haberlo hecho, pues mi naturaleza era tan seca, marchita, estéril y maldita como un desierto aullante, ¡incluso yo he sido conducido a tener por su fruto la santificación! (Romanos 6:22). ¡Mi boca ahora se llena de risa gozosa gracias a la extraordinaria y sorprendente gracia que he recibido del Señor, porque he encontrado a Jesús, la simiente prometida, y Él es mío para siempre!

Hoy alzaré salmos de triunfo al Señor, que se ha acordado de mi abatimiento, porque *mi corazón se regocija en el Señor; mi fortaleza en el Señor se exalta; mi boca habla sin temor contra mis enemigos, por cuanto me regocijo en Tu salvación* (1 Samuel 2:1). Quiero que todos los que se enteren de mi gran liberación del infierno y de mi bendita visitación desde lo alto rían de alegría conmigo. Quiero sorprender a mi familia con mi abundante paz. Quiero deleitar a mis amigos con mi creciente felicidad. Quiero edificar a la iglesia con mis confesiones de agradecimiento e incluso impresionar al mundo con la alegría de mi vida diaria.

John Bunyan nos dice que Misericordia rio en sueños cuando soñó con Jesús, y no es de extrañar. Mi alegría no será inferior a la suya mientras mi Amado sea el tema de mis pensamientos diarios. El Señor Jesús es un profundo mar de alegría. Mi alma se sumergirá en él y se sumergirá en los deleites de Su compañía. Sara miró a su Isaac y rio con gran deleite, y todos sus amigos rieron con ella (Génesis 21:6). Tú también, alma mía, puedes contemplar a Jesús e invocar al Cielo y a la tierra para que se unan en tu gozo inefable.

16 de junio

Yo les doy vida eterna y jamás perecerán (Juan 10:28).

El cristiano nunca debe menospreciar la incredulidad. Debe ser muy desagradable para Dios que un hijo Suyo desconfíe de Su amor, verdad y fidelidad. ¿Cómo podríamos contristarlo dudando de Su gracia sustentadora? Cristiano, es contrario a toda promesa de la preciosa Palabra de Dios que seas olvidado o abandonado a tu suerte. Si así fuera, no tendría razón quien dijo: *¿Puede una mujer olvidar a su niño de pecho, sin compadecerse del hijo de sus entrañas? Aunque ella se olvidara, Yo no te olvidaré* (Isaías 49:15). Si Dios no cumpliera Su palabra, esa promesa no tendría ningún valor: *Porque los montes serán quitados y las colinas temblarán, pero Mi misericordia no se apartará de ti, y el pacto de Mi paz no será quebrantado* (Isaías 54:10).

Si no se pudiera confiar en Dios, no habría verdad en las palabras de Cristo: *Yo les doy vida eterna y jamás perecerán, y nadie las arrebatará de Mi mano. Mi Padre que me las dio es mayor que todos, y nadie las puede arrebatar de la mano del Padre* (Juan 10:28-29). ¿Qué hay de las doctrinas de la gracia? Si tan solo un hijo de Dios pereciera, todas quedarían refutadas. ¿Qué hay de la veracidad de Dios? ¿Qué hay de Su honor, Su poder, Su gracia, Su pacto y Su juramento si alguno de aquellos por quienes Cristo murió y que han puesto su confianza en Él, fuera, sin embargo, desechado?

Destierra esos temores incrédulos que tanto deshonran a Dios. Levántate, sacúdete del polvo y ponte tus hermosas vestiduras (Isaías 52:1-2).

Recuerda que es pecado dudar de Su Palabra sobre tu seguridad eterna cuando Él te ha prometido que nunca perecerás. Deja que la vida eterna en ti se exprese en un gozo confiado.

17 de junio

Salva, Señor, porque el piadoso deja de ser (Salmo 12:1).

La oración en sí es notable, pues es breve, oportuna, concisa y sugerente. David lamentó la falta de hombres piadosos y, por lo tanto, elevó su corazón en súplica. Cuando la criatura falló, ¡corrió al Creador! Evidentemente sentía su propia debilidad, o no habría clamado por ayuda.

Salva, Señor. Hay mucha franqueza, claridad de percepción y precisión de expresión en esta petición de dos palabras; mucho más, de hecho, que en las largas y divagaciones de muchos que profesan ser cristianos. El salmista corre directo a su Dios con una oración bien meditada; sabe lo que busca y dónde buscarlo. *Señor, enséñanos a orar de la misma bendita manera.*

Las ocasiones para usar esta oración son frecuentes:

- En aflicciones providenciales, cuán apropiada es para los creyentes probados que encuentran que todas las demás formas de ayuda y ayudantes les fallan.

- Los guerreros espirituales en conflictos internos pueden pedir refuerzos al trono y este será un modelo para su petición.

- Los trabajadores en la labor celestial pueden obtener gracia en tiempos de necesidad de esta manera.

- Los pecadores que buscan, en dudas y angustia, pueden ofrecer la misma súplica crucial.

De hecho, en todo caso, tiempo y lugar, esta oración atenderá las necesidades de las almas necesitadas. La oración *Salva, Señor* es apropiada para nosotros en la vida y la muerte, en el sufrimiento y la fatiga, y en la alegría y la tristeza. Nuestra ayuda está en Él. No seamos lentos en clamar a Él. La respuesta a la oración es segura, si se ofrece con sinceridad a través de Jesús. El carácter del Señor nos asegura que no abandonará a Su pueblo redimido. Su don de Jesús es una promesa de todo bien. Su promesa es firme: *No temas, yo te ayudaré: Yo, Yavé, soy tu Dios; te tomo de la mano y te digo: No temas, Yo te ayudaré* (Isaías 41:13).

Pero yo, a Ti pido auxilio, Señor, y mi oración
llega ante Ti por la mañana (Salmo 88:13).

18 de junio

...tu Redentor (Isaías 54:5).

Jesús, el Redentor, es completamente nuestro y lo es para siempre. Todos los roles de Cristo se desempeñan en nuestro nombre. Él es rey, sacerdote y profeta. Siempre que leamos un nuevo título del Redentor, apropiémoslo como nuestro bajo ese nombre tanto como bajo cualquier otro. El cayado del pastor, la vara del padre, la espada del capitán, la mitra del sacerdote, el cetro del príncipe, el manto del profeta: ¡todo es nuestro! Jesús no tiene honor que no utilice para nuestra exaltación, ni tiene poder que no ejerza para nuestra defensa.

Su plenitud de Deidad es nuestro tesoro inagotable. Su humanidad también, la cual asumió por nosotros, es nuestra en toda Su perfección. Nuestro misericordioso Señor nos comunica la virtud inmaculada de Su carácter inmaculado. Nos da la cualidad meritoria de Su vida devota. Nos otorga la recompensa obtenida por Su obediente sumisión y Su incesante servicio. Hace de la vestidura inmaculada de Su vida nuestra belleza, de las virtudes resplandecientes de Su carácter nuestros ornamentos y joyas, y de la mansedumbre sobrehumana de Su muerte nuestra gloria. Nos deja Su pesebre, desde donde aprendemos cómo Dios descendió al hombre, y Su cruz, para enseñarnos cómo ascender a Dios.

Todos sus pensamientos, emociones, acciones, palabras, milagros e intercesiones fueron por nosotros. Él recorrió el camino del dolor por nosotros y nos ha entregado el fruto completo de toda la labor de Su vida como Su legado celestial. Ahora es tan nuestro como antes. No se avergüenza de reconocerse como *nuestro Señor Jesucristo* (2 Tesalonicenses 2:16), aunque es el *bienaventurado y único Soberano, el Rey de reyes y Señor de señores* (1 Timoteo 6:15). Cristo es nuestro Cristo, en todas partes y por todos los caminos, para que lo disfrutemos con abundancia por los siglos de los siglos. Por el poder del Espíritu Santo, llámalo *tu Redentor* esta mañana.

19 de junio

...sean llenos del Espíritu (Efesios 5:18).
*...anden por el Espíritu, y no cumplirán el
deseo de la carne* (Gálatas 5:16).

Las bendiciones de este día serían abundantes si fuéramos llenos del Espíritu Santo. Las consecuencias de esta sagrada plenitud del alma serían inestimables. La vida, el consuelo, la luz, la pureza, el poder, la paz y muchas otras bendiciones preciosas son inseparables de la misericordiosa presencia del Espíritu.

Como aceite sagrado, Él unge la cabeza del creyente, lo aparta para el sacerdocio de los santos y le da la gracia para cumplir con sus deberes correctamente.

Como la única agua verdaderamente purificadora, Él nos limpia del poder del pecado y nos santifica para la santidad, produciendo en nosotros tanto el querer como el hacer, por la buena voluntad del Señor (Filipenses 2:13).

Como luz santa, Él nos revela al Señor Jesús y nos guía por el camino de la justicia. Iluminados por sus puros rayos celestiales, ya no caminamos en tinieblas, sino en la luz de la verdad de las Escrituras.

Como fuego purificador, Él nos purifica de la escoria y enciende nuestra naturaleza consagrada. Él es la llama sacrificial que nos permite ofrecer nuestras almas enteras como sacrificio vivo a Dios (Romanos 12:1).

Como rocío celestial, Él quita nuestra esterilidad y nutre nuestras vidas. ¡Oh, si Él derramara sobre nosotros desde lo alto a esta hora temprana! ¡Ese rocío matutino sería un dulce comienzo para el día!

Como la Paloma celestial, con alas de amor apacible, Él cubre las almas de los creyentes. Como Consolador, disipa las preocupaciones y dudas que perturban la paz de Sus amados. Él desciende sobre Su pueblo elegido y da testimonio de su filiación, obrando en ellos un espíritu de familia por el cual claman: *¡Abba, Padre!* (Romanos 8:15).

Como el viento, Él nos trae el aliento de vida espiritual. Él realiza las operaciones vivificantes, mediante las cuales la creación espiritual cobra vida y se sustenta. ¡Oh, que sintiéramos la presencia e influencia del Espíritu hoy y todos los días!

20 de junio

Porque Yo daré un mandato, y zarandearé a la casa de Israel
entre todas las naciones, como se zarandea el grano en la
criba, sin que caiga ni un grano en tierra (Amós 9:9).

Cada zarandeo o criba se produce por mandato y permiso divinos. Satanás tuvo que pedir permiso antes de poder poner un dedo sobre Job. Más aún, en cierto sentido, nuestros zarandeos son directamente obra del Cielo, pues el texto dice: *zarandearé a la casa de Israel*. Satanás, como un obrero, podría sostener la criba, con la esperanza de destruir el grano, pero la mano dominante del Maestro está logrando la pureza del grano mediante el mismo proceso que el Enemigo pretendía que fuera destructivo.

Eres un grano precioso, pero muy zarandeado, de la era del Señor. Consuélate con el bendito hecho de que el Señor dirige tanto la trilla como la criba para Su propia gloria y para tu beneficio eterno. El Señor Jesús ciertamente usará el aventador que está en Su mano y separará lo precioso de lo vil. No todos los que descienden de Israel son Israel (Romanos 9:6). El montón en el suelo del granero no es alimento limpio, por lo que debe aventarse. En la criba, solo el peso verdadero tiene poder. Las cáscaras y la paja carecen de sustancia, por lo que deben volar con el viento, dejando solo el grano sólido.

Observa la completa seguridad del trigo del Señor. Incluso el grano más pequeño tiene promesa de preservación. Dios mismo zarandea, y por lo tanto, es una obra justa y eficaz. Él los zarandea en todas partes, *entre todas las naciones*. Los zarandea de la manera más beneficiosa, *como se zarandea el grano en la criba*. Sin embargo, ni siquiera el grano más pequeño, ligero o marchito cae a la tierra.

Cada creyente es precioso a los ojos del Señor. Un pastor no quiere perder ni una sola oveja, ni un joyero un diamante, ni una madre un hijo, ni un hombre una sola extremidad de su cuerpo, y el Señor no perderá ni a uno solo de Su pueblo redimido. Por pequeños que seamos, si somos del Señor, podemos regocijarnos de ser preservados en Cristo Jesús.

21 de junio

Eres el más hermoso de los hijos de los hombres (Salmo 45:2).

Toda la persona de Jesús es como una gran gema, y toda Su vida es como una sola impresión del sello. Él es completamente perfecto, no solo en sus partes individuales, sino también como un todo lleno de gracia y gloria. Su carácter no es un conjunto de bonitos colores mezclados confusamente, ni un montón de piedras preciosas colocadas descuidadamente una sobre otra. No, sino que Él es una imagen de belleza y una coraza de gloria. En Él, todas las cosas buenas están en su lugar apropiado y se adornan mutuamente. Ningún rasgo de Su gloriosa persona llama la atención a expensas de otros, sino que Él es perfecto y completamente hermoso.

¡Oh, Jesús! Tu poder, tu gracia, Tu justicia, Tu ternura, Tu verdad, Tu majestad y Tu inmutabilidad conforman a un hombre, o mejor dicho, a un Dios-hombre como ni el cielo ni la tierra han visto en otro lugar. Tu infancia, Tu eternidad, Tus sufrimientos, Tus triunfos, Tu muerte y Tu inmortalidad están todos entretejidos en un magnífico tapiz sin costuras ni defectos. Eres música sin disonancia. Eres múltiple, y sin embargo, no estás dividido; eres todas las cosas, y sin embargo no eres diverso.

Así como todos los colores se funden en un magnífico arcoíris, así todas las glorias del cielo y la tierra se reúnen en Ti, Jesús, y se unen tan maravillosamente que no hay nadie como Tú en todo. Si todas las virtudes de las personas más excelentes se reunieran en un solo haz, no podrían rivalizar contigo, ¡oh, espejo de toda perfección! Has sido ungido con el santo óleo de mirra y casia, que Tu Dios ha reservado solo para Ti. Tu fragancia es como el perfume sagrado, como nadie puede mezclar jamás, ni siquiera con la habilidad del boticario. Cada especia es fragante, pero el compuesto es divino.

> ¡Oh, sagrada simetría! ¡Oh, singular combinación
>   de muchas perfecciones, para crear una perfección!
> ¡Oh, música celestial, donde todas las partes se unen
>   en una dulce melodía, para crear una perfecta dulzura!

22 de junio

*Sí, Él edificará el templo del Señor, y Él
llevará gloria* (Zacarías 6:13).

Cristo mismo es el constructor de Su templo espiritual y lo ha edificado sobre los montes de Su amor inmutable, Su gracia omnipotente y Su veracidad infalible. Pero como fue en el templo de Salomón, así es en este: los materiales necesitan estar preparados y listos. Existen los cedros del Líbano, pero no están enmarcados para la construcción. No están cortados, moldeados ni convertidos en esas tablas de cedro cuya agradable fragancia alegrará los atrios de la casa del Señor en el paraíso (Salmo 46:4). Las piedras en bruto aún están en la cantera y deben ser cortadas y escuadradas. Todo esto es obra de Cristo. Cada creyente está siendo preparado, pulido y alistado para su lugar en el templo, pero la propia mano de Cristo realiza la obra de preparación.

Las aflicciones no pueden santificar a menos que Él las use para este propósito. Nuestras oraciones y esfuerzos no pueden prepararnos para el cielo sin la mano de Jesús, quien forma nuestros corazones como deben ser. Así como en la construcción del templo de Salomón, donde *no se oyó ni martillo ni hacha ni ningún instrumento de hierro en la casa* (1 Reyes 6:7), porque todo estaba perfectamente preparado para el lugar exacto que debía ocupar, así sucede con el templo que Jesús construye. Toda la preparación se hace en la tierra.

Cuando lleguemos al cielo, no habrá santificación allí, ni nos enfrentaremos a la aflicción, ni nos afligiremos con el sufrimiento. No, debemos estar preparados aquí, y Cristo lo hará de antemano. Cuando Él lo haya hecho, una mano amorosa nos llevará a través del torrente de la muerte y seremos llevados a la Jerusalén celestial para morar como columnas eternas en el templo de nuestro Señor (Apocalipsis 3:12).

Bajo su mirada y cuidado,
    el edificio se alzará,
majestuoso, fuerte y hermoso,
    y brillará sobre los cielos[44].

---

44   Esto es del himno en inglés de Philip Doddridge, "Sing to the Lord Above".

23 de junio

Efraín es como una torta no volteada (Oseas 7:8).

Una *torta no volteada* está crudo por un lado, y Efraín, en muchos aspectos, no fue tocado por la gracia divina. Aunque hubo cierta obediencia parcial, aún quedaba mucha rebelión. Alma mía, te encargo que veas si esta es tu situación. ¿Eres meticuloso en las cosas de Dios? ¿Ha penetrado la gracia en lo más profundo de tu ser, de modo que se sienta en sus operaciones divinas en todas tus facultades, acciones, palabras y pensamientos? Debe ser tu deseo y oración ser santificado en espíritu, alma y cuerpo. Aunque la santificación no sea perfecta en ti, debe estar presente en cada área de tu vida. No debe haber apariencia de santidad en un lugar, mientras que el pecado reina en otro, o de lo contrario tú también serás *una torta no volteada*.

Una *torta no volteada* se quema rápidamente por el lado más cercano al fuego, y aunque nadie puede tener demasiado cristianismo, hay algunos que parecen quemados por el celo dogmático por una parte de la verdad que han recibido, o carbonizados por un espectáculo farisaico y vanidoso de aquellas representaciones religiosas que prefieren. La apariencia simulada de santidad superior frecuentemente acompaña una ausencia total de toda piedad esencial. El santo en público puede ser un demonio en privado. Trafica con harina de día y con inmundicia de noche. El pastel que se quema por un lado es masa por el otro.

Si así es conmigo, oh, Señor, ¡conviérteme! Convierte mi naturaleza no santificada al fuego de Tu amor. Que sienta el resplandor sagrado y que mi costado quemado se enfríe un poco mientras reconozco mi propia debilidad y falta de calor cuando me alejo de Tu llama celestial. Que no me encuentre con doble ánimo, sino que esté completamente bajo la poderosa influencia de la gracia reinante. Sé bien que si soy dejado como una torta sin voltear y no soy objeto de Tu gracia por ambos lados, ¡deberé consumirme para siempre en llamas eternas!

24 de junio

Mientras Jesús decía estas cosas, una de las mujeres en la multitud alzó la voz y dijo: "¡Dichosa la matriz que te concibió y los senos que te criaron!". "Al contrario", le contestó Jesús, "dichosos los que oyen la palabra de Dios y la guardan" (Lucas 11:27-28).

*H*ay quienes piensan que ser la madre de nuestro Señor debió implicar ventajas muy especiales, porque imaginan que ella tenía el beneficio de ver en Su corazón de una manera que nosotros no podemos esperar. Puede que esta idea parezca razonable, pero no mucho. No sabemos si María sabía más que otros. Lo que sí sabía, hizo bien en atesorarlo y meditarlo en su corazón (Lucas 2:19). Pero, según lo que leemos en los Evangelios, no parece haber sido una creyente mejor instruida que cualquier otro discípulo de Cristo. Todo lo que ella sabía, nosotros también podemos aprenderlo. ¿Te sorprende que lo diga? Aquí hay un texto que lo demuestra: *Los secretos del Señor son para los que le temen, y Él les dará a conocer Su pacto* (Salmo 25:14).

Recuerda las palabras del Maestro: *Ya no los llamo siervos, porque el siervo no sabe lo que hace su señor; pero los he llamado amigos, porque les he dado a conocer todo lo que he oído de Mi Padre* (Juan 15:15). Tan benditamente nos comparte su corazón este divino revelador de secretos, que no nos oculta nada que sea provechoso. Su propia promesa es: *si no fuera así, se lo hubiera dicho* (Juan 14:2). ¿Acaso no se revela hoy a nosotros como no lo hace al mundo? ¡Claro que sí! Por lo tanto, no exclamaremos ignorantemente: *Dichosa la matriz que te concibió*, sino que bendeciremos a Dios con inteligencia porque, habiendo escuchado la Palabra y guardado Su palabra, tenemos una comunión tan real con el Salvador como la de María y también podemos conocer los secretos de Su corazón tan verdaderamente como ella. ¡Somos verdaderamente bendecidos por tener este privilegio!

25 de junio

Súbete a un alto monte (Isaías 40:9).

Conocer a Cristo es como escalar una de las montañas galesas. Al llegar a la base, solo se ve una pequeña parte de la montaña. La montaña misma parece tener solo la mitad de su altura real. Confinado en un pequeño valle, apenas se descubre nada, salvo los ondulantes arroyos que descienden hacia el riachuelo al pie de la montaña. Sube la primera colina y el valle se ensancha y se extiende bajo tus pies. Sube más alto y verás el país en cuatro o cinco millas a la redonda, y te deleitarás con la perspectiva que se amplía. Sube aún más alto y el paisaje se amplía, hasta que finalmente, cuando estés en la cima y mires al este, oeste, norte y sur, verás casi toda Inglaterra ante ti. Allá hay un bosque en algún condado lejano, quizás a doscientas millas de distancia. Aquí está el mar. Allí se ve un río resplandeciente y las chimeneas humeantes de una ciudad manufacturera. En otra dirección se ven los mástiles de los barcos en un puerto concurrido. Todo esto te complace y te deleita, y dices: "No podría haber imaginado que se pudiera ver tanto a esta altura".

La vida cristiana es igual. Cuando creemos en Cristo por primera vez, solo vemos una pequeña parte de Él. Cuanto más ascendemos, más descubrimos Sus bellezas. Pero ¿quién ha llegado a la cima? ¿Quién ha conocido todas las alturas y profundidades del amor de Cristo, que sobrepasa todo conocimiento (Efesios 3:18-19)?

Cuando el apóstol Pablo ya era anciano y se encontraba sentado, canoso y temblando en un calabozo en Roma, pudo decir con mayor énfasis que nosotros: *yo sé en quién he creído* (2 Timoteo 1:12), pues cada experiencia había sido como subir una colina, cada prueba como ascender otra cima y su muerte parecía como alcanzar la cima de la montaña, desde donde podía ver la totalidad de la fidelidad y el amor de Aquel a quien había encomendado su alma.

¡Sube, querido amigo, a la alta montaña!

26 de junio

Has venido a ser semejante a nosotros (Isaías 14:10).

¿Cuál será la condenación del profesante apóstata cuando su alma expuesta comparezca ante Dios? ¿Cómo soportará esa voz: "¡Apártate, maldito! Me has rechazado y yo te rechazo. Te has prostituido y me has abandonado. Por lo tanto, te he desterrado para siempre de mi presencia y no tendré misericordia de ti!"?

¿Cuál será la vergüenza de este miserable en el último gran día cuando, ante multitudes reunidas, el apóstata sea desenmascarado? Vean a los profanos y pecadores que nunca profesaron el cristianismo levantándose de sus lechos de fuego para señalarlo. "Ahí está", dice uno. "¿Predicará el evangelio en el infierno?". "Ahí está", dice otro. "¡Me reprendió por maldecir, pero él mismo era un hipócrita!". "¡Ajá!", dice otro. "Aquí viene un metodista que canta salmos, uno que siempre estaba en las reuniones de la iglesia. Es el hombre que se jactaba de tener la seguridad de la vida eterna, ¡y aquí está!".

Jamás se verá mayor afán entre los torturadores satánicos que en aquel día cuando los demonios arrastren el alma del hipócrita a la destrucción. John Bunyan describe esto con el solemne esplendor de la poesía al hablar del camino de vuelta al infierno. Siete demonios ataron al desdichado con nueve cuerdas y lo arrastraron desde el camino al Cielo, por el que había profesado caminar, y lo arrojaron por la puerta trasera al infierno. ¡Cuídense de ese camino de vuelta al infierno, ustedes que profesan el cristianismo!

Pónganse a prueba para ver si están en la fe. Examínense a sí mismos (2 Corintios 13:5). Examina detenidamente tu condición. Mira si estás en Cristo o no. Es muy fácil dar un veredicto indulgente al juzgarte a ti mismo, pero sé justo y veraz en este caso. Sé justo con todos, pero sé especialmente riguroso al juzgarte a ti mismo. Recuerda, si no construyes sobre una roca, cuando la casa se derrumbe, su caída será significativa (Mateo 7:27). Que el Señor te dé sinceridad, constancia y firmeza; y que en ningún día, por desagradable que sea, te desvíes.

27 de junio

...solo que no vayan muy lejos (Éxodo 8:28).

Esta es una palabra astuta de labios del architirano Faraón. Si los pobres israelitas esclavizados deben salir de Egipto, entonces él negocia con ellos que no será muy lejos, no demasiado lejos para que escapen del terror de su ejército y de la vigilancia de sus espías. De la misma manera, al mundo no le gusta la falta de conformidad del inconformismo ni la disidencia de la disidencia. El mundo quiere que seamos más tolerantes y que no tomemos las cosas con demasiada severidad. La muerte al mundo y la sepultura con Cristo son experiencias que las mentes carnales ridiculizan y es por eso que la ordenanza que demuestra esto es casi universalmente ignorada, e incluso despreciada.

La sabiduría mundana recomienda el camino del compromiso y habla de moderación. Según esta política carnal, se admite que la pureza es muy deseable, pero se nos advierte contra la precisión excesiva. Claro que hay que seguir la verdad, pero no denunciar severamente el error. "Sí", dice el mundo, «por supuesto, sean espirituales, pero no se nieguen un poco de diversión, un baile ocasional y una visita navideña al teatro. ¿De qué sirve denunciar algo cuando es tan popular y todo el mundo lo hace?". Multitudes de personas que profesan el cristianismo ceden a este consejo perverso, para su propia ruina eterna.

Si queremos seguir al Señor con todo el corazón, debemos adentrarnos en el desierto de la separación, dejando atrás el Egipto del mundo carnal. Debemos dejar atrás sus consejos, sus placeres y también su religión, e ir lejos, al lugar donde el Señor llama a sus santificados. Cuando la ciudad arde, nuestra casa no puede estar demasiado lejos de las llamas. Cuando la plaga se extiende, una persona no puede estar demasiado lejos de donde está. Cuanto más lejos de una serpiente venenosa, mejor, y cuanto más lejos de la conformidad mundana, mejor.

Que suene la trompeta a todos los verdaderos creyentes: *"Por tanto, salgan de en medio de ellos y apártense", dice el Señor; "Y no toquen lo inmundo, y Yo los recibiré. Yo seré un padre para ustedes, y ustedes serán para Mí hijos e hijas", dice el Señor Todopoderoso.* (2 Corintios 6:18).

28 de junio

...puestos los ojos en Jesús (Hebreos 12:2).

La obra del Espíritu Santo es continuamente apartar nuestra mirada de nosotros mismos y ponerla en Jesús. Pero la obra de Satanás es justo lo contrario, pues constantemente intenta que nos miremos a nosotros mismos en lugar de a Cristo. Sugiere: "Tus pecados son demasiado grandes para ser perdonados. No tienes fe. No te arrepientes lo suficiente. Nunca podrás llegar hasta el final. No tienes el gozo de Sus hijos. Tienes una fe tan débil en Jesús". Todos estos son pensamientos sobre nosotros mismos y nunca encontraremos consuelo ni seguridad mirando hacia nuestro interior.

Pero el Espíritu Santo aparta nuestra mirada completamente de nosotros mismos. Nos dice que no somos nada y que *Cristo es todo, y en todos* (Colosenses 3:11). Recuerda, por lo tanto, que no es tu comprensión de Cristo lo que te salva, sino Cristo. No es tu gozo en Cristo lo que te salva, sino Cristo. Ni siquiera es tu fe en Cristo lo que te salva (aunque la fe es el instrumento), sino la sangre y los méritos de Cristo los que te salvan.

Por lo tanto, no mires tanto la mano con la que te aferras a Cristo, sino a Cristo. No mires tu esperanza, sino a Jesús, la fuente de tu esperanza. No mires tu fe, sino a Jesús, el autor y consumador de tu fe. Nunca encontraremos la felicidad fijándonos en nuestras oraciones, nuestras obras o nuestros sentimientos. Es lo que Jesús es, no lo que nosotros somos, lo que da descanso al alma.

Si queremos vencer rápidamente a Satanás y tener paz con Dios, debemos hacerlo *puestos los ojos en Jesús*. Simplemente mantén la mirada en Él. Que Su muerte, Sus sufrimientos, Sus méritos, Sus glorias y Su intercesión estén frescos en tu mente. Al despertar por la mañana, míralo. Al acostarte por la noche, míralo. No dejes que tus esperanzas o tus temores se interpongan entre tú y Jesús. Síguelo con firmeza y Él nunca te fallará.

> Mi esperanza se basa en nada menos
>   que la sangre y la justicia de Jesús;
> No me atrevo a confiar en el cuerpo más dulce,
>   sino que me apoyo completamente en el nombre de Jesús[45].

---

45   Esto es del himno en inglés de Edward Mote, "The Solid Rock".

29 de junio

Dios traerá con Él a los que durmieron en
Jesús (1 Tesalonicenses 4:14).

El cuerpo duerme en su solitario lecho de tierra bajo el manto de hierba, pero ¿qué es este sueño? La idea relacionada con el sueño es "descanso" y ese es el pensamiento que el Espíritu de Dios quiere comunicarnos. El sueño hace de cada noche un descanso para el día. El sueño cierra herméticamente la puerta del alma e invita a todos los intrusos a quedarse un rato para que la vida interior pueda entrar en Su jardín de verano de tranquilidad. El creyente agotado por el trabajo duerme tranquilamente, como lo hace el niño cansado cuando duerme en el pecho de su madre.

Bienaventurados los que mueren en el Señor (Apocalipsis 14:13). Descansan de sus labores y sus obras los siguen. Su tranquilo descanso no será interrumpido hasta que Dios los despierte para darles su recompensa completa. Protegidos por ángeles guardianes y ocultos tras misterios eternos, los herederos de la gloria siguen durmiendo hasta que la plenitud de los tiempos traiga la plenitud de la redención. ¡Qué despertar tendrán! Fueron depositados en su último lugar de descanso, cansados y agotados, pero no se levantarán de la misma manera. Se fueron a descansar con el ceño fruncido y rasgos frágiles, pero despertarán en belleza y gloria. La semilla marchita, tan desprovista de forma y belleza, surge del polvo como una hermosa flor. El invierno de la tumba da paso a la primavera de la redención y al verano de la gloria. Bendita sea la muerte, pues, por el poder divino, nos despoja de esta vestidura de trabajo y nos reviste con el manto nupcial de la incorrupción. ¡Bienaventurados *los que han dormido en Jesús*!

30 de junio

La gloria que me diste les he dado (Juan 17:22).

Contempla la generosidad incomparable del Señor Jesús, pues nos lo ha dado todo. Aunque una pequeña porción de Sus posesiones habría enriquecido a un universo de ángeles más allá de lo imaginable, no se conformó hasta darnos todo lo que tenía. Habría sido una gracia sorprendente si tan solo nos hubiera permitido comer las migajas de Su generosidad bajo la mesa de Su misericordia, pero Él no hace nada a medias. ¡Nos hace sentar con Él y compartir el banquete! Si tan solo nos hubiera dado una pequeña cantidad de Sus fondos reales, habríamos tenido motivos para amarlo eternamente; pero no, Él quiere que Su novia sea tan rica como Él y no aceptará una gloria ni una gracia de la que Su novia no participe. No se ha conformado con menos que hacernos coherederos con Él para que tengamos posesiones iguales (Romanos 8:17). Él ha vaciado toda Su riqueza en el tesoro de la iglesia y comparte todas las cosas con Sus redimidos.

Él no negará a Su pueblo ni una sola llave de una habitación de Su casa. Les da plena libertad para tomar todo lo que Él tiene como suyo. Él los ama para que tomen libremente de Su tesoro y tomen todo lo que puedan cargar. La plenitud ilimitada de Su suficiencia total es tan gratuita para el creyente como el aire que respira. Cristo ha puesto la copa de Su amor y gracia en los labios del creyente y desea que beba de ella para siempre. El creyente podría beber continuamente de la copa, y es bienvenido a hacerlo, pero no puede agotarla. Se le anima a beber abundantemente, ¡porque es todo suyo! ¿Qué prueba más verdadera de comunión pueden proporcionar el cielo o la tierra?

> Cuando esté ante el trono
>   vestido de una belleza que no es la mía;
> cuando te vea como eres,
>   te ame con un corazón puro;
> entonces, Señor, sabré plenamente,
>   no hasta entonces, cuánto te debo[46].

---

46 Esta es una estrofa del himno en inglés de Murray McCheyne,
    "When This Passing World Is Done".

Julio

1 de julio

...será lo mismo en verano que en invierno (Zacarías 14:8).

Los arroyos de agua viva que fluyen de Jerusalén no se secan por el calor abrasador del pleno verano, como tampoco se congelaron por los vientos fríos del invierno impetuoso. Alégrate, alma mía, porque eres libre de testificar de la fidelidad del Señor. Las estaciones cambian y tú cambias, pero tu Señor permanece siempre el mismo. Los arroyos de Su amor son tan profundos, tan anchos y tan abundantes como siempre.

El calor de las preocupaciones mundanas y las pruebas abrasadoras me hacen necesitar las influencias refrescantes del río de Su gracia. Puedo ir de inmediato y beber hasta saciarme de Su fuente inagotable, pues tanto en verano como en invierno derrama su caudal. Los manantiales superiores nunca se secan y bendito sea el nombre del Señor, los manantiales inferiores tampoco pueden faltar. Elías vio secarse el arroyo de Querit (1 Reyes 17:7), pero Dios seguía siendo el mismo Dios de providencia. Job dijo que sus hermanos eran como arroyos engañosos (Job 6:15), pero él halló en su Dios un río desbordante de consuelo. El Nilo es la gran confianza de Egipto, pero sus inundaciones son variables; nuestro Señor, sin embargo, siempre es el mismo.

Al cambiar el curso del río Éufrates, Ciro tomó la ciudad de Babilonia; pero ningún poder, humano o infernal, puede desviar el fluir de la gracia divina. Los cauces de los antiguos ríos se han encontrado secos y desolados, pero los arroyos que nacen en las montañas de la soberanía divina y el amor infinito siempre estarán rebosantes. Las generaciones se desvanecen, pero el curso de la gracia permanece inalterado. El río de Dios canta con mayor verdad que el arroyo del poema de Tennyson: "Los hombres pueden venir y los hombres pueden irse, pero yo sigo para siempre". ¡Cuán feliz eres, alma mía, de ser guiada junto a aguas tan tranquilas! Nunca te desvíes hacia otros arroyos para no escuchar la represión del Señor: *¿Qué haces en el camino a Egipto para beber las aguas del Nilo?* (Jeremías 2:18).

2 de julio

Pues en Él se regocija nuestro corazón (Salmo 33:21).

s una alegría que los cristianos puedan regocijarse incluso en la más profunda angustia. Aunque los problemas los rodeen, siguen cantando, y como muchos pájaros, cantan mejor en sus jaulas. Aunque las olas los azoten, sus almas pronto emergen a la superficie y ven la luz del rostro de Dios. Tienen una vitalidad que siempre los mantiene a flote y los ayuda a cantar en medio de la tempestad: "Dios está conmigo todavía". ¿A quién debe dársele la gloria? ¡A Jesús! ¡Todo es por Jesús!

Los problemas no necesariamente traen consuelo al creyente, pero la presencia del Hijo de Dios en el horno de fuego con él llena su corazón de alegría. Está enfermo y sufriendo, pero Jesús lo visita y lo consuela. Él está muriendo y las frías aguas del Jordán lo envuelven hasta el cuello, pero Jesús lo abraza y le dice: "¡No temas, amado! Morir es una bendición. Las aguas de la muerte tienen su fuente en el cielo. No son amargas. Son dulces como el néctar, porque fluyen del trono de Dios".

Mientras el santo que parte vadea el arroyo, mientras las olas lo envuelven y mientras su corazón y su carne desfallecen, la misma voz resuena en sus oídos: *No temas, porque Yo estoy contigo; no te desalientes, porque Yo soy tu Dios* (Isaías 41:10). Mientras el santo se acerca a las fronteras de lo infinito desconocido y casi teme entrar en el reino de las sombras, Jesús dice: "No temas; a tu Padre le ha placido darte el reino".

Así consolado y fortalecido, el creyente no teme morir. No; incluso está dispuesto a partir, pues desde que vio a Jesús como la estrella de la mañana, anhela contemplarlo como el sol en su fuerza. En verdad, la presencia de Jesús es todo el cielo que deseamos. Él es a la vez "la gloria de mis días más brillantes, el consuelo de mis noches"[47].

47　Esto es del himno en inglés de Isaac Watts, "My God, the Spring of All My Joys".

7 de julio

Y las vacas de mal aspecto y flacas devoraron las siete
vacas de hermoso aspecto y gordas (Génesis 41:4).

El sueño del Faraón ha sido con demasiada frecuencia mi experiencia despierta. Mis días de pereza han destruido desastrosamente todo lo que había logrado en tiempos de arduo trabajo. Mis temporadas de frialdad han congelado el cálido resplandor de mis períodos de fervor y celo. Mis intervalos de mundanalidad me han impedido avanzar en la vida divina.

Debo cuidarme de las oraciones, alabanzas, deberes y experiencias pobres, pues estas consumirán la grosura de mi consuelo y paz. Si descuido la oración, aunque sea por poco tiempo, pierdo toda la espiritualidad que he alcanzado. Si no recibo provisiones frescas del Cielo, el grano viejo de mi granero pronto se consume por el hambre que azota mi alma. Cuando las orugas de la indiferencia, las langostas en enjambre de la mundanalidad y la langosta reptante de la autocomplacencia dejan mi corazón completamente desolado y hacen languidecer mi alma (Joel 1:4), toda mi anterior fecundidad y crecimiento en la gracia no me sirven de nada.

¡Cuánto anhelaría no tener días enfermizos ni horas desfavorables! Si caminara hacia la meta de mis deseos cada día, pronto la alcanzaría. Sin embargo, el retroceso me deja aún lejos del premio de mi alto llamamiento y me priva de los avances que con tanto esfuerzo he logrado. La única manera de que todos mis días sean como las *vacas de hermoso aspecto y gordas* es apacentarlas en el prado adecuado. Es decir, debo pasar mis días con el Señor a Su servicio, en Su compañía, en Su reverencia y en Su camino.

¿Por qué no debería cada año ser más rico que el pasado en amor, utilidad y alegría? Estoy más cerca de las colinas celestiales. He tenido más experiencia de mi Señor y debería ser más como Él.

Oh, Señor, aleja de mí la maldición de la flaqueza del alma.
Que no tenga que clamar: "¡Pobre de mí! ¡Ay de mí!" a causa
de la flaqueza de mi alma (Isaías 24:16), ¡pero déjame ser bien
alimentado y nutrido en Tu casa para que pueda alabar Tu nombre!

4 de julio

Santifícalos en la verdad (Juan 17:17).

La santificación comienza en la regeneración. El Espíritu de Dios imparte a la persona ese nuevo principio viviente por el cual se convierte en una *nueva criatura* en Cristo Jesús (2 Corintios 5:17).

Esta obra, que comienza en el nuevo nacimiento, se lleva a cabo de dos maneras: por la mortificación, mediante la cual se someten y controlan los deseos de la carne; y por la vivificación, mediante la cual la vida que Dios ha puesto en nosotros se convierte en una *fuente de agua que brota para vida eterna* (Juan 4:14). Esto se lleva a cabo cada día en lo que se llama "perseverancia", mediante la cual el cristiano se preserva y continúa en un estado de gracia, y se le hace abundar en buenas obras para alabanza y gloria de Dios. Culmina, o llega a la perfección, en gloria, cuando el alma, completamente purificada, es arrebatada para morar con seres santos a la diestra de la Majestad en las alturas.

Pero si bien el Espíritu de Dios es el autor de la santificación, se emplea un poder visible que no debe olvidarse. *Santifícalos en la verdad,* dijo Jesús. *Tu palabra es verdad* (Juan 17:17). Hay muchos pasajes de las Escrituras que prueban que el instrumento de nuestra santificación es la Palabra de Dios. El Espíritu de Dios trae a nuestra mente los preceptos y doctrinas de la verdad y los aplica con poder. Estos se escuchan con el oído y, al recibirse en el corazón, obran en nosotros el querer y el hacer para el beneplácito de Dios (Filipenses 2:13).

La verdad es lo que santifica, y si no escuchamos ni leemos la verdad de la Palabra de Dios, no creceremos en santificación. Solo progresamos en una vida sana a medida que progresamos en un entendimiento sano. *Lámpara es a mis pies Tu palabra, y luz para mi camino* (Salmo 119:105). No digas de ningún error que es mera cuestión de opinión. Nadie se aferra a un error de juicio sin, tarde o temprano, tolerar un error en la práctica. Aférrate a la verdad, porque al aferrarte a ella serás santificado por el Espíritu de Dios.

5 de julio

...llamados a ser santos (Romanos 1:7).

*S*olemos considerar a los santos del Nuevo Testamento como si fueran santos de una manera más especial que los demás hijos de Dios. Todos los que Dios ha llamado por Su gracia son santos y santificados por Su Espíritu, pero solemos considerar a los apóstoles como seres extraordinarios que no están realmente sujetos a las mismas debilidades y tentaciones que nosotros. Sin embargo, al hacerlo, olvidamos la verdad de que cuanto más cerca vive una persona de Dios, más intensamente tiene que lamentar su propio mal corazón. Cuanto más la honra su Maestro en Su servicio, más la maldad de la carne la atormenta y la tienta día a día.

De hecho, si hubiéramos visto al apóstol Pablo, lo habríamos considerado similar en muchos aspectos al resto de la familia elegida. Si hubiéramos hablado con él, podríamos haber dicho: "Encontramos que su experiencia y la nuestra son muy parecidas. Él es más fiel, más santo y tiene una enseñanza más profunda que nosotros, pero tiene que soportar las mismas pruebas. En algunos aspectos, está siendo probado con mayor severidad que nosotros".

No consideres, pues, a los antiguos santos como exentos de debilidades y pecados. No los consideres con esa reverencia mística que casi nos convierte en idólatras. Su santidad es alcanzable incluso por nosotros, si tan solo estamos dispuestos a llevar nuestra cruz como ellos. Somos llamados a ser santos por la misma voz que los impulsó a su alto llamamiento. Es deber de todo cristiano abrirse camino en el círculo íntimo de la santidad. Si estos santos fueron superiores a nosotros en sus logros, como sin duda lo fueron, sigámoslos. Imitemos su devoción y santidad. Tenemos la misma luz que ellos. La misma gracia está a nuestro alcance. Así pues, ¡no debemos quedarnos satisfechos hasta haberlos igualado en carácter celestial! Vivieron con Jesús, vivieron para Jesús y, por lo tanto, crecieron como Jesús. Vivamos con el mismo espíritu que ellos, puestos los ojos en Jesús (Hebreos 12:2), ¡y nuestra santidad pronto será evidente!

6 de julio

Pero el que me escucha vivirá seguro, y descansará,
sin temor al mal (Proverbios 1:33).

El amor divino se manifiesta cuando brilla en medio de los juicios. Hermosa es la estrella solitaria que sonríe entre las grietas de las nubes de tormenta. Alegre es el oasis que florece en el desierto de arena. Maravilloso y radiante es el amor en medio de la ira.

Cuando los israelitas provocaron al Altísimo con su continua idolatría, Él los castigó reteniendo el rocío y la lluvia. Su tierra sufrió una hambruna severa. Pero mientras Dios retenía la lluvia, se aseguró de que Sus elegidos estuvieran seguros. Si todos los demás arroyos se secan, habrá uno reservado para Elías. Cuando ese arroyo se seque, Dios aún le reservará un lugar de sustento. El Señor no solo tuvo un Elías, sino que también tuvo un remanente, según la elección de la gracia, que se escondió de cincuenta en cincuenta en una cueva. Y aunque toda la tierra padecía hambre, estos cincuenta en la cueva fueron alimentados, y también de la mesa de Acab, por su fiel y temeroso mayordomo, Abdías (1 Reyes 18:4).

De esto, deduzcamos que pase lo que pase, el pueblo de Dios está a salvo. Aunque las convulsiones sacudan la tierra sólida, aunque los cielos mismos se partan en dos, en medio del naufragio de los mundos, el creyente estará tan seguro como en la hora más tranquila del descanso. Si Dios no salva a su pueblo bajo el cielo, lo salvará en el cielo. Si el mundo se vuelve demasiado caluroso para contenerlos, entonces el Cielo será el lugar de su recepción y su seguridad.

Ten confianza, entonces, cuando oigas de guerras y rumores de guerras. Que ninguna alarma te angustie, sino que está tranquilo por temor al mal. Cualquier desastre que sobrevenga a la tierra, tú, bajo las amplias alas de Dios, estarás seguro. Mantente fiel a Su promesa. Descansa en Su fidelidad. Envía oposición al futuro más oscuro, porque no hay nada terrible en él para ti. ¡Tu única preocupación debe ser mostrar al mundo la bendición de escuchar la voz de la sabiduría!

7 de julio

Hermanos, oren por nosotros (1 Tesalonicenses 5:25).

Reservamos esta mañana del año para refrescar la memoria del lector sobre el tema de la oración por los ministros y pedimos fervientemente a cada hogar cristiano que conceda la ferviente petición del texto pronunciado primero por un apóstol y ahora repetido por nosotros.

Hermanos, nuestra obra es de suma importancia, y miles de personas pasan por momentos buenos y malos. Tratamos con almas para Dios en asuntos eternos y nuestra palabra es sabor de vida para vida, o de muerte para muerte (2 Corintios 2:16). Una gran responsabilidad recae sobre nosotros y será una gran bendición si al final somos hallados libres de la sangre de todos. Como oficiales del ejército de Cristo, somos el blanco especial de la oposición de hombres malvados y demonios. Ellos acechan nuestros tropiezos y tratan de dominarnos.

Nuestro llamado sagrado nos involucra en tentaciones de las cuales tú estás exento. Sobre todo, a menudo nos aparta de nuestro disfrute personal de la verdad y nos lleva a una reflexión ministerial y oficial sobre ella. Nos encontramos con muchos casos complicados y difíciles que nos dejan perplejos. Observamos retrocesos muy tristes y nuestros corazones se sienten heridos. Vemos a millones perecer y nuestro ánimo se desanima. Queremos beneficiarlos con nuestra predicación. Deseamos ser útiles a sus hijos. Queremos ser útiles tanto a los santos como a los pecadores. Por lo tanto, queridos amigos, ¡intercedan por nosotros ante nuestro Dios!

Nos sentimos desanimados si no recibimos la ayuda de sus oraciones, pero somos felices si vivimos en sus súplicas. No esperan de nosotros, sino de nuestro Maestro, las bendiciones espirituales, y sin embargo, ¡cuántas veces las ha otorgado Él a través de Sus ministros! Pidan, pues, una y otra vez, que seamos los vasos de barro en los que el Señor deposite el tesoro del evangelio. Nosotros, toda la compañía de misioneros, ministros, trabajadores urbanos y estudiantes, en el nombre de Jesús, les suplicamos, hermanos, que *oren por nosotros*.

8 de julio

Te ruego que me declares dónde está tu gran fuerza (Jueces 16:6).

¿Cuál es la fuerza secreta de la fe? Reside en el alimento del que se nutre. La fe estudia la promesa. Proviene de la gracia divina, un desbordamiento del gran corazón de Dios. La fe dice: "Mi Dios no podría haber dado esta promesa si no fuera por amor y gracia. Por lo tanto, es completamente seguro que Su Palabra se cumplirá". Luego, la fe pregunta: "¿Quién dio esta promesa?". No considera tanto la grandeza de la promesa como quién es su Autor. La fe recuerda que es Dios quien no miente (Números 23:19). Es Dios omnipotente, Dios inmutable y, por lo tanto, la fe concluye que la promesa se cumplirá y avanza con esta firme convicción. La fe recuerda por qué se dio la promesa —para la gloria de Dios— y tiene la plena certeza de que la gloria de Dios está a salvo, de que Él nunca manchará Su propia reputación ni empañará el resplandor de Su propia corona. Por lo tanto, la promesa debe y permanecerá.

La fe también considera la asombrosa obra de Cristo como una prueba clara de la intención del Padre de cumplir Su Palabra. *El que no negó ni a Su propio Hijo, sino que lo entregó por todos nosotros, ¿cómo no nos dará también junto con Él todas las cosas?* (Romanos 8:32). Además, la fe mira al pasado, pues sus batallas la han fortalecido y sus victorias la han infundido valor. La fe recuerda que Dios nunca le ha fallado. Dios nunca falló a ninguno de Sus hijos. La fe recuerda momentos de gran dificultad cuando llegó la liberación. Hubo horas de gran necesidad, cuando, como en Su día, encontró fuerzas (Deuteronomio 33:25), y la fe clama: "No, nunca seré inducida a pensar que Él puede cambiar y abandonar a Su siervo ahora. El Señor me ha ayudado hasta ahora, y me ayudará todavía" (1 Samuel 7:12).

La fe considera cada promesa en su conexión con quien la da y, gracias a ello, puede decir con seguridad: *Ciertamente el bien y la misericordia me seguirán todos los días de mi vida* (Salmo 23:6).

9 de julio

...no olvides ninguno de Sus beneficios (Salmo 103:2).

Es una actividad deleitosa y provechosa observar la mano de Dios en la vida de los santos de la antigüedad y notar Su bondad al liberarlos, Su misericordia al perdonarlos y Su fidelidad al cumplir Su pacto con ellos.

Pero ¿no sería aún más interesante y provechoso para nosotros observar la mano de Dios en nuestras propias vidas? ¿No deberíamos considerar nuestra propia historia como al menos tan llena de la bondad y la verdad de Dios, y como una prueba de Su fidelidad y verdad como la vida de cualquiera de los santos que nos precedieron? Le hacemos una injusticia a nuestro Señor cuando suponemos que Él obró todas sus obras poderosas y se mostró fuerte por aquellos de tiempos pasados, pero no realiza maravillas ni muestra Su brazo por los santos que ahora están en la tierra.

Repasemos nuestras propias vidas. Seguramente podemos descubrir algunos eventos felices que nos refrescaron y glorificaron a Dios. ¿No has tenido liberaciones? ¿No has atravesado ríos sostenidos por la presencia divina? ¿No has caminado ileso entre incendios? ¿No has tenido manifestaciones espirituales de Cristo en tu corazón? ¿No has recibido una bondad especial de Dios? ¿Acaso el Dios que le dio a Salomón el deseo de su corazón no te ha escuchado y respondido a tus peticiones? ¿Acaso el Dios de abundante generosidad, de quien David cantó: *El que colma de bienes tus años* (Salmo 103:5), no te ha llenado alguna vez de Su bondad? ¿Nunca te han hecho descansar en verdes pastos? ¿Nunca te han guiado aguas de reposo?

Sin duda, la bondad de Dios ha sido la misma para nosotros que para los santos de antaño. Entretejamos, entonces, Sus misericordias en un cántico. Tomemos el oro puro de la gratitud y las joyas de la alabanza, y convirtámoslas en otra corona para la cabeza de Jesús. Que nuestras almas prorrumpan en una música tan dulce y emocionante como la que brotó del arpa de David mientras alabamos al Señor, ¡cuya misericordia perdura para siempre!

10 de julio

....conciudadanos de los santos (Efesios 2:19).

¿Qué significa ser ciudadanos del Cielo? Significa que estamos bajo el gobierno celestial. Cristo, el Rey del Cielo, reina en nuestros corazones. Nuestra oración diaria es: *Hágase tu voluntad, así en la tierra como en el cielo* (Mateo 6:10). Recibimos libremente las proclamaciones emitidas desde el trono de gloria. Son decretos del Gran Rey que obedecemos con alegría.

Como ciudadanos de la Nueva Jerusalén, compartimos los honores del cielo. La gloria que pertenece a los santos santificados nos pertenece, porque ya somos hijos de Dios. Ya somos príncipes de la sangre imperial. Ya vestimos el manto inmaculado de la justicia de Jesús. Ya tenemos ángeles que nos sirven, santos que nos acompañan, Cristo que nos acompaña, Dios que nos acompaña y una corona de inmortalidad como recompensa. Compartimos los honores de la ciudadanía, porque hemos llegado a *la asamblea general e iglesia de los primogénitos* (Hebreos 12:23), cuyos nombres están escritos en el cielo.

Como ciudadanos, tenemos derechos comunes sobre todas las propiedades del cielo. Sus puertas de perla y sus muros de crisólito son nuestras. La luz azul de la ciudad que no necesita lámpara ni luz del sol es nuestra (Apocalipsis 22:5). El río de agua de vida es nuestro, junto con las doce clases de frutos que crecen en los árboles plantados a orillas de ese río (Apocalipsis 22:2). No hay nada en el cielo que no nos pertenezca. *Lo presente o lo por venir*, todo es nuestro (1 Corintios 3:22).

Además, como ciudadanos del Cielo, disfrutamos de sus delicias. ¿Se regocijan allí por los pecadores que se arrepienten y por los pródigos que han regresado? Nosotros también. ¿Cantan las glorias de la gracia triunfante? Nosotros hacemos lo mismo. ¿Arrojan sus coronas a los pies de Jesús? Nosotros también arrojamos los honores que tenemos allí. ¿Están cautivados por Su sonrisa? No es menos dulce para nosotros que moramos aquí abajo. ¿Anhelan y esperan Su segunda venida? Nosotros también esperamos y anhelamos Su gloriosa aparición.

Si, pues, somos ciudadanos del Cielo, ¡que nuestro andar y nuestras acciones sean congruentes con este gran privilegio y honor!

11 de julio

Y después de que hayan sufrido un poco de tiempo, el Dios de toda gracia, que los llamó a Su gloria eterna en Cristo, Él mismo los perfeccionará, afirmará, fortalecerá, y establecerá (1 Pedro 5:10).

an visto el arcoíris celestial extendiéndose por la llanura. Sus colores son gloriosos y sus matices son excepcionales. Es hermoso, pero lamentablemente, desaparece. Los impresionantes colores dan paso a las suaves nubes y el cielo ya no brilla con los matices celestiales. No está establecido. ¿Cómo podría serlo? ¿Cómo puede perdurar un espectáculo glorioso compuesto de rayos de sol temporales y gotas de lluvia pasajeras?

Las gracias del carácter cristiano no deben parecerse al arco iris en su belleza temporal, sino que, por el contrario, deben ser establecidos, asentados y duraderos. Busca, oh, creyente, que todo lo bueno que tienes sea duradero. Que tu carácter no sea una escritura en la arena, sino una inscripción en la roca. Que tu fe no sea una "estructura sin fundamento de una visión"[48], sino que esté construida con material capaz de resistir ese fuego terrible que consumirá la madera, el heno y la hojarasca del hipócrita. Que estés *arraigado y cimentado en amor* (Efesios 3:17). Que tus convicciones sean profundas, tu amor real y tus deseos sinceros. Que toda tu vida esté tan asentada y establecida que ni los vientos del infierno ni las tormentas de la tierra puedan removerte.

Pero observa cómo se obtiene esta bendición de estar *arraigado* en tu fe (Colosenses 2:7). Las palabras del apóstol Pedro nos señalan el sufrimiento como el método empleado: *Después de que hayan sufrido un poco de tiempo*. De nada sirve esperar estar bien arraigados si no nos azotan vientos fuertes. Esos viejos nudos en la raíz del roble y esas extrañas torceduras de las ramas hablan de las muchas tormentas que lo han azotado, y también son indicadores de la profundidad con la que las raíces se han abierto paso. De la misma manera, el cristiano se fortalece y se arraiga firmemente ante todas las pruebas y tormentas de la vida. No te alejes, entonces, de los vientos tempestuosos de la prueba, sino consuélate, creyendo que, mediante Su rigurosa disciplina, Dios te está otorgando esta bendición.

---

48 La "estructura sin fundamento de una visión" proviene de la obra de William Shakespeare, *La tempestad*.

12 de julio

...santificados en Dios Padre (Judas v. 1 RV).
...santificados en Cristo Jesús (1 Corintios 1:2).
...por la obra santificadora del Espíritu (1 Pedro 1:2).

Observa la unidad de los tres en todas sus obras de gracia. ¡Cuán insensatos son aquellos creyentes que hacen preferencias entre Dios Padre, Jesucristo o el Espíritu! ¡Cuán insensatos son aquellos que piensan en Jesús como si fuera la personificación de todo lo amable y misericordioso, mientras que consideran al Padre como severamente justo, pero carente de bondad! Igualmente equivocados son aquellos que magnifican el decreto del Padre y la expiación del Hijo sin apreciar la obra del Espíritu.

En las obras de gracia, ninguno de los tres actúa separado del resto. Están tan unidos en Sus obras como en Su esencia. Son uno en Su amor hacia los elegidos y siguen indivisos en las acciones que emanan de esa gran fuente central. Observa esto especialmente en el asunto de la santificación. Si bien podemos hablar sin error de la santificación como obra del Espíritu, debemos tener cuidado de no considerarla como si el Padre y el Hijo no tuvieran parte en ella. Es correcto hablar de la santificación como obra del Padre, del Hijo y del Espíritu. Aun así, Dios dice: *Hagamos al hombre a nuestra imagen, conforme a nuestra semejanza* (Génesis 1:26), y así *somos hechura suya, creados en Cristo Jesús para hacer buenas obras, las cuales Dios preparó de antemano para que anduviéramos en ellas* (Efesios 2:10).

Tú también, creyente, como seguidor de Cristo, debes valorar mucho la santidad: la pureza de vida y la piedad en la conducta. Valora la sangre de Cristo como el fundamento de tu esperanza, pero nunca menosprecies la obra del Espíritu, que te prepara para *la herencia de los santos en luz* (Colosenses 1:12). ¡Vivamos este día de tal manera que demostremos la obra de Dios en nosotros!

13 de julio

*Entonces dijo Dios a Jonás: ¿Tienes acaso
razón para enojarte?* (Jonás 4:9).

La ira no siempre, ni necesariamente, es pecaminosa, pero tiende a descontrolarse tanto que, cuando se manifiesta, debemos cuestionar rápidamente su naturaleza preguntando: "¿Es correcto que estés enojado?". Quizás podamos responder: "¡Sí!". Con frecuencia, la ira es la tea del loco, pero en ocasiones es el fuego celestial de Elías. Es bueno cuando nos enojamos con el pecado por el mal que comete contra nuestro Dios bueno y misericordioso, o cuando nos enojamos con nosotros mismos porque seguimos siendo tan insensatos después de tanta instrucción divina, o incluso cuando nos enojamos con otros cuando la única causa de la ira es el mal que hacen.

Quien no se enoja con el pecado se vuelve partícipe de él. El pecado es algo detestable y odioso, y ningún corazón renovado puede soportarlo con paciencia. Dios mismo está enojado con los malvados todos los días (Salmo 7:11), y está escrito en Su Palabra: *Los que amáis al Señor, aborreced el mal* (Salmo 97:10).

¿Tienes acaso razón para enojarte? Con mucha más frecuencia, es de temer que nuestro enojo no sea loable ni siquiera justificable, y entonces debemos responder: "¡No!". ¿Por qué deberíamos irritarnos con los niños, enojarnos con quienes trabajan para nosotros y amargarnos con nuestros compañeros? ¿Es tal enojo honorable para nuestra profesión cristiana o glorificadora para Dios? ¿No es solo el viejo corazón malvado que busca dominar y no deberíamos resistirlo con todas las fuerzas de nuestra naturaleza recién nacida?

Muchos que profesan ser cristianos ceden a un temperamento iracundo como si fuera inútil intentar resistir, pero el creyente debe recordar que debe ser vencedor en todo o de lo contrario no podrá ser coronado. Si no podemos controlar nuestro temperamento, ¿de qué nos sirve la gracia?

Alguien le dijo al Sr. Jay que la gracia a menudo se injertaba en un tronco de manzano silvestre. "Sí", dijo, "pero el fruto no será manzano silvestre". No debemos hacer de la debilidad natural una excusa para pecar, sino que debemos correr a la cruz y orar para que el Señor crucifique nuestro temperamento y nos renueve en gentileza y mansedumbre a Su propia imagen.

14 de julio

…si alzas tu cincel sobre él, lo profanarás (Éxodo 20:25)

El altar de Dios debía construirse con piedras sin labrar para que no se viera en él ningún rastro de habilidad o trabajo humano. La sabiduría humana se deleita en recortar y ordenar las doctrinas de la cruz en un sistema más artificial y más compatible con los gustos depravados de la naturaleza caída. Sin embargo, en lugar de mejorar el evangelio, la sabiduría mundana lo contamina hasta convertirlo en otro evangelio y en algo que no es la verdad de Dios en absoluto. Todos los cambios y enmiendas a la Palabra del Señor son impurezas y contaminaciones.

El corazón orgulloso del hombre anhela participar en la justificación del alma ante Dios. Confiamos en nuestro arrepentimiento y humildad, alabamos nuestras habilidades naturales, promovemos nuestras buenas obras e ideamos nuestras propias maneras de seguir a Dios, todo en un intento de elevar herramientas humanas sobre el altar divino. Sería bueno que los pecadores recordaran que sus esfuerzos mundanos y humanos no perfeccionan la obra del Salvador, sino que solo la contaminan y la deshonran. Solo el Señor debe ser exaltado en la obra de expiación. ¡No se tolerará ni una sola marca del cincel o del martillo del hombre! Hay una blasfemia inherente en intentar añadir a lo que Cristo Jesús, en su agonía, declaró consumado, o mejorar aquello en lo que Dios encuentra perfecta satisfacción.

Pecador tembloroso, guarda tus herramientas. Cae de rodillas en humilde súplica. Acepta al Señor Jesús como el altar de tu expiación y descansa solo en Él. Muchos que profesan ser cristianos pueden tomar advertencia del texto de esta mañana en cuanto a las doctrinas que creen. Hay entre los cristianos demasiada tendencia a querer cuadrar y reconciliar, ajustar y cambiar las verdades de la Palabra de Dios. Esto es una forma de irreverencia e incredulidad. Luchemos contra ello y recibamos la verdad tal como la encontramos, regocijándonos de que las doctrinas de la Palabra son piedras sin labrar, y por lo tanto, más aptas para construir un altar para el Señor.

15 de julio

El fuego se mantendrá encendido continuamente
en el altar; no se apagará (Levítico 6:13).

Mantén encendido el altar de la oración privada. Esta es la esencia misma de toda piedad. El santuario y los altares familiares toman prestado su fuego de aquí; por lo tanto, deja que arda bien[49]. La devoción secreta es la esencia misma, la evidencia y el barómetro del cristianismo vivo y práctico. Quema la grasa de tus sacrificios aquí. Que tus momentos a solas con Dios sean, si es posible, regulares, frecuentes y tranquilos. *La oración eficaz del justo puede lograr mucho* (Santiago 5:16).

¿No tienes nada por qué orar? Sugerimos la iglesia, el ministerio, tu propia alma, tus hijos, tus familiares, tus vecinos, tu país y la causa de Dios y la verdad en todo el mundo.

Examinémonos sobre este importante asunto. ¿Participamos en la devoción privada con tibieza? ¿Arde débilmente el fuego de la devoción en nuestros corazones? ¿Se arrastran pesadamente las ruedas del carro? Si es así, alarmémonos ante esta señal de decadencia espiritual.

Vayamos con llanto y pidamos el Espíritu de gracia y de súplica. Apartemos momentos especiales para la oración extraordinaria. Si este fuego se extingue bajo las cenizas del conformismo mundano, apagará el fuego del altar familiar y reducirá nuestra influencia tanto en la iglesia como en el mundo.

El texto también se aplica al altar del corazón. Este es, en verdad, un altar de oro. A Dios le encanta ver los corazones de su pueblo arder hacia Él. Entreguemos a Dios nuestros corazones, todos ardiendo de amor y busquemos Su gracia para que el fuego nunca se apague, porque no arderá si el Señor no lo mantiene encendido. Muchos enemigos intentarán extinguirlo, pero si la mano invisible tras el muro vierte el aceite sagrado sobre él, arderá cada vez más. Usemos los textos de las Escrituras como combustible para el fuego de nuestro corazón; son brasas encendidas. Escuchemos la Palabra de Dios predicada, pero sobre todo, ¡pasemos mucho tiempo a solas con Jesús!

---

49 Además del tiempo individual a solas con Dios en oración y en la Palabra de Dios, un "altar familiar" se refiere a los miembros de una familia que pasan tiempo juntos en actividades como la oración, la lectura y el estudio de la Biblia y el canto a Dios.

16 de julio

Lo recogían [maná] cada mañana(Éxodo 16:21).

Para la continuidad de tus más ricos goces, esfuérzate por mantener un sentido de tu total dependencia de la buena voluntad y el beneplácito del Señor. Nunca intentes vivir del antiguo maná ni busques ayuda en Egipto. Todo debe venir de Jesús o estarás arruinado para siempre. Las antiguas unciones no son suficientes para impartir unción a tu espíritu. Tu cabeza debe recibir aceite fresco derramado desde el cuerno de oro del santuario, o su gloria llegará a su fin.

Puedes estar en la cima del monte de Dios hoy, pero Aquel que te ha puesto allí debe mantenerte allí o te hundirás mucho más rápido de lo que imaginabas. Tu montaña solo se mantiene firme cuando Él la establece en su lugar. Si Él oculta Su rostro, pronto serás turbado. Si el Salvador lo considera oportuno, no hay ventana por la que veas la luz del cielo que Él no pueda oscurecer en un instante. Josué ordenó al sol que se detuviera (Josué 10:12), pero Jesús puede envolverlo en una oscuridad total. Él puede quitarte el gozo de tu corazón, la luz de tus ojos y la fuerza de tu vida. Tus consuelos están en Sus manos y a Su voluntad pueden alejarse de ti.

Nuestro Señor está decidido a que sintamos y reconozcamos esta dependencia constante de Él, pues solo nos permite orar por el *pan de cada día* (Mateo 6:11) y solo promete que, según nuestros días, así serán nuestras fuerzas (Deuteronomio 33:25 KJV). ¿No es mejor para nosotros que sea así, para que nos retiremos con frecuencia a Su trono y recordemos constantemente Su amor? ¡Oh, cuán rica es la gracia que nos provee tan continuamente y no se detiene por nuestra ingratitud! Las lluvias de bendiciones nunca cesan. La nube de bendición permanece siempre sobre nuestra morada.

Oh, Señor Jesús, nos postramos a Tus pies, conscientes de nuestra absoluta incapacidad para hacer algo sin ti. En cada favor que tenemos el privilegio de recibir, queremos adorar Tu bendito nombre y reconocer Tu amor inagotable.

17 de julio

...sabiendo, hermanos amados de Dios, su elección de vosotros (1 Tesalonicenses 1:4).

Muchas personas desean saber su elección, que Dios las eligió, antes de mirar a Cristo, pero no pueden aprenderlo de esta manera. Solo se descubre mirando a Jesús (Hebreos 12:2). Si deseas descubrir tu propia elección de la siguiente manera, asegurarás tu corazón ante Dios. ¿Te sientes perdido y culpable? Ve directamente a la cruz de Cristo y díselo a Jesús. Dile que has leído en la Biblia: *al que viene a mí, de ningún modo lo echaré fuera* (Juan 6:37). Dile que Su Palabra dice: *Palabra fiel y digna de ser aceptada por todos: que Cristo Jesús vino al mundo para salvar a los pecadores* (1 Timoteo 1:15). Mira a Jesús y cree en Él, y pronto comprobarás tu elección, pues tan cierto como creas, eres elegido.

Si te entregas por completo a Cristo y confías en Él, entonces eres uno de los elegidos de Dios; pero si te detienes y dices: "Primero quiero saber si soy elegido", entonces no sabes lo que pides. Acude a Jesús tal como eres, sin importar cuán culpable seas. Deja de lado cualquier curiosidad sobre la elección. Acude directamente a Cristo y escóndete en sus heridas, y conocerás tu elección. Se te dará la seguridad del Espíritu Santo para que puedas decir: *sé en quién he creído, y estoy convencido de que es poderoso para guardar mi depósito hasta aquel día* (2 Timoteo 1:12).

Cristo estuvo en el concilio eterno. Él puede decirte si fuiste elegido o no, pero no puedes saberlo de ninguna otra manera. Ve y confía en Él, y su respuesta será: *Con amor eterno te he amado, por eso te he atraído con misericordia* (Jeremías 31:3). ¡No habrá duda de que Él te ha elegido cuando tú lo hayas elegido a Él!

18 de julio

Ellos serán los últimos en partir, según sus banderas (Números 2:31).

El campamento de Dan cerraba la retaguardia cuando los ejércitos de Israel marchaban. Los danitas ocupaban el último lugar, pero ¿qué importaba la posición, ya que formaban parte del ejército tanto como las primeras tribus? Siguieron la misma columna de fuego y nube, comieron del mismo maná, bebieron de la misma roca espiritual y viajaron hacia la misma herencia. ¡Ánimo, corazón mío!, aunque seas el último y el más pequeño. Es tu privilegio estar en el ejército y avanzar como lo hacen quienes lideran la marcha. Alguien debe ser el último en honor y estima. Alguien debe hacer trabajos humildes para Jesús. ¿Por qué no yo? En una pequeña aldea entre los pobres y sin educación, o en un callejón entre pecadores degradados, seguiré trabajando y partiré el último, con mis banderas.

Los danitas ocupaban un lugar muy útil. Había que recoger a los rezagados durante la marcha y recoger los objetos perdidos del campo. Los espíritus apasionados podían avanzar por senderos inexplorados para aprender la verdad fresca y ganar más almas para Jesús, pero algunas personas de espíritu más conservador podían dedicarse a recordar a la iglesia su antigua fe y a restaurar a sus hijos desfallecidos. Cada puesto tiene sus deberes y los hijos de Dios, que avanzan lentamente, encontrarán en su situación particular una en la que pueden ser una bendición eminente para toda la multitud.

La retaguardia es un lugar peligroso. Hay enemigos tanto detrás como delante de nosotros. Los ataques pueden venir de cualquier dirección. Leemos que Amalec atacó a Israel por la retaguardia (Deuteronomio 25:17-18). El cristiano experimentado encontrará mucho trabajo para sus armas al ayudar a esas pobres almas que dudan, se desaniman y vacilan, las más rezagadas en la fe, el conocimiento y el gozo. Estas personas no deben quedar desatendidas y, por lo tanto, es tarea de los santos bien instruidos llevar sus estandartes entre los que están en la retaguardia. Vela con ternura para ayudar a los que están más atrás hoy.

19 de julio

El Señor nuestro Dios nos ha mostrado Su
gloria (Deuteronomio 5:24).

El gran propósito de Dios en todas Sus obras es dar a conocer Su propia gloria. Cualquier propósito inferior a este es indigno de Él. Pero ¿cómo puede la gloria de Dios manifestarse ante criaturas caídas como nosotros? El ojo humano no es inocente. Siempre echa una mirada superficial a su propio honor. Tiene una estimación demasiado alta de sus propias fuerzas y, por lo tanto, no está capacitado para contemplar la gloria del Señor. Es claro, entonces, que el yo debe apartarse para que haya espacio para que Dios sea exaltado. Esta es la razón por la que a menudo Él mete a Su pueblo en dificultades y problemas, para que, al ser conscientes de su propia necedad y debilidad, puedan estar preparados para contemplar la majestad de Dios cuando Él venga a obrar su liberación.

Aquel cuya vida es un camino uniforme y llano verá solo una pequeña parte de la gloria del Señor, pues tiene pocas ocasiones para despojarse de sí mismo y, por lo tanto, está poco dispuesto a ser llenado con la revelación de Dios. Quienes navegan por pequeños arroyos y riachuelos poco profundos conocen poco del Dios de las tormentas, pero quienes negocian en las grandes aguas *ven Sus maravillas en lo profundo* (Salmo 107:23-24).

Aprendemos el poder de Dios entre las enormes olas atlánticas de duelo, pobreza, tentación y reproche, porque sentimos la pequeñez del hombre. Agradece a Dios, entonces, si has sido guiado por un camino difícil, pues es esto lo que te ha dado la experiencia de la grandeza y la bondad de Dios. Tus dificultades te han enriquecido con una riqueza de conocimiento que no se puede obtener por ningún otro medio. Tus pruebas han sido la hendidura de la roca donde Dios te ha puesto, como lo hizo con Su siervo Moisés, para que pudieras contemplar Su gloria al pasar (Éxodo 33:22). Alaba a Dios porque no has sido abandonado a la oscuridad y la ignorancia que la prosperidad continua podría haber implicado, sino que en la gran lucha de la aflicción, has sido preparado para el resplandor de Su gloria en Sus maravillosos tratos contigo.

20 de julio

*...el Espíritu Santo de la promesa, que nos es dado como
garantía de nuestra herencia* (Efesios 1:13-14).

¡Oh, qué iluminación, qué gozo, qué consuelo, qué deleite de corazón experimenta quien ha aprendido a alimentarse de Jesús, y solo de Jesús! Sin embargo, la comprensión que tenemos de la preciosidad de Cristo es, en esta vida, imperfecta en el mejor de los casos. Como dijo un antiguo escritor: "¡Es solo una muestra!". Apenas hemos *probado la benignidad del Señor* (1 Pedro 2:3), pero aún no sabemos cuán bueno, misericordioso y bondadoso es. Sin embargo, lo que conocemos de su dulzura nos hace desear más. Hemos disfrutado de las primicias del Espíritu y ellas nos han hecho tener hambre y sed de la plenitud de la cosecha celestial. En este mundo somos como Israel en el desierto, que solo tenía un racimo de uvas de Escol (Números 13:23), ¡pero en el Cielo estaremos en la viña!

Ahora somos apenas principiantes en la educación espiritual, pues aunque hemos aprendido las primeras letras del alfabeto, aún no podemos leer palabras, y mucho menos formar oraciones. Como dice alguien: "¡Quien ha estado en el Cielo solo cinco minutos sabe más que todos los teólogos de la tierra!".

Tenemos muchos deseos insatisfechos ahora, pero pronto todos serán satisfechos y todas nuestras facultades encontrarán la más placentera plenitud en ese mundo eterno de gozo. Oh cristiano, en muy poco tiempo te librarás de todas tus pruebas y problemas. Tus ojos, ahora bañados en lágrimas, ya no llorarán. Contemplarás con inefable deleite el esplendor de Aquel que está sentado en el trono. Más aún, ¡te sentarás en Su trono! ¡Compartirás el triunfo de Su gloria! ¡Su corona, Su gozo y Su paraíso serán tuyos! ¡Serás coheredero con Aquel que es el heredero de todas las cosas (Romanos 8:17)!

21 de julio

...ha movido la cabeza a tus espaldas la
hija de Jerusalén (Isaías 37:22).

Tranquilizados por la palabra del Señor, los pobres y temblorosos ciudadanos de Sión se animaron y menearon la cabeza ante las jactanciosas amenazas de Senaquerib. Una fe firme permite a los siervos de Dios mirar con sereno desprecio a sus enemigos más arrogantes. Sabemos que nuestros enemigos intentan lo imposible. Buscan destruir la vida eterna que no puede morir mientras Jesús viva. Intentan derribar la poderosa fortaleza contra la cual las puertas del infierno no prevalecerán (Mateo 16:18). Cocean *contra el aguijón* para su propia herida (Hechos 26:14). Se abalanzan sobre los gruesos escudos de Dios para su propio daño. Conocemos su debilidad.

Son solo simples hombres, ¿y qué es el hombre sino un gusano (Salmo 22:6)? Rugen y se hinchan como olas del mar, espumando su propia vergüenza. Cuando el Señor se levante, volarán como paja delante del viento, ¡y serán consumidos como espinos crujientes! Su absoluta impotencia para dañar la causa de Dios y Su verdad hará que los soldados más débiles del ejército de Sión se rían de ellos.

Sobre todo, sabemos que el Dios Altísimo está con nosotros. ¿Qué enemigo podrá vencerlo? Si Él sale de Su lugar, los fragmentos de cerámica de la tierra no contenderán por mucho tiempo con su Hacedor. Su vara de hierro los desmenuzará como si fueran vasijas de barro (Salmo 2:9) y su recuerdo desaparecerá de la tierra.

Que desaparezcan, pues, todos los temores, porque el reino está seguro en las manos del Rey. Gritemos de alegría, porque el Señor reina y Sus enemigos serán como agua en una pila de estiércol (Isaías 25:10).

22 de julio

...yo soy vuestro dueño (Jeremías 3:14).

Yo soy vuestro dueño. Esto también puede traducirse como "Estoy casado contigo". Cristo Jesús está unido a Su pueblo en matrimonio. En amor, se comprometió con Su iglesia cuando ella era virgen pura, mucho antes de que cayera bajo la esclavitud del pecado. Lleno de ardiente afecto, trabajó, como Jacob por Raquel, hasta que se pagó todo el precio de su compra. Ahora, habiéndola buscado por Su Espíritu y habiéndola llevado a conocerlo y amarlo, espera la hora gloriosa en que Su gozo mutuo será completo en la cena de las bodas del Cordero.

El glorioso Novio aún no ha presentado a Su prometida perfecta y completa ante la Majestad del Cielo. Ella aún no ha comenzado a disfrutar de sus dignidades como Su esposa y reina. Sigue siendo una vagabunda en un mundo de aflicción, una moradora en las tiendas de Cedar (Salmo 120:5); pero incluso ahora ella es la novia de Jesús: Su esposa amada, querida en Su corazón, preciosa a Sus ojos, escrita en Sus manos y unida a Él.

En la tierra, Él ejerce todos los afectos de Esposo hacia ella. Provee abundantemente para sus necesidades espirituales, paga todas sus deudas y le permite asumir Su nombre y compartir toda Su riqueza. Nunca actuará de otra manera con ella. Nunca mencionará la palabra *divorcio*, porque Él odia el divorcio (Malaquías 2:16).

La muerte pone fin al vínculo matrimonial entre los seres humanos más amorosos, pero no puede dividir la unión de este matrimonio inmortal. En el Cielo no se casan, sino que son como los ángeles de Dios (Mateo 22:30), pero hay una maravillosa excepción a la regla: en el Cielo, Cristo y Su iglesia celebrarán Sus gozosas nupcias. Así como esta unión de Jesús con Su amada esposa es más duradera, también es más cercana y querida que el matrimonio terrenal. Aunque el amor de un esposo terrenal sea puro y ferviente, es solo una vaga imagen de la llama que arde en el corazón de Jesús.

Bienaventurados los que están invitados a la cena
de las bodas del Cordero (Apocalipsis 19:9).

23 de julio

...tú también eras como uno de ellos (Abdías 1:11).

*E*dom debía mostrar bondad fraternal hacia Israel en tiempos de necesidad, pero en lugar de eso, los hombres de Esaú se unieron a los enemigos de Israel. En la oración que nos ocupa, se hace especial hincapié en la palabra *tú*, como cuando César le gritó a Bruto: "¿También tú, Bruto?". Una mala acción puede ser aún peor por la persona que la comete.

Cuando nosotros, los favoritos del Cielo, pecamos, pecamos con énfasis. Nuestra ofensa es muy grave, porque estamos particularmente involucrados. Si un ángel nos pusiera la mano encima cuando hacemos el mal, no necesitaría usar otra reprimenda que la pregunta: "¿Qué... tú? ¿Qué estás haciendo?". Mucho perdonados, mucho liberados, mucho instruidos, mucho enriquecidos y mucho bendecidos, ¿nos atreveremos a hacer el mal? ¡Dios no lo quiera!

Unos minutos de confesión podrían serte beneficiosos esta mañana, querido lector. ¿Nunca has sido como los malvados? En una fiesta, algunas personas se rieron de un chiste verde y como el chiste no te resultó del todo ofensivo, fuiste como uno de ellos. Cuando se hablaron cosas duras sobre los caminos de Dios, guardaste un silencio tímido; y así, para los presentes, fuiste como uno de ellos. Cuando la gente del mundo regateaba en el mercado y hacía tratos difíciles, ¿no eras tú como uno de ellos? Cuando buscaban ganancias a costa de otros, ¿no eras tan codicioso de ganancias como ellos? ¿Se podía discernir alguna diferencia entre tú y ellos? ¿Hay alguna diferencia?

Esto puede estar acercándose incómodamente a ti. Sé honesto contigo mismo. Asegúrate de ser una nueva criatura en Cristo Jesús y cuando estés seguro, vive con celo para que nadie pueda volver a decir: *tú también eras como uno de ellos*. No querrías compartir su condenación eterna, así que ¿por qué, entonces, ser como ellos aquí en la tierra? No te unas a sus planes, no sea que te unas a su ruina. Ponte del lado del pueblo afligido de Dios y no del mundo.

24 de julio

No temáis; estad firmes y ved la salvación que el
Señor hará hoy por vosotros (Éxodo 14:13).

uédate firme y ve *la salvación del Señor*. Estas palabras contienen el mandato de Dios al creyente cuando se encuentra en dificultades y angustias extraordinarias. No puede retroceder ni avanzar. Está acorralado a diestra y siniestra. ¿Qué debe hacer ahora? La palabra del Maestro es: "Mantente firme". Le hará bien escuchar solo la palabra de su Maestro en esos momentos, pues otros consejeros malvados vienen con sus sugerencias.

La desesperación susurra: "¡Acuéstate y muere! ¡Abandona todo!". Pero Dios quiere que nos vistamos de un valor alegre y nos regocijemos en Su amor y fidelidad incluso en nuestros peores momentos.

La cobardía dice: "Retírate; vuelve a la forma de actuar de la persona mundana. No puedes con la parte del cristiano; es demasiado difícil. Abandona tus principios". Pero por mucho que Satanás te presione a seguir este curso de acción, no puedes seguirlo si eres hijo De Dios. El mandato divino de Dios te ha dicho que vayas de fortaleza en fortaleza (Salmo 84:7), y así lo harás, y ni la muerte ni el infierno te desviarán de tu rumbo. Si, por un tiempo, eres llamado a permanecer inmóvil, es solo para renovar tus fuerzas para un mayor avance a su debido tiempo.

La prisa clama: "Haz algo. Ponte en marcha. Quedarse quieto y esperar es simplemente ociosidad". Debemos hacer algo de inmediato. Creemos que debemos apresurarnos y actuar en lugar de confiar en el Señor, quien no solo hará algo, sino que lo hará todo.

La presunción se jacta: "Si el mar está delante de ti, entra en él y espera un milagro".

Pero la fe no escucha la presunción, la desesperación, la cobardía ni la prisa; en cambio, escucha a Dios decir: "Mantente firme", y se mantiene inamovible como una roca. Mantén la postura de un hombre recto, listo para la acción, esperando nuevas órdenes, con alegría y paciencia, la voz que te guíe. Si lo haces, no tardará en que Dios te diga, tan claramente como Moisés le dijo al pueblo de Israel: ponte en marcha (Éxodo 14:15).

25 de julio

...entonces ella lo asió de la ropa, diciendo: "¡Acuéstate conmigo!". Mas él le dejó su ropa en la mano, y salió huyendo afuera (Génesis 39:12).

Al luchar contra ciertos pecados, no queda otra forma de victoria que huir. Los antiguos naturalistas escribieron mucho sobre los basiliscos, reptiles legendarios cuyos ojos fascinaban a sus víctimas y las convertían en presas fáciles. De la misma manera, la mera mirada de la maldad nos pone en grave peligro. Quien quiera estar a salvo de actos de maldad debe alejarse rápidamente de las ocasiones en que se produzcan. Debemos hacer un pacto con nuestros ojos de ni siquiera mirar la causa de la tentación (Job 31:1), pues tales pecados solo necesitan una chispa para comenzar, ¡y el fuego se enciende en un instante!

¿Quién entraría deliberadamente en la choza del leproso y dormiría en medio de su horrible corrupción? Tú solo lo harías si quisieras caer víctima de la lepra. Si el marinero supiera cómo evitar una tormenta, haría cualquier cosa antes que correr el riesgo de capearla. Los marineros cautelosos no desean ver cuán cerca de las arenas movedizas pueden navegar, ni con qué frecuencia pueden chocar contra una roca sin abrir una vía de agua, sino que su objetivo es mantenerse lo más cerca posible en medio de un canal seguro.

Hoy podría estar expuesto a un gran peligro; permíteme tener la sabiduría para mantenerme alejado y evitarlo. Las alas de una paloma pueden serme más útiles hoy que las fauces de un león. Es cierto que puede parecer que pierdo algunas cosas al rechazar malas compañías, pero es mejor dejar mi ropa que perder mi carácter. No necesito ser rico, pero es imperativo que sea puro.

Ningún lazo de amistad, ninguna cadena de belleza, ninguna exhibición de talento ni ninguna picadura de burla deben apartarme de la sabia resolución de huir del pecado. Debo resistir al diablo, y él huirá de mí (Santiago 4:7), pero debo huir de las lujurias de la carne, ¡o seguramente me vencerán!

Oh, Dios de santidad, preserva a tus Josés para que la Señora Burbuja[50] no los cautive con sus viles sugerencias. ¡Que la horrible trinidad del mundo, la carne y el diablo nunca nos venzan!

---

50 Señora Burbuja es un personaje de *El progreso del peregrino* que intenta incitar a otros al pecado mediante la inmoralidad.

26 de julio

Obrando con toda diligencia, añadid a vuestra fe, virtud, y a
la virtud, conocimiento; al conocimiento, dominio propio, al
dominio propio, perseverancia, y a la perseverancia, piedad, a la
piedad, fraternidad y a la fraternidad, amor (2 Pedro 1:5-7).

i quieres disfrutar de la notable gracia de la plena seguridad de la fe bajo la influencia y la asistencia del bendito Espíritu, haz lo que te dice la Escritura: obra *con toda diligencia*. Procura que tu fe sea correcta: que no sea una mera creencia en la doctrina, sino una fe sencilla, que dependa de Cristo y solo de Cristo. Presta atención diligente a tu valentía. Ruega a Dios que te dé cara de león para que, con la conciencia de lo que es correcto, puedas seguir adelante con valentía. Estudia bien las Escrituras y adquiere conocimiento, pues el conocimiento de la doctrina contribuirá en gran medida a confirmar la fe. Procura comprender la Palabra de Dios. Deja que more abundantemente en tu corazón (Colosenses 3:16).

Cuando hayas hecho esto, añade autocontrol a tu conocimiento. Cuida tu cuerpo: sé disciplinado por fuera. Cuida tu alma: sé disciplinado por dentro. Sé disciplinado y aprende autocontrol en tu palabra, vida, corazón y pensamiento. Añade perseverancia a esto por el Espíritu Santo de Dios. Pídele que te dé esa perseverancia y paciencia que soporta la aflicción, la cual, cuando es probada, saldrá *como el oro* (Job 23:10). Revístete de perseverancia para que no te quejes ni te deprimas en tus aflicciones.

Cuando hayas obtenido esa gracia, busca la piedad. La piedad es algo más que una religión externa. Haz de la gloria de Dios tu objetivo en la vida. Vive en Su presencia, mora cerca de Él, busca la comunión con Él y estarás en el camino hacia la piedad.

Añade afecto fraternal a la piedad, y añade amor al afecto fraternal. La bondad fraternal y el amor por todos los santos abren sus brazos a todas las personas y aman sus almas. Cuando estés adornado con estas joyas, y en la misma proporción en que practiques estas virtudes celestiales, conocerás tu llamado y elección (2 Pedro 1:10) con la evidencia más clara. Si deseas obtener seguridad, aplica toda diligencia y esfuérzate al máximo, pues la tibieza y la duda van naturalmente de la mano.

27 de julio

*...nos ha concedido sus preciosas y
maravillosas promesas* (2 Pedro 1:4).

Si deseas experimentar la preciosidad de las promesas y disfrutarlas en tu corazón, debes meditar mucho en ellas. Estas promesas son como las uvas en el lagar: con solo pisarlas, el jugo fluirá. Mientras meditas en ellas, la bendición que buscas te llegará sin darte cuenta. Muchos cristianos sedientos de la promesa han encontrado el favor que esta les aseguraba fluyendo suavemente en sus almas, incluso mientras reflexionaban sobre el registro divino. Entonces se han regocijado de haber sido guiados a guardar la promesa cerca de sus corazones.

Además de meditar en las promesas, procura en tu alma recibirlas tal como son: las mismas palabras de Dios. Si estuvieras tratando con la promesa de un hombre, considerarías cuidadosamente la capacidad y el carácter de quien la hizo. Así sucede con la promesa de Dios. No te fijes demasiado en la grandeza de la promesa, pues eso podría hacerte dudar. En cambio, contempla la grandeza del Prometedor, pues eso te consolará.

¡Es Dios, tu Dios, el Dios que no miente, quien te habla! Esta palabra Suya que ahora consideras es tan verdadera como Su propia existencia.

Él es un Dios inmutable. No ha cambiado Su promesa ni ha revocado ni una sola frase. No le falta poder, pues es el Dios que hizo los cielos y la tierra quien ha hablado. Su sabiduría es infalible en cuanto al momento de cumplir Su promesa, pues sabe cuándo es mejor dar y cuándo es mejor retener. Por lo tanto, al ser la palabra de un Dios tan verdadero, tan inmutable, tan poderoso y tan sabio, debo creer en la promesa. Si meditamos en las promesas de esta manera, considerando al Prometedor, experimentaremos su dulzura y alcanzaremos su cumplimiento.

28 de julio

*Entonces era yo torpe y sin entendimiento; era como
una bestia delante de Ti* (Salmo 73:22).

Recuerda que esta es la confesión de David, el hombre conforme al corazón de Dios (Hechos 13:22). Al hablarnos de su vida interior, escribe: *era yo torpe y sin entendimiento*. La palabra *torpe* aquí significa *necio*, pero más de lo que significa en el lenguaje común. David, en un versículo anterior del salmo, escribió: *Tuve envidia de los arrogantes al ver la prosperidad de los impíos* (Salmo 73:3). Esto demuestra que la insensatez que pretendía tenía pecado. Se considera *necio* o insensato. Fue una necedad pecaminosa, una necedad que no podía excusarse con debilidad, sino condenarse por su maldad e ignorancia voluntaria, pues había envidiado la prosperidad presente de los impíos, olvidando el terrible fin que les esperaba a todos ellos.

¿Somos mejores que David para llamarnos sabios? ¿Profesamos haber alcanzado la perfección? ¿Proclamamos que hemos sido tan castigados que la vara de la corrección nos ha quitado toda nuestra obstinación? ¡Esto sí que es orgullo! Si David fue necio, ¡cuán necios seríamos nosotros en nuestra propia estima si tan solo pudiéramos vernos a nosotros mismos! Mira atrás, creyente. Piensa en cómo has dudado de Dios cuando Él te ha sido tan fiel. Piensa en tu insensato clamor de: *No sea así, padre mío* (Génesis 48:18), cuando Él cruzó las manos en señal de aflicción para darte una bendición mayor. Piensa en las muchas veces que has leído Su sabiduría a oscuras, malinterpretado Sus acciones y gemido: *Todas estas cosas son contra mí* (Génesis 42:36), cuando todas obraban para tu bien. ¡Piensa en cuántas veces has elegido el pecado por su placer, cuando ese placer era en realidad una raíz de amargura para ti!

Ciertamente, si conocemos nuestros propios corazones, debemos reconocernos culpables de una necedad pecaminosa, y conscientes de esta necedad, debemos hacer nuestra la consecuente resolución de David: *Con Tu consejo me guiarás* (Salmo 73:24).

29 de julio

...era yo torpe y sin entendimiento; era como una bestia delante de ti. Sin embargo, yo siempre estoy contigo (Salmo 73:22).

Sin embargo, como si a pesar de toda la necedad e ignorancia que David acababa de confesarle a Dios, no fuera menos cierto y seguro que David era salvo y aceptado, y que la bendición de estar constantemente en la presencia de Dios era indudablemente suya. Era plenamente consciente de su propia condición perdida y del engaño y la maldad de su naturaleza, pero, en un glorioso arrebato de fe, canta: *Sin embargo, yo siempre estoy contigo.*

Creyente, te ves obligado a aceptar la confesión de pecado del salmista y, de la misma manera, intentar decir: "Sin embargo, puesto que pertenezco a Cristo, ¡estoy continuamente con Dios!". Estoy continuamente en Su mente; Él siempre piensa en mí para mi bien. Estoy continuamente ante Sus ojos; el ojo del Señor nunca duerme, sino que siempre está velando por mi bienestar. Estoy continuamente en Su mano y nadie puede arrebatarme de Su mano (Juan 10:28-29). Estoy continuamente en Su corazón, llevado allí como un memorial, así como el sumo sacerdote llevaba los nombres de las doce tribus en su corazón para siempre (Éxodo 28:29).

Siempre piensas en mí, oh, Dios. Tu corazón está continuamente lleno de amor y compasión hacia mí. Siempre haces que la providencia obre para mi bien. Me has puesto como un sello en Tu brazo. Tu amor es tan fuerte como la muerte. Muchas aguas no pueden apagarlo, ni los ríos pueden ahogarlo (Cantares 8:6-7). ¡Gracia sorprendente! Aunque en mí mismo soy aborrecido, me ves en Cristo y lavado en Su sangre, y por lo tanto soy aceptado en Tu presencia. Así, ¡estoy continuamente en Tu favor y continuamente contigo!

Este es un consuelo para el alma probada y afligida: ¡Sin embargo! Oh, dilo en tu corazón, y toma la paz que da: *Sin embargo, yo siempre estoy contigo.*

30 de julio

Y pensando en esto, lloraba (Marcos 14:72 RV).

Algunos han pensado que, mientras Pedro vivió, la fuente de sus lágrimas comenzó a fluir cada vez que recordaba que había negado a su Señor. Es probable que así fuera, pues su pecado fue muy grande, y la gracia en él posteriormente obró a la perfección. Esta misma experiencia es común a toda la familia redimida, según el grado en que el Espíritu de Dios ha removido el corazón natural de piedra. Al igual que Pedro, recordamos nuestra jactanciosa promesa: *Aunque todos se aparten por causa de ti, yo nunca me apartaré* (Mateo 26:33). Nos tragamos nuestras propias palabras con las amargas hierbas del arrepentimiento. Cuando pensamos en lo que juramos ser, y luego consideramos lo que hemos sido, es posible que lloremos a mares de dolor.

Pedro pensó en el momento en que había negado a su Señor: el lugar donde lo hizo, la pequeña causa que lo llevó a cometer un pecado tan vergonzoso, los juramentos y blasfemias con los que intentó confirmar su falsedad, y la terrible dureza de corazón que lo impulsó a hacerlo una y otra vez.

¿Podemos permanecer apáticos y obstinados cuando se nos recuerdan nuestros pecados y su extrema pecaminosidad? ¿No haremos de nuestra casa un Boquim (Jueces 2:5) y clamaremos al Señor por renovadas garantías de Su amor perdonador? Que nunca miremos el pecado con lágrimas en los ojos, no sea que pronto tengamos la lengua reseca en las llamas del infierno.

Pedro también pensó en la mirada de amor de su Maestro. El Señor siguió la voz de advertencia del gallo con una tierna mirada de tristeza, compasión y amor. Esa mirada nunca se borró de la mente de Pedro mientras vivió. Fue mucho más poderosa y efectiva que diez mil sermones sin el Espíritu. El apóstol contrito seguramente lloraría al recordar el perdón total del Salvador que lo restauró a su lugar anterior. Considerar que hemos ofendido a un Señor tan bondadoso y bueno es motivo más que suficiente para llorar constantemente.

¡Señor, golpea nuestros corazones pétreos y haz que fluyan las aguas!

31 de julio

Yo en ellos (Juan 17:23).

Yo en ellos. Si esta es la unión que existe entre nuestras almas y la persona de nuestro Señor, ¡cuán profundo y amplio es el canal de nuestra comunión! No se trata simplemente de un conducto estrecho por el que serpentea un arroyo filiforme, sino de un canal de asombrosa profundidad y amplitud por cuya gloriosa longitud puede fluir libremente un caudal inmenso de agua viva.

He aquí, Él ha puesto ante nosotros una puerta abierta; no tardemos en entrar. Esta ciudad de comunión tiene muchas puertas de perla, y cada puerta es de una perla (Apocalipsis 21:21). Cada puerta se abre de par en par para que podamos entrar, seguros de ser bienvenidos. Si solo hubiera una pequeña abertura en la pared para hablar con Jesús, sería un gran privilegio compartir una palabra de comunión a través de la puerta estrecha, ¡pero qué bendecidos somos al tener una entrada tan amplia!

Si el Señor Jesús hubiera estado lejos de nosotros, con tantos mares tempestuosos de por medio, habríamos querido enviarle un mensajero para contarle nuestro amor y traernos noticias de la casa de su Padre. Pero note su bondad. Él ha construido su casa junto a la nuestra. Es más, Él se aloja con nosotros y mora en corazones pobres y humildes para tener una comunión perpetua con nosotros. ¡Cuán insensatos somos si no vivimos en comunión habitual con Él!

Cuando el camino es largo, peligroso y difícil, no nos sorprende que los amigos rara vez se encuentren, pero cuando viven juntos, ¿olvidará Jonatán a su David? Una esposa puede, cuando su esposo está de viaje, pasar muchos días sin conversar con él, pero jamás soportaría separarse de él si supiera que está en una de las habitaciones de su propia casa.

Creyente, ¿no te sientas a Su banquete de vino? Busca al Señor, porque Él está cerca. Abrázalo, porque Él es tu Hermano. Abrázalo fuerte, porque Él es tu Esposo. Estréchalo contra tu corazón, porque Él es de tu propia carne.

Agosto

1 de agosto

Te ruego que me dejes ir al campo a recoger espigas (Rut 2:2).

Cristiano abatido y angustiado, ven hoy a espigar en el amplio campo de la promesa. Hay una abundancia de preciosas promesas aquí que satisfacen tus necesidades con precisión. Por ejemplo: *No quebrará la caña cascada, ni apagará la mecha que humea* (Mateo 12:20). ¿No te parece esto adecuado? ¿No eres una caña indefensa, insignificante y débil? ¿Eres una caña cascada de la que no puede salir música, más débil que la debilidad misma? Puedes ser una caña, e incluso una caña cascada, pero Él no te quebrará. Al contrario, te restaurará y te fortalecerá. Eres como la mecha humeante. Ninguna luz ni calor puede salir de ti, pero Él no te apagará. Soplará con su dulce aliento de misericordia hasta convertirte en una llama.

¿Quieres escuchar otra espiga? *Vengan a Mí, todos los que están cansados y cargados, y Yo los haré descansar* (Mateo 11:28). ¡Qué palabras tan tiernas! Tu corazón es tierno y el Maestro lo sabe, y por eso te habla con tanta dulzura. ¿No le obedecerás y vendrás a Él ahora mismo?

Toma otra espiga de trigo: *"No temas, gusano de Jacob, ustedes hombres de Israel. Yo te ayudaré", declara el Señor, "tu Redentor es el Santo de Israel"* (Isaías 41:14). ¿Cómo puedes tener miedo con una seguridad tan maravillosa como esta?

¡Puedes reunir diez mil espigas de oro como estas! *He disipado como una densa nube tus transgresiones, y como espesa niebla tus pecados* (Isaías 44:22). O esto: *Aunque sus pecados sean como la grana, como la nieve serán emblanquecidos. Aunque sean rojos como el carmesí, como blanca lana quedarán* (Isaías 1:18). O esto: *El Espíritu y la esposa dicen: "Ven". Y el que oye, diga: "Ven". Y el que tiene sed, venga; y el que desee, que tome gratuitamente del agua de la vida* Apocalipsis 22:17).

El campo de nuestro Maestro es muy rico. Compruébalo tú mismo. ¡Las promesas yacen ante ti, pobre creyente tímido! Recógelas y hazlas tuyas, porque Jesús te dice que las tomes. No temas; solo cree (Marcos 5:36). Aférrate a estas dulces promesas, descúbrelas con la meditación y aliméntate de ellas con alegría.

2 de agosto

Aquel que obra todas las cosas conforme al
consejo de Su voluntad (Efesios 1:11).

Nuestra creencia en la sabiduría de Dios supone y requiere que Él tenga un propósito y un plan definidos en la obra de la salvación. ¿Qué habría sido de la creación sin su diseño? ¿Acaso hay un pez en el mar o un ave en el aire cuya formación se dejó al azar? No, pues en cada hueso, articulación, músculo, tendón, glándula y vaso sanguíneo se ve la presencia de Dios obrando todo según el designio de la sabiduría infinita. ¿Estaría Dios presente en la creación y gobernando todo, y no en la gracia? ¿Tendría la nueva creación un libre albedrío inestable presidiendo cuando el consejo divino gobierna la vieja creación?

¡Miren la providencia de Dios! Sabemos que un gorrión no cae a tierra sin la atención y el cuidado de nuestro Padre celestial (Mateo 10:29). Incluso los cabellos de nuestra cabeza están todos contados (Mateo 10:30). Dios pesa las montañas de nuestro dolor en balanzas y las colinas de nuestra tribulación en una báscula (Isaías 40:12). ¿Puede haber un Dios en la providencia y no en la gracia? ¿Será la cáscara ordenada por la sabiduría mientras que el grano se deja al azar ciego? ¡No! Él conoce *el fin desde el principio* (Isaías 46:10).

Él no solo ve la piedra angular que ha colocado en su lugar designado con brillantes colores, en la sangre de Su amado Hijo, sino que ve cada una de las piedras elegidas en su posición designada, que ha sido o será sacada de la cantera de la naturaleza y pulida por Su gracia. Él ve todo, desde la esquina hasta la cornisa, desde la base hasta el techo, y desde los cimientos hasta el pináculo. Tiene en Su mente un conocimiento claro de cada piedra que será colocada en su espacio preparado, cuán vasta será la estructura, y cuándo la piedra angular será traída con gritos de *¡Gracia, gracia a ella!* (Zacarías 4:7).

Al final, se verá claramente que en cada vaso de misericordia elegido, Dios hizo como quiso con los Suyos, y que en cada parte de la obra de gracia, cumplió Su propósito y glorificó Su propio nombre.

3 de agosto

...el Cordero es su lumbrera (Apocalipsis 21:23).

Contempla en silencio al Cordero como la luz del cielo.

En las Escrituras, la luz es el símbolo del gozo. El gozo de los santos en el Cielo consiste en esto. Jesús nos eligió, nos amó, nos compró, nos limpió, nos vistió, nos guardó y nos glorificó. Estamos aquí enteramente por medio del Señor Jesús. Cada uno de estos pensamientos será para ellos como un racimo de uvas de Escol (Números 13:23).

La luz también es causa de belleza. Cuando la luz desaparece, no queda nada de belleza. Sin luz, ningún resplandor brilla del zafiro. Ningún rayo de paz emana de la perla. De la misma manera, toda la belleza de los santos en el cielo proviene de Jesús. Como planetas, reflejan la luz del Sol de Justicia. Viven como rayos que emanan de la esfera central. Si Él se retirara, morirían. Si Su gloria estuviese velada, la gloria de ellos cesaría.

La luz es también el emblema del conocimiento. En el Cielo, nuestro conocimiento será perfecto, pero el Señor Jesús mismo será la fuente de él. Circunstancias oscuras, nunca antes comprendidas, se verán entonces con claridad y todo lo que ahora nos desconcierta se nos hará evidente a la luz del Cordero. ¡Oh, qué entendimiento habrá y qué glorificación del Dios de amor!

La luz también significa manifestación. La luz hace visibles las cosas. En este mundo presente, aún no se manifiesta lo que seremos (1 Juan 3:2). El pueblo de Dios es un pueblo oculto, pero cuando Cristo reciba a Su pueblo en el Cielo, los tocará con la mano de Su propio amor y los transformará a la imagen de Su gloria manifestada. Eran pobres y miserables, pero ¡qué transformación! Estaban manchados por el pecado, pero un toque de Su dedo los hace tan brillantes como el sol y tan claros como el cristal. ¡Oh, qué manifestación!

Todo esto procede del Cordero exaltado. Sea cual sea el esplendor radiante que haya, Jesús será el centro y el alma de todo. ¡Oh, estar presente y verlo en su propia luz: el Rey de reyes y Señor de señores!

4 de agosto

...el pueblo que conoce a su Dios se mostrará
fuerte y actuará (Daniel 11:32).

Todo creyente entiende que conocer a Dios es la forma más elevada y mejor de conocimiento, y que este conocimiento espiritual es una fuente de fortaleza para el cristiano.

El conocimiento fortalece nuestra fe. Las Escrituras describen constantemente a los creyentes como personas iluminadas y enseñadas por el Señor. Se dice que *tienen la unción del Santo* (1 Juan 2:20) y la función especial del Espíritu es guiarlos a toda la verdad (Juan 16:13); todo esto para el aumento y fortalecimiento de su fe.

El conocimiento fortalece el amor, así como la fe. El conocimiento abre la puerta y a través de ella vemos a nuestro Salvador. Para usar otro ejemplo, el conocimiento pinta el retrato de Jesús y después de verlo, lo amamos. No podemos amar a un Cristo a quien no conocemos, al menos en cierta medida. Si solo conocemos un poco de las excelencias de Jesús —lo que hizo por nosotros y lo que está haciendo ahora— no podemos amarlo mucho. Cuanto más Lo conozcamos, más Lo amaremos.

El conocimiento también fortalece la esperanza. ¿Cómo podemos esperar algo si desconocemos su existencia? La esperanza puede ser el telescopio, pero hasta que aprendamos a usarla, nuestra ignorancia se interpone en el camino del lente y no podremos ver nada en absoluto. El conocimiento elimina el obstáculo, y entonces, cuando miramos a través del telescopio, detectamos la gloria que se revelará y la anticipamos con gozosa confianza.

El conocimiento nos da razones para la paciencia. ¿Cómo tendremos paciencia si no conocemos algo de la compasión de Cristo y entendemos el bien que resultará de la corrección que nuestro Padre celestial nos envía?

No hay una sola gracia del cristiano que, bajo la guía de Dios, no sea nutrida y perfeccionada por el santo conocimiento. ¡Cuán importante es, entonces, que crezcamos no solo en la gracia, sino también *en el conocimiento de nuestro Señor y Salvador Jesucristo* (2 Pedro 3:18)!

5 de agosto

*Y sabemos que para los que aman a Dios, todas las
cosas cooperan para bien* (Romanos 8:28).

El creyente está absolutamente seguro de que una mano invisible siempre está al timón del mundo y que dondequiera que la providencia se desvíe, Dios la dirige. Ese conocimiento tranquilizador lo prepara para todo. Mira sobre las aguas embravecidas y ve a Jesús caminando sobre las olas, y oye una voz que dice: *Soy Yo; no teman* (Juan 6:20). También sabe que Dios siempre es sabio, y al saberlo, confía en que no puede haber accidentes ni errores. Nada puede suceder en el plan de Dios que no deba suceder. Puede decir: "Si perdiera todo lo que tengo, es mejor perderlo que tenerlo si es la voluntad de Dios". La peor calamidad es lo más sabio y bondadoso que podría sucederme si Dios lo dispone.

Y sabemos que para los que aman a Dios, todas las cosas cooperan para bien. El cristiano no solo lo considera una teoría, sino que también lo sabe como un hecho. Hasta ahora, todo ha obrado para bien. Las drogas amargas, mezcladas en las proporciones adecuadas, han obrado la cura. Los cortes afilados de la lanceta han limpiado la carne protuberante y han fomentado la sanación. Hasta ahora, cada acontecimiento ha producido los resultados más divinamente benditos; y así, creyendo que Dios lo gobierna todo, lo gobierna con sabiduría y saca el bien del mal, el corazón del creyente está seguro y puede afrontar con calma cada prueba según se presente.

En un espíritu de verdadera aceptación, el creyente puede orar: *Envíame lo que quieras, Dios mío, siempre que venga de Ti. ¡Nunca llegó una mala porción de Tu mesa a ninguno de Tus hijos!*

6 de agosto

Centinela, ¿qué hora es de la noche? (Isaías 21:11).

¿Qué enemigos acechan durante la noche? Los errores son multitud, y aparecen nuevos a cada hora. ¿Contra qué herejía debo estar en guardia? Los pecados salen sigilosamente de sus escondites cuando reina la oscuridad. Debo subir a la atalaya y velar en oración. Nuestro Protector celestial prevé todos los ataques que están a punto de lanzarse contra nosotros y cuando el mal que se planea contra nosotros solo responde a los deseos de Satanás, Jesús ora por nosotros para que nuestra fe no flaquee cuando seamos zarandeados como trigo (Lucas 22:31-32). Continúa, oh, bondadoso Centinela, a alertarnos de nuestros enemigos, y por amor de Sión no calles (Isaías 62:1).

Centinela, ¿qué hora es de la noche? ¿Qué tiempo se avecina para la iglesia? ¿Amenazan las nubes, o todo está despejado y soleado? Debemos cuidar de la iglesia de Dios con amor anhelante y ahora que tanto el catolicismo romano como el ateísmo son una amenaza, observemos las señales de los tiempos y preparémonos para el conflicto.

Centinela, ¿qué hora es de la noche? ¿Qué estrellas se ven? ¿Qué preciosas promesas son relevantes para nuestro caso actual? Tú das la alarma, pero también nos das el consuelo. Cristo, la Estrella Polar, siempre está fijo en Su lugar, y todas las estrellas están seguras en la diestra de su Señor.

Centinela, ¿qué hora es de la noche? El Novio tarda. ¿No hay señales de Su venida como el Sol de Justicia? ¿No ha surgido la estrella de la mañana como la promesa del día? ¿Cuándo amanecerá el día y huirán las sombras?

Oh Jesús, si no vienes en persona a Tu iglesia que espera hoy, ven en Espíritu a mi corazón suspirante y haz que cante de alegría.

7 de agosto

Con razón te aman (Cantares 1:4).

Los creyentes aman a Jesús con un afecto más profundo del que se atreven a dar a nadie más. Preferirían perder a su padre y a su madre que separarse de Cristo (Mateo 10:37). Se aferran a todas las comodidades terrenales con mano suelta, pero lo llevan a Él firmemente encerrado en sus corazones. Se niegan voluntariamente a sí mismos por amor a Él, pero no se les puede obligar a negarlo. Es un amor pobre que el fuego de la persecución puede secar. El amor del verdadero creyente es una corriente más profunda que esto.

Se ha intentado separar a los fieles de su Maestro, pero sus intentos han sido infructuosos en todas las épocas. Ni las coronas de honor ni los ceños fruncidos de ira han podido separar a los fieles de su Maestro. Este no es un apego temporal que el poder del mundo pueda disolver con el tiempo. Ni el hombre ni el diablo han encontrado la llave que abra esta cerradura. Nunca han sido más inútiles los planes de Satanás que cuando intentó destrozar esta unión de dos corazones divinamente soldados.

Está escrito: *Con razón te aman*, y nada puede borrar esa frase. Sin embargo, la intensidad del amor de los justos no se juzga tanto por lo que parece, sino por lo que anhelan. Nos lamentamos a diario de no poder amarlo lo suficiente. ¡Ojalá nuestros corazones fueran capaces de albergar más amor y llegar más lejos!

Nuestro amor más profundo es solo una corta distancia. Nuestro afecto es solo una gota en un cubo comparado con lo que Él merece. Mide nuestro amor por nuestras intenciones y es verdaderamente alto. Confiamos en que nuestro Señor juzga nuestro amor por nuestra intención. ¡Ojalá pudiéramos entregar todo el amor de todos los corazones en una gran masa, una reunión de todos los amores a Aquel que es completamente encantador!

8 de agosto

…y tejen telas de araña (Isaías 59:5).

Podemos ver en la tela de araña una imagen sumamente expresiva de la religión del hipócrita. La tela está destinada a atrapar a su presa. La araña se alimenta de moscas y el fariseo recibe su recompensa. Los necios son fácilmente atrapados por las ruidosas profesiones de los impostores, e incluso los más sensatos no siempre pueden escapar. Felipe bautizó a Simón el Mago, cuya engañosa declaración de fe fue rápidamente desmentida por la severa reprimenda de Pedro (Hechos 8:9-24). La tradición, la reputación, la alabanza, el ascenso y otras moscas son las presas pequeñas que los hipócritas atrapan en sus redes.

Una tela de araña es una maravilla de habilidad. Obsérvala y admira las astutas estrategias del cazador. ¿No es la religión de un engañador igualmente astuta? ¿Cómo logra que una mentira tan descarada parezca una verdad? ¿Cómo puede hacer que su oropel parezca tan valioso como el oro?

La telaraña surge del interior de la araña. La abeja recoge su cera de las flores. La araña no bebe de ninguna flor, pero teje su tela a cualquier longitud. De la misma manera, los hipócritas encuentran su confianza y esperanza en sí mismos. Su ancla fue forjada en su propio yunque, y su cable fue trenzado por sus propias manos. Ellos mismos ponen sus cimientos. Ellos mismos labran los pilares de su propia casa, negándose a ser deudores de la gracia soberana de Dios.

Pero la telaraña es muy frágil. Está hecha de manera inusual, pero no es duradera. No es rival para la escoba del trabajador ni para el cayado del viajero. El hipócrita no necesita una gran fuerza para destruir sus esperanzas; una simple ráfaga de viento lo hará. Las telarañas hipócritas pronto caerán cuando la escoba de la destrucción comience su obra purificadora.

Eso nos recuerda una reflexión más: que tales telarañas no se toleran en la casa del Señor. Él se encargará de que las telarañas y quienes las tejen sean destruidos para siempre. Oh alma mía, descansa en algo mejor que una telaraña. ¡El Señor Jesús es tu refugio eterno!

9 de agosto

La ciudad no tiene necesidad de sol ni de luna
que la ilumine (Apocalipsis 21:23).

En el mundo mejor, los habitantes son independientes de toda como-didad. No necesitan ropa. Sus vestiduras blancas nunca se desgastan y jamás se contaminan. No necesitan medicina para curar enfermedades, pues *ningún habitante dirá: "Estoy enfermo"* (Isaías 33:24). No necesitan dormir para revitalizar sus cuerpos. No descansan de día ni de noche, sino que Lo alaban incansablemente en Su templo.

No necesitan relaciones sociales que les brinden consuelo y la felicidad que puedan obtener de la compañía de sus semejantes no es esencial para su gozo, pues la compañía de su Señor basta para satisfacer sus mayores deseos. Allí no necesitan maestros. Sin duda, comulgan unos con otros acerca de las cosas de Dios, pero no lo requieren como instrucción; todos ellos *serán enseñados por el Señor* (Isaías 54:13).

Recibimos limosna en la puerta del rey, pero ellos festejan en la propia mesa. Aquí nos apoyamos en el brazo amigo, pero allí ellos se apoyan en su Amado, y solo en Él. Aquí necesitamos la ayuda de nuestros compañe-ros, pero allí ellos encuentran todo lo que necesitan en Cristo Jesús. Aquí buscamos la comida que perece y la ropa que se pudre ante la polilla, pero allí lo encuentran todo en Dios.

Aquí usamos el cubo para sacar agua del pozo, pero allí ellos beben de la fuente y beben del agua viva. Aquí los ángeles nos traen bendiciones, pero entonces no necesitaremos mensajeros del cielo. No necesitarán a ningún Gabriel que les traiga sus mensajes de amor de Dios, porque allí lo verán cara a cara (1 Corintios 13:12).

¡Oh, qué tiempo tan bendito será aquel en que nos hayamos elevado por encima de toda causa secundaria y nos apoyemos en el brazo desnudo de Dios! ¡Qué hora tan gloriosa cuando Dios, y no Sus criaturas, cuando el Señor, y no Sus obras, sea nuestro gozo diario! Nuestras almas habrán alcanzado entonces la perfección del deleite.

10 de agosto

Cristo, nuestra vida (Colosenses 3:4).

La maravillosa y rica expresión de Pablo indica que Cristo es la fuente de nuestra vida. Cristo les dio vida, pues en un tiempo *estaban muertos en sus delitos y pecados* (Efesios 2:1). Esa misma voz que sacó a Lázaro del sepulcro nos resucitó a una nueva vida (Romanos 6:4).

Él es ahora la esencia de nuestra vida espiritual. Es por Su vida que vivimos. Él está en nosotros. Él es la esperanza de gloria, la fuente de nuestras acciones y el pensamiento central que impulsa todo pensamiento.

Cristo es el alimento de nuestra vida. ¿De qué puede alimentarse el cristiano sino de la carne y la sangre de Jesús? *Este es el pan que desciende del cielo, para que el que coma de él, no muera* (Juan 6:50). ¡Oh, cansados peregrinos en este desierto de pecado, nunca conseguirán un bocado para saciar el hambre de su espíritu a menos que lo encuentres en Él!

Cristo es el sostén y el consuelo de nuestra vida. Todas nuestras verdaderas alegrías provienen de Él. En tiempos de dificultad, su presencia es nuestro consuelo. No hay nada por lo que valga la pena vivir excepto por Él. Su *misericordia es mejor que la vida* (Salmo 63:3).

Cristo es el propósito de nuestra vida. Así como el barco se dirige velozmente hacia el puerto, así el creyente se apresura hacia el refugio de los brazos de su Salvador. Así como la flecha vuela hacia su objetivo, así el cristiano vuela hacia el perfeccionamiento de su comunión con Cristo Jesús. Así como el soldado lucha por su capitán y es coronado en la victoria de su capitán, así el creyente lucha por Cristo y halla triunfo en los triunfos de su Maestro. *Vivir es Cristo* (Filipenses 1:21).

Cristo es el ejemplo perfecto para nuestra vida. Donde hay la misma vida interior, habrá, debe haber, en gran medida, los mismos desarrollos exteriores. Si vivimos en estrecha comunión con el Señor Jesús, creceremos como Él. Lo pondremos como nuestro ejemplo divino y procuraremos seguir sus huellas hasta que Él se convierta en la corona de nuestra vida en gloria. ¡Cuán seguro, honrado y feliz es el cristiano, ya que Cristo es nuestra vida!

11 de agosto

¡Quién me diera volver a ser como en meses pasados…! (Job 29:2).

Muchos cristianos pueden contemplar el pasado con placer, pero consideran el presente con insatisfacción. Recuerdan los días que pasaron en comunión con el Señor como los más dulces y mejores que han conocido, pero ven el presente como revestido de un manto negro de tristeza y desolación. Antes vivían cerca de Jesús, pero ahora sienten que se han alejado de Él y dicen: *"¡Quién me diera ser como en meses pasados!* Se quejan de que han perdido la seguridad, de que no tienen paz mental, de que no disfrutan de la congregación de creyentes, de que su conciencia no es tan sensible como antes o de que ya no tienen tanto celo por la gloria de Dios.

Las causas de este triste estado de cosas son muchas. Puede deberse a una relativa negligencia en la oración, pues un lugar de oración descuidado es el comienzo de toda decadencia espiritual. Podría ser el resultado de la idolatría. El corazón ha estado ocupado con algo más que con Dios. Los afectos se han puesto en las cosas terrenales en lugar de las celestiales (Colosenses 3:2). Un Dios celoso no se contentará con un corazón dividido. Debe ser amado primero y sobre todo. Él retirará la luz de su presencia de un corazón frío y errante. La causa de esta triste condición también podría encontrarse en la confianza en uno mismo y la autojustificación. El orgullo se afana en el corazón y el yo se exalta en lugar de humillarse al pie de la cruz.

Cristiano, si no eres como eras *en meses pasados*, no te conformes con desear que vuelva tu antigua felicidad, sino ve de inmediato a buscar a tu Maestro y cuéntale tu triste condición. Pide Su gracia y fortaleza para que te ayuden a caminar más cerca de Él. Humíllate ante Él, y Él te exaltará y te permitirá disfrutar de nuevo de la luz de Su rostro. No te sientes a suspirar y lamentarte. Mientras viva el amado Médico, hay esperanza. ¡Hay certeza de recuperación incluso en los peores casos!

12 de agosto

El Señor reina, regocíjese la tierra (Salmo 97:1).

No hay razón para preocuparse mientras esta bendita sentencia sea cierta. ¡El poder del Señor controla con la misma facilidad la furia de los malvados que la furia del mar! Su amor refresca con la misma facilidad a los pobres con misericordia que refresca la tierra con lluvias. La majestad de Dios resplandece en destellos de fuego en medio de los terrores de la tormenta, y la gloria del Señor se ve en su grandeza en la caída de los imperios y en el derrumbe de los tronos. En todos nuestros conflictos y tribulaciones, podemos contemplar la mano del Rey Divino.

> Dios es Dios; Él ve y oye
>> todos nuestros problemas, todas nuestras lágrimas.
> Alma, no olvides, en medio de tus dolores,
>> que Dios reina sobre todo para siempre[51].

Los espíritus malignos del infierno reconocen, con tristeza, la indudable supremacía de Dios. Cuando se les permite vagar libremente, lo hacen con una cadena en la pierna. El freno está en la boca del behemot, y el anzuelo en las fauces del Leviatán (Job 41:1-2). Los dardos de la muerte están bajo la llave del Señor. Las prisiones del sepulcro tienen poder divino como su carcelero. La terrible venganza del Juez de toda la tierra hace que los demonios se encojan y tiemblen, como los perros en la perrera temen el látigo del cazador.

> No temas a la muerte ni a las embestidas de Satanás,
>> Dios defiende a quien en Él confía;
> Alma, recuerda, en tus dolores,
>> ¡Dios reina sobre todo para siempre!

Nadie en el cielo duda de la soberanía del Rey Eterno, sino que todos se postran ante Él para mostrarle reverencia. Los ángeles son sus asistentes, los redimidos son sus favoritos, y todos se deleitan en servirle día y noche. ¡Que pronto lleguemos a la ciudad del gran Rey!

---

51   Las dos estrofas de esta sección pertenecen al himno en inglés "God Liveth Ever", de Johann Friedrich Zihn.

13 de agosto

Los cedros del Líbano que Él plantó (Salmo 104:16).

Los cedros del Líbano representan al cristiano, pues deben su planta-ción enteramente al Señor. Esto es muy cierto en el caso de cada hijo de Dios. No es plantado por el hombre ni por sí mismo, sino por Dios. La mano misteriosa del Espíritu divino depositó la semilla viva en un corazón que Él mismo había preparado para recibirla. Todo verdadero heredero del Cielo reconoce al gran Jardinero como su plantador.

Además, los cedros del Líbano no dependen del riego humano. Se alzan sobre la roca elevada, sin riego humano, pero nuestro Padre celestial los cuida. Lo mismo ocurre con el cristiano que ha aprendido a vivir por fe. Es independiente de los demás, incluso en lo material. Busca al Señor su Dios, y solo a Él, su continuo apoyo. El rocío del cielo es su porción, y el Dios del Cielo es su fuente.

Los cedros del Líbano no están protegidos por ningún poder mortal. No deben nada a la humanidad por su preservación del viento tempestuoso y la tempestad. Son árboles de Dios, guardados y preservados por Él, y solo por Él. Lo mismo ocurre con el cristiano. No es una planta de invernadero pro-tegida de la tentación, sino que se encuentra en la posición más vulnerable. No tiene refugio ni protección, salvo que las amplias alas del Dios eterno siempre cubren los cedros que Él mismo ha plantado. Como los cedros, los creyentes están llenos de savia, con la vitalidad suficiente para estar siempre verdes, incluso en medio de las nieves del invierno.

Finalmente, la condición floreciente y majestuosa del cedro es solo para alabanza de Dios. El Señor, solo el Señor, lo ha sido todo para los cedros, y por eso David dice con mucha dulzura en uno de los salmos: *Alaben al Señor... árboles frutales y todos los cedros* (Salmo 148:7, 9). No hay nada en el creyente que pueda engrandecer al hombre. Está plantado, nutrido y protegido por la propia mano del Señor, y por lo tanto, ¡démosle toda la gloria solo a Dios!

14 de agosto

Porque Tú, oh Señor, me has alegrado con Tus obras (Salmo 92:4).

¿Crees que tus pecados son perdonados y que Cristo ha hecho una expiación completa por ellos? ¡Qué cristiano tan gozoso deberías ser! ¡Debes vivir muy por encima de las pruebas y problemas comunes del mundo! Ya que el pecado es perdonado, ¿qué importa lo que te suceda ahora? Martín Lutero dijo: "¡Golpea, Señor, golpéame, porque mis pecados son perdonados!". Con un espíritu similar, puedes decir: "Envíame enfermedad, pobreza, pérdidas, cruces, persecución, lo que quieras. Me has perdonado y mi alma está alegre".

Cristiano, si eres salvo y crees esto, entonces sé agradecido y amoroso mientras estás alegre. Aférrate a esa cruz que quitó tu pecado. Sirve a Aquel que te sirvió. *Por tanto, hermanos, les ruego por las misericordias de Dios que presenten sus cuerpos como sacrificio vivo y santo, aceptable a Dios, que es el culto racional de ustedes* (Romanos 12:1). No dejes que tu celo se desvanezca en un breve arrebato de cántico. Demuestra tu amor con palabras. Ama a los hermanos de Aquel que te amó. Si hay algún Mefiboset cojo o inseguro en algún lugar, ayúdalo por amor a Jonatán. Si hay un creyente pobre y afligido, llora con él y lleva su cruz por amor a Aquel que lloró por ti y cargó con tus pecados.

Ya que eres perdonado gratuitamente por amor a Cristo, ve y comparte la alegre noticia de la misericordia perdonadora. No te conformes con guardar esta bendición inefable solo para ti, sino divulga la historia de la cruz. La santa alegría y la santa valentía te harán un buen predicador, y el mundo entero será un púlpito para predicar. La santidad alegre es el sermón más convincente, pero el Señor debe dártela. Búscala esta mañana antes de ir al mundo. Cuando nos regocijamos en la obra del Señor, no debemos temer alegrarnos demasiado.

15 de agosto

Y por la tarde Isaac salió al campo a meditar (Génesis 24:63).

El uso que Isaac hacía del tiempo era admirable. Si quienes pasan tantas horas en compañía ociosa, lecturas ligeras y recreación inútil aprendieran sabiduría, encontrarían amistades más provechosas y actividades más interesantes en la meditación que en el vacío que ahora los domina. Si pasáramos más tiempo a solas con Dios, sabríamos más, viviríamos más cerca de Él y creceríamos en la gracia. La meditación rumia y extrae el verdadero alimento del material mental recolectado en otros lugares.

Cuando Jesús es el tema central, ¡la meditación es verdaderamente dulce! Isaac encontró a Rebeca mientras meditaba en privado. Muchos otros también han encontrado allí a su amada.

La elección del lugar para meditar fue admirable. En el campo, tenemos un estudio a nuestro alrededor, con textos para reflexionar. Desde el cedro hasta el hisopo, desde el águila en vuelo hasta el saltamontes cantor, desde la extensión azul del cielo hasta una gota de rocío: todo está lleno de enseñanzas. Cuando la vista se abre divinamente, esa enseñanza ilumina la mente con mucha más intensidad que la de los libros escritos. Nuestras pequeñas habitaciones no son tan saludables, sugestivas, agradables ni inspiradoras como los campos. No consideremos nada común ni impuro, sino que comprendamos que todas las cosas creadas apuntan a su Creador y el campo será sagrado de inmediato.

El momento del día fue admirable. La estación del ocaso, al cubrir el día con un velo, es propicia para ese descanso del alma en el que las preocupaciones terrenales dan paso a las alegrías de la comunión celestial. La gloria del sol poniente despierta nuestro asombro, y la solemnidad de la noche que se acerca despierta nuestro respeto reverencial.

Si el trabajo de hoy lo permite, será bueno, querido lector, que puedas dedicar una hora a caminar por el campo al atardecer. Si no, el Señor también está en el pueblo y se encontrará contigo en tu habitación o en la calle concurrida. Deja que tu corazón salga a Su encuentro.

16 de agosto

Tributen al Señor la gloria debida a Su nombre (Salmo 29:2).

La gloria de Dios es el resultado de Su naturaleza y acciones. Él es glorioso en Su carácter, pues hay tal provisión de todo lo que es santo, bueno y amable en Dios que Él debe ser glorioso. Las acciones que fluyen de Su carácter también son gloriosas, pero si bien Él pretende que demuestren Su bondad, misericordia y justicia hacia Su creación, le preocupa igualmente que la gloria asociada a ellas le sea dada solo a Él.

No hay nada en nosotros de lo que podamos gloriarnos, pues ¿quién nos hace diferentes de los demás? ¿Qué tenemos que no hayamos recibido del Dios de toda gracia (1 Corintios 4:7)? ¡Cuán cuidadosos debemos ser para andar humildemente ante el Señor! En el momento en que nos glorificamos, ya que solo hay lugar para una gloria en el universo, nos erigimos como rivales del Altísimo.

¿Se glorificará el insecto de una hora contra el sol que lo calentó? ¿Se exaltará la olla sobre quien la formó en la rueda? ¿Luchará el polvo del desierto con el torbellino? ¿Lucharán las gotas del océano con la tormenta? *Tributen al Señor, oh hijos de los poderosos, tributen al Señor gloria y poder. Tributen al Señor la gloria debida a Su nombre* (Salmo 29:1-2).

Sin embargo, quizás una de las luchas más difíciles de aprender en la vida cristiana es esta: *No a nosotros, Señor, no a nosotros, sino a Tu nombre da gloria* (Salmo 115:1). Es una lección que Dios siempre nos enseña, y a veces nos enseña mediante la disciplina más dolorosa. Si un cristiano comienza a jactarse: *Todo lo puedo*, sin añadir: *en Cristo que me fortalece* (Filipenses 4:13), pronto tendrá que gemir: "No puedo hacer nada" y lamentarse en el polvo.

Cuando hacemos algo por el Señor y a Él le complace aceptar lo que hemos hecho, pongamos nuestra corona a sus pies y exclamemos: "¡No yo, sino la gracia de Dios que estuvo conmigo!".

17 de agosto

En la misericordia de Dios confío eternamente
y para siempre (Salmo 52:8).

Medita un poco en la misericordia del Señor.

Es tierna misericordia. Con un toque tierno y amoroso, *sana a los quebrantados de corazón y venda sus heridas* (Salmo 147:3). Es tan amable en la forma de Su misericordia como en la esencia de la misma.

Es gran misericordia. No hay nada pequeño en Dios. Su misericordia es como Él: infinita. No se puede medir. Su misericordia es tan grande que perdona grandes pecados de grandes pecadores, incluso después de largos períodos de tiempo. Luego, otorga grandes beneficios y grandes privilegios, y nos eleva a grandes gozos en el gran cielo del gran Dios.

La misericordia de Dios es misericordia inmerecida, como de hecho debe ser toda misericordia verdadera, pues la misericordia merecida es solo un nombre inapropiado para la justicia. El pecador no tenía derecho a la bondadosa consideración del Dios Altísimo. Si el rebelde hubiera sido condenado de inmediato al fuego eterno, con justicia habría merecido la condena. Si una persona es liberada de la ira, solo el amor soberano ha encontrado una causa, pues no la había en el pecador mismo.

Es una misericordia multiforme. Como dice John Bunyan: "No hay flores sencillas en el jardín del evangelio de Dios; todas son dobles y triples"[52]. No hay una sola misericordia. Puedes pensar que solo tienes una misericordia, pero descubrirás que es un conjunto de misericordias.

Es una misericordia abundante. Millones la han recibido, pero lejos de agotarse, ¡es tan fresca, tan plena y tan gratuita como siempre!

Es una misericordia inagotable. Nunca te abandonará. Si eres salvo por la misericordia soberana, entonces la misericordia estará contigo en la tentación para evitar que cedas. La misericordia estará contigo en la dificultad para evitar que te hundas. La misericordia estará contigo mientras vivas, para ser la luz y la vida de tu rostro. La misericordia estará contigo al morir, para ser el gozo de tu alma cuando el consuelo terrenal desaparezca rápidamente.

---

52 Esto es de *Israel's Hope Encouraged*, de John Bunyan.

18 de agosto

*Estamos avergonzados porque hemos oído la afrenta; la deshonra
ha cubierto nuestros rostros, porque extranjeros han entrado
en los santuarios de la casa del Señor.*(Jeremías 51:51).

En este informe, los rostros del pueblo del Señor estaban cubiertos de vergüenza y desgracia, pues era terrible que alguien invadiera el Lugar Santo reservado solo para los sacerdotes. Por todas partes vemos motivos similares de tristeza. ¡Cuántas personas impías están siendo educadas ahora con la intención de entrar en el ministerio! ¡Qué pecado tan flagrante es esa mentira solemne de que toda nuestra población se considera perteneciente a una iglesia nacional! ¡Qué terrible es que se impongan ordenanzas a los inconversos, y que entre las iglesias más ilustradas de nuestro país exista tal falta de disciplina eclesiástica! Si los miles que leen esto presentan este asunto ante el Señor Jesús hoy, Él intervendrá y evitará el mal que de otra manera sobrevendrá a Su iglesia.

Contaminar la iglesia es contaminar un pozo, echar agua al fuego y sembrar un campo fértil con piedras. Que todos tengamos la gracia de mantener la pureza de la iglesia a nuestra manera, como una asamblea de creyentes, en lugar de una nación o una comunidad de inconversos.

Sin embargo, nuestro celo debe comenzar en casa. Examinémonos en cuanto a nuestro derecho a comer en la Mesa del Señor. Asegurémonos de llevar nuestros vestidos de boda para no ser intrusos en los santuarios del Señor. *Porque muchos son llamados, pero pocos son escogidos* (Mateo 22:14). *Pero estrecha es la puerta y angosta la senda* (Mateo 7:14). ¡Oh, que tengamos la gracia de venir a Jesús por el camino correcto, con la fe de los elegidos de Dios!

Aquel que hirió a Uza por tocar el arca (2 Samuel 6:7) es muy celoso de Sus dos ordenanzas. Como verdadero creyente, puedo acercarme a ellas libremente, pero como forastero no debo tocarlas, no sea que muera. Examinar el corazón es el deber de todos los que se bautizan o se acercan a la Mesa del Señor. *Escudríñame, oh Dios, y conoce mi corazón* (Salmo 139:23).

19 de agosto

Él se afirmará y pastoreará Su rebaño con
el poder del Señor (Miqueas 5:4).

El reinado de Cristo en Su iglesia es el de un rey-pastor.

El reinado de Cristo tiene supremacía, pero es la superioridad de un Pastor sabio y tierno sobre su rebaño necesitado y amoroso. Él manda y recibe obediencia, pero es la obediencia voluntaria de las ovejas bien cuidadas, entregadas con alegría a Su amado Pastor, cuya voz conocen tan bien. Él gobierna por la fuerza del amor y la energía de la bondad.

El reinado de Cristo es práctico en Su carácter. *Él se afirmará y pastoreará Su rebaño.* La gran cabeza de la iglesia está activamente comprometida en proveer para Su pueblo. Él no se sienta en el trono en un estado vacío, ni sostiene un cetro sin ejercerlo en el gobierno. No, Él permanece de pie y pastorea. La expresión "pastorear" significa hacer todo lo que se espera de un pastor: guiar, vigilar, preservar, restaurar, cuidar y alimentar.

El reinado de Cristo es continuo. *Él se afirmará y pastoreará Su rebaño.* El texto no dice que los alimentará de vez en cuando y luego se irá. No dice que un día les dará un avivamiento y luego dejará a Su iglesia sola. Sus ojos nunca duermen y Sus manos nunca descansan. Su corazón nunca deja de latir de amor y Sus hombros nunca se cansan de llevar las cargas de Su pueblo.

El reinado de Cristo es benéficamente poderoso en su acción. *Él se afirmará y pastoreará Su rebaño con el poder del Señor.* Dondequiera que Cristo esté, allí está Dios, y todo lo que Cristo hace es obra del Dios Altísimo. Es una verdad gozosa considerar que Aquel que hoy representa los intereses de Su pueblo es Dios mismo de Dios mismo, ante quien toda rodilla se doblará (Romanos 14:11). Quienes pertenecemos a tal Pastor somos verdaderamente felices, porque Su humanidad nos acompaña y Su divinidad nos protege. Adorémosle y postrémonos ante Él como el pueblo de Su prado (Salmo 95:7).

20 de agosto

El dulce salmista de Israel (2 Samuel 23:1).

Entre todos los santos cuyas vidas se registran en las Escrituras, la experiencia de David es la más impactante, variada e instructiva. En su historia encontramos pruebas y tentaciones que no se encuentran, en general, en otros santos de la antigüedad, por lo que es aún más representativo de un tipo de nuestro Señor.

David conoció las pruebas de todas las clases y condiciones humanas. Los reyes tienen sus problemas y David llevaba una corona. El campesino tiene sus preocupaciones y David manejaba un cayado de pastor. El vagabundo enfrenta muchas dificultades y David se alojó en las cuevas de En-gadi. El capitán tiene sus dificultades y David encontró a los hijos de Sarvia (Abisai, Joab y Asael) demasiado difíciles para él.

El salmista también fue probado en el ámbito de sus amigos. Su consejero Ahitofel lo abandonó (2 Samuel 15:31). *Aun mi íntimo amigo en quien yo confiaba, el que de mi pan comía, contra mí ha levantado su talón* (Salmo 41:9). Sus peores enemigos fueron los de su propia casa; sus hijos fueron su mayor aflicción.

Las tentaciones de la pobreza y la riqueza, del honor y el oprobio, de la salud y la debilidad, todas probaron su poder sobre él. Tuvo tentaciones externas que perturbaron su paz, y tentaciones internas que le robaron el gozo. David, apenas escapaba de una prueba, caía en otra. Apenas había salido de una temporada de abatimiento y alarma, cuando fue de nuevo abatido en las profundidades, ¡y todas las olas y oleadas de Dios lo azotaron!

Probablemente por esta causa los salmos de David son tan universalmente el deleite de los cristianos maduros. Sea cual sea nuestro estado de ánimo, ya sea de alegría o de depresión, David ha descrito con precisión nuestras emociones. Fue un maestro hábil del corazón humano porque había sido instruido en la mejor de todas las escuelas: la escuela de la experiencia personal y sincera. Al ser instruidos en la misma escuela, y al madurar en gracia y en edad, apreciamos cada vez más los salmos de David y los encontramos como *verdes pastos* (Salmo 23:2). ¡Que la experiencia de David te anime y te aconseje hoy!

21 de agosto

...el que riega será también regado (Proverbios 11:25).

Aquí se nos enseña una gran lección: para recibir, debemos dar. Para acumular, debemos esparcir. Para ser felices, debemos hacer felices a los demás. Para fortalecernos espiritualmente, debemos buscar el bien espiritual de los demás. Al regar a otros, nos regamos. ¿Cómo?

Nuestros esfuerzos por ser útiles sacan a relucir nuestras capacidades para la utilidad. Tenemos talentos sin usar y habilidades latentes que se revelan al usarlas. Nuestra fuerza para el trabajo está oculta incluso a nosotros mismos, hasta que nos aventuramos a librar las batallas del Señor o a escalar las montañas de la dificultad. No sabemos qué tiernos sentimientos albergamos hasta que intentamos secar las lágrimas de la viuda y aliviar el dolor del huérfano.

Al intentar enseñar a otros, a menudo descubrimos que nosotros mismos somos instruidos. ¡Oh, qué lecciones tan graciosas hemos aprendido algunos de nosotros en el lecho de enfermos! Fuimos a enseñar las Escrituras, pero nos marchamos avergonzados de saber tan poco de ellas. En nuestras conversaciones con santos pobres, aprendemos el camino de Dios con mayor perfección para nosotros mismos y obtenemos una comprensión más profunda de la verdad divina. Regar a otros nos hace humildes. Descubrimos cuánta gracia hay donde no la habíamos buscado, y aprendemos cuánto puede el santo pobre superarnos en conocimiento.

Nuestro propio consuelo también aumenta cuando trabajamos por los demás. Intentamos animarlos y el consuelo alegra nuestros corazones. Como los dos hombres en la nieve, uno frotó las extremidades del otro para evitar que muriera, y al hacerlo mantuvo su propia sangre circulando y salvó su vida. La pobre viuda de Sarepta dio a un profeta de sus escasos recursos y desde ese día nunca más conoció la pobreza (1 Reyes 17:1-16). *Den, y les será dado; medida buena, apretada, remecida y rebosante, vaciarán en sus regazos* (Lucas 6:38).

22 de agosto

Yo les ruego, oh hijas de Jerusalén, si encuentran a mi amado,
¿qué le han de decir?: que estoy enferma de amor (Cantares 5:8)

ste es el lenguaje del creyente sediento de comunión presente con Jesús. Está enfermo de amor por su Señor. Quienes han experimentado la gracia de Dios nunca están completamente tranquilos a menos que estén cerca de Cristo, pues pierden la paz cuando están lejos de Él. Cuanto más cerca de Él están, más cerca están de la perfecta calma del Cielo. Cuanto más cerca están de Él, más llenos están sus corazones, no solo de paz, sino también de vida, fuerza y alegría, pues todo esto depende de la comunión constante con Jesús.

Lo que el sol es para el día, lo que la luna es para la noche y lo que el rocío es para la flor, eso es Jesucristo para nosotros. Lo que es el pan para el hambriento, la ropa para el desnudo, y la sombra de una gran roca para el viajero en tierra reseca (Isaías 32:2), eso es Jesucristo para nosotros. Por lo tanto, si no somos conscientes de que somos uno con Él, no es de extrañar que nuestro espíritu exclame con las palabras de los Cantares: *Yo les ruego, oh hijas de Jerusalén, si encuentran a mi amado, ¿qué le han de decir?: que estoy enferma de amor.*

Este intenso anhelo por Jesús viene acompañado de una bendición: *Bienaventurados los que tienen hambre y sed de justicia* (Mateo 5:6). Por lo tanto, sumamente bienaventurados los que tienen sed del Justo. Bienaventurada esa hambre, pues proviene de Dios. Si no puedo tener la completa bienaventuranza de ser saciado, desearé la misma bienaventuranza en su dulce capullo. Languideceré en el vacío y el anhelo hasta ser saciado de Cristo. Si no puedo alimentarme de Jesús, será casi como el cielo tener hambre y sed de Él. Hay algo sagrado en esa hambre, pues brilla entre las Bienaventuranzas de nuestro Señor. Sin embargo, la bendición conlleva una promesa. Estos hambrientos *serán saciados* con lo que desean (Mateo 5:6). Si Cristo nos hace desearlo, ciertamente satisfará ese deseo, y cuando Él venga a nosotros, y ciertamente vendrá, ¡oh, qué dulce será!

23 de agosto

No se oirá más en ella voz de lloro ni voz de clamor (Isaías 65:19).

Los glorificados ya no lloran, ¡porque ya no hay causa de dolor! En el Cielo no hay amistades rotas ni esperanzas destrozadas. Allí se desconocen la pobreza, el hambre, el peligro, la persecución y la calumnia. No hay dolor que cause angustia, ni pensamiento de muerte ni lamento que cause tristeza.

Ya no lloran, ¡porque están perfectamente santificados! Ningún *corazón malo de incredulidad* (Hebreos 3:12) los impulsa a apartarse del Dios vivo. Son sin mancha ante Su trono (Judas v. 24), y están plenamente conformados a Su imagen (Romanos 8:29). Quienes han dejado de pecar pueden, con razón, dejar de llorar.

Ya no lloran porque ya no hay temor al cambio. ¡Saben que están eternamente seguros! ¡El pecado está excluido y ellos están encerrados! ¡Viven en una ciudad que jamás será asaltada! ¡Se regocijan en un sol que nunca se pondrá! ¡Beben de un río que nunca se secará! ¡Recogen fruto de un árbol que nunca se marchitará!

Innumerables ciclos podrán girar, pero la eternidad no se agotará, y mientras la eternidad perdure, su inmortalidad y bienaventuranza coexistirán con ella. Están para siempre con el Señor (1 Tesalonicenses 4:17).

¡Ya no lloran porque todo deseo se ha cumplido! No pueden desear nada que no posean ya plenamente. ¡Ojo y oído, corazón y mano, juicio, imaginación, esperanza, deseo y voluntad están completamente satisfechos!

Por imperfectas que sean nuestras ideas actuales sobre las cosas que Dios ha preparado para quienes Lo aman (1 Corintios 2:9), sabemos lo suficiente, por la revelación del Espíritu Santo, que los santos glorificados son supremamente bienaventurados. El gozo de Cristo, que es una plenitud infinita de deleite, está en ellos. ¡Se bañan para siempre en el mar sin fondo ni orillas de infinita bienaventuranza!

¡Ese mismo gozoso descanso nos espera! Quizás no esté muy lejos. ¡Dentro de poco, el sauce llorón será reemplazado por la palma de la victoria! ¡Las gotas de rocío del dolor se transformarán en perlas de dicha eterna!

No se oirá más en ella voz de lloro ni voz de clamor (Isaías 65:19).

24 de agosto

El que abre brecha subirá delante de ellos; abrirán brecha,
pasarán la puerta y saldrán por ella; su rey pasará delante
de ellos, y el Señor a su cabeza (Miqueas 2:13).

Considerando que Jesús nos ha precedido, las cosas no permanecen como habrían sido si Él nunca hubiera pasado por allí. Él ha vencido a todo enemigo que obstruía el camino. ¡Ánimo, guerrero apocado! Cristo no solo ha recorrido el camino, ¡sino que también ha matado a tus enemigos!

¿Temes al pecado? ¡Jesús lo clavó en su cruz! ¿Temes a la muerte? ¡Él ha sido la muerte de la muerte! ¿Temes al infierno? Él ha cerrado la entrada a cualquiera de Sus hijos; ¡nunca verán el abismo de la perdición!

Sean cuales sean los enemigos que se encuentren ante el cristiano, ¡todos están vencidos! Hay leones, pero sus dientes están rotos. Hay serpientes, pero sus colmillos están arrancados. Hay ríos, pero se pueden vadear o tienen puentes. Hay llamas, pero vestimos esa prenda incomparable que nos hace invulnerables al fuego.

La espada que se ha forjado contra nosotros ya se ha desafilado. Los instrumentos de guerra que el Enemigo prepara ya han perdido su filo. El Rompedor, Cristo, ha quitado todo poder que cualquier cosa pueda tener para herirnos. El ejército, entonces, puede marchar con seguridad, y tú puedes continuar tu viaje con alegría, pues todos tus enemigos ya han sido conquistados. ¿Qué harás sino marchar a tomar la presa? Están derrotados. Están vencidos. Solo tienes que dividir el botín. Es cierto que a menudo te enfrentarás en combate, pero tu lucha será contra un Enemigo derrotado. Tiene la cabeza rota. Podría intentar herirte, pero no tiene la fuerza suficiente para su malicioso plan. Tu victoria será fácil, ¡y tu tesoro será incalculable!

> Proclama en voz alta la fama del Salvador,
> 　　que lleva el maravilloso nombre del Rompedor;
> dulce nombre, y le conviene a Él,
> 　　que destruye el pecado, la culpa, la muerte y el infierno[53].

53　Esta es una estrofa del himno en inglés de Samuel Medley que comienza con: "Cantad la gloriosa fama del amado Salvador".

25 de agosto

A su sombra placentera me he sentado, y su fruto
es dulce a mi paladar (Cantares 2:3).

En las Escrituras, la fe se define como el símbolo de todos los sentidos. Es la vista: *Mirad a mí, y sed salvos* (Isaías 45:22 RV). Es el oído: *Escuchen y vivirá su alma* (Isaías 55:3). La fe es el olfato: *Todas Tus vestiduras están perfumadas con mirra, áloe y casia* (Salmo 45:8); *Tus ungüentos tienen olor agradable, Tu nombre es como ungüento purificado* (Cantares 1:3). La fe es el tacto espiritual. Por la fe, la mujer se acercó por detrás y tocó el borde del manto de Cristo (Mateo 9:20). Por la fe, manejamos las cosas de la buena Palabra de Vida (1 Juan 1:1).

La fe es también el gusto del alma: *¡Cuán dulces son a mi paladar Tus palabras! Sí, más que la miel a mi boca* (Salmo 119:103); *si no comen la carne del Hijo del Hombre y beben Su sangre, no tienen vida en ustedes* (Juan 6:53). Este "gusto" espiritual es la fe en una de sus operaciones más elevadas.

Una de las primeras manifestaciones de la fe es oír. No solo oímos la voz de Dios con el oído externo, sino también con el interno. La oímos como Palabra de Dios y la creemos. Ese es el "oír" de la fe (Romanos 10:17).

Entonces, nuestra mente contempla la verdad tal como se nos presenta. Es decir, la entendemos. Percibimos su significado. Ese es el "ver" de la fe. A continuación, descubrimos su inestimable belleza. Empezamos a admirarla y a aprender lo fragante que es. Ese es el "olor" de la fe. Entonces nos apropiamos de las misericordias que están preparadas para nosotros en Cristo. Ese es el "toque" de la fe. Siguen los goces de paz espiritual, deleite y comunión, que es el "gusto" de la fe.

Cualquiera de estos actos de fe es salvador. Escuchar la voz de Cristo como la voz segura de Dios en el alma nos salvará, pero lo que da verdadero gozo es el aspecto de la fe donde Cristo, por Su santo gusto, es recibido en nosotros y, mediante la comprensión interior y espiritual de Su dulzura y preciosidad, se convierte en el alimento de nuestras almas. Es entonces cuando nos sentamos a Su sombra con gran deleite y encontramos Su fruto dulce a nuestro paladar.

26 de agosto

Ha ordenado Su pacto para siempre (Salmo 111:9).

El pueblo del Señor se deleita en el pacto mismo. Es una fuente inagotable de consuelo para ellos cada vez que el Espíritu Santo los guía a su sala de banquetes y ondea su estandarte de amor (Cantares 2:4).

Se deleitan en considerar la antigüedad de ese pacto, recordando que antes de que el sol conociera su lugar o antes de que los planetas recorrieran sus órbitas, los intereses de los santos estaban asegurados en Cristo Jesús.

Les resulta especialmente grato recordar la certeza del pacto al meditar en *las fieles misericordias mostradas a David* (Isaías 55:3). Se deleitan en celebrarlo como "firmado, sellado y ratificado, en todo bien ordenado"[54].

A menudo, el corazón del pueblo de Dios se llena de alegría al pensar en la inmutabilidad del pacto: un pacto que ni el tiempo ni la eternidad, ni la vida ni la muerte, podrán jamás romper. ¡Es un pacto tan antiguo como la eternidad y tan eterno como la Roca de los Siglos!

También se regocijan al deleitarse en la plenitud de este pacto, pues ven en él todas las cosas provistas para ellos. Dios es su porción, Cristo es su compañero, el Espíritu Santo es su Consolador, la tierra es Su albergue y el cielo es Su hogar. Ven en Él una herencia reservada y esperando a todo aquel que tenga un interés salvador en su antigua y eterna escritura del don celestial.

Sus ojos brillaron al verlo como un tesoro oculto en la Biblia. Pero, ¡oh, cuánto se alegraron sus almas al ver en el último testamento de su Pariente divino que les fue entregado!

Además de todo esto, es un placer para el pueblo de Dios contemplar la gracia de este pacto. Ven que la ley fue invalidada porque era un pacto de obras y que se basaba en el mérito. Sin embargo, entienden que este pacto es perdurable porque se basa en la gracia. La gracia es la condición, la gracia es el linaje, la gracia es la fortaleza, la gracia es el fundamento y la gracia es la cima. El pacto es un tesoro de riqueza, un almacén de alimento, una fuente de vida, un tesoro de salvación, una carta de paz y un remanso de alegría.

54　Esto es del himno en inglés de John Kent, "Come, Saints, and Sing in Sweet Accord".

27 de agosto

¿Hasta cuándo no creerán en Mí? (Números 14:11).

Esfuérzate con toda diligencia por mantener alejado a ese monstruo de la incredulidad. Es tan deshonroso para Cristo que Él retirará Su presencia visible si Lo insultamos al consentirlo. Es cierto que es una mala hierba que nunca podremos arrancar por completo de la tierra, pero debemos atacarla de raíz con celo y perseverancia. Entre todas las cosas odiosas, es la más aborrecible. Su naturaleza dañina es tan venenosa que hiere tanto a quien la ejerce como a contra quien la ejerce.

En tu caso, oh creyente, es sumamente perverso, pues las misericordias de tu Señor en el pasado aumentan tu culpa al dudar de Él ahora. Cuando desconfías del Señor Jesús, Él bien podría exclamar: *Así que yo estoy oprimido debajo de ustedes como está oprimida una carreta llena de gavillas* (Amós 2:13). Esto es coronarle la cabeza con las espinas más agudas. Es muy cruel que una esposa amada desconfíe de su amable y fiel esposo. El pecado es innecesario, insensato e injustificado. Jesús nunca ha dado el más mínimo motivo de sospecha y es difícil que duden de nosotros aquellos con quienes nuestra conducta es consistentemente cariñosa y sincera.

Jesús es el Hijo del Altísimo y posee riquezas ilimitadas. Es vergonzoso dudar de la Omnipotencia y desconfiar de la suficiencia total. El ganado de mil colinas bastará para nuestro apetito más voraz (Salmo 50:10) y es improbable que los almacenes del cielo se vacíen con nuestra comida (Malaquías 3:10). Si Cristo fuera solo una cisterna, pronto agotaríamos su plenitud, pero ¿quién puede vaciar una fuente? Innumerables cristianos han sacado sus provisiones de Él y ninguno de ellos se ha quejado de la insuficiencia de Sus recursos.

Desechen, pues, a este traidor mentiroso de la incredulidad, pues su único propósito es cortar los lazos de la comunión y hacernos lamentar la ausencia de un Salvador. John Bunyan nos dice que la incredulidad tiene tantas vidas como un gato. Si es así, matemos una vida ahora y luego continuemos la obra hasta que las nueve desaparezcan. ¡Abajo contigo, traidor! ¡Mi corazón te aborrece!

28 de agosto

...aceite para el alumbrado (Éxodo 25:6).

Necesitas desesperadamente este aceite, pues tu lámpara no durará mucho sin él. Tu lámpara humeará y olerá mal si el fuego se apaga, y se apagará si no tienes aceite. No tienes un pozo de aceite brotando en tu naturaleza humana, y por lo tanto debes acudir a quienes lo venden. Debes comprarlo para ti mismo, o como las vírgenes insensatas, tendrás que clamar: *nuestras lámparas se apagan* (Mateo 25:8).

Ni siquiera las lámparas consagradas podían alumbrar sin aceite. Aunque brillaban en el tabernáculo, necesitaban ser alimentadas. Aunque no soplaran vientos fuertes sobre ellas, necesitaban ser recortadas. Tu necesidad es igual de grande. En las circunstancias más benditas, no puedes alumbrar ni una hora más a menos que se te dé aceite fresco de la gracia.

No todo tipo de aceite puede usarse en el servicio del Señor. Ni el petróleo que se encuentra tan abundantemente en la tierra, ni el aceite de pescado, ni el extraído de nueces serían aceptados. Solo se podía usar un tipo de aceite: el mejor aceite de oliva. La gracia fingida de la bondad natural, la gracia imaginada de manos sacerdotales o la gracia imaginaria de las ceremonias religiosas nunca funcionarán para el verdadero santo de Dios. Él sabe que el Señor no se complacería con ríos de tal aceite (Miqueas 6:7).

En cambio, va al lagar de Getsemaní y se abastece de Aquel que allí fue molido. El aceite de la gracia del Evangelio es puro y libre de impurezas, por lo que la luz que alimenta es clara y brillante. Nuestras iglesias son el candelero de oro del Salvador, y para ser luces en este mundo oscuro, deben tener mucho de este aceite santo.

Oremos por nosotros, nuestros ministros y nuestras iglesias, para que nunca les falte aceite para la luz. La verdad, la santidad, el gozo, el conocimiento y el amor son rayos de la luz sagrada, pero no podemos brillar a menos que recibamos aceite fresco del Espíritu Santo cuando estamos a solas con Dios.

29 de agosto

Ten piedad de mí, oh Dios, conforme a Tu misericordia; conforme a lo inmenso de Tu compasión, borra mis transgresiones (Salmo 51:1).

Cuando William Carey padecía una grave enfermedad, le preguntaron: "Si esta enfermedad resultara fatal, ¿qué pasaje elegirías como texto para tu sermón fúnebre?". Él respondió: "Oh, siento que una criatura tan pobre y pecadora es indigna de que se diga nada de él; pero si se debe predicar un sermón fúnebre, que sea con estas palabras: *Ten piedad de mí, oh Dios, conforme a Tu misericordia; conforme a lo inmenso de Tu compasión, borra mis transgresiones.*

Con el mismo espíritu de humildad, ordenó en su testamento que se grabara en su lápida la siguiente inscripción, y nada más: "William Carey, un gusano miserable, pobre e indefenso, en Tus brazos bondadosos caigo".

Solo sobre la base de la gracia inmerecida pueden los santos más experimentados y honrados acercarse a su Dios. Las mejores personas son conscientes, por encima de todos, de que, en el mejor de los casos, son solo humanos. Los barcos vacíos flotan alto, pero las embarcaciones cargadas se hunden. De la misma manera, quienes simplemente profesan ser cristianos pueden jactarse, pero los verdaderos hijos de Dios claman por misericordia debido a su ineficacia.

Necesitamos que el Señor muestre misericordia sobre nuestras buenas obras, nuestras oraciones, nuestra evangelización, nuestras ofrendas y nuestras cosas más santas. La sangre no solo fue rociada sobre los postes de las moradas de Israel, sino también sobre el santuario, el propiciatorio y el altar, porque cuando el pecado se introduce en nuestras cosas más santas, la sangre de Jesús es necesaria para purificarlas de la contaminación. Si es necesario mostrar misericordia hacia nuestros deberes santos, ¿qué se puede decir de nuestros pecados?

¡Qué dulce es saber que una misericordia ilimitada nos espera para ser bondadosa con nosotros, restaurar nuestras rebeliones y hacer que nuestros huesos rotos se regocijen!

30 de agosto

Espera al Señor (Salmo 27:14).

uede parecer fácil esperar, pero es una de las posturas que un soldado cristiano no puede aprender sin años de enseñanza. Marchar y luchar es mucho más fácil para los guerreros de Dios que quedarse quietos. Hay horas de incertidumbre en las que el espíritu más dispuesto, deseoso de servir al Señor, no está seguro de qué camino tomar. Entonces, ¿qué haremos? ¿Atormentarnos en la desesperación? ¿Retroceder cobardemente? ¿Desviarnos por miedo? ¿Avanzar con presunción? ¡No! Simplemente esperamos.

Sin embargo, esperemos en oración. Invoquemos a Dios y expongamos el caso ante Él. Cuéntale nuestra dificultad y suplícale Su promesa de ayuda. En los dilemas entre un deber y otro, es dulce ser humilde como un niño y esperar con sencillez de alma en el Señor. Seguramente nos irá bien cuando sintamos y conozcamos nuestra propia falta de sentido común y estemos dispuestos de todo corazón a dejarnos guiar por la voluntad de Dios.

Espera con fe. Expresa tu confianza inquebrantable en Él, pues la espera infiel y desconfiada es solo un insulto al Señor. Cree que si Él te hace esperar incluso hasta la medianoche, aun así vendrá en el momento oportuno. La visión vendrá. No tardará (Habacuc 2:3).

Espera con paciencia silenciosa. No te rebeles porque estés bajo aflicción, sino da gracias a Dios por ella. Nunca te quejes de la causa secundaria, como lo hicieron los hijos de Israel contra Moisés. Nunca desees volver al mundo, sino acepta la situación tal como es. Tal como es, ponla en las manos de tu Dios del pacto con sencillez y con todo tu corazón, sin ninguna obstinación.

Señor, no se haga mi voluntad, sino la Tuya. No sé qué hacer. Estoy en circunstancias desesperadas, pero esperaré hasta que separes las aguas o hagas retroceder a mis enemigos. Esperaré, aunque te demores muchos días, porque mi corazón está puesto solo en Ti, oh Dios, y mi espíritu te espera con la plena convicción de que seguirás siendo mi alegría y mi salvación, mi refugio y mi torre fuerte.

31 de agosto

En Mi brazo ponen su esperanza (Isaías 51:5).

En épocas de severas pruebas, el cristiano no tiene nada en la tierra en que pueda confiar, y por lo tanto, se ve obligado a confiarse solo a Dios. Cuando su barco se hunde rápidamente y ninguna liberación humana puede servirle, debe confiar simple y completamente en la providencia y el cuidado de Dios. ¡Es una tormenta beneficiosa la que naufraga en una roca como esta! ¡Es un huracán precioso que impulsa el alma hacia Dios y solo a Dios!

Hay momentos en que descuidamos recurrir a Dios porque, en cambio, hablamos con nuestros muchos amigos; pero cuando una persona es tan pobre, tan desamparada y tan indefensa que no tiene a quién recurrir, se refugia en los brazos de su Padre y es maravillosamente sostenida en esos brazos amorosos. Cuando se siente agobiado por problemas tan apremiantes y pesados que no puede contárselos a nadie más que a su Dios, debería estar agradecido por ellos, pues entonces aprenderá más de su Señor que en cualquier otro momento. ¡Oh, creyente azotado por la tempestad, es una feliz tribulación la que te lleva a tu Padre!

Ahora que solo tienes a tu Dios en quien confiar, asegúrate de depositar tu plena confianza en Él. No deshonres a tu Señor y Maestro con dudas y temores indignos, sino sé fuerte en la fe, dando gloria a Dios. Muestra al mundo que tu Dios vale diez mil mundos para ti. Muestra a los ricos cuán ricos son en su pobreza cuando el Señor Dios es tu ayudador. Muestra al hombre fuerte cuán fuerte son en su debilidad cuando son sostenidos por los brazos eternos. Ahora es el momento de proezas de fe y hazañas valientes.

Sé fuerte y muy valiente, y el Señor tu Dios ciertamente, tan ciertamente como construyó los cielos y la tierra, se glorificará en tu debilidad y magnificará Su poder en medio de tu angustia. La grandeza del cielo se arruinaría si el firmamento se apoyara en una sola columna visible y tu fe perdería su gloria si descansara en algo perceptible para el ojo humano. Que el Espíritu Santo te dé la fuerza para descansar en Jesús este último día del mes.

Septiembre

1 de septiembre

Con Tu consejo me guiarás, y después me
recibirás en gloria (Salmo 73:24).

El salmista sintió la necesidad de la guía divina. Acababa de descubrir la necedad de su propio corazón y para no dejarse llevar constantemente por ella, decidió que el consejo de Dios lo guiaría de ahí en adelante. Reconocer nuestra propia necedad es un gran paso hacia la sabiduría, cuando nos lleva a confiar en la sabiduría del Señor. El ciego se apoya en el brazo de su amigo y llega a casa sano y salvo. De la misma manera, debemos entregarnos por completo a la guía divina, sin dudar nada, seguros de que, aunque no podamos ver, siempre es seguro confiar en el Dios que todo lo ve.

Me guiarás es una bendita expresión de confianza. Asaf, el autor de este salmo, estaba seguro de que el Señor no se negaría a ayudarlo. Esa es una palabra para ti, oh creyente; confía en ella. Ten la seguridad de que Dios será tu Consejero y Amigo. Él te guiará. Él dirigirá todos tus caminos. Esta seguridad se cumple en parte en Su Palabra escrita, pues la Sagrada Escritura es Su consejo para ti.

¡Somos bendecidos por tener siempre la Palabra de Dios para guiarnos! ¿Qué sería del marinero sin su brújula? ¿Qué sería del cristiano sin su Biblia? Este es el mapa infalible. Es el mapa donde se describe cada peligroso banco de arena y todos los canales, desde las arenas movedizas de la destrucción hasta el puerto de la salvación, han sido trazados y marcados por Aquel que conoce el camino.

¡Bendito seas, oh Dios, porque podemos confiar
en que nos guiarás ahora y hasta el fin!

Tras esta guía a lo largo de la vida, el salmista anticipa una recepción divina al final: *y después me recibirás en gloria.* ¡Qué pensamiento para ti, creyente! ¡Dios mismo te recibirá en la gloria! Has estado vagando, errando y extraviándote, pero Él te llevará al fin a salvo a la gloria. Esta es tu porción; vive de ella hoy, y si los problemas te rodean, ¡ve con la fuerza de este texto directo al trono!

2 de septiembre

La suegra de Simón estaba en cama con fiebre, y
enseguida hablaron a Jesús de ella (Marcos 1:30).

Este breve vistazo a la casa del pescador apostólico es muy interesante. Rápidamente vemos que las alegrías y las preocupaciones del hogar no son un obstáculo para llevar a cabo el ministerio para el Señor. Más bien, dado que brindan la oportunidad de presenciar personalmente la obra misericordiosa del Señor en nuestra propia sangre, pueden incluso instruir al maestro mejor que cualquier otra disciplina terrenal. Los católicos romanos y los de otros grupos religiosos pueden criticar el matrimonio, pero el verdadero cristianismo y la vida familiar se llevan bien.

La casa de Pedro probablemente era la humilde cabaña de un pescador, pero el Señor de la Gloria entró, se alojó en ella y obró un milagro. Si este pequeño libro se lee esta mañana en alguna humilde cabaña, que este hecho anime a los habitantes a buscar la compañía del Rey Jesús. Dios está más a menudo en chozas pobres que en palacios ricos. Jesús está mirando tu habitación ahora, esperando ser misericordioso contigo.

La enfermedad había entrado en la casa de Simón. Una fiebre mortal había debilitado a su suegra y en cuanto llegó Jesús, le contaron la triste aflicción. Se apresuró a ir a la cama de la paciente. ¿Tienes alguna enfermedad en casa esta mañana? Encontrarás a Jesús, sin duda, como el mejor médico. Acude a él de inmediato y cuéntale todo el asunto. Preséntale el caso inmediatamente. Se trata de alguien de Su pueblo, y por lo tanto, será importante para Él.

Observa que el Salvador sanó de inmediato a la enferma. Nadie puede sanar como Él. Quizás no estemos seguros de que el Señor eliminará de inmediato toda enfermedad de quienes amamos, pero podemos saber que la oración con fe por los enfermos tiene muchas más probabilidades de ser seguida por la restauración que cualquier otra cosa en el mundo, y cuando esto no sirva de nada, debemos someternos humildemente a Su voluntad, es quien determina la vida y la muerte. El tierno corazón de Jesús espera escuchar nuestras penas. Digámoslo, pues, a Su paciente oído.

7 de septiembre

...amado de mi alma (Cantares 1:7).

Es bueno poder decir, sin peros ni reservas, del Señor Jesús: *amado de mi alma*. Muchos solo pueden decir de Jesús que esperan amarlo o creen amarlo, pero solo quienes tienen una experiencia pobre y superficial se contentarán con seguir así. Nadie debe dar descanso a su espíritu hasta que esté completamente seguro de este asunto de vital importancia. No debemos conformarnos con una esperanza superficial de que Jesús nos ama, ni con una mera esperanza de amarlo. Los antiguos santos no solían hablar con peros, esperanzas ni pensamientos, sino con claridad y certeza. *Yo sé en quién he creído*, dijo Pablo (2 Timoteo 1:12). *Yo sé que mi Redentor vive*, dijo Job (Job 19:25).

Obtén un conocimiento definitivo de tu amor por Jesús y no te conformes hasta que puedas hablar de tu relación con Él como una realidad, la cual has asegurado al haber recibido el testimonio del Espíritu Santo y por Su sello en tu alma por la fe (2 Corintios 1:22). El verdadero amor por Cristo es obra del Espíritu Santo en todo caso, y debe ser obrado por Él en el corazón. Él es la causa eficaz de ello.

La razón lógica por la que amamos a Jesús, sin embargo, reside en Él mismo. ¿Por qué amamos a Jesús? *Porque Él nos amó primero* (1 Juan 4:19). ¿Por qué amamos a Jesús? Porque *Él se dio por nosotros* (Tito 2:14). Tenemos vida por Su muerte. Tenemos paz por Su sangre (Colosenses 1:20). Aunque era rico, por amor a nosotros se hizo pobre (2 Corintios 8:9). ¿Por qué amamos a Jesús? Por la excelencia de Su persona. Nos llena una sensación de Su belleza, una admiración por Su hermosura y una conciencia de Su infinita perfección. Su grandeza, bondad y hermosura, en un solo rayo brillante, se combinan para cautivar el alma hasta que queda tan fascinada que exclama: "¡Sí, todo Él es codiciable!". ¡Qué amor tan gozoso es este, un amor que ata el corazón con cadenas más suaves que la seda, pero más sólidas que la piedra!

4 de septiembre

*Movido a compasión, Jesús extendió la mano, lo tocó
y le dijo: "Quiero; sé limpio"* (Marcos 1:41).

La antigua oscuridad escuchó la orden del Todopoderoso: *Sea la luz* (Génesis 1:3), y al instante fue la luz. La palabra del Señor Jesús es igual en majestad a esa antigua palabra de poder. La redención, como la creación, tiene Su palabra poderosa. Jesús habla, y se hace. La lepra no cedió a ningún remedio humano, pero huyó de inmediato al *quiero* del Señor. La enfermedad no mostró señales esperanzadoras ni indicios de recuperación. La naturaleza no contribuyó en nada a su propia curación, pero la palabra de Jesús, sin ayuda, realizó toda la obra entonces y para siempre.

El pecador se encuentra en una condición más miserable que el leproso. El pecador debe imitar el ejemplo del leproso y acudir a Jesús, suplicando ser sanado. Que ejerza la poca fe que le queda, aunque no vaya más allá de: *Si quieres, puedes limpiarme* (Marcos 1:40). No hay duda del resultado. Jesús sana a todos los que acuden a Él y no expulsa a nadie.

Es digno de mención devota que Jesús tocó al leproso. Esta persona impura había quebrantado las normas de la ley ceremonial y se había metido en la casa, pero en lugar de reprenderlo, Jesús mismo quebrantó la ley para encontrarse con él. Hizo un trato con el leproso, pues si bien Jesús lo purificó, contrajo una impureza levítica por ese toque.

De la misma manera, Jesucristo fue hecho pecado por nosotros, aunque en Sí mismo no conoció pecado, para que fuéramos hechos *justicia de Dios en Él* (2 Corintios 5:21). Si los pobres pecadores acudieran a Jesús, creyendo en el poder de Su bendita obra sustitutiva, pronto aprenderían el poder de Su toque misericordioso. Esa misma mano que multiplicó los panes, que salvó a Pedro, que se hundía, que sostiene a los santos afligidos y que corona a los creyentes, tocará a todo pecador que busca y lo limpiará en un instante. El amor de Jesús es la fuente de la salvación. Él nos ama, Él nos mira, Él nos toca… ¡y vivimos!

5 de septiembre

¡Ay de mí, porque soy peregrino en Mesec, y habito
en las tiendas de Cedar! (Salmo 120:5).

Como cristiano, tienes que vivir en medio de un mundo impío, y de poco te sirve gritar: *¡Ay de mí!*

Jesús no oró para que Sus discípulos fueran sacados del mundo (Juan 17:15) y lo que Él no pidió, tú no tienes por qué desearlo. Es mucho mejor afrontar la dificultad con la fuerza del Señor y glorificarlo en ella.

El Enemigo siempre está al acecho para detectar inconsistencias en tu conducta. Por lo tanto, sé muy santo. Recuerda que los ojos de todos están puestos en ti y que se espera más de ti que de los demás. Esfuérzate por no dar lugar a reproches. Que tu bondad y piedad sean las únicas faltas que se puedan descubrir en ti. Como Daniel, haz que digan de ti: *No encontraremos ningún motivo de acusación contra este Daniel a menos que encontremos algo contra él en relación con la ley de su Dios* (Daniel 6:5).

Procura ser útil y constante. Quizás pienses: "Si estuviera en circunstancias más favorables, podría servir a la causa del Señor, ¡pero no puedo hacer ningún bien donde estoy!". Pero cuanto peor sea la gente con la que vives, ¡más necesitan de tus esfuerzos! Si son torcidos, ¡más necesitan que los corrijas! Si son obstinados, más necesitas que vuelvas sus orgullosos corazones a la verdad. ¿Dónde debería estar el médico sino donde hay muchos enfermos? El honor lo gana el soldado en el fuego más intenso de la batalla.

Cuando estés cansado de la lucha y el pecado que te acechan por todas partes, considera que todos los santos han pasado por la misma prueba. No fueron llevados en camas al cielo y no debes esperar viajar con más facilidad que ellos. Tuvieron que arriesgar sus vidas en medio del campo de batalla y tú no serás coronado hasta que también hayas soportado penalidades *como buen soldado de Cristo Jesús* (2 Timoteo 2:3). *Estén alerta, permanezcan firmes en la fe, pórtense varonilmente, sean fuertes* (1 Corintios 16:13).

6 de septiembre

*…para que sean irreprensibles y sencillos, hijos de Dios sin tacha
en medio de una generación torcida y perversa, en medio de la cual
ustedes resplandecen como luminares en el mundo* (Filipenses 2:15).

Usamos luces para hacer que las cosas se vean con claridad. La vida de un cristiano debe brillar tanto que nadie pueda vivir ni trabajar con él una semana sin conocer el evangelio. Su vida y su hablar deben ser tales que todos a su alrededor reconozcan claramente a quién pertenece y a quién sirve. Deben ver la imagen de Jesús reflejada en sus acciones diarias.

Las luces sirven de guía. Debemos ayudar a quienes nos rodean y están en la oscuridad. Debemos presentarles la Palabra de Vida. Debemos guiar a los pecadores hacia el Salvador y a los cansados hacia un lugar de descanso divino. A veces, la gente lee la Biblia y no la entiende; debemos estar listos, como Felipe, para instruir al que pregunta sobre el significado de la Palabra De Dios, el camino de la salvación y la vida de piedad (Hechos 8:30-35).

Las luces también se usan como advertencia. Sin duda, se erigirá un faro en nuestras rocas y costas. Los cristianos deben saber que hay muchas luces falsas en todo el mundo y, por lo tanto, se necesita la luz correcta. Antes, había personas conocidas como "destructores" que se paraban en la orilla e intentaban causar un naufragio para lucrarse con los restos. Los "destructores" de Satanás siempre están al acecho, tentando a los impíos a pecar bajo el nombre del placer. Alzan la luz equivocada. Asegurémonos, pues, de iluminar con la luz verdadera cada roca peligrosa, señalando cada pecado y diciendo a los demás a qué conduce, para que estemos limpios de la sangre de todos, brillando como luces en el mundo.

Las luces también tienen una influencia muy reconfortante, al igual que los cristianos. Un cristiano debe ser un consolador, con palabras amables en sus labios y compasión en su corazón. Debe llevar la luz del sol dondequiera que vaya y debe esparcir felicidad a su alrededor.

7 de septiembre

*Como no pudieron acercarse a Jesús a causa de la
multitud, levantaron el techo encima de donde Él estaba;
y cuando habían hecho una abertura, bajaron la camilla
en que estaba acostado el paralítico* (Marcos 2:4).

La fe está llena de creatividad. La casa estaba llena y una multitud bloqueaba la entrada, pero la fe encontró la manera de llegar al Señor y colocar al paralítico ante Él. Si no podemos llevar a los pecadores adonde está Jesús por métodos ordinarios, debemos usar métodos extraordinarios. Según Lucas 5:19, parece que hubo que quitar las tejas, lo que generaría polvo y representaría algún peligro para los que estaban abajo; sin embargo, cuando la situación es muy urgente, no debemos tener reparos en correr riesgos y romper algunas normas de etiqueta. Jesús estaba allí para sanar, y por lo tanto, pasara lo que pasara, la fe lo arriesgó todo para que el pobre paralítico a su cargo pudiera recibir el perdón de sus pecados.

¡Necesitamos una fe más audaz entre nosotros! Querido lector, ¿no podemos buscarla esta mañana para nosotros mismos y para nuestros compañeros de trabajo? ¿No intentaremos hoy realizar algún acto valiente por amor a las almas y la gloria del Señor?

El mundo inventa cosas constantemente. El ingenio sirve a todos los propósitos del deseo humano; ¿no puede la fe inventar también y alcanzar a los marginados que perecen a nuestro alrededor por algún medio nuevo? Fue la presencia de Jesús la que inspiró el coraje victorioso en los cuatro que cargaban al paralítico, y ¿no está el Señor entre nosotros ahora? ¿Hemos visto Su rostro con nuestros propios ojos esta mañana? ¿Hemos sentido Su poder sanador en nuestras propias almas?

Si es así, entonces, por la puerta, la ventana o el tejado, trabajemos para llevar a las pobres almas a Jesús, superando todos los obstáculos. Todos los métodos son buenos y apropiados cuando la fe y el amor están verdaderamente centrados en ganar almas. Si el hambre de pan puede atravesar muros de piedra, entonces, sin duda, el hambre de almas no debe verse obstaculizada en sus esfuerzos.

8 de septiembre

De Mí procede tu fruto (Oseas 14:8).

En cuanto a la unión, nuestro fruto proviene de nuestro Dios. El fruto de la rama se remonta directamente a la raíz. Si se corta la conexión, la rama muere y no produce fruto. En virtud de nuestra unión con Cristo, producimos fruto. Cada racimo de uvas nació en la raíz, pasó por el tallo, fluyó por los vasos de savia y se formó externamente en fruto, pero primero estuvo en el tallo. De la misma manera, toda buena obra fue primero en Cristo y luego se manifestó en nosotros. Oh, cristiano, aprecia esta preciosa unión con Cristo, pues debe ser la fuente de toda la fecundidad que puedas esperar conocer. Si no estuvieras unido a Jesucristo, serías una rama estéril.

En cuanto a la providencia espiritual, nuestro fruto proviene de Dios. Cuando las gotas de rocío caen del cielo, cuando la nube mira hacia abajo desde lo alto y está a punto de destilar su tesoro líquido, cuando el sol brillante hincha las bayas del racimo, cada bendición celestial puede susurrar al árbol y decir: "De mí se encuentra tu fruto". El fruto le debe mucho a la raíz, esencial para la fecundidad, pero también a las influencias externas. Le debemos mucho a la providencia de Dios, llena de gracia, que constantemente nos proporciona inspiración, enseñanza, consuelo, fortaleza o cualquier otra cosa que necesitemos. A esto debemos toda nuestra utilidad o virtud.

En cuanto a la agricultura sabia, nuestro fruto proviene de Dios. El cuchillo afilado del jardinero promueve la fecundidad del árbol al desramar los racimos y cortar los sarmientos improductivos. Lo mismo ocurre, cristiano, con la poda que el Señor te da. *Yo soy la vid verdadera, y mi Padre es el viñador. Todo sarmiento que en mí no da fruto, lo quita; y todo el que da fruto, lo poda para que dé más fruto* (Juan 15:1-2).

Ya que nuestro Dios es el autor de nuestras gracias espirituales, ¡démosle toda la gloria de nuestra salvación!

9 de septiembre

*Clama a mí, y yo te responderé, y te revelaré cosas grandes
y e inaccesibles, que tú no conoces* (Jeremías 33:3).

ay diferentes traducciones de las palabras en nuestro texto. Una versión lo traduce como: "Te mostraré cosas grandes y fortificadas". Otra dice "cosas grandes y reservadas". Hay cosas reservadas y especiales en la experiencia cristiana. No todos los desarrollos de la vida espiritual se alcanzan fácilmente. Existen las formas y sentimientos comunes de arrepentimiento, fe, gozo y esperanza que disfruta toda la familia, pero hay un reino superior de gozo, comunión y unión consciente con Cristo que está muy por encima de la morada común de los creyentes.

No todos tenemos el gran privilegio de Juan de recostarse en el pecho de Jesús (Juan 13:23), ni el de Pablo de ser *arrebatado hasta el tercer cielo* (2 Corintios 12:2). Hay alturas en el conocimiento experiencial de las cosas de Dios que la mirada penetrante del discernimiento y el pensamiento filosófico jamás han visto; solo Dios puede llevarnos allí. Pero el carro en el que Él nos lleva, y los corceles de fuego que lo arrastran, son oraciones que prevalecen.

La oración que prevalece alcanza la victoria con el Dios de misericordia. *Y en su madurez luchó con Dios. Sí, luchó con el ángel y prevaleció, lloró y le pidió Su ayuda; en Betel lo encontró, y allí Él habló con nosotros* (Oseas 12:3-4). La oración que prevalece lleva al cristiano al Carmelo y le permite cubrir el cielo con nubes de bendición y la tierra con torrentes de misericordia. La oración que prevalece lleva al cristiano a Pisga y le muestra la herencia reservada. Nos eleva al Tabor y nos transfigura hasta que somos a la semejanza de nuestro Señor. Como Él es, así somos nosotros en este mundo. Si quieres alcanzar algo más elevado que la experiencia ordinaria y baja, mira a la Roca que es más alta que tú (Salmo 61:2) y mira con el ojo de la fe a través de la ventana de la oración persistente. Cuando abres la ventana de tu lado, no estará cerrada con cerrojo en el otro.

10 de septiembre

Después Jesús subió al monte, llamó a los que Él
quiso, y ellos vinieron a Él (Marcos 3:13).

Esto era soberanía. Las personas impacientes pueden despotricar y desvariar porque no son llamadas a los puestos más altos del ministerio. Debemos regocijarnos de que Jesús llame a quien Él quiere. Si Él me permite ser portero en Su casa, le agradeceré con alegría Su gracia al permitirme hacer cualquier cosa en Su servicio. El llamado de los siervos de Cristo viene de arriba. Jesús está en el monte, cada vez más por encima del mundo en santidad, fervor, amor y poder

Aquellos a quienes Él llama deben subir al monte hacia Él. Deben procurar elevarse a Su nivel viviendo en constante comunión con Él. Quizás no puedan alcanzar honores en las lenguas antiguas ni alcanzar eminencia académica, pero deben, como Moisés, subir al monte de Dios y tener una comunión estrecha con el Dios invisible, o nunca serán aptos para proclamar el evangelio de la paz.

Jesús fue solo para tener una comunión íntima con el Padre y nosotros debemos entrar en esa misma compañía divina si queremos bendecir a quienes nos rodean. No es de extrañar que los apóstoles estuvieran revestidos de poder al descender del monte donde estaba Jesús. Esta mañana debemos esforzarnos por ascender al monte de la comunión para que allí podamos ser ordenados a la obra para la que hemos sido apartados. No veamos el rostro del hombre hoy hasta que hayamos visto a Jesús. El tiempo que pasamos con Él es la mejor inversión de nuestro tiempo.

Nosotros también expulsaremos demonios y obraremos milagros si descendemos al mundo fortalecidos con esa energía divina que solo Cristo puede dar. De nada sirve ir a la batalla del Señor hasta que estemos armados con armas celestiales. Debemos ver a Jesús; esto es esencial. Permaneceremos en el propiciatorio hasta que Él se dé a conocer a nosotros de una manera que no lo hace al mundo, y hasta que podamos decir con verdad: *Estuvimos con Él en el monte santo (2 Pedro 1:18).*

11 de septiembre

...salgan de en medio de ellos y apártense (2 Corintios 6:17).

El cristiano, mientras esté en el mundo, no debe ser del mundo. Debe distinguirse de él en el gran propósito de su vida. Para él, vivir debe ser Cristo (Filipenses 1:21). Ya sea que coma, beba o haga cualquier otra cosa, debe hacerlo todo para la gloria de Dios (1 Corintios 10:31). Puedes acumular tesoros, pero guárdalos en el cielo, *donde ni la polilla ni la herrumbre destruyen, y donde ladrones no penetran ni roban* (Mateo 6:20). Puedes esforzarte por ser rico, pero que tu ambición sea ser *rico en fe* y rico *en buenas obras* (Santiago 2:5; 1 Timoteo 6:18). Puedes tener placer, pero cuando estés feliz, canta salmos y alaba al Señor en tu corazón (Efesios 5:19).

En tu espíritu, así como en tus metas en la vida, debes ser diferente del mundo. Demostrarás que perteneces a la raza celestial si esperas humildemente ante Dios, siempre consciente de Su presencia, deleitándote en la comunión con Él y buscando conocer Su voluntad

También debes separarte del mundo en tus acciones. Si algo es correcto, aunque parezca que pierdes con ello, debes hacerlo. Si algo es incorrecto, aunque parezca que ganas con ello, debes rechazar el pecado por amor a tu Maestro. No debes participar en las obras infructuosas de las tinieblas, sino más bien exponerlas y reprenderlas (Efesios 5:11).

Anda como es digno de tu alto llamamiento y dignidad (Efesios 4:1). Recuerda, oh cristiano, que eres hijo del Rey de reyes. Por lo tanto, mantente limpio del mundo (Santiago 1:27). No manches esos dedos que pronto tocarán cuerdas celestiales. No dejes que esos ojos se conviertan en las ventanas de la lujuria que pronto verán al Rey en su hermosura. No dejes que esos pies se contaminen en lugares fangosos que pronto caminarán por las calles doradas. No dejes que esos corazones se llenen de orgullo y amargura, pues pronto se llenarán de cielo y rebosarán de alegría extática.

Entonces, alma mía, elévate y vuela por encima de la multitud desconsiderada;
por encima de los placeres de hoy y los esplendores de los orgullosos.

Allá donde florecen las bellezas eternas y los placeres divinos;
donde brillan las riquezas inagotables y las glorias eternas[55].

---

55   "Nuestra vida no es más que una obra ociosa", de Henry Moore

12 de septiembre

Dios celoso... es el Señor (Nahúm 1:2).

Tu Señor es muy celoso de tu amor, oh, creyente. Él te eligió y no puede soportar que elijas a otro. Te compró con Su propia sangre y no puede soportar que pienses que te perteneces a ti mismo o que perteneces a este mundo. Te amó con tal amor que no se quedaría en el Cielo sin ti. Preferiría morir antes que dejarte perecer. Él no puede soportar que nada se interponga entre el amor de tu corazón y Él mismo.

Él es muy celoso de tu confianza. No permitirá que confíes en un brazo de carne (2 Crónicas 32:8). No puede soportar que caves cisternas rotas (Jeremías 2:13) cuando la fuente rebosante siempre está disponible para ti. Él se alegra cuando nos apoyamos en Él, pero cuando transferimos nuestra dependencia a otro, cuando confiamos en nuestra propia sabiduría o en la sabiduría de un amigo, o peor aún, cuando confiamos en cualquiera de nuestras propias obras, Él se disgusta y nos castigará para acercarnos a Él

Él también es muy celoso de nuestra compañía. No deberíamos tener a nadie con quien conversar tanto como con Jesús. Permanecer solo en Él es el verdadero amor; pero comulgar con el mundo, encontrar suficiente consuelo en nuestras comodidades carnales, preferir incluso la compañía de nuestros hermanos Cristianos a la comunión secreta con Él, es doloroso para nuestro celoso Señor. Él sinceramente desea que permanezcamos en Él y disfrutemos de una comunión constante con Él.

Muchas de las pruebas que nos envía tienen el propósito de apartar nuestros corazones de la criatura y centrarlos más en Él. Que este celo que desea mantenernos cerca de Cristo también nos sea un consuelo, porque si Él nos ama tanto como para preocuparse tanto por nuestro amor, podemos estar seguros de que no permitirá que nada nos haga daño y que nos protegerá de todos nuestros enemigos.

¡Oh, que tengamos gracia este día para guardar nuestros corazones en sagrada pureza sólo para nuestro Amado, cerrando nuestros ojos con santo celo a todas las seducciones del mundo!

13 de septiembre

*Pasando por el valle de Baca [Valle del Llanto] lo
convierten en manantial* (Salmo 84:6).

Esto nos enseña que el consuelo que una persona obtiene a menudo puede ser útil para otra, así como los manantiales o pozos serían utilizados por quienes vinieron después. Quizás leamos un libro lleno de consuelo, y sea como el cayado de Jonatán, que gotea miel (1 Samuel 14:27). Nos damos cuenta de que nuestro hermano estuvo aquí antes que nosotros y cavó este pozo tanto para nosotros como para sí mismo. Muchas *noches de llanto, armonías de medianoche,* un *día eterno,* un *cayado en el lote* y un *consuelo para los dolientes* han sido un pozo cavado por un peregrino para sí mismo, pero que ha resultado igual de útil para otros[56].

Vemos esto especialmente en los Salmos, como: ¿Por qué te desesperas, alma mía? (Salmo 42:5). Los viajeros se han deleitado al ver la huella del hombre en una costa árida, y a nosotros nos encanta ver los hitos de los peregrinos mientras pasan por el valle de las lágrimas.

Los peregrinos cavan el pozo, pero curiosamente, este se llena desde arriba en lugar de desde abajo. Usamos los medios, pero la bendición no brota de ellos. Cavamos un pozo, pero el cielo lo llena de lluvia. *Se prepara el caballo para el día de la batalla, pero la victoria es del Señor* (Proverbios 21:31). Los medios están conectados con el fin, pero no lo producen por sí mismos. La lluvia llena los estanques, de modo que los pozos se convierten en depósitos de agua. Aún hay que trabajar, pero no reemplaza la ayuda celestial.

La gracia puede compararse con la lluvia por su pureza, por su influencia refrescante y vivificante, por venir solo de arriba y por la soberanía con la que se da o se niega. ¡Que nuestros lectores reciban lluvias de bendiciones y que los pozos que han cavado se llenen de agua! ¡Oh, qué son los métodos y las directrices sin la sonrisa del Cielo! Son como nubes sin lluvia y estanques sin agua (Judas v. 12).

*¡Oh Dios de amor, abre las ventanas de los
cielos y derrámanos una bendición!*

---

56   *Night of Weeping, Morning of Joy* fue escrito por Horatius Bonar; *Midnight Harmonies, Or Thoughts for the Season of Solitude and Sorrow* de Octavius Winslow; *The Eternal Day* de Horatius Bonar; *The Crook in the Lot* de Thomas Boston y *Comfort for Mourners* de Henry Law.

14 de septiembre

...y había otras barcas con Él (Marcos 4:36).

Jesús era el Gran Almirante del mar esa noche y Su presencia preservó a todo el convoy. Es bueno navegar con Jesús, aunque sea en una barca pequeña. Cuando navegamos en compañía de Cristo, puede que no tengamos la seguridad de buen tiempo, pues fuertes tormentas pueden sacudir la embarcación que lleva al Señor Jesús y no debemos esperar encontrar el mar menos embravecido alrededor de nuestra propia barca. Si vamos con Jesús, debemos contentarnos con seguir adelante como Él. Cuando las olas son fuertes para Él, lo serán para nosotros. Es mediante la tempestad y las sacudidas que llegaremos a tierra, como Él lo hizo antes que nosotros.

Cuando la tormenta azotó el oscuro lago de Galilea, todos los presentes se reunieron en la oscuridad y todos los corazones temieron el naufragio. Cuando toda la ayuda humana fue inútil, el Salvador dormido se levantó y, con una palabra, transformó el furor de la tormenta en la profunda quietud de la calma. Entonces, la embarcación que transportaba al Señor descansó, al igual que las demás pequeñas embarcaciones. Jesús es la estrella del mar, y aunque hay tristeza en el mar, también hay alegría cuando Jesús está en él.

Que nuestros corazones hagan de Jesús su ancla, su timón, su faro, su bote salvavidas y su puerto. Su iglesia es el buque insignia del Almirante. Sigamos Sus movimientos y animemos a Sus oficiales con nuestra presencia. Él mismo es la gran atracción. Sigamos siempre Su camino, prestemos atención a Sus movimientos, naveguemos según Su carta náutica y nunca temamos mientras esté a nuestro alcance. Ningún barco del convoy naufragará. El gran Comodoro guiará con seguridad cada barco al puerto deseado. Por fe, soltaremos nuestro amarre para otro día de navegación y navegaremos con Jesús en un mar de tribulación. Los vientos y las olas no nos perdonarán, pero todos le obedecen. Por lo tanto, sean cuales sean las tormentas que ocurran en el exterior, la fe sentirá una bendita calma en el interior. Jesús siempre está en el centro de la compañía azotada por el clima; regocijémonos en Él. Su barco ha llegado al refugio, y el nuestro también.

15 de septiembre

No temerá recibir malas noticias (Salmo 112:7).

*C*ristiano, no debes temer la llegada de malas noticias. Si te angustian, ¿en qué te diferencian de la gente del mundo? Otras personas no tienen a tu Dios al cual acudir. Nunca han demostrado su fidelidad como tú y no es de extrañar que estén agobiados por el temor y oprimidos por el miedo. Tú, sin embargo, profesas ser de otro espíritu. Has nacido *de nuevo a una esperanza viva* (1 Pedro 1:3) y tu corazón está en el Cielo y no en las cosas terrenales. Si se te ve tan aprensivo como otros, ¿cuál es el valor de esa gracia que profesas haber recibido? ¿Dónde está la dignidad de esa nueva naturaleza que dices poseer?

Si te llenas de alarma, como otros, sin duda serás inducido a los pecados tan comunes en otros en circunstancias difíciles. Los impíos, cuando son sorprendidos por malas noticias, se rebelan contra Dios. Se quejan y creen que Dios los trata con dureza. ¿Caerás tú en ese mismo pecado? ¿Provocarás al Señor como ellos? Además, los inconversos a menudo se desvían para escapar de las dificultades, y tú seguramente harás lo mismo si tu mente cede a la presión actual.

Confía callado en el Señor y espera en Él con paciencia (Salmo 37:7). Tu mejor opción es hacer como Moisés en el mar Rojo: estar firme y ver *la salvación que el Señor hará hoy* (Éxodo 14:13). Si te dejas llevar por el miedo al oír malas noticias, no podrás afrontar el problema con esa serenidad que te fortalece para el deber y te sostiene en la adversidad. ¿Cómo puedes glorificar a Dios si te haces el cobarde? Los santos a menudo han cantado alabanzas a Dios en medio del fuego, pero ¿acaso tu duda y abatimiento, como si no tuvieras a nadie que te ayudara, magnificarán al Altísimo?

Entonces, ten ánimo y, confiando firmemente en la fidelidad del Dios de tu pacto, que *no se turbe su corazón ni tenga miedo* (Juan 14:27).

16 de septiembre

…partícipes de la naturaleza divina (2 Pedro 1:4).

Participar de la naturaleza divina no significa, por supuesto, convertirse en Dios. Eso no es posible. La criatura no debe participar de la esencia de la Deidad. Siempre debe existir una brecha en cuanto a la esencia entre la criatura y el Creador, pero así como el primer hombre, Adán, fue hecho a imagen de Dios, así también nosotros, por la renovación del Espíritu Santo, somos, en un sentido aún más divino, hechos a imagen del Dios Altísimo, y somos partícipes de la naturaleza divina. Por gracia, somos hechos como Dios.

Dios es amor (1 Juan 4:8). Nos convertimos en amor, porque *todo el que ama es nacido de Dios* (1 Juan 4:7). Dios es verdad. Nos volvemos verdaderos y amamos lo que es verdadero. Dios es bueno (Marcos 10:18) y nos hace buenos por Su gracia para que nos convirtamos en los limpios de corazón que verán a Dios (Mateo 5:8).

Además, nos convertimos en participantes de la naturaleza divina en un sentido aún más elevado; de hecho, es en el sentido más elevado que se puede percibir, sin llegar a ser absolutamente divinos. ¿No nos convertimos en miembros del cuerpo de la persona divina de Cristo? Sí. La misma sangre que fluye en la cabeza fluye en la mano. La misma vida que resucitó a Cristo da nueva vida a Su pueblo, *porque ustedes han muerto, y su vida está escondida con Cristo en Dios* (Colosenses 3:3).

Como si esto no fuera suficiente, estamos casados con Cristo. Él nos ha comprometido consigo mismo en justicia y fidelidad, y el que se une al Señor es un solo espíritu. ¡Oh, qué maravilloso misterio! Lo contemplamos, pero ¿quién puede comprenderlo? Somos uno con Jesús. Somos tan uno con Él que el pámpano no es más uno con la vid que nosotros somos parte del Señor, nuestro Salvador y Redentor.

Mientras nos regocijamos en esto, recordemos que quienes son hechos partícipes de la naturaleza divina revelarán su alta y santa relación en su comunión con los demás. Harán evidente en su andar y conversación diaria que han escapado de la corrupción que hay en el mundo a causa de la lujuria (2 Pedro 1:4). ¡Oh, por una vida más santificada y divina!

17 de septiembre

¡Traédmelo! (Marcos 9:19 RV).

El pobre padre, decepcionado, se alejó desesperanzado de los discípulos y se volvió hacia su Maestro. Su hijo estaba en la peor condición posible y todos los medios habían fracasado; pero el miserable niño pronto fue liberado del Maligno cuando el padre, con fe, obedeció las palabras del Señor Jesús: *¡Traédmelo!*

Sus hijos son un regalo precioso de Dios, pero traen consigo mucha ansiedad. Pueden ser una gran alegría o una gran amargura para sus padres. Pueden estar llenos del Espíritu de Dios o poseídos por el espíritu del mal. En todos los casos, la Palabra de Dios nos da una receta para curar todos sus males: *¡Traédmelo!*

Necesitamos más oración ferviente por ellos mientras aún son muy pequeños. El pecado está ahí, así que nuestras oraciones comiencen a combatirlo. Nuestro clamor por nuestros hijos debe preceder a aquellos que significan su surgimiento real en un mundo de pecado. En los días de su juventud veremos tristes indicios de ese espíritu mudo y sordo que no quiere orar adecuadamente ni escuchar la voz de Dios en el alma, pero Jesús todavía ordena: *¡Traédmelo!*

Cuando crezcan, ¡pueden hundirse en el pecado y hervir de enemistad contra Dios! Entonces, cuando nuestro corazón se rompa, recordemos las palabras del Gran Médico: *¡Traédmelo!* No debemos dejar de orar por ellos hasta que dejen de respirar. Ningún caso es desesperado mientras Jesús viva.

El Señor a veces permite que su pueblo se vea acorralado para que conozcan por experiencia propia lo necesario que es para ellos. Los hijos impíos, cuando nos muestran nuestra impotencia ante la depravación de sus corazones, nos impulsan a acudir al Fuerte en busca de fortaleza, y esto es una gran bendición para nosotros.

Sea cual sea la necesidad de este día, que sea como una fuerte corriente que nos lleve al océano del amor divino. Jesús puede disipar rápidamente nuestra tristeza. Se deleita en consolarnos. ¡Apresurémonos a Él, porque Él espera encontrarse con nosotros!

18 de septiembre

*Si vivimos por el Espíritu, andemos también
por el Espíritu* (Gálatas 5:25).

Las dos cosas más importantes en nuestra santa religión son la vida de fe y el andar de fe. Quien las comprenda adecuadamente no está lejos de ser un maestro en teología experiencial, pues son vitales para la vida Cristiana. Nunca encontrarás una fe verdadera sin la verdadera piedad. Por otro lado, nunca descubrirás una vida verdaderamente santa si no se basa en una fe viva en la justicia de Cristo. ¡Ay de aquellos que buscan una sin la otra!

Hay quienes buscan la fe pero olvidan la santidad. Estas personas pueden tener una doctrina muy elevada, pero estarán profundamente condenadas, porque *con injusticia restringen la verdad* (Romanos 1:18). Hay otros que han buscado la santidad de vida, pero han negado las verdades de la fe. Estas personas son como los fariseos de antaño, de quienes el Maestro dijo que eran *sepulcros blanqueados* (Mateo 23:27). Debemos tener fe, porque este es el fundamento. Debemos tener santidad de vida, porque esta es la estructura. ¿De qué sirve a alguien el simple cimiento de un edificio en tiempos de tormenta? ¿Puede alguien esconderse en él? Necesita una casa que lo cubra, así como cimientos para esa casa.

De la misma manera, necesitamos la estructura de la vida espiritual si queremos tener consuelo en el día de la duda. Pero no busques una vida santa sin fe, pues eso sería construir una casa que no puede brindar refugio permanente porque su cimiento no está sobre la Roca. Que la fe y la vida se unan, y como los dos extremos de un arco, harán que nuestra devoción a Dios sea duradera. Como la luz y el calor que emanan del mismo sol, ambas están llenas de bendición. Como las dos columnas del templo, son para gloria y belleza. Son dos arroyos de la fuente de la gracia, dos lámparas encendidas con fuego santo y dos olivos regados por el cuidado celestial.

*Oh Señor, danos vida interior hoy, y se revelará
exteriormente para Tu gloria.*

19 de septiembre

Para libertad fue que Cristo nos hizo libres (Gálatas 5:1).

sta *libertad* nos permite acceder a la carta del Cielo, la Biblia. Creyente, este es un pasaje de primera clase: *Cuando pases por las aguas, Yo estaré contigo* (Isaías 43:2). Eres libre para vivir en esta promesa. Aquí hay otro: *Porque los montes serán quitados y las colinas temblarán, pero Mi misericordia no se apartará de ti* (Isaías 54:10). Eres bienvenido a la mesa de las promesas.

La Escritura es un tesoro inagotable, lleno de una provisión inagotable de gracia. Es el banco del cielo. Puedes retirarte de ella cuanto quieras, sin precio ni obstáculo. Ven con fe y eres bienvenido a todas las bendiciones del pacto. No hay promesa en la Palabra que te sea retenida. En lo más profundo de las tribulaciones, deja que esta libertad te consuele. En medio de oleadas de angustia, deja que te anime. Cuando la tristeza te rodee, deja que sea tu consuelo. Esta es la muestra de amor de tu Padre. Eres libre de usarla en todo momento.

También eres libre de acercarte al trono de la gracia. Es privilegio del creyente tener acceso en todo momento a su Padre celestial. Cualesquiera que sean nuestros deseos, dificultades o necesidades, tenemos la libertad de entregárselos a Él. No importa cuánto hayamos pecado; podemos pedir y esperar perdón. No importa cuán pobres seamos; podemos suplicar Su promesa de que Él proveerá todo lo necesario. Tenemos permiso para acercarnos a Su trono en todo momento, en la hora más oscura de la medianoche o en el calor más abrasador del mediodía. Ejerce tu derecho, oh creyente, y vive a la altura de tu privilegio.

Eres libre de obtener todo lo que atesoras en Cristo: sabiduría, justicia, santificación y redención (1 Corintios 1:30). No importa cuál sea tu necesidad, porque en Cristo hay plenitud de provisión, ¡y está ahí para ti! ¡Oh, qué libertad la tuya: libertad de la condenación, libertad para reclamar las promesas, libertad para comparecer ante el trono de la gracia y, en última instancia, libertad para entrar al Cielo!

20 de septiembre

¡La espada del Señor y de Gedeón! (Jueces 7:20).

Gedeón ordenó a sus hombres hacer dos cosas. Cubriendo una antorcha con un cántaro de barro, les ordenó, a una señal convenida, que rompieran el cántaro y dejaran que la luz brillara; luego, debían tocar las trompetas y gritar: *¡La espada del Señor y de Gedeón! ¡La espada del Señor y de Gedeón!*

Esto es precisamente lo que todos los cristianos deben hacer. Primero, debes brillar. Rompe el cántaro que oculta tu luz. Tira a un lado la canasta que ha estado ocultando tu vela y brilla. *Así brille la luz de ustedes delante de los hombres* (Mateo 5:16). Que tus buenas obras sean tales que, cuando la gente te vea, sepa que has estado con Jesús (Hechos 4:13).

También debe haber un sonido, el toque de trompeta. Debe haber un esfuerzo activo para congregar a los pecadores proclamando a Cristo crucificado. Llévales el evangelio. Llévalo a su puerta. Ponlo en su camino. No permitas que se escapen. ¡Toca la trompeta justo en sus oídos!

Recuerda que el verdadero grito de guerra de la iglesia es el lema de Gedeón: *¡La espada del Señor y de Gedeón!* Dios debe hacerlo; es Su propia obra. Sin embargo, no debemos quedarnos de brazos cruzados. Debemos esforzarnos: *¡La espada del Señor y de Gedeón!* Si solo clamamos: ¡La espada del Señor!, seremos culpables de una imprudencia frívola. Si solo gritamos: ¡La espada de Gedeón!, demostraremos nuestra dependencia idólatra de un brazo de carne. Debemos armonizar ambas cosas en la práctica: ¡La espada del Señor y de Gedeón!

No podemos hacer nada por nosotros mismos, pero podemos hacerlo todo con la ayuda de nuestro Dios. Por lo tanto, en Su nombre, decidamos salir personalmente y servir con nuestra antorcha encendida de santo ejemplo. Salgamos con nuestros tonos de trompeta de declaración y testimonio sinceros, y Dios estará con nosotros eternamente (Éxodo 15:18).

21 de septiembre

Me regocijaré en ellos haciéndoles bien (Jeremías 32:41).

¡Cuán reconfortante para el corazón del creyente es el deleite que Dios tiene en Sus santos! No vemos ninguna razón en nosotros mismos para que el Señor se complazca en nosotros. No podemos deleitarnos en nosotros mismos, pues a menudo tenemos que gemir, agobiados, conscientes de nuestra pecaminosidad y deplorando nuestra infidelidad. Tememos que el pueblo de Dios no pueda deleitarse mucho en nosotros, pues deben ver tantas de nuestras imperfecciones y nuestra necedad que deberían lamentarse por nuestra debilidad en lugar de admirar nuestros talentos.

Pero nos encanta reflexionar en la verdad sobrenatural, este glorioso misterio: que el Señor se regocija por nosotros como el novio se regocija por la novia. No leemos en ninguna parte que Dios se deleite en las montañas coronadas de nubes ni en las estrellas centelleantes, pero sí leemos que se deleita en Su tierra y en los hijos de los hombres (Proverbios 8:31). Ni siquiera encontramos escrito que los ángeles deleiten Su alma. No dice respecto a los querubines y serafines: *Se te llamará: "Mi deleite está en ella...", porque en ti se deleita el Señor* (Isaías 62:4), pero sí dice todo eso a pobres criaturas caídas como nosotros. Estamos degradados y depravados por el pecado, pero somos salvos, exaltados y glorificados por Su gracia.

¡Qué lenguaje tan fuerte usa para expresar Su deleite en Su pueblo! ¿Quién hubiera imaginado al Eterno prorrumpiendo en un cántico? Sin embargo, está escrito: *Se gozará en ti con alegría... Se regocijará por ti con cantos de júbilo* (Sofonías 3:17). Al contemplar el mundo que había creado, dijo: "Es muy bueno" (Génesis 1:31), pero al contemplar a quienes fueron comprados con la sangre de Jesús, Sus escogidos, pareció como si el gran corazón del Infinito no pudiera contenerse más, sino que rebosara en divinas exclamaciones de gozo.

¿No deberíamos expresar nuestra gratitud ante tan maravillosa declaración de Su amor? Hagámoslo, cantando: *Con todo yo me alegraré en el Señor, me regocijaré en el Dios de mi salvación* (Habacuc 3:18).

22 de septiembre

*Alégrese Israel en su Creador; regocíjense los
hijos de Sión en su Rey* (Salmo 149:2).

Alégrate de corazón, oh creyente, pero ten la certeza de que tu alegría comienza en el Señor. Tienes muchas razones para alegrarte en tu Dios, pues puedes cantar con David: *Dios, mi supremo gozo* (Salmo 43:4). ¡Alégrate de que el Señor reina, de que Él es Rey! ¡Regocíjate de que Él se sienta en el trono y gobierna todas las cosas!

Cada atributo de Dios debería convertirse en un rayo de luz en la luz de nuestra alegría. Conociendo nuestra propia necedad, debería alegrarnos que Él sea sabio. Nosotros, que temblamos ante nuestra debilidad, deberíamos regocijarnos de que Él sea poderoso. Sabiendo que nos marchitamos como la hierba, debería ser siempre un tema de nuestro gozo que Él sea eterno. Dado que cambiamos a cada hora, debería regocijarnos constantemente en que Él es inmutable. Siempre deberíamos alegrarnos en Él al considerar que Él está lleno de gracia, que rebosa de ella, y que nos ha dado esta gracia en el pacto. Siempre deberíamos regocijarnos en Él al saber que esta gracia es nuestra para purificarnos, guardarnos, santificarnos, perfeccionarnos y llevarnos a la gloria.

Esta alegría en Dios es como un río profundo. Apenas hemos tocado su orilla. Conocemos un poco de sus corrientes claras, dulces y celestiales, pero más allá, la profundidad es mayor y la corriente, más vigorosa en su gozo.

El cristiano puede deleitarse no solo en lo que Dios es, sino también en todo lo que Dios ha hecho en el pasado. Los Salmos nos muestran que el pueblo de Dios, en tiempos pasados, solía pensar mucho en las misericordias pasadas de Dios y cantar cada una de ellas. ¡Que el pueblo de Dios ahora ensaya las obras del Señor! Que hablen de Sus obras poderosas y canten al Señor, porque Él ha triunfado gloriosamente (Éxodo 15:21).

Que nunca dejen de cantar, pues a medida que nuevas misericordias fluyen hacia ellos día a día, su alegría por las obras amorosas del Señor en la providencia y la gracia debe manifestarse en una continua acción de gracias. *Hijos de Sión, regocíjense y alégrense en el Señor su Dios* (Joel 2:23).

23 de septiembre

Aceptos en el Amado (Efesios 1:6 RV).

¡Qué maravilloso estado de privilegio! Incluye nuestra justificación ante Dios, pero el término aceptación en griego significa más que eso. Significa que somos objeto de deleite divino, ¡incluso de gozo divino! ¡Qué maravilloso que nosotros, gusanos, mortales, pecadores, seamos objeto del amor divino! Pero esto solo ocurre en el Amado.

Algunos cristianos parecen creer que son aceptados en su propia experiencia. Cuando su corazón vibra y sus esperanzas son brillantes, creen que Dios los acepta, porque se sienten tan elevados, tan celestiales, tan elevados sobre la tierra. Sin embargo, cuando sus almas se aferran al polvo, temen que ya no sean aceptados.

Serían mucho más felices y honrarían mucho más al Salvador si pudieran ver que todas sus grandes alegrías no los exaltan, ni su desánimo los disminuye a los ojos de su Padre, sino que son aceptados en Aquel que nunca cambia. Son aceptados en Aquel que siempre es el amado de Dios, siempre perfecto, siempre *sin mancha ni arruga ni cosa semejante* (Efesios 5:27). Alégrate, pues, creyente, de ser aceptado en el Amado.

Miras hacia dentro y dices: "¡Aquí no hay nada aceptable!". Pero mira a Cristo, porque allí todo es aceptable. Tus pecados te afligen, pero Dios los ha desechado y eres aceptado en el Justo. Tienes que luchar contra la corrupción y la tentación, pero ya eres aceptado en Aquel que ha vencido los poderes del mal. El diablo te tienta, pero ten ánimo; no puede destruirte, porque eres aceptado en Aquel que ha roto la cabeza del dragón rojo. ¡Ni siquiera las almas glorificadas en el Cielo son más aceptadas que tú! Solo son aceptadas en el Cielo *en el Amado,* y tú, incluso ahora, eres aceptado en Cristo de la misma manera.

24 de septiembre

Porque tuve vergüenza de pedir al rey tropas y hombres
de a caballo para protegernos del enemigo en el camino,
pues habíamos dicho al rey: La mano de nuestro Dios es
propicia para con todos los que le buscan, mas Su poder y
Su ira contra todos los que le abandonan (Esdras 8:22).

En muchos sentidos, una caravana del rey habría sido deseable para el grupo de peregrinos, pero la vergüenza justificada no le permitió a Esdras buscarla. No quería que el rey pagano pensara que su profesión de fe en Dios era mera hipocresía. Esdras no quería que el rey pensara que el Dios de Israel no era capaz de preservar a Sus propios adoradores. No podía apoyarse en un brazo de carne en un asunto tan evidentemente del Señor; por lo tanto, la caravana partió sin protección visible, custodiada por Aquel que es la espada y el escudo de Su pueblo (Deuteronomio 33:29).

Es de temer que pocos creyentes sientan este santo celo por Dios. Incluso quienes parecen andar por fe, a veces empañan el brillo de su vida al desear la ayuda del hombre. ¡Qué bendición es no tener apoyo ni soporte, sino permanecer erguidos sobre la Roca de los Siglos, sostenidos solo por el Señor!

¿Buscaría algún verdadero creyente el apoyo del gobierno para su iglesia si recordara que el Señor es deshonrado cuando pide la ayuda del César? ¡Eso sería como confesar que el Señor no pudo suplir las necesidades de Su propia causa! ¿Correríamos tan rápidamente a amigos y familiares en busca de ayuda si recordáramos que el Señor se magnifica por nuestra firme confianza en Su brazo de fuerza? Alma mía, espera solo en Dios (Salmo 62:5).

¿No se supone que debemos usar los recursos humanos? Sí, pero nuestra culpa no radica en descuidarlos; con mucha más frecuencia surge de creer neciamente en ellos en lugar de creer en Dios. No muchos se exceden al descuidar el brazo de la criatura, pero muchos pecan gravemente al darle demasiada importancia. Aprende, querido lector, a glorificar al Señor dejando de lado los métodos y recursos humanos si deshonras el nombre del Señor al usarlos.

25 de septiembre

*Él sea justo y sea el que justifica al que
tiene fe en Jesús* (Romanos 3:26).

abiendo sido justificados por la fe, tenemos paz para con Dios (Romanos 5:1). La conciencia ya no acusa. El juicio ahora decide a favor del pecador en lugar de en su contra. La memoria recuerda los pecados pasados con profundo dolor, pero sin temor al castigo venidero, porque Cristo ha pagado la deuda de Su pueblo en su totalidad y ha recibido el recibo divino. A menos que Dios sea tan injusto como para exigir el doble pago de una deuda, ninguna alma por la que Jesús murió como sustituto podrá jamás ser arrojada al infierno.

Parece ser uno de los principios fundamentales de nuestra naturaleza iluminada creer que Dios es justo. Sabemos que debe ser así, y esto nos aterroriza al principio. ¡Pero es maravilloso que esta misma creencia en que Dios es justo se convierta más tarde en el pilar de nuestra confianza y paz!

Si Dios es justo, entonces yo, pecador, solo y sin sustituto, debo ser castigado. Pero cuando Jesús ocupa mi lugar y es castigado por mí, entonces, si Dios es justo, yo, pecador, en Cristo, ¡jamás podré ser castigado! Dios debe cambiar Su naturaleza antes de que un alma por quien Jesús fue sustituto pueda sufrir el azote de la ley. Por lo tanto, puesto que Jesús tomó el lugar del creyente y rindió el equivalente completo a la ira divina por todo lo que Su pueblo debió haber sufrido como resultado del pecado, el creyente puede exclamar con glorioso triunfo: *¿Quién acusará a los escogidos de Dios?* (Romanos 8:33). ¡No Dios, pues Él ha justificado! ¡No Cristo, pues Él murió y resucitó! (Romanos 8:34).

¡Mi esperanza es segura y firme porque soy un pecador por quien Cristo murió! Mi confianza no reside en que soy santo, sino en que, siendo impío, Jesús es mi justicia. Mi fe no descansa en lo que soy, seré, sentiré o sé, sino en lo que Cristo es, en lo que ha hecho y en lo que está haciendo por mí. ¡La bella doncella de la esperanza cabalga como una reina sobre el león de la justicia!

26 de septiembre

…entre los mirtos que había en la quebrada (Zacarías 1:8).

La visión de este capítulo describe la condición de Israel en los días de Zacarías. Sin embargo, al aplicarse a nosotros, describe la iglesia de Dios tal como la encontramos ahora en el mundo.

La iglesia se compara con un arrayán que florece en un valle. Está escondida, inadvertida y oculta, sin buscar honor ni atraer la atención del ojo descuidado. La iglesia, al igual que su Cabeza, tiene gloria, pero está oculta a los ojos carnales, pues aún no ha llegado el momento de su surgimiento en todo su esplendor.

También se nos sugiere la idea de una seguridad pacífica, pues el arrayán en el valle está tranquilo y en calma mientras la tormenta azota las cimas de las montañas. Las tormentas agotan su fuerza en las escarpadas cumbres de los Alpes, pero allá abajo, donde fluyen los arroyos que alegran la ciudad de nuestro Dios (Salmo 46:4), los mirtos florecen junto a las aguas tranquilas, impasibles ante el viento impetuoso. ¡Cuán grande es la tranquilidad interior de la iglesia de Dios! Aun cuando se enfrenta a la oposición y la persecución, posee una paz que el mundo no puede dar y, por lo tanto, no puede quitar. La paz de Dios, que sobrepasa todo entendimiento, guarda los corazones y las mentes del pueblo de Dios (Filipenses 4:7).

¿Acaso la metáfora no representa convincentemente el crecimiento pacífico y perpetuo de los santos? El mirto no pierde sus hojas, sino que siempre está verde. De la misma manera, la iglesia, incluso en sus peores momentos, aún conserva la bendita frescura de la gracia. A veces, la iglesia ha exhibido el crecimiento más vigoroso cuando su invierno ha sido más duro. Ha prosperado más cuando sus adversidades han sido más severas.

El texto también insinúa victoria. El mirto es el emblema de la paz y también una importante señal de triunfo. Las coronas de los vencedores estaban atadas con mirto y laurel, ¿y acaso no es la iglesia siempre victoriosa? ¿No es todo Cristiano más que vencedor por medio de Aquel que lo amó (Romanos 8:37)? ¡Viviendo en paz, todos los santos se duermen en los brazos de la victoria!

27 de septiembre

*Dichoso tú, Israel; ¿quién como tú, pueblo salvado
por el Señor? (Deuteronomio 33:29).*

uien dice que el cristianismo hace miserables a la gente es completamente ajeno a él. Sería realmente extraño, si nos hiciera miserables, ver a qué alta posición nos exalta. ¡Nos hace hijos de Dios! ¿Crees que Dios daría toda la felicidad a Sus enemigos y reservaría todo el luto para Su propia familia? ¿Tendrán Sus enemigos alegría y gozo, y Sus hijos heredarán tristeza y miseria? ¿Se llamará el pecador, que no tiene parte en Cristo, rico en felicidad, y nosotros andaremos lamentándonos como si fuéramos mendigos sin dinero? ¡No! Nos regocijaremos *en el Señor siempre* (Filipenses 4:4) y nos gloriaremos en nuestra herencia, *pues no habéis recibido un espíritu de esclavitud para volver otra vez al temor, sino que habéis recibido un espíritu de adopción como hijos, por el cual clamamos: ¡Abba, Padre!* (Romanos 8:15).

La vara del castigo debe recaer sobre nosotros a veces, pero produce en nosotros los agradables frutos de la justicia. Por lo tanto, con la ayuda del divino Consolador, nosotros, el *pueblo salvado por el Señor*, nos regocijaremos en el Dios de nuestra salvación. Estamos casados con Cristo, ¿y permitirá nuestro gran Novio que Su esposa se quede en constante dolor? Nuestros corazones están unidos a Él. Somos Sus miembros, y aunque suframos por un tiempo como nuestra Cabeza sufrió una vez, aun ahora somos bendecidos con bendiciones celestiales en Él (Efesios 1:3).

Tenemos la promesa de nuestra herencia en los consuelos del Espíritu, que no son pocos ni pequeños. Como quienes heredarán el gozo eterno, ahora tenemos un anticipo de ese gozo. Hay destellos de la luz del gozo que presagian el amanecer eterno. ¡Nuestras riquezas están más allá del mar! ¡Nuestra ciudad, con cimientos firmes, yace al otro lado del río! Destellos de gloria del mundo eterno alegran nuestros corazones y nos impulsan a seguir adelante. En verdad se dice de nosotros: *Dichoso tú, Israel; ¿quién como tú, pueblo salvado por el Señor?*

28 de septiembre

El Señor mira desde los cielos; Él ve a todos los
hijos de los hombres (Salmo 33:13).

Quizás ninguna figura retórica represente a Dios con mayor gracia que cuando se habla de Él descendiendo de Su trono, bajando del Cielo para contemplar el sufrimiento y atender las necesidades de la humanidad. Amamos a Aquel que, cuando Sodoma y Gomorra estaban llenas de iniquidad, no destruyó esas ciudades hasta haberlas visitado personalmente. No podemos evitar derramar nuestro corazón con afecto por nuestro Señor, quien inclina su oído desde la más alta gloria y lo acerca a los labios del pecador moribundo cuyo corazón desfalleciente anhela la reconciliación. ¡Cómo no amarlo, cuando sabemos que Él cuenta hasta los cabellos de nuestra cabeza (Lucas 12:7), marca nuestros caminos (Job 13:27) y dirige nuestros caminos (Proverbios 16:9)!

Esta gran verdad se nos acerca especialmente al corazón cuando pensamos en cuán atento está Él, no solo a los intereses terrenales de Sus criaturas, sino también a sus preocupaciones espirituales. Aunque hay una gran distancia entre la criatura finita y el Creador infinito, existen vínculos que los unen. Cuando derramas una lágrima, ¡Dios la ve! *Como un padre se compadece de sus hijos, así se compadece el Señor de los que le temen* (Salmo 103:13). Tu suspiro puede conmover el corazón de Dios. Tu susurro puede acercar su oído a ti. Tu oración puede detener Su mano. Tu fe puede mover Su brazo.

No pienses que Dios está en lo alto sin prestarte atención. Por muy pobre y necesitado que seas, el Señor piensa en ti. *Porque los ojos del Señor recorren toda la tierra para fortalecer a aquellos cuyo corazón completamente Suyo* (2 Crónicas 16:9).

29 de septiembre

...entonces el sacerdote mira, y si ve que la lepra ha cubierto todo su cuerpo, declarará limpio al que tenía la infección (Levítico 13:13).

Esta mañana sería bueno que viéramos la enseñanza típica de una regla tan inusual. Nosotros también somos leprosos y podemos interpretar la ley del leproso como aplicable a nosotros mismos. Cuando una persona se ve completamente perdida y arruinada, cubierta por la contaminación del pecado, sin ninguna parte libre de contaminación, y cuando rechaza toda justicia propia y se declara culpable ante el Señor, entonces está limpia por la sangre de Jesús y la gracia de Dios. La iniquidad oculta, no sentida y no confesada es la verdadera lepra, pero cuando el pecado se ve y se siente, ha recibido su golpe mortal, y el Señor mira con ojos de misericordia al alma afligida por él.

Pocas cosas son más mortales que la autocomplacencia y nada es más esperanzador que el arrepentimiento. Debemos confesar que "no somos más que pecado"[57], pues ninguna confesión que no sea esta será la verdad completa. Si el Espíritu Santo obra en nosotros, convenciéndonos de pecado, no tendremos dificultad en reconocerlo; brotará espontáneamente de nuestros labios.

¡Qué consuelo da el texto a quienes están bajo un profundo sentimiento de pecado! El pecado que se lamenta y se confiesa, por malvado y perverso que sea, nunca apartará a nadie del Señor Jesús. Él nunca echará fuera a quienes acudan a Él (Juan 6:37). Aunque seas tan deshonesto como el ladrón, tan impuro como la prostituta, tan brutal como Saulo de Tarso, tan cruel como Manasés o tan rebelde como el Hijo Pródigo, el gran corazón de amor contemplará a quien reconoce que no tiene bondad en sí mismo y lo declarará limpio cuando confíe en Jesús crucificado.

¡Ven a Él, entonces, pobre pecador agobiado! ¡Ven necesitado, ven culpable, ven repugnante y sin excusa! No puedes venir demasiado sucio. ¡Ven tal como eres!

---

57   Esta es una línea del himno en inglés de William Hammond, "Gracious Lord, Incline Thine Ear".

30 de septiembre

*Canten la gloria de Su nombre; hagan
gloriosa Su alabanza* (Salmo 66:2).

No nos corresponde a nosotros alabar a Dios o no. La alabanza es un derecho que le debemos. Todo cristiano, como receptor de Su gracia, está obligado a alabar a Dios día tras día. Es cierto que no tenemos instrucciones autoritarias para la alabanza diaria. No tenemos mandamientos que especifiquen ciertas horas de canto y acción de gracias, pero la ley escrita en el corazón nos enseña que es correcto alabar a Dios. Este mandato no escrito nos llega con tanta fuerza como si hubiera sido escrito en tablas de piedra o entregado desde la cima del estruendoso Sinaí.

Es deber del cristiano alabar a Dios. No solo es un ejercicio placentero, sino también la obligación absoluta de su vida. Aunque siempre estés de luto, no te creas inocente en este aspecto. No pienses que puedes cumplir con tu deber hacia tu Dios sin cánticos de alabanza. Estás atado por los lazos de su amor a bendecir Su nombre mientras vivas. Su alabanza debe estar continuamente en tu boca (Salmo 34:1). Eres bendecido para que puedas bendecirlo. *El pueblo que Yo he formado para Mí proclamará Mi alabanza* (Isaías 43:21). Si no alabas a Dios, no estás produciendo el fruto que Él, el divino Jardinero, tiene derecho a esperar de tus manos.

No dejes, pues, que tu arpa cuelgue de los sauces (Salmo 137:2), sino bájala y esfuérzate, con un corazón agradecido, por producir su música más potente. Levántate y canta Su alabanza. Con cada amanecer, eleva tus notas de acción de gracias. Que cada puesta de sol sea seguida por tu cántico a Él. Rodea la tierra con tus alabanzas. Rodéala de una atmósfera de melodía, y Dios mismo escuchará desde el cielo y aceptará tus cánticos de alabanza.

Octubre

1 de octubre

…frutas escogidas, tanto nuevas como añejas, que he guardado para ti, amado mío (Cantares 7:13).

La esposa desea dar a Jesús todo lo que produce. Nuestro corazón tiene *frutas escogidas, tanto nuevas como añejas*, y las reserva para nuestro Amado. En esta rica temporada otoñal de frutos, examinemos nuestra provisión.

Tenemos frutas nuevas. Deseamos sentir nueva vida, nueva alegría y nueva gratitud. Queremos hacer nuevas resoluciones y queremos llevarlas a cabo con nuevos esfuerzos. Nuestros corazones florecen con nuevas oraciones y nuestras almas se comprometen con nuevas actividades.

Pero también tenemos algunas frutas añejas. Está nuestro primer amor, una fruta selecta, y Jesús se deleita en ella. Está nuestra primera fe: esa fe sencilla por la cual, sin tener nada, llegamos a poseer todas las cosas (2 Corintios 6:10). Está nuestro gozo cuando conocimos al Señor por primera vez; revivámoslo. Conservamos nuestros antiguos recuerdos de las promesas. ¡Cuán fiel ha sido Dios! En la enfermedad, nos cuidó con ternura. En aguas profundas, nos levantó con calma. En el horno de fuego, nos libró con gracia.

¡Frutas añejas, sí! Tenemos muchas, pues sus misericordias han sido más que los cabellos de nuestra cabeza. Debemos lamentar nuestros pecados pasados, pero a menudo nos hemos arrepentido y llorado hasta la cruz, aprendiendo el mérito de Su sangre.

Tenemos frutas esta mañana, tanto nuevas como añejas, pero este es el punto: todas están reservadas para Jesús. En verdad, los mejores y más aceptables servicios son aquellos en los que Jesús es el único objeto del alma, y en los que Su gloria, y solo ella, es la meta de todos nuestros esfuerzos. Que nuestras muchas frutas sean guardadas solo para nuestro Amado. Mostrémoslos cuando Él esté con nosotros, y no los exaltemos para que los hombres los vean y admiren.

Jesús, abriremos la puerta de nuestro jardín, y nadie entrará a robarte ni un solo buen fruto de la tierra que has regado con Tu sudor sangriento. Todo lo nuestro será Tuyo, y solo Tuyo, ¡oh Jesús, nuestro Amado!

2 de octubre

...la esperanza reservada para ustedes en los cielos (Colosenses 1:5).

Nuestra esperanza en Cristo para el futuro es la fuente principal y el fundamento de nuestro gozo aquí en la tierra. Nos revitalizará el pensar a menudo en el Cielo, pues allí se nos promete todo lo que podemos desear. Aquí en la tierra, estamos cansados y fatigados, pero allá está la tierra del descanso donde el sudor del trabajo ya no humedecerá la frente del trabajador, y donde la fatiga desaparecerá para siempre.

Para quienes están cansados y fatigados por la batalla, la palabra *descanso* está llena de Cielo. Siempre estamos en el campo de batalla aquí. Estamos tan tentados por dentro y tan acosados por los enemigos por fuera, que tenemos poca paz. Pero en el Cielo disfrutaremos de la victoria. El estandarte ondeará en alto en triunfo, la espada estará para siempre envainada, y oiremos a nuestro Capitán decir: "¡Bien hecho, buen siervo y fiel!".

Hemos sufrido un duelo tras otro aquí, pero vamos a la tierra de lo inmortal, donde las tumbas son desconocidas. Aquí en la tierra, el pecado nos aflige constantemente, pero allí seremos perfectamente santos, porque nada impuro entrará en ese reino (Apocalipsis 21:27). La cicuta no brota en los surcos de los campos celestiales.

Es motivo de gran alegría que no vayas a estar en un estado de destierro para siempre, que no vayas a morar eternamente en este desierto, ¡sino que pronto heredarás la gloria eterna!

Sin embargo, que nunca se diga de nosotros que soñamos con el futuro pero olvidamos el presente. Que el futuro santifique el presente para propósitos superiores. Por el poder del Espíritu Santo, la esperanza del cielo es la fuerza más poderosa para producir virtud. Es una fuente de esfuerzo gozoso. Es la piedra angular de la santidad alegre. Quien tiene esta esperanza en su interior se dedica a su trabajo con fervor, porque el gozo del Señor es su fuerza (Nehemías 8:10). Lucha contra la tentación con celo, porque la esperanza del mundo venidero repele las flechas encendidas del adversario (Efesios 6:16). Él puede trabajar sin recompensa presente, *porque no tenemos aquí una ciudad permanente, sino que buscamos la que está por venir* (Hebreos 13:14).

7 de octubre

¿No son todos ellos espíritus ministradores, enviados para servir
por causa de los que heredarán la salvación? (Hebreos 1:14).

Los ángeles son los asistentes invisibles del pueblo de Dios. Nos sostienen en sus manos para que no tropecemos con ninguna piedra (Salmo 91:12). La lealtad a su Señor los lleva a interesarse profundamente en los hijos de su amor. Se regocijan con el regreso del hijo pródigo a la casa de su padre aquí abajo, y dan la bienvenida a la llegada del creyente al palacio del Rey celestial. En tiempos pasados, los hijos de Dios eran favorecidos con Su apariencia visible y en estos días, aunque invisibles para nosotros, ministran a los herederos de la salvación. Los serafines aún vuelan con brasas encendidas desde el altar para tocar los labios de hombres muy amados por Dios (Isaías 6:6).

Si nuestros ojos pudieran abrirse, veríamos caballos y carros de fuego alrededor de los siervos del Señor (2 Reyes 6:17), pues hemos llegado a miríadas de ángeles (Hebreos 12:22), quienes son observadores y protectores de la descendencia real.

¿A quién le debemos todo esto? Que el Señor Jesucristo sea para siempre nuestro Amado, porque por medio de Él nos sentamos en lugares celestiales muy por encima de autoridades y potestades (Efesios 1:20-21). Él es quien acampa alrededor de los que le temen (Salmo 34:7). Él es el verdadero Miguel cuyo pie está sobre el dragón (Apocalipsis 12).

¡Salve, Jesús! Esta familia te ofrece sus votos matutinos.

4 de octubre

...a la hora de la tarde habrá luz (Zacarías 14:7).

A menudo miramos con aprensión la vejez, olvidando que habrá luz al atardecer. Para muchos santos, la vejez es la mejor época de sus vidas. Una brisa más suave acaricia la mejilla del marinero al acercarse a la orilla de la inmortalidad. Menos olas agitan su mar y reina la calma profunda, serena y solemne. Del altar de la vejez, los destellos del fuego de la juventud se han ido, pero la llama más auténtica del amor sincero por Jesús permanece.

Los peregrinos han llegado a la tierra de Beulah, ese país feliz cuyos días son como los días del cielo en la tierra. Ángeles lo visitan, vientos celestiales soplan sobre él, flores del paraíso crecen en él, y el aire se llena de música angelical. Algunos viven aquí durante años, mientras que otros llegan solo unas horas antes de su partida, pero es un Edén en la tierra.

Bien podríamos anhelar el tiempo en que descansaremos en sus frondosos bosques y nos saciaremos de esperanza hasta que llegue el momento de la consumación. El sol poniente parece más grande que cuando está en lo alto del cielo, y un esplendor de gloria tiñe todas las nubes que rodean su ocaso. El dolor no rompe la calma del dulce crepúsculo de la vejez, pues la fuerza que se perfecciona en la debilidad resiste con paciencia en medio de todo. Frutos maduros de la más fina experiencia se recogen como la rara comida del atardecer de la vida, y el alma se prepara para el descanso.

El pueblo del Señor también disfrutará de la luz en la hora de la muerte. La incredulidad se lamenta mientras las sombras caen, la noche se acerca y la existencia termina. "¡Ah, no!", clama la fe. *"La noche está muy avanzada, y el día está cerca* [Romanos 13:12]. ¡Ha llegado la luz: la luz de la inmortalidad, la luz del rostro del Padre!".

Recoge los pies en la cama. ¡Mira la compañía de espíritus que te espera! Los ángeles te llevan lejos. Adiós, amado, te has ido. Agitas la mano. Ah, ahora hay luz. Las puertas de perla están abiertas. Las calles doradas brillan a la luz del jaspe. Nosotros en la tierra nos cubrimos los ojos, pero tú contemplas lo invisible.

Adiós, hermano. Adiós, hermana. ¡Tienes la luz del atardecer que nosotros aún no tenemos!

5 de octubre

El ángel del Señor volvió por segunda vez, lo tocó y le dijo: "Levántate, come, porque es muy largo el camino para ti". Se levantó, pues, comió y bebió, y con la fuerza de aquella comida caminó cuarenta días y cuarenta noches hasta Horeb, el monte de Dios (1 Reyes 19:7).

Toda la fuerza que nos da nuestro Dios misericordioso está destinada al servicio, no al egoísmo, la diversión ni la jactancia. Cuando el profeta Elías encontró el pan horneado sobre las brasas y la jarra de agua colocada a su cabecera mientras yacía bajo el enebro, no era un caballero que se dejara complacer con comida delicada para poder acostarse y relajarse a gusto. Más bien, fue comisionado para caminar cuarenta días y cuarenta noches con la fuerza de esa comida, viajando hacia Horeb, el monte de Dios.

El Maestro invitó a los discípulos a comer con Él (Juan 21:12). Tras la cena, le dijo a Pedro que pastoreara sus ovejas (Juan 21:17), añadiendo: *Sígueme* (Juan 21:19). Lo mismo ocurre con nosotros: comemos el pan del Cielo para gastar nuestras fuerzas en el servicio del Maestro. Venimos a la Pascua y comemos del Cordero Pascual. Para emprender nuestro viaje una vez que hayamos comido, se nos instruye a estar listos, preparados para un largo viaje. *De esta manera lo comerán: ceñidas sus cinturas, las sandalias en sus pies y el cayado en su mano* (Éxodo 12:11).

Algunos cristianos están a favor de vivir en Cristo, pero no están tan ansiosos de vivir para Él. La tierra debería ser una preparación para el Cielo, y el Cielo es el lugar donde los santos más festejan y trabajan.

Creyente, trabaja para Cristo con la fuerza que recibes diariamente de Él. Algunos de nosotros aún tenemos mucho que aprender sobre el propósito de nuestro Señor al darnos Su gracia. No debemos conservar los preciosos granos de la verdad como la momia egipcia conservó el trigo durante siglos sin darle la oportunidad de crecer, sino que debemos sembrarlo y regarlo.

¿Por qué el Señor envía la lluvia sobre la tierra sedienta y provee el cálido sol? ¿No es acaso así como ayudan a que los frutos de la tierra produzcan alimento para el hombre? De la misma manera, el Señor alimenta y refresca nuestras almas para que luego podamos usar nuestras renovadas fuerzas en el avance de Su gloria.

6 de octubre

...el que beba del agua que Yo le daré, no tendrá sed jamás;
sino que el agua que Yo le daré se convertirá en él en una
fuente de agua que brota para vida eterna (Juan 4:14).

El que cree en Jesús encuentra en su Señor suficiente para saciarse ahora y también para contentarse para siempre. El creyente no es alguien cuyos días son cansados por falta de consuelo ni cuyas noches son tediosas por la ausencia de pensamientos alentadores y esperanzadores. Encuentra en su piedad y en su vida en Cristo tal manantial de alegría y tal fuente de consuelo que se siente contento y feliz.

Si lo encierran en un calabozo, encontrará buena compañía. Si lo colocan en un desierto árido, comerá el pan del cielo. Aléjenlo de la amistad, y encontrará al amigo *más unido que un hermano* (Proverbios 18:24). Quítenle todo refugio, y encontrará refugio bajo la Roca de los Siglos. Quita el fundamento de sus esperanzas terrenales, y su corazón seguirá firme, *confiado en el Señor* (Salmo 112:7).

El corazón humano es insaciable, hasta que Jesús entra en él; entonces es una copa llena hasta rebosar. Hay tal plenitud en Cristo que solo Él es el todo del creyente. El verdadero santo está tan completamente satisfecho con la suficiencia de Jesús que ya no tiene sed, ¡excepto de beber más profundamente de la fuente viva!

De esa misma dulce manera, creyente, tú tendrás sed. No es una sed de dolor, sino de amor. Encontrarás placentero tener sed de un disfrute más pleno del amor de Jesús.

Alguien escribió hace mucho tiempo: "He estado sumergiendo constantemente mi cubo en este pozo, pero ahora mi sed de Jesús se ha vuelto tan insaciable que anhelo llevar el pozo mismo a mis labios y beber".

¿Es este el sentir de tu corazón ahora, creyente? ¿Sientes que todos tus deseos están satisfechos en Jesús y que ahora no tienes ninguna necesidad excepto conocer más de Él y tener una comunión más estrecha con Él? ¡Entonces acércate continuamente a la fuente y bebe del agua de la vida gratuitamente! Jesús nunca pensará que tomas demasiado, sino que siempre te dará la bienvenida, diciéndote: "¡Bebe! ¡Bebe abundantemente, amado mío!".

7 de octubre

¿Por qué has tratado tan mal a Tu siervo? (Números 11:11).

Nuestro Padre celestial nos envía frecuentes dificultades para probar nuestra fe. Si nuestra fe vale algo, resistirá la prueba. La pintura dorada puede temer al fuego, pero el oro auténtico no. La gema de plástico teme ser tocada por el diamante, pero la joya verdadera no teme ninguna prueba de autenticidad.

Es una fe falsa la que solo puede confiar en Dios cuando el cuerpo está lleno de salud, los amigos son leales y el negocio es rentable. Solo esa es la fe verdadera, la que se aferra al Señor cuando los amigos se van, cuando el cuerpo está enfermo, cuando el espíritu está deprimido y cuando la luz del rostro de nuestro Padre está oculta. Una fe que puede decir, en la angustia más terrible: *Aunque Él me mate, en Él esperaré* (Job 13:15); es una fe celestial.

El Señor aflige a Sus siervos para glorificarse a Sí mismo, pues se glorifica grandemente en las gracias de Su pueblo, que son obra Suya. También nos gloriamos en las tribulaciones, sabiendo que la tribulación produce paciencia; y la paciencia, carácter probado; y el carácter probado, esperanza (Romanos 5:3-4). El Señor se honra con estas virtudes crecientes.

Nunca conoceríamos la música del arpa si no se tocaran las cuerdas. Nunca disfrutaríamos del jugo de la uva si no se pisara en el lagar. Nunca descubriríamos el dulce aroma de la canela si no se prensara y batiera. Nunca sentiríamos el calor del fuego si las brasas no se consumieran por completo. La sabiduría y el poder del gran Obrero se revelan en las pruebas por las que pasan sus vasos de misericordia.

Las aflicciones presentes también tienden a aumentar el gozo futuro. Debe haber sombras oscuras en el panorama para resaltar la belleza de las luces. ¿Podríamos ser tan supremamente bendecidos en el cielo si no hubiéramos conocido la maldición del pecado y el dolor de la tierra? ¿No será la paz más dulce después del conflicto? ¿No será el descanso más bienvenido después del trabajo? ¿No enriquecerá el recuerdo del sufrimiento pasado el gozo de los glorificados?

Hay muchas otras respuestas agradables a la pregunta con la que comenzamos nuestra breve meditación. Meditemos en esto todo el día.

8 de octubre

Al terminar de hablar, dijo a Simón: "Sal a la parte más profunda[a] y echen sus redes para pescar". Simón le contestó: "Maestro, hemos estado trabajando toda la noche y no hemos pescado nada, pero porque Tú lo pides, echaré las redes" (Lucas 5:5).

*D*e esta historia aprendemos la necesidad de la actividad humana. La pesca fue milagrosa, pero el pescador, su barca y sus aparejos no fueron ignorados. Todos fueron utilizados para pescar. Lo mismo ocurre en la salvación de las almas: Dios obra por medios. Mientras el sistema actual de gracia se mantenga, Dios se complacerá en la locura de la predicación para salvar a los creyentes (1 Corintios 1:21). Cuando Dios obra sin instrumentos, sin duda es glorificado, pero Él ha elegido personalmente el plan de la instrumentalidad como aquel por el cual Él es más magnificado en la tierra.

Los métodos e instrumentos por sí solos son completamente inútiles. *Maestro, hemos estado trabajando toda la noche y no hemos pescado nada.* ¿Cuál fue la razón? ¿Acaso no eran pescadores en su oficio específico? En realidad, no eran principiantes. Entendían el trabajo. ¿Se habían dedicado a la tarea con torpeza? ¡No! ¿Les había faltado diligencia? No, porque habían trabajado duro. ¿Les había faltado perseverancia? No, porque habían trabajado toda la noche. ¿Faltaban peces en el mar? ¡Claro que no! En cuanto llegó el Maestro, ¡nadaron a la red en grandes cantidades!

¿Cuál es, entonces, la razón? ¡Es porque no hay poder en los medios mismos sin la presencia de Jesús!

Sin Él, nada podemos hacer (Juan 15:5), pero con Cristo, todo lo podemos (Filipenses 4:13). ¡La presencia de Cristo trae éxito! Jesús se sentó en la barca de Pedro y Su voluntad, por una influencia misteriosa, atrajo a los peces a la red. Cuando Jesús es levantado en Su iglesia, Su presencia es el poder de la iglesia. *Yo, si soy levantado de la tierra, atraeré a todos a Mí mismo* (Juan 12:32).

Salgamos esta mañana a nuestra labor de pescar almas, mirando hacia arriba con fe y mirando a nuestro alrededor con sincera preocupación. Trabajemos hasta la noche y no trabajaremos en vano, porque Aquel que nos dice que echemos la red la llenará de peces.

9 de octubre

*Pero estrecha es la puerta y angosta la senda que lleva a
la vida, y pocos son los que la hallan* (Mateo 7:14).

En cierto sentido, el camino al Cielo es muy seguro; pero en otros aspectos, ¡no hay camino tan peligroso! Está lleno de dificultades. ¡Un paso en falso y nos vamos abajo! ¡Qué fácil es dar ese paso traicionero si no hay gracia!

Si fuéramos montañeros fuertes y seguros, esto no importaría tanto; pero en nosotros mismos, ¡somos muy débiles! ¡Incluso en los mejores caminos, pronto flaqueamos! ¡En los senderos más llanos, rápidamente tropezamos! ¡Nuestras rodillas débiles apenas pueden soportar nuestro peso tambaleante! Una brizna de hierba puede hacernos tropezar, ¡y una piedrita puede herirnos! Somos apenas unos bebés, dando temblorosos nuestros primeros pasos en el camino de la fe. Nuestro Padre celestial nos sostiene de los brazos, ¡o caeríamos rápidamente!

Si se nos impide caer, debemos estar agradecidos por la paciencia, el poder y la sabiduría de Dios. ¡Él nos cuida momento a momento y día a día! Piensa en cuán propensos somos a pecar, cuán propensos somos a elegir caminos peligrosos y cuán fuerte es nuestra tendencia a desanimarnos, y estas reflexiones nos harán cantar con más dulzura que nunca: *Y a Aquel que es poderoso para guardarlos a ustedes sin caída[a] y para presentarlos sin mancha en presencia de Su gloria con gran alegría al único Dios nuestro Salvador, por medio de Jesucristo nuestro Señor, sea gloria, majestad, dominio y autoridad, antes de todo tiempo, y ahora y por todos los siglos. Amén* (Judas vv. 24-25).

¡Tenemos muchos enemigos que intentan derribarnos y destruirnos! ¡El camino es áspero y somos débiles! Además, los enemigos nos acechan, apareciendo cuando menos los esperamos, intentando hacernos tropezar o arrojarnos al precipicio mortal más cercano. Solo un brazo todopoderoso puede protegernos de estos enemigos invisibles que buscan destruirnos a cada paso. Ese brazo está dispuesto a defendernos. *Fiel es Aquel que prometió* (Hebreos 10:23) y es capaz de guardarnos de la caída, para que, con un profundo sentido de nuestra absoluta debilidad, podamos albergar una firme creencia en nuestra perfecta seguridad.

10 de octubre

...sin mancha en presencia de Su gloria (Judas 1.24).

Consideren esa maravillosa frase: *¡sin mancha!* Estamos muy lejos de ella ahora, pero como nuestro Señor nunca se detiene en la perfección en Su obra de amor, algún día la alcanzaremos. El Salvador, que guardará a Su pueblo hasta el fin, también se los presentará finalmente a sí mismo como una iglesia gloriosa, sin *mancha ni arruga ni cosa semejante; sino que fuera santa e inmaculada* (Efesios 5:27). Todas las joyas de la corona del Salvador son de primera calidad y sin un solo defecto. Todas las damas de honor que acompañan a la esposa del Cordero son vírgenes puras, sin mancha ni contaminación.

Pero ¿cómo nos hará Jesús sin mancha? Él nos lavará de nuestros pecados con su propia sangre hasta que seamos tan blancos y hermosos como el ángel más puro de Dios. Seremos revestidos de Su justicia y Su justicia hace al santo que la porta absolutamente irreprensible y perfecto a la vista de Dios. Seremos irreprensibles e intachables incluso a Sus ojos (Colosenses 1:22). Su ley no solo no tendrá cargo alguno contra nosotros, sino que será magnificada en nosotros. Además, la obra del Espíritu Santo en nosotros será completamente realizada. Él nos hará tan perfectamente santos que no tendremos ninguna tendencia persistente al pecado. El juicio, la memoria, las emociones, la voluntad: toda facultad y pasión serán emancipadas del control del mal. Seremos santos como Dios es santo: (1 Pedro 1:16), ¡y moraremos en Su presencia para siempre!

Los santos no estarán fuera de lugar en el Cielo, pues su hermosura será tan grande como la del lugar preparado para ellos. ¡Oh, el deleite de esa hora cuando las puertas eternas se abrirán (Salmo 24:9) y nosotros, preparados para la herencia, moraremos con los santos en la luz (Colosenses 1:12)! Con el pecado desaparecido, Satanás fuera, la tentación pasada para siempre, y nosotros irreprensibles ante Dios, ¡este será el cielo!

¡Regocijémonos ahora al ensayar el cántico de alabanza eterna que pronto resonará a coro de toda la multitud lavada por la sangre! ¡Imitemos las alabanzas de David ante el arca como preludio de nuestro júbilo ante el trono!

11 de octubre

Alcemos nuestro corazón en nuestras manos hacia
Dios en los cielos (Lamentaciones 3:41).

El acto de orar nos enseña nuestra indignidad. Esta es una lección muy beneficiosa para seres tan orgullosos como nosotros. Si Dios nos ayudara siempre sin obligarnos a orar por ella, nunca sabríamos cuán pobres somos; pero la verdadera oración es un inventario de necesidades, un catálogo de necesidades y una revelación de la pobreza oculta. Si bien es una petición de riqueza divina, también es una confesión del vacío humano. El estado más saludable del cristiano es estar siempre vacío de sí mismo y depender constantemente del Señor para su sustento; ser siempre pobre en sí mismo, pero rico en Jesús; ser débil como el agua personalmente, pero poderoso por medio de Dios para mostrar fuerza y actuar (Daniel 11:32). Así vemos que la oración, si bien demuestra amor y veneración por Dios, deja a la criatura donde debe estar: ¡en el polvo!

Además de la respuesta que brinda, la oración es en sí misma un gran beneficio para el cristiano. Así como el corredor gana fuerza para la carrera mediante el ejercicio diario, nosotros también adquirimos energía para la gran carrera de la vida mediante la santa labor de la oración. La oración extiende las alas de los aguiluchos de Dios para que aprendan a elevarse por encima de las nubes. La oración envía a los guerreros de Dios al combate con brazos fuertes y músculos vigorosos. Un suplicante ferviente sale de su aposento como el sol sale de las cámaras del este, regocijándose como un hombre fuerte por correr su carrera.

La oración es esa mano alzada de Moisés que derrota a los amalecitas con más fuerza que la espada de Josué. La oración rodea la debilidad humana con fuerza divina, convierte la necedad humana en sabiduría celestial y da la paz de Dios a las almas atribuladas. ¡No tenemos idea de todo lo que la oración puede lograr!

Te damos gracias, gran Dios, por el propiciatorio, una
prueba invaluable de Tu maravillosa bondad. ¡Ayúdanos
a usarlo adecuadamente a lo largo de este día!

12 de octubre

Meditaré en Tus preceptos (Salmo 119:15).

Hay momentos en que la soledad es mejor que la compañía y momentos en que el silencio es más sabio que las palabras. Seríamos mejores cristianos si estuviéramos más solos, esperando en Dios y reuniendo fuerza espiritual para trabajar en Su servicio mediante la meditación en Su Palabra. Debemos meditar en las cosas de Dios, pues así es como obtenemos verdadero alimento de ellas.

La verdad es como el racimo de la vid: si queremos vino de él, debemos machacarlo. Debemos prensarlo y exprimirlo muchas veces. Los pies del machacador deben pisar con alegría los racimos, o de lo contrario el jugo no fluirá. Deben pisar cuidadosamente todas las uvas, o se desperdiciará gran parte del preciado líquido. Así que, mediante la meditación, debemos pisar los racimos de la verdad si queremos obtener de ellos el vino del consuelo.

Nuestros cuerpos no se nutren simplemente con la ingesta de alimentos, sino que el proceso que realmente nutre los músculos, nervios, tendones y huesos es la digestión. Es mediante la digestión que el alimento se absorbe con la vida interior.

Del mismo modo, nuestras almas no se nutren simplemente escuchando un poco de esto, luego de aquello, y luego de la otra parte de la verdad divina. Escuchar, leer y aprender requieren una digestión interna para ser plenamente útiles, y esta digestión interna de la verdad reside principalmente en meditar en ella.

¿Por qué algunos cristianos, aunque escuchan muchos sermones, avanzan tan lentamente en la vida divina? Es porque descuidan su comunión privada con Dios y no meditan con atención en Su Palabra. Aman el trigo, pero no lo muelen. Desean el maíz, pero no salen al campo a recogerlo. El fruto cuelga del árbol, pero no se esfuerzan en recogerlo. El agua fluye a sus pies, pero no se inclinan a beberla.

Líbranos de tal necedad, oh Señor, y que esta sea nuestra resolución hoy: ¡meditaré en Tus preceptos!

13 de octubre

*Porque la tristeza que es conforme a la voluntad de
Dios produce un arrepentimiento que conduce a la
salvación, sin dejar pesar* (2 Corintios 7:10).

El duelo genuino y espiritual por el pecado es obra del Espíritu de Dios.
¡El arrepentimiento es una flor demasiado fina para crecer en el jardín de la naturaleza! Las perlas crecen naturalmente en las ostras, pero el arrepentimiento nunca se manifiesta en los pecadores a menos que la gracia divina lo obre en ellos. Si tienes una pizca de verdadero odio por el pecado, Dios debe habértela dado, pues las espinas de la naturaleza humana nunca produjeron ni una pizca. *Lo que es nacido de la carne, carne es* (Juan 3:6).

El verdadero arrepentimiento tiene una clara referencia al Salvador. Cuando nos arrepentimos del pecado, debemos tener una mirada puesta en el pecado y la otra en la cruz. Será aún mejor si fijamos ambas miradas en Cristo, viendo nuestras transgresiones solo a la luz de Su amor.

El verdadero dolor por el pecado es absolutamente práctico. Nadie puede decir que odia el pecado si vive en él. El arrepentimiento nos hace ver la maldad del pecado, no solo como una teoría, sino también a través de la experiencia, como el niño quemado teme al fuego. Le temeremos tanto como alguien que recientemente ha sido asaltado agresivamente le teme al ladrón en la carretera. Evitaremos el pecado. Lo evitaremos en todo, no solo en las cosas grandes, sino también en las pequeñas, así como las personas se alejan tanto de las serpientes venenosas pequeñas como de las grandes.

El verdadero duelo por el pecado nos hará vigilantes con nuestra lengua para no decir ni una sola palabra inapropiada. Estaremos muy atentos a nuestras acciones diarias para no pecar en nada. Cada noche terminaremos el día con dolorosas confesiones de nuestras faltas y pecados. Cada mañana nos despertaremos con oraciones sinceras para que Dios nos preserve este día para que no pequemos contra Él.

El arrepentimiento sincero es continuo. Los creyentes se arrepienten hasta el día de su muerte. El arrepentimiento no es intermitente. Cualquier otro dolor disminuye un poco con el tiempo, pero este dolor especial crece con nuestro crecimiento, y es tan dulce y amargo a la vez que agradecemos a Dios que se nos permita experimentarlo hasta que entremos en nuestro descanso eterno.

14 de octubre

...estimo como pérdida todas las cosas en vista del incomparable valor de conocer a Cristo Jesús (Filipenses 3:8).

El conocimiento salvador de Cristo será un conocimiento personal. No puedo conocer a Jesús a través de la relación que otra persona tenga con Él. Debo conocerlo yo mismo. Debo conocerlo por mí mismo.

El conocimiento salvador de Cristo será un conocimiento inteligente. Debo conocerlo, no como el soñador lo sueña, sino como la Palabra lo revela. Debo conocer Su naturaleza, tanto divina como humana. Debo conocer Sus deberes, Sus atributos, Sus obras, Su vergüenza y Su gloria. Debo meditar en Él hasta que *pueda comprender con todos los santos cuál es la anchura, la longitud, la altura y la profundidad, y de conocer el amor de Cristo que sobrepasa el conocimiento* (Efesios 3:18-19).

El conocimiento salvador de Cristo será un conocimiento afectuoso de Él. De hecho, si Lo conozco, debo amarlo. ¡Una onza de conocimiento del corazón vale una tonelada de aprendizaje intelectual!

El conocimiento salvador de Cristo será un conocimiento satisfactorio. Cuando conozca a mi Salvador, mi mente estará llena hasta el borde. Sentiré que tengo aquello que mi espíritu anhelaba. *El que viene a Mí no tendrá hambre, y el que cree en Mí nunca tendrá sed* (Juan 6:35).

El conocimiento salvador de Cristo será un conocimiento emocionante. Cuanto más conozca a mi Amado, más desearé saber. Cuanto más alto suba, más magníficas serán las cumbres que invitarán a mis anhelantes pasos. Querré más a medida que obtenga más. Como el tesoro del avaro, mi oro me hará codiciar más.

El conocimiento salvador de Cristo Jesús será un conocimiento sumamente feliz. De hecho, será tan edificante que a veces me elevará por completo por encima de todas las pruebas, dudas y tristezas. Y mientras lo disfruto, me elevará por encima de los problemas, pues me envolverá con la inmortalidad del Salvador eterno y me ceñirá con el cinturón dorado de su gozo eterno. ¡Ven, alma mía, y siéntate a los pies de Jesús, y aprende de Él todo el día!

15 de octubre

¿Pero quién podrá soportar el día de Su venida? ¿Y quién podrá mantenerse en pie cuando Él aparezca? Porque Él es como fuego de fundidor (Malaquías 3:2).

La primera venida de Jesús fue sin ceremonias externas ni despliegue de poder; sin embargo, en realidad, pocos pudieron resistir Su poderío. Herodes, y toda Jerusalén con él, se conmovieron ante la noticia del maravilloso nacimiento. Quienes creían estar esperándolo, demostraron la falacia de sus profesiones al rechazarlo cuando vino. Su vida en la tierra fue un aventador que puso a prueba la gran cantidad de profesiones religiosas y muy pocos pudieron sobrevivir al proceso.

Pero, ¿cómo será su segunda venida? ¿Qué pecador puede siquiera pensar en ella? *Herirá la tierra con la vara de Su boca, y con el soplo de Sus labios matará al impío* (Isaías 11:4). Cuando lo arrestaron y simplemente les dijo a los soldados: *Yo soy*, ¡cayeron de espaldas (Juan 18:6)! ¿Cómo será el terror de Sus enemigos cuando se revele más plenamente en el juicio? Su muerte sacudió la tierra y oscureció el cielo; ¿cuál será el terrible esplendor de aquel día en que, como El Salvador viviente, convocará a vivos y muertos ante Sí? Oh, que el temor del Señor persuadiera a la gente a abandonar sus pecados (2 Corintios 5:11) y a rendir homenaje *al Hijo, para que no se enoje y perezcan en el camino, pues puede inflamarse de repente Su ira* (Salmo 2:12).

Aunque es un cordero, sigue siendo el León de la tribu de Judá (Apocalipsis 5:5), ¡destrozando la presa! Aunque no quiebra la caña maltratada (Mateo 12:20), aplastará a Sus enemigos con vara de hierro y los desmenuzará como si fueran vasijas de barro (Salmo 2:9). Ninguno de Sus enemigos podrá resistir la tempestad de Su ira ni esconderse del granizo arrollador de Su indignación.

Pero Su amado pueblo, lavado en sangre, espera Su venida con alegría y espera enfrentarla sin temor. Él se sienta ante ellos como refinador incluso ahora, y cuando los haya probado, saldrán *como el oro* (Job 23:10). Examinémonos esta mañana y asegurémonos de nuestro llamado y elección (2 Pedro 1:10), para que la venida del Señor no nos cause ninguna aprensión.

¡Oh, por gracia, desechar toda hipocresía y ser hallados por Él irreprensibles y sencillos, hijos de Dios sin tacha en medio de una generación torcida y perversa (Filipenses 2:15) en el día de Su venida!

16 de octubre

Les dijo Jesús: Venid, comed (Juan 21:12 RV).

Con estas palabras, se invita al creyente a una santa cercanía con Jesús. *Venid, comed* implica la misma mesa y la misma comida. A veces, incluso significa sentarse a Su lado y reclinar la cabeza sobre el pecho del Salvador. Es ser llevado a la casa del banquete donde ondea el estandarte del amor redentor (Cantares 2:4).

Venid, comed implica unión con Jesús, porque el único alimento del que podemos deleitarnos cuando cenamos con Jesús es Él mismo. ¡Oh, qué unión es esta! Es una profundidad insondable: que nos alimentemos de Jesús de esta manera. *El que come Mi carne y bebe Mi sangre, en Mí permanece y Yo en él* (Juan 6:56).

También es una invitación a disfrutar de la comunión con los santos. Los cristianos pueden diferir en diversos puntos, pero todos tienen un mismo apetito espiritual. Aunque no todos creamos exactamente lo mismo, todos podemos alimentarnos por igual del Pan de Vida descendido del cielo (Juan 6:32). En la mesa de comunión con Jesús, participamos de un mismo pan y de una misma copa. Al circular la copa del amor, nos comprometemos de todo corazón unos con otros. Acércate a Jesús y te encontrarás cada vez más unido en espíritu a todos los que son como tú y que se sustentan con el mismo maná celestial. Si estuviéramos más cerca de Jesús, estaríamos más cerca unos de otros.

Venid, comed. También vemos en estas palabras la fuente de fortaleza para todo cristiano. Mirar a Cristo es vivir, pero para tener la fuerza para servirle, debes venir a comer. Sufrimos mucha debilidad innecesaria porque descuidamos este precepto del Maestro. ¡Ninguno de nosotros necesita someterse a una dieta espiritual! Al contrario, debemos alimentarnos de la esencia y la grosura del evangelio y así adquirir fuerza, utilizando al máximo todas nuestras facultades al servicio del Maestro.

Así pues, si deseas alcanzar la cercanía a Jesús, la unión con Él, el amor por su pueblo y la fortaleza que Él nos da, ¡*venid, comed con Él por fe*!

17 de octubre

Entonces David se dijo: "Ahora bien, voy a perecer
algún día por la mano de Saúl" (1 Samuel 27:1).

El pensamiento que David albergaba en ese momento era erróneo, pues ciertamente no tenía motivos para pensar que la unción de Dios por medio de Samuel fuera un acto vacío y sin sentido. En ninguna ocasión el Señor había abandonado a Su siervo. David se había visto en situaciones peligrosas con frecuencia, pero no había ocurrido ni un solo caso en el que la intervención divina no lo hubiera librado. Las pruebas a las que se había visto expuesto habían sido variadas. No habían asumido una sola forma, sino muchas; sin embargo, en cada caso, Aquel que envió la prueba también había dispuesto bondadosamente una vía de escape.

David no podía señalar ninguna entrada en su diario y decir: "Aquí está la evidencia de que el Señor me abandonará", pues toda su vida pasada demostraba todo lo contrario. Debería haber argumentado, basándose en lo que Dios había hecho por él, que Dios seguiría siendo su defensor.

Pero ¿no dudamos de la ayuda de Dios de la misma manera? ¿No es desconfianza sin causa? ¿Hemos tenido alguna vez alguna razón para dudar de la bondad de nuestro Padre? ¿No ha sido maravillosa Su bondad? ¿Ha fallado alguna vez en justificar nuestra confianza? ¡No! Nuestro Dios no nos ha abandonado en ningún momento. Hemos tenido noches oscuras, pero la estrella del amor ha brillado en medio de la oscuridad. Hemos estado en severos conflictos, pero Él nos ha cubierto la cabeza con el escudo de nuestra defensa. Hemos pasado por muchas pruebas, pero nunca para nuestro daño. Siempre han sido para nuestro beneficio. La conclusión de nuestra experiencia pasada es que Aquel que ha estado con nosotros en seis tribulaciones no nos abandonará en la séptima. Lo que hemos conocido de nuestro fiel Dios prueba que Él nos guardará hasta el fin. No razonemos, entonces, contra la evidencia. ¿Cómo podemos ser tan crueles como para dudar de nuestro Dios?

¡Señor, arroja a la Jezabel de nuestra incredulidad
y deja que los perros la devoren!

18 de octubre

Y Tus huellas destilan grasa (Salmo 65:11).

*M*uchos son los caminos del Señor que *destilan grasa*, pero uno especial es el camino de la oración. Ningún creyente que pase mucho tiempo a solas con Dios tendrá necesidad de clamar: *¡Mi flaqueza, mi flaqueza, ay de mí!* (Isaías 24:16 RV). Las almas hambrientas viven lejos del propiciatorio y se vuelven como campos resecos en tiempos de sequía. La familiaridad con Dios en la oración intensa sin duda fortalecerá al creyente, si no también lo hará feliz.

El lugar más cercano a la puerta del Cielo es el trono de la gracia celestial. Si pasas mucho tiempo a solas con Jesús, tendrás mucha seguridad. Si no pasas mucho tiempo a solas con Jesús, tu vida cristiana será superficial, contaminada con muchas dudas y temores. No brillará con el gozo del Señor. Dado que el camino de la oración, que enriquece el alma, está abierto incluso al santo más débil, dado que no se requieren grandes logros, y dado que no se te pide que vengas por ser un santo espiritualmente maduro, sino que eres invitado libremente si eres un santo, entonces, querido lector, procura estar a menudo en el camino de la devoción privada. Permanece de rodillas, pues así fue como Elías obtuvo la lluvia para los campos hambrientos de Israel.

Hay otro camino especial que rebosa de riqueza para quienes andan por ese camino, y es el camino secreto de la comunión con Jesús. ¡Oh, las delicias de la comunión con Jesús! La tierra no tiene palabras para describir la santa calma de un alma recostada en el pecho de Jesús. Pocos cristianos la entienden. Viven en las tierras bajas y rara vez suben a la cima del Nebo. Viven en el atrio exterior; no entran en el Lugar Santo ni ejercen el privilegio del sacerdocio. Ven el sacrificio desde lejos, pero no se sientan con el sacerdote para comerlo y disfrutar de la grosura del holocausto.

Lector, siéntate siempre a la sombra de Jesús. Acércate a esa palmera y agárrate a sus ramas (Cantares 2:3). Que tu amado sea para ti como un *manzano entre los árboles del bosque* (Cantares 2:3) y quedarás saciado como *con médula y grasa* (Salmo 63:5).

¡Oh Jesús, visítanos con Tu salvación!

19 de octubre

...niños en Cristo (1 Corintios 3:1).

¿Te lamentas, creyente, porque eres tan débil en la vida divina, porque tu fe es tan pequeña y tu amor tan débil? Anímate, porque tienes motivos para agradecer. Recuerda que en algunas cosas eres igual al cristiano más grande y maduro. Eres tan comprado con la preciosa sangre de Cristo como él. Eres tan hijo adoptivo de Dios como cualquier otro creyente. Un infante es tan verdaderamente hijo de sus padres como lo es el hombre adulto. Eres tan completamente justificado, porque tu justificación no es cuestión de grados. Tu poca fe te ha justificado por completo. Tienes tanto derecho a las cosas preciosas del pacto como los creyentes más avanzados, porque tu derecho a las misericordias del pacto no reside en tu crecimiento, sino en el pacto mismo. Tu fe en Jesús no es la prueba, sino la indicación de tu herencia en Él. Eres tan rico como el más rico: si no en disfrute, al menos en posesión real.

La estrella más pequeña que brilla está en el cielo. El rayo de luz más tenue tiene parentesco con el gran sol del día. En el registro familiar de gloria, los pequeños y los grandes están escritos con la misma pluma. Eres tan querido para el corazón de tu Padre como el mayor de la familia. Jesús es muy tierno contigo. Eres como el pábilo que humea. Un espíritu más rudo diría: "¡Apaga ese pábilo que humea; llena la habitación de un olor desagradable!". Pero Él no apagará el pábilo que humea. Eres como una caña maltratada; cualquier mano menos tierna que la del Músico Principal te pisotearía o te desecharía, pero Él nunca quebrará la caña maltratada (Mateo 12:20).

En lugar de desanimarte por lo que eres, deberías triunfar en Cristo. ¿Soy solo pequeño en Israel? Sin embargo, en Cristo estoy sentado en los lugares celestiales (Efesios 2:6). ¿Soy pobre en fe? En Jesús soy heredero de todo. Si la fuente de todo está en mí, me regocijaré en el Señor y me gloriaré en el Dios de mi salvación (Habacuc 3:18).

20 de octubre

*Crecemos en todos los aspectos en Aquel que es
la cabeza, es decir, Cristo* (Efesios 4:15).

uchos cristianos permanecen atrofiados e impedidos en lo espiritual, presentando la misma apariencia año tras año. No se ve en
ellos ninguna evidencia de espiritualidad avanzada y pura. Existen, pero no
crecen en todos los aspectos en Él. ¿Deberíamos conformarnos con estar en la
hierba, cuando podríamos avanzar a la cabeza y finalmente madurar hasta
convertirnos en *el grano maduro en la espiga* (Marcos 4:28)? ¿Deberíamos
conformarnos con creer en Cristo y decir: "Estoy a salvo", sin querer conocer en nuestra propia experiencia más de la plenitud que se encuentra en
Él? No debería ser así. Como buenos comerciantes en el mercado celestial,
deberíamos desear enriquecernos en el conocimiento de Jesús.

Es muy bueno cuidar las viñas de otros, pero no debemos descuidar nuestro propio crecimiento y madurez espiritual. ¿Por qué debería ser siempre
invierno en nuestros corazones? Es cierto que debemos tener nuestra época
de siembra, pero qué bueno es tener una primavera y también un verano
que prometan una cosecha temprana. Si queremos madurar en la gracia,
debemos vivir cerca de Jesús. Debemos vivir en Su presencia, madurando
bajo el resplandor de Sus sonrisas. Debemos tener una dulce comunión
con Él. Debemos dejar de ver Su rostro distante y acercarnos, como lo hizo
Juan, y reposar nuestra cabeza en Su pecho. Entonces nos encontraremos
avanzando en santidad, amor, fe, esperanza y en toda gracia preciosa.

Así como el sol sale primero en las cimas de las montañas y las cubre
con Su luz, presentando una de las vistas más encantadoras a la vista del
viajero, así también es una de las observaciones más deleitables del mundo
ver el resplandor de la luz del Espíritu en la cabeza de algún santo que ha
ascendido en estatura espiritual, como Saúl, por encima de sus compañeros,
hasta que, como un imponente Alpes nevados, refleja los rayos del Sol de
Justicia primero entre los elegidos, llevando el brillo de Su resplandor a lo
alto para que todos lo vean, y luego, al verlo, glorifican a Su Padre que está
en los cielo (Mateo 5:16).

21 de octubre

El amor de Cristo nos apremia (2 Corintios 5:14).

¡Cuánto le debes a tu Señor! ¿Ha hecho algo por ti? ¿Ha perdonado tus pecados? ¿Te ha cubierto con un manto de justicia (Isaías 61:10)? ¿Ha puesto tus pies sobre una roca (Salmo 40:2)? ¿Ha enderezado tus pasos (Salmo 37:23)? ¿Te ha preparado el Cielo (Juan 14:3)? ¿Te ha preparado para el cielo? ¿Ha escrito tu nombre en el Libro de la Vida (Apocalipsis 21:27)? ¿Te ha dado innumerables bendiciones? ¿Te ha guardado misericordias que ojo no vio ni oído oyó (1 Corintios 2:9)?

Entonces, haz algo por Jesús que sea digno de Su amor. No te limites a ofrecer palabras a un Redentor moribundo. ¿Cómo te sentirás cuando venga tu Maestro si tienes que confesar que no hiciste nada por Él, sino que mantuviste tu amor encerrado como agua estancada, sin fluir hacia Su obra? ¡No tengas un amor así!

¿Qué piensa la gente de un amor que nunca se demuestra en acciones? Pues bien, dicen: *Mejor es la reprensión franca que el amor encubierto* (Proverbios 27:5). ¿Quién aceptará un amor tan débil que no te motive a realizar ni una sola acción de abnegación, generosidad, heroísmo o celo? ¡Piensa en cuánto te amó Jesucristo y se entregó por ti! ¿Conoces el poder de ese amor? Entonces, deja que sea como un viento impetuoso y poderoso para tu alma, que barre las nubes de tu mundanalidad y disipa las brumas del pecado.

Por amor a Cristo, que esta sea la lengua de fuego que se pose sobre ti. Por amor a Cristo, que este sea el deleite divino, el afecto celestial que te eleve de la tierra. Que este sea el espíritu divino que te hará tan valiente como un león y tan veloz como un águila en el servicio de tu Señor. El amor debe dar alas a los pies del servicio y fuerza a los brazos del trabajo.

Centrados en Dios con una determinación inquebrantable, resueltos a honrarlo con una determinación inquebrantable y perseverando con una devoción inagotable, demostremos cómo el amor de Jesús nos guía en cada aspecto de nuestra vida.

¡Que el amor de Cristo nos acerque al Cielo, hacia Él!

22 de octubre

Los amaré generosamente (Oseas 14:4).

Esta frase es como un libro de teología condensado. Quien comprende su significado es un teólogo y quien puede sumergirse en su plenitud es un verdadero maestro espiritual. Es un resumen del glorioso mensaje de salvación que nos fue entregado en Cristo Jesús, nuestro Redentor.

El significado se basa en la palabra *generosamente*. Esta es la manera gloriosa, apropiada y divina por la que el amor fluye del Cielo a la tierra. Es un amor espontáneo que fluye hacia quienes no lo merecieron, ni lo compraron, ni lo buscaron. Es, de hecho, la única manera en que Dios puede amar a quienes son como nosotros.

El texto es un golpe mortal a toda afirmación de ser dignos de su amor. *Los amaré generosamente*. Si fuera necesario que fuéramos dignos, entonces Él no nos amaría generosamente; al menos esto sería una reducción y una desventaja de la gratuidad. Pero sigue siendo: *Los amaré generosamente*.

Nos quejamos: "Señor, mi corazón está tan duro". *Te amaré generosamente*.

"Pero no siento mi necesidad de Cristo tanto como quisiera". *No te amaré porque sientas tu necesidad; te amaré con fervor*.

"Pero no siento ese ablandamiento de espíritu que deseo". Recuerda, el ablandamiento de espíritu no es una condición para el amor de Dios, pues no hay condiciones. El pacto de gracia no tiene condicionalidad alguna. Sin ningún mérito, podemos confiar en la promesa de Dios que nos fue hecha en Cristo Jesús cuando dijo: *El que cree en Él no es condenado* (Juan 3:18).

Es bueno saber que la gracia de Dios es gratuita para nosotros en todo momento, sin preparación, sin mérito, sin dinero y sin precio.

Los amaré generosamente. Estas palabras invitan a los descarriados a regresar; de hecho, el texto fue escrito especialmente para ellos: *Yo sanaré su apostasía, los amaré generosamente*. Descarriado, ciertamente la generosidad de la promesa te quebrantará el corazón de inmediato, y volverás a buscar el rostro de tu Padre ofendido.

23 de octubre

¿Acaso también ustedes quieren irse? (Juan 6:67).

Muchos han abandonado a Cristo y ya no andan con Él, pero ¿qué razón tienes *tú* para cambiar?

¿Ha habido alguna razón para ello en el pasado? ¿Acaso Jesús no ha demostrado ser todopoderoso? Él te llama esta mañana: *"¿He sido un desierto para ti?"*. *¿He sido Yo un desierto para Israel, o una tierra de densa oscuridad? ¿Por qué dice Mi pueblo: "Vaguemos libremente; no vendremos más a Ti"?* (Jeremías 2:31). Cuando tu alma simplemente ha confiado en Jesús, ¿alguna vez has sido destruido? ¿Acaso no has encontrado hasta ahora a tu Señor como un amigo compasivo y generoso? ¿Acaso la simple fe en Él no te ha dado toda la paz que tu espíritu podría desear? ¿Acaso puedes siquiera soñar con un mejor amigo del que Él ha sido para ti? Si es así, ¡no cambies lo viejo y probado por lo nuevo y falso!

En cuanto al presente, ¿puede eso hacer que abandones a Cristo? Cuando estamos muy afligidos por este mundo, o por las pruebas más severas en la familia, encontramos una gran bendición reposar nuestra cabeza en el pecho de nuestro Salvador. Tenemos mucho gozo hoy por ser salvos en Él, y si este gozo es satisfactorio, ¿por qué pensaríamos en cambiar? ¿Quién cambia oro por escoria? No nos apartaremos del sol hasta encontrar una luz mejor; ni abandonaremos a nuestro Señor hasta que aparezca alguien que nos ame más. Como esto nunca puede suceder, nos aferraremos a Él con un abrazo inmortal y atamos Su nombre como un sello en nuestro brazo.

En cuanto al futuro, ¿puedes sugerir algo que pueda obligarte a amotinarte o a abandonar la vieja bandera para servir bajo otro capitán? No lo creemos. Si la vida es larga, Él no cambia. Si somos pobres, ¿qué mejor que tener a Cristo, quien puede enriquecernos? Cuando estamos enfermos, ¿qué más deseamos que Jesús para que nos cuide en nuestra enfermedad? Cuando morimos, está escrito *que ni la muerte, ni la vida, ni ángeles, ni principados, ni lo presente, ni lo por venir, ni los poderes, ni lo alto, ni lo profundo, ni ninguna otra cosa creada nos podrá separar del amor de Dios que es en Cristo Jesús Señor nuestro* (Romanos 8:38-39). Decimos con Pedro: *«Señor, ¿a quién iremos?»* (Juan 6:68).

24 de octubre

Se llenan de savia los árboles del Señor (Salmo 104:16 RV).

*S*in savia, el árbol no puede florecer, ni siquiera vivir. La vitalidad es esencial para un cristiano. Debe haber vida —un principio vital infundido en nosotros por el Espíritu Santo— o no podemos ser árboles del Señor. El mero hecho de ser cristiano es algo muerto; debemos estar llenos de la vida divina.

Esta vida es misteriosa. No entendemos la circulación de la savia, por qué fuerza sube y por qué poder desciende. La vida espiritual en nosotros también es un misterio sagrado. La regeneración se produce cuando el Espíritu Santo entra en nosotros y se convierte en nuestra vida. Esta vida divina en el creyente se alimenta de Cristo y, por lo tanto, se sustenta con el alimento divino, pero ¿quién puede explicarnos de dónde viene y adónde va?

¡Qué cosa tan oculta es la savia! Las raíces rebuscan en la tierra con sus pequeñas puntas, pero no podemos ver cómo absorben los diversos nutrientes ni transforman los minerales en vegetales; este trabajo se realiza en la oscuridad. Nuestra raíz es Cristo Jesús, y nuestra vida está escondida en Él (Colosenses 3:3). Este es el secreto del Señor. El fundamento de la vida cristiana es tan secreto como la vida ¡Qué permanentemente activa está la savia en el cedro! En el cristiano, la vida divina siempre está llena de energía, no siempre al dar fruto, sino en sus obras internas. ¡Las gracias del creyente están en constante movimiento! La vida espiritual nunca cesa de latir en su interior. No siempre trabaja para Dios, pero su corazón siempre vive para Él.

Así como la savia se revela al producir el follaje y el fruto del árbol, así también en un cristiano verdaderamente sano, su gracia se manifiesta externamente en su andar y conversación. Si hablas con él, no puede evitar hablar de Jesús. Si observas sus acciones, verás que ha estado con Jesús. ¡Tiene tanta savia en su interior que llena de vida su conducta y conversación!

25 de octubre

…a causa de la verdad que permanece en nosotros y
estará con nosotros para siempre (2 Juan 1:2).

Una vez que la verdad de Dios penetra en el corazón humano y somete a todo el hombre a Sí misma, ¡ningún poder humano ni infernal puede desalojarla! No la recibimos como a un huésped, sino como al dueño de la casa. Quien no cree así no es cristiano. Quienes sienten el poder vital del evangelio y conocen el poder del Espíritu Santo al abrir, aplicar y sellar la Palabra, preferirían ser destrozados antes que abandonar el evangelio de su salvación.

¡Cuántas mil misericordias encierra la seguridad de que la verdad estará con nosotros para siempre, que será nuestro sustento vital, nuestro consuelo al morir, nuestro cántico al levantarse y nuestra gloria eterna! Este es el privilegio cristiano; sin él, nuestra fe valdría poco. Nos quedamos atrás y dejamos atrás algunas verdades, pues son solo lo básico y lecciones para principiantes. Pero no podemos tratar así con la verdad divina, pues si bien es alimento dulce para los bebés, es en el sentido más elevado alimento fuerte para los adultos.

La verdad de que somos pecadores permanece dolorosamente con nosotros para humillarnos y hacernos vigilantes. La verdad aún más bendita de que quien crea en el Señor Jesús será salvo permanece con nosotros como nuestra esperanza y gozo. La experiencia, lejos de aflojar nuestro apego a las doctrinas de la gracia, nos ha unido a ellas cada vez más firmemente. Nuestra base y motivos para creer son ahora más fuertes y numerosos que nunca, y tenemos razones para creer que así será hasta que en la muerte abracemos al Salvador.

Dondequiera que se encuentre este amor perdurable por la verdad, estamos obligados a ejercerlo. Ningún círculo estrecho puede contener nuestra comunión. Nuestra comunión de corazón debe ser tan amplia como la elección de la gracia. Puede haber mucho error mezclado con la verdad recibida, así que combatamos el error, pero amemos al hermano por la medida de verdad que vemos en él. Sobre todo, ¡amemos y difundamos la verdad de Dios nosotros mismos!

26 de octubre

"Esperan mucho, pero hay poco; y lo que traen a casa, Yo lo aviento.
¿Por qué?", declara el Señor de los ejércitos. "Por
causa de Mi casa que está desolada, mientras cada
uno de ustedes corre a su casa" (Hageo 1:9).

Las personas sin caridad retienen sus contribuciones a la obra cristiana y llaman a esa salvación "administración sabia". Poco se dan cuenta de que se están empobreciendo a causa de esto. Su excusa es que deben cuidar de sus propias familias, pero olvidan que descuidar la casa de Dios es la forma más segura de arruinar sus propios hogares.

Nuestro Dios tiene un método en Su providencia mediante el cual puede bendecir nuestros esfuerzos más allá de nuestras expectativas o puede frustrar nuestros planes para nuestra confusión y consternación. Con un solo giro de Su mano, puede dirigir nuestra nave por un camino provechoso o encallarla en la pobreza y la bancarrota.

La Escritura enseña que el Señor enriquece a los generosos y permite que los tacaños descubran que retener lo que tienen los lleva a la pobreza. En un amplio campo de observación, he notado que los cristianos más generosos que conozco siempre han sido los más felices y casi siempre los más prósperos. He visto al dador generoso alcanzar riquezas que nunca soñó y con la misma frecuencia he visto al avaro y mezquino caer en la pobreza por la misma tacañería con la que creía ascender.

La gente confía a los buenos administradores sumas cada vez mayores, y con frecuencia sucede lo mismo con el Señor. Él da a carretadas a aquellos que dan por fanegas. Donde el pueblo generoso de Dios no tiene mucha riqueza, el Señor hace que su poco sea mucho por la satisfacción que el corazón santificado siente con la porción que ha dedicado al Señor.

El egoísmo prioriza su propio bienestar, pero la piedad busca primero el reino de Dios y su justicia (Mateo 6:33). Sin embargo, a la larga, el egoísmo es pérdida, y la piedad, gran ganancia (1 Timoteo 6:6). Se necesita fe para actuar con generosidad hacia nuestro Dios, pero sin duda Él la merece. ¡Lo único que podemos hacer es un reconocimiento muy limitado de nuestra inmensa deuda con Su bondad!

27 de octubre

Palabra fiel es esta (2 Timoteo 2:11).

Pablo tiene cuatro de estas declaraciones fidedignas.

La primera se encuentra en 1 Timoteo 1:15: *Palabra fiel y digna de ser aceptada por todos: Cristo Jesús vino al mundo para salvar a los pecadores.*

La siguiente se encuentra en 1 Timoteo 4:8-9: *El ejercicio físico aprovecha poco, pero la piedad es provechosa para todo, pues tiene promesa para la vida presente y también para la futura. Palabra fiel es esta, y digna de ser aceptada por todos.*

La tercera se encuentra en 2 Timoteo 2:11-12: *Palabra fiel es esta: Que si morimos con Él, también viviremos con Él; si perseveramos, también reinaremos con Él; si lo negamos, Él también nos negará*

La cuarta se encuentra en Tito 3:8: *Palabra fiel es esta: y en cuanto a estas cosas quiero que hables con firmeza, para que los que han creído en Dios procuren ocuparse en buenas obras.*

Podemos encontrar una conexión entre estas palabras fieles. La primera sienta las bases de nuestra salvación eterna en la gracia inmerecida de Dios, como se nos mostró en la misión del gran Redentor. El siguiente pasaje afirma la doble bienaventuranza que obtenemos mediante esta salvación: las bendiciones de los manantiales superiores e inferiores (Jueces 1:15) del tiempo y de la eternidad. El tercero muestra uno de los deberes a los que está llamado el pueblo elegido: somos ordenados a sufrir por Cristo con la promesa de que *si perseveramos, también reinaremos con Él*. El último pasaje expone la forma activa del servicio cristiano, instruyéndonos a mantener diligentemente las buenas obras.

Tenemos la raíz de la salvación en la gracia inmerecida, los privilegios de esa salvación en la vida presente y también para la venidera, y también tenemos las dos grandes ramas de sufrir con Cristo y servir con Cristo, llenos del fruto del Espíritu.

Atesoremos estas palabras fieles. Que sean nuestro consuelo, nuestra instrucción y la guía de nuestra vida. El apóstol Pablo demostró su fidelidad, y aún continúan siendo fieles. Ni una sola palabra caerá en el suelo. Merecen *plena aceptación*. Aceptémoslas ahora y demostremos Su fidelidad. ¡Que estas cuatro palabras fieles estén escritas en los cuatro rincones de tu casa!

28 de octubre

Yo los escogí de entre el mundo (Juan 15:19)

quí vemos gracia distintiva y consideración discriminatoria, pues algunas personas son objeto especial del afecto divino. No temas reflexionar en esta doctrina bíblica de la elección. Cuando tu mente esté más pesada y deprimida, encontrarás esta doctrina de gran consuelo. Quienes dudan de las doctrinas de la gracia o las relegan a un segundo plano, se pierden los racimos más ricos de las uvas de Escol. Se pierden el mejor vino y los mejores trozos de carne (Isaías 25:6). ¡No hay bálsamo en Galaad (Jeremías 8:22) comparable! Si la miel de Jonatán iluminaba los ojos con solo tocarla (1 Samuel 14:27), esta es la miel que iluminará tu corazón para amar y aprender los misterios del reino de Dios. Come, y no temas a los excesos. Vive de este exquisito manjar, y no temas que sea una dieta demasiado delicada. La comida de la mesa del Rey no hará daño a ninguno de sus compañeros.

Anhela que tu mente se ensanche para que puedas comprender cada vez más el amor eterno, eterno y soberano de Dios. Cuando hayas ascendido hasta la cima de la elección, permanece en Su monte gemelo, el pacto de la gracia. ¡Los compromisos del pacto son la defensa de las tremendas formaciones rocosas tras las que nos encontramos! Los compromisos del pacto con la promesa de Cristo Jesús son los lugares de descanso tranquilo de las almas temblorosas.

> Su juramento, su pacto, su sangre,
> me sostienen en la inundación abrumadora;
> cuando todo a mi alrededor cede,
> Él entonces es toda mi esperanza y mi apoyo[58].

Si Jesús se encargó de llevarme a la gloria y si el Padre prometió que me entregaría al Hijo para ser parte de la recompensa infinita del trabajo de Su alma, entonces, alma mía, a menos que Dios mismo sea infiel, y a menos que Jesús deje de ser la verdad, ¡estás a salvo! Cuando David danzó ante el arca, le dijo a Mical que la elección lo obligaba a hacerlo: *Por tanto, lo celebraré delante del Seño* (2 Samuel 6:21).

¡Ven, alma mía, regocíjate delante del Dios de gracia y salta de alegría de corazón!

---

58 Esta es una estrofa de un himno en inglés de Edward Mote llamado "The Solid Rock".

29 de octubre

Ustedes, pues, oren de esta manera: "Padre nuestro que estás
en los cielos, santificado sea Tu nombre (Mateo 6:9).

Esta oración comienza donde debe comenzar toda oración verdadera: con el espíritu de adopción: *Padre nuestro.* No hay oración aceptable hasta que podamos decir: *Me levantaré e iré a mi Padre* (Lucas 15:18). Este espíritu infantil pronto percibe la majestad del Padre *en los cielos* y asciende a la adoración devota: *Santificado sea Tu nombre.* El niño que dice suavemente: "Abba, Padre", se convierte en el ángel que clama: "¡Santo, Santo, Santo!".

Hay solo un paso de la adoración gozosa al resplandeciente espíritu misionero, que es fruto del amor al Padre y de la adoración reverente: *Venga Tu reino. Hágase Tu voluntad, así en la tierra como en el cielo* (Mateo 6:10).

A continuación, la sincera expresión de dependencia de Dios: *Danos hoy el pan nuestro de cada día* (Mateo 6:11).

Iluminado aún más por el Espíritu, descubre que no solo es dependiente, sino también pecador. Por eso pide misericordia: *Y perdónanos nuestras deudas, como también nosotros hemos perdonado a nuestros deudores* (Mateo 6:12).

Luego, al ser perdonado, con la justicia de Cristo imputada y sabiendo que Dios lo acepta, ora humildemente por santa perseverancia: *Y no nos dejes caer en tentación* (Mateo 6:13). Quien es verdaderamente perdonado no quiere volver a hacer el mal. Ser justificado lleva a un anhelo ardiente de ser santificado. *Perdona nuestras deudas* es la justificación. *No nos dejes caer en tentación, sino líbranos del mal* es la santificación, tanto en sus formas negativas como positivas.

Como resultado de todo esto, sigue un cántico triunfal de alabanza: *Tuyo es el reino y el poder y la gloria para siempre. Amén* (Mateo 6:13). Nos regocijamos de que nuestro Rey reina en providencia y reinará en gracia, hasta los confines de la tierra; y su dominio no tendrá fin (Lucas 1:33).

Desde un sentimiento de adopción hasta la comunión con nuestro Señor reinante, este breve modelo de oración guía el alma.

¡Señor, enséñanos a orar así!

30 de octubre

Te alabaré, oh Señor (Salmo 9:1 RV).

La alabanza siempre debe seguir a la oración contestada, así como la niebla de la gratitud terrenal se eleva cuando el sol del amor celestial calienta la tierra. ¿Ha sido el Señor misericordioso contigo e inclinado su oído a la voz de tu súplica? Entonces alábalo mientras vivas. Deja que el fruto maduro caiga sobre la tierra fértil de la que se nutrió. No le niegues un cántico a Aquel que ha contestado tu oración y te ha concedido el deseo de tu corazón. Callar ante las misericordias de Dios es cometer el pecado de ingratitud. Es actuar tan vergonzosamente como los nueve leprosos que, después de haber sido curados de su lepra, no regresaron a dar gracias al Señor sanador (Lucas 17:17-18).

Olvidar alabar a Dios es negarnos a beneficiarnos a nosotros mismos, pues la alabanza, al igual que la oración, es un gran método para promover el crecimiento de la vida espiritual. Ayuda a aliviar nuestras cargas, a avivar nuestra esperanza y a aumentar nuestra fe. Es un ejercicio saludable y vigorizante que acelera el pulso del creyente y lo prepara para nuevas empresas en el servicio de su Maestro.

Alabar a Dios por las misericordias recibidas es también la manera de beneficiar a nuestros semejantes: *Lo oirán los humildes y se regocijarán* (Salmo 34:2). Otros que han estado en circunstancias similares se consolarán si podemos decir: *Engrandezcan al Señor conmigo, y exaltemos a una Su nombre. Busqué al Señor, y Él me respondió* (Salmo 34:3-4). Los corazones débiles se fortalecerán y los santos cansados se revitalizarán al escuchar nuestros *cánticos de liberación* (Salmo 32:7). Sus dudas y temores se disiparán al enseñarnos y amonestarnos unos a otros con *salmos, himnos y cánticos espirituales* (Efesios 5:19). Ellos también *cantarán los caminos del Señor* (Salmo 138:5) al escucharnos magnificar Su santo nombre.

La alabanza es el deber cristiano más celestial. Los ángeles no oran, pero no cesan de alabar día y noche (Apocalipsis 4:8), y los redimidos, vestidos de ropas blancas y con palmas en sus manos (Apocalipsis 7:9), nunca se cansan de cantar el cántico nuevo: *El Cordero que fue inmolado es digno* (Apocalipsis 5:12).

31 de octubre

Y renueva un espíritu recto dentro de mí (Salmo 51:10).

*U*n apóstata, si aún queda una chispa de vida espiritual en él, gemirá por restauración. En esta renovación, se requiere el mismo ejercicio de la gracia que en nuestra conversión. Necesitábamos arrepentimiento entonces, y ciertamente lo necesitamos ahora. Necesitábamos fe para venir a Cristo al principio, y solo esa misma fe puede llevarnos a Jesús ahora. Necesitábamos una palabra del Altísimo, una palabra de los labios del Amado, para acabar con nuestros temores entonces y pronto descubriremos, bajo la sensación de pecado presente, que la necesitamos ahora. Nadie puede ser renovado sin una manifestación de la energía del Espíritu Santo que sea tan real y verdadera como la que sintió al principio, porque la obra es igual de grande y la carne y la sangre son tan estorbadoras ahora como siempre.

Que tu debilidad personal, oh cristiano, sea un argumento para que ores fervientemente a tu Dios en busca de ayuda. Recuerden que David no se cruzó de brazos ni cerró los labios cuando se sintió impotente, sino que corrió al propiciatorio y oró: *Y renueva un espíritu recto dentro de mí.* No dejes que la idea de que no puedes hacer nada sin Cristo te adormezca, sino que sea un aguijón en tu interior que te impulse con solemne fervor hacia el fuerte Ayudador de Israel. Oh, que tengas gracia para suplicar a Dios, como si suplicaras por tu propia vida: "Señor, renueva un espíritu recto dentro de mí".

Quien ora sinceramente a Dios para que haga esto demostrará su honestidad al usar los medios por los que Dios obra. Ora mucho. Vive mucho de la Palabra de Dios. Mata las lujurias que han alejado a tu Señor de ti. Ten cuidado de los futuros brotes del pecado. El Señor tiene Sus propios caminos designados. Siéntate junto al camino y estarás listo cuando Él pase. Persevera en todas esas benditas ordenanzas que fortalecerán y nutrirán tus gracias moribundas, y sabiendo que todo el poder debe provenir de Él, no dejes de clamar: *Y renueva un espíritu recto dentro de mí.*

Noviembre

1 de noviembre

...la iglesia que está en tu casa (Filemón v. 2).

¿Hay una iglesia en tu casa? ¿Son tus padres, hijos y amigos miembros de ella, o hay algunos que aún no se han convertido? Detengámonos aquí y consideremos la pregunta: ¿Soy miembro de la iglesia en esta casa? ¡Cómo se alegraría el padre y se llenarían los ojos de la madre de lágrimas santas si todos sus hijos, desde el mayor hasta el menor, se salvaran! Oremos por esta gran misericordia hasta que el Señor nos la conceda.

Probablemente el deseo más preciado de Filemón había sido que toda su familia fuera salva, pero al principio no se le concedió en su plenitud. Tenía un siervo malvado, Onésimo, que le hizo daño y huyó de su servicio. Las oraciones de su amo lo siguieron y, finalmente, como Dios quiso, Onésimo fue guiado a escuchar a Pablo predicar. Su corazón se conmovió y regresó a Filemón, no solo para ser un siervo fiel, sino también para convertirse en un hermano amado, añadiendo otro miembro a la iglesia en la casa de Filemón.

Si existe una iglesia así en nuestra casa, administrémosla bien y que todos vivan como si siempre estuvieran a la vista de Dios, pues lo están. Llevemos a cabo los asuntos cotidianos de la vida con deliberada santidad, diligencia, bondad e integridad. Se espera más de una iglesia que de un hogar común. El culto familiar debe, en tal caso, ser más devoto y sincero. El amor interior debe ser más cálido e inquebrantable. La conducta externa debe ser más santificada y cristiana. No debemos temer que nuestro reducido número nos excluya de la lista de iglesias, pues el Espíritu Santo ha inscrito aquí a una iglesia familiar en el libro inspirado de memorias. Como iglesia, acerquémonos ahora a la gran Cabeza de la única iglesia universal, y pidámosle fervientemente que nos dé la gracia de brillar ante los demás para la gloria de su nombre.

2 de noviembre

Yo, el Señor, no cambio (Malaquías 3:6)

Es bueno para nosotros que, en medio de todos los cambios e incertidumbres de la vida, haya Uno a quien el cambio no puede afectar. Hay Uno cuyo corazón nunca puede cambiar y en cuya frente el cambio no puede dejar surcos. Todo lo demás ha cambiado. Todo lo demás está cambiando. El sol mismo se oscurece con la edad. El mundo envejece. ¡Los cielos y la tierra pronto pasarán y perecerán!

Solo hay Uno que tiene inmortalidad, cuyos años no tienen fin y en quien no hay cambio. El deleite que siente el marinero al pisar de nuevo la sólida orilla después de haber sido zarandeado por el mar durante muchos días es la satisfacción del Cristiano cuando, en medio de todos los cambios de esta vida llena de dificultades, basa su fe en esta verdad: *Yo, el Señor, no cambio.* La estabilidad que el ancla da al barco cuando por fin encuentra asidero es como la que le da la esperanza del cristiano cuando se afianza en esta gloriosa verdad.

Con Él no hay *sombra de variación* (Santiago 1:17). Cualesquiera que fueran sus atributos de antaño, ¡son los mismos ahora! Su poder, sabiduría, justicia y verdad permanecen inalterados.

Él siempre ha sido el refugio de Su pueblo, Su fortaleza en el día de la angustia (Nahum 1:7), y sigue siendo su fiel Ayudador.

Su amor es inmutable. Ha amado a Su pueblo *con amor eterno* (Jeremías 31:3). Los ama ahora tanto como siempre y cuando todo lo terrenal se haya derretido en el último gran fuego, Su amor aún lucirá el rocío de su juventud. ¡Preciosa es la seguridad de que nuestro Dios nunca cambia! La rueda de la providencia gira, pero Su eje es el amor eterno.

3 de noviembre

..él está orando (Hechos 9:11).

Las oraciones se perciben al instante en el Cielo. El Señor escuchó a Saulo en cuanto comenzó a orar. Esto es consuelo para el alma angustiada que ora. Una persona con el corazón quebrantado a menudo dobla la rodilla en oración, pero solo puede expresar sus gemidos en el lenguaje de suspiros y lágrimas; sin embargo, ese gemido ha hecho vibrar con música todas las arpas del cielo. Esa lágrima ha sido atrapada por Dios y se atesora en el odre de lágrimas en el Cielo. *Tú... pon mis lágrimas en tu frasco* (Salmo 56:8) implica que son atrapadas al fluir.

La persona que ora y gime sus palabras será bien comprendida por el Dios Altísimo. Puede que solo mire hacia arriba con lágrimas, ¡pero la oración es el derramamiento de una lágrima! ¡Las lágrimas son los diamantes del Cielo! Los suspiros son parte de la música de la corte de Dios, y se cuentan entre los cánticos más exaltados que alcanzan la majestad en lo alto.

No pienses que tu oración, por débil o temblorosa que sea, pasará desapercibida. La escalera de Jacob es alta, pero nuestras oraciones se apoyan en el nombre de Jesucristo y así suben sus peldaños estrellados.

Nuestro Dios no solo escucha la oración, sino que también le encanta escucharla. *No olvida el clamor de los afligidos* (Salmo 9:12). Es cierto que no le importan las miradas altivas ni las palabras vanidosas. No le importa la pompa y el boato de los reyes. No escucha el oleaje de la música militante. No le importa el triunfo ni el orgullo del hombre. Pero dondequiera que haya un corazón lleno de tristeza o un labio tembloroso de agonía, o un gemido profundo o un suspiro de arrepentimiento, ¡el corazón de Dios está abierto! ¡Él escribe esa oración en el registro de Su memoria! Él pone nuestras oraciones, como pétalos de rosa, entre las páginas de Su libro de memoria, y cuando el volumen se abra por fin, ¡brotará de él una preciosa fragancia!

4 de noviembre

Te basta Mi gracia, pues Mi poder se perfecciona
en la debilidad (2 Corintios 12:9).

Reconocer nuestra propia debilidad es fundamental para servir a Dios con éxito y para realizar la obra de Dios bien y con victoria. Cuando el guerrero cristiano marcha a la batalla, fuerte en su propio poder, y se jacta: "Sé que venceré, porque mi brazo derecho y mi espada me darán la victoria", la derrota no está lejos. Dios no acompañará a quien confía en su propia fuerza. Quien espera la victoria por su propia fuerza se equivoca, pues: *"No por el poder ni por la fuerza, sino por Mi Espíritu"*, dice el Señor de los *ejércitos* (Zacarías 4:6). Quienes salen a luchar, jactándose de su habilidad y valentía, regresarán con sus banderas envalentonadas arrastrándose por el polvo y sus armaduras manchadas de vergüenza.

Quienes sirven a Dios deben hacerlo a Su manera y con Sus propias fuerzas, o Él nunca aceptará su servicio. Dios nunca aceptará a quien trabaja sin la ayuda de la fuerza divina. Él desecha los meros frutos de la tierra. Solo cosechará el grano sembrado de la semilla del Cielo, regado por la gracia y madurado por el sol del amor divino. Dios vaciará todo lo que tienes antes de poner lo Suyo en ti. Primero limpiará tus graneros antes de llenarlos con *lo mejor del trigo* (Salmo 81:16). El río de Dios está lleno de agua, pero ni una gota fluye de manantiales terrenales. Dios no usará fuerza en sus batallas excepto la que Él mismo provee.

¿Te lamentas por tu propia debilidad? Ánimo, porque debes ser consciente de tu debilidad antes de que el Señor te dé la victoria. Tu vacío es simplemente la preparación para ser llenado, y tu abatimiento simplemente te prepara para ser levantado.

5 de noviembre

Ninguna arma forjada contra ti prosperará (Isaías 54:17).

Este día es memorable en la historia de Inglaterra, pues Dios nos otorgó dos grandes liberaciones. En este día de 1605, se descubrió el complot de los católicos romanos para destruir nuestras Cámaras del Parlamento. En segundo lugar, hoy es el aniversario del desembarco del rey Guillermo en Torbay, con el cual se aplastó la esperanza de dominio del Papa y se aseguró la libertad religiosa. Este día no debería celebrarse con las festividades de los mundanos, sino con los cánticos de los santos. Nuestros antepasados puritanos lo convirtieron con devoción en un momento especial de acción de gracias. Aún conservamos un registro de los sermones anuales predicados por el piadoso pastor Matthew Henry en este día.

Nuestras creencias cristianas y nuestro amor por la libertad deberían llevarnos a celebrar este aniversario con santa gratitud. Que nuestros corazones y labios exclamen: *Oh Dios, con nuestros oídos hemos oído, nuestros padres nos han contado la obra que hiciste en sus días, en los tiempos antiguos* (Salmo 44:1). Señor, has hecho de esta nación el hogar del evangelio y cuando el enemigo se ha alzado contra ella, la has protegido. Ayúdanos a ofrecer cánticos repetidos por repetidas liberaciones. Concédenos un odio cada vez mayor hacia el anticristo y apresura el día de su completa extinción. Hasta entonces, creemos en la promesa: *Ninguna arma forjada contra ti prosperará.*

¿No debería infundirse en el corazón de todos los que aman el evangelio de Jesús en este día el deseo de suplicar por la destrucción de las falsas doctrinas y la difusión de la verdad divina? ¿No sería bueno examinar nuestro propio corazón y deshacernos de cualquier fariseísmo católico romano que pueda estar oculto en nuestro interior?

6 de noviembre

Derramaré agua sobre la tierra sedienta (Isaías 44:3).

uando un creyente ha caído en un estado de tristeza y abatimiento, a menudo intenta salir de él castigándose con temores oscuros y lúgubres. Esa no es la manera de levantarse del polvo, sino de permanecer en él. Es como encadenar las alas de un águila para intentar que vuele o dudar para crecer en la gracia. No es la ley, sino el evangelio, lo que salva al alma que busca al principio; y no es la esclavitud de la ley, sino la libertad solo por medio del evangelio, lo que puede restaurar al creyente débil después. El temor que esclaviza no devuelve al apóstata a Dios, sino que los dulces encantos del amor lo atraen a los brazos de Jesús.

¿Tienes sed del Dios vivo esta mañana y te sientes infeliz porque no puedes encontrarlo para el deleite de tu corazón? ¿Has perdido el gozo de Cristo, y tu oración es: *Restitúyeme el gozo de Tu salvación* (Salmo 51:12)? ¿Eres consciente también de que eres estéril, como la tierra seca, de que no estás dando el fruto que Dios tiene derecho a esperar de ti, y de que no eres tan útil en la iglesia ni en el mundo como tu corazón desea? Entonces esta es exactamente la promesa que necesitas: *Derramaré agua sobre la tierra sedienta*. Recibirás la gracia que tanto necesitas, ¡y la tendrás hasta el límite de tus necesidades!

El agua refresca al sediento y tú serás refrescado; tus deseos serán satisfechos. El agua reaviva la vida de las plantas dormidas y tu vida será renovada por la gracia fresca. El agua hace crecer los brotes y madurar los frutos, y tendrás gracia fructífera; serás fructífero en los caminos de Dios.

Cualquiera que sea la buena cualidad que haya en la gracia divina, la disfrutarás al máximo. Recibirás todas las riquezas de la gracia divina en abundancia. Serás, por así decirlo, empapado de ella. Como los prados a veces se inundan por las crecidas de los ríos y los campos se convierten en estanques, así serás tú. La tierra sedienta se convertirá en manantiales de agua (Isaías 35:7).

7 de noviembre

En las palmas de Mis mano, te he grabado (Isaías 49:16).

*S*in duda, parte del asombro proviene del clamor incrédulo de una declaración anterior: *Sión dijo: «El Señor me ha abandonado, el Señor se ha olvidado de mí* (Isaías 49:14). ¡Cuán asombrada parece estar la mente divina ante esta perversa incredulidad! ¿Qué puede ser más asombroso que las dudas y temores infundados del pueblo favorecido de Dios?

La amorosa palabra de reprensión del Señor debería avergonzarnos. Él exclama: "¿Cómo pude haberte olvidado si te tengo grabado en las palmas de mis manos? ¿Cómo te atreves a dudar de mi constante recuerdo, cuando el memorial está escrito en mi propia carne?".

¡Oh, incredulidad, qué extraña maravilla eres! No sabemos de qué maravillarnos más: ¡de la fidelidad de Dios o de la incredulidad de Su pueblo! Él cumple Su promesa mil veces, y sin embargo, la siguiente prueba nos hace dudar de Él. Él nunca falla. Nunca es un pozo seco. Nunca es como un sol poniente, un meteoro pasajero o un vapor fugaz, y sin embargo, estamos continuamente atribulados por preocupaciones, plagados de dudas y perturbados por temores, como si nuestro Dios fuera un espejismo en el desierto.

El cielo y la tierra bien podrían asombrarse de que los rebeldes alcancen tal cercanía al corazón de amor infinito como para ser grabados en las palmas de Sus manos. *Te he grabado*. No dice: "He grabado tu nombre". El nombre está ahí, pero hay más que eso. *Te he grabado*.

¡Observa la plenitud de esto! Dios dice: "¡He grabado tu persona, tu imagen, tu situación, tus circunstancias, tus pecados, tus tentaciones, tus debilidades, tus necesidades y tus obras! Te he grabado a ti, todo lo que te rodea, todo lo que te concierne. Te he puesto ahí por completo".

¿Volverás a decir que tu Dios te ha abandonado, cuando Él te ha grabado en Sus propias manos?

8 de noviembre

De la manera que recibieron a Cristo Jesús el Señor (Colosenses 2:6)

La vida de fe se representa como recibir. Es un acto que implica todo lo contrario a cualquier mérito. Es simplemente aceptar un don. Así como la tierra absorbe la lluvia, como el mar recibe los arroyos y como el día recibe la luz del sol, así nosotros, sin dar nada, participamos libremente de la gracia de Dios. Los santos no son, por naturaleza, pozos ni arroyos; son solo cisternas en las que fluye el agua viva. Son vasijas vacías en las que Dios vierte su salvación.

La idea de recibir implica un sentido de realización: hacer realidad el asunto. No se puede recibir una sombra. Recibimos lo real y material. Lo mismo ocurre en la vida de fe, pues Cristo se hace real para nosotros. Mientras no tengamos fe, Jesús es solo un nombre para nosotros. Es una persona que vivió hace mucho tiempo, ¡tan lejano que Su vida es solo una historia para nosotros ahora! Sin embargo, mediante un acto de fe, Jesús se hace persona real en la conciencia de nuestro corazón.

Recibir también significa aferrarse o tomar posesión de algo. Lo que recibo se vuelve mío. Tomo para mí lo que se me da. Cuando recibo a Jesús, él se convierte en mi Salvador. Él se hace tan mío que ni la vida ni la muerte pueden arrebatármelo.

Esto es lo que significa recibir a Cristo. Es aceptarlo como un regalo gratuito de Dios, experimentarlo en mi corazón y, de hecho, aceptarlo como mío.

La salvación puede describirse como que los ciegos reciben la vista, los sordos el oído y los muertos la vida; sin embargo, no solo hemos recibido estas bendiciones, sino que también hemos recibido a Jesús mismo. Es cierto que Él nos dio vida de entre los muertos. Nos dio el perdón de pecados. Nos dio justicia imputada. Todas estas cosas son preciosas, pero no nos conformamos con ellas, pues hemos recibido a Cristo mismo. El Hijo de Dios ha sido derramado en nosotros y lo hemos recibido y tomado como nuestro. ¡Cuán llenos deben estar nuestros corazones con Jesús, porque ni el cielo mismo puede contenerlo (1 Reyes 8:27)!

9 de noviembre

De la manera que recibieron a Cristo Jesús el
Señor, así anden en Él (Colosenses 2:6).

Si hemos recibido a Cristo mismo en lo más profundo de nuestro corazón, nuestra nueva vida manifestará su íntima relación con Él mediante un andar de fe en Él.

Andar implica acción. Nuestras creencias no deben confinarse en nuestro espacio privado, sino que debemos poner en práctica aquello que creemos. Si alguien anda en Cristo, actúa como Cristo actuaría; porque, puesto que Cristo está en él, Él es su esperanza, su amor, su gozo y su vida, y es el reflejo de la imagen de Jesús. La gente dice de ese hombre: "¡Es como su Maestro; vive como Jesucristo!".

Andar significa progreso. Así que *anden en Él*. Procediendo de gracia en gracia, avancen hasta alcanzar el máximo grado de conocimiento que cualquiera puede alcanzar acerca de nuestro Amado.

Andar implica continuidad. Debemos permanecer continuamente en Cristo. Muchos cristianos piensan que deberían pasar un rato con Jesús por la mañana y por la noche, pero que durante todo el día pueden entregar su corazón al mundo. Esta es una mala manera de vivir. Siempre deberíamos estar con Él, siguiendo Sus pasos y haciendo Su voluntad.

Andar también implica hábito. Cuando hablamos del andar y la vida de alguien, nos referimos a sus hábitos y prácticas: la constancia de su vida. Si a veces disfrutamos de Cristo y luego lo olvidamos; si a veces lo llamamos nuestro y pronto lo perdemos, eso no es un hábito. No andamos en Él. Debemos aferrarnos a Él y nunca soltarlo. Debemos vivir, movernos y existir en Él (Hechos 17:28). *De la manera que recibieron a Cristo Jesús el Señor, así anden en Él*. Persevera de la misma manera que comenzaste. Así como Cristo Jesús fue la confianza de tu fe, la fuente de tu vida, el principio de tu acción y el gozo de tu espíritu al comienzo de tu andar Cristiano, que Él sea el mismo hasta el final de tu vida. Que Él sea el mismo *cuando camines por el valle de sombra de muerte* (Salmo 23:4) y entres en el gozo y el descanso que queda para el pueblo de Dios (Hebreos 4:9).

¡Espíritu Santo, capacítanos para obedecer este mandato celestial!

10 de noviembre

El eterno Dios es tu refugio (Deuteronomio 33:27).

La palabra refugio puede traducirse como "mansión" o "morada", y da la idea de que Dios es nuestra morada, nuestro hogar. Hay plenitud y dulzura en la metáfora, pues nuestro hogar es querido para nuestros corazones, incluso si es la cabaña más sencilla o la habitación más pequeña. Mucho más querido es nuestro bendito Dios, en quien vivimos, nos movemos y existimos (Hechos 17:28).

Es en casa donde nos sentimos seguros. Nos apartamos del mundo y vivimos en tranquila seguridad. De la misma manera, cuando estamos con Dios, no tememos *mal alguno* (Salmo 23:4). Él es nuestro amparo y retiro, nuestro refugio perenne.

En casa, descansamos. Es allí donde encontramos descanso después de la fatiga y el trabajo del día. Y así, nuestros corazones encuentran descanso en Dios; cuando nos agobian los conflictos de la vida, nos volvemos a Él, y nuestras almas descansan en paz.

En casa, damos libertad a nuestros corazones. No tememos ser malinterpretados ni que nuestras palabras sean malinterpretadas. Así sucede cuando estamos con Dios; podemos comunicarnos libremente con Él, revelando todos nuestros deseos ocultos. Si *los secretos del Señor sin para los que le temen* (Salmo 25:14), entonces los secretos de quienes le temen deben y tienen que estar con su Señor.

El hogar también es el lugar de nuestra felicidad más verdadera y pura. De la misma manera, es en Dios donde nuestros corazones encuentran su mayor deleite. En Él tenemos un gozo que supera con creces cualquier otro gozo.

También es por el hogar que trabajamos y nos esforzamos. Pensar en el hogar nos da fuerza para soportar la carga diaria y realizar nuestro trabajo. En este sentido, también podemos decir que Dios es nuestro hogar. El amor a Él nos fortalece. Pensamos en Él en la persona de su amado Hijo y vislumbrar el rostro sufriente del Redentor nos impulsa a trabajar por Su causa. Sentimos que debemos trabajar, porque tenemos hermanos que aún no se han salvado, y tenemos el corazón de nuestro Padre que alegrar trayendo a casa a Sus hijos descarriados. Queremos llenar de santo deleite a la sagrada familia entre la que moramos. ¡Felices los que tienen al Dios de Jacob como refugio!

11 de noviembre

El eterno Dios es tu refugio, y debajo están los
brazos eternos (Deuteronomio 33:27).

Dios, el Dios eterno, es nuestro apoyo en todo momento, especialmente cuando nos hundimos en profundas dificultades. Hay épocas en que el cristiano se hunde profundamente en la vergüenza. Con un profundo sentimiento de su gran pecaminosidad, se humilla ante Dios hasta el punto de que apenas sabe cómo orar porque parece tan inútil a sus propios ojos. Bueno, hijo de Dios, recuerda que cuando estés en tu peor momento, sus brazos eternos aún te apoyan. El pecado puede arrastrarte muy bajo, pero la gran expiación de Cristo aún está bajo todo. Puede que hayas descendido a lo profundo, pero no puedes haber caído hasta el extremo, y Él salva hasta el extremo (Hebreos 7:25).

El cristiano a veces se hunde profundamente en pruebas severas. Todo apoyo terrenal se corta. ¿Qué, entonces? Los brazos eternos aún están bajo Su protección. No puede caer tan profundamente en la angustia y la aflicción que la gracia del pacto de un Dios siempre fiel no lo rodee. El cristiano puede estar hundiéndose en problemas internos debido a un conflicto feroz, pero aun así no puede ser llevado tan bajo como para estar fuera del alcance de los brazos eternos de Dios. Está bajo Su protección, y mientras se sostenga de esta manera, todos los esfuerzos de Satanás por dañarlo son inútiles.

Esta seguridad del apoyo de Dios es un consuelo para cualquier trabajador cansado pero ferviente en su servicio. Implica una promesa de fortaleza para cada día, gracia para cada necesidad y poder para cada deber.

Además, cuando llegue la muerte, la promesa seguirá siendo cierta. Cuando nos encontremos en medio del caudaloso río de la muerte, podremos decir con David: *No temeré mal alguno, porque Tú estás conmigo* (Salmo 23:4). Podemos descender a la tumba, pero no descenderemos más, porque Sus brazos eternos impiden que sigamos cayendo. A lo largo de la vida, incluso al final, seremos sostenidos por los brazos eternos de Dios. Sus brazos no se cansan ni pierden Su fuerza. *El Dios eterno, el Señor, el Creador de los confines de la tierra, no se fatiga ni se cansa* (Isaías 40:28).

12 de noviembre

...la prueba de la fe de ustedes (1 Pedro 1:7 RVR1960)

Una fe sin probar puede ser verdadera, pero sin duda será poca, y probablemente seguirá siendo pequeña mientras no sea sometida a pruebas. La fe nunca prospera tanto como cuando todo le es contrario. Las tormentas nos preparan y los relámpagos nos iluminan. Cuando el mar permanece en calma, puedes desplegar las velas como quieras, pero el barco no se mueve hacia su puerto, pues en un océano dormido, el barco también duerme. Sin embargo, si los vientos aulladores soplan y las aguas se alzan, aunque el barco se balancee, su cubierta se empape de olas y su mástil cruja bajo la presión de las velas desplegadas e hinchadas, ¡es entonces cuando avanza hacia el puerto deseado!

Ninguna flor luce un azul tan hermoso como las que crecen al pie del glaciar congelado. Ninguna estrella brilla con tanta intensidad como las que relucen en el cielo polar. Ninguna agua sabe tan dulce como la que brota entre la arena del desierto. Ninguna fe es tan valiosa como la que vive y triunfa en la adversidad.

La fe probada trae experiencia. No habrías creído en tu propia debilidad si no te hubieras visto obligado a atravesar los ríos y nunca habrías conocido la fuerza de Dios si no hubieras sido sostenido en medio de las inundaciones.

La fe crece en fuerza, seguridad e intensidad cuanto más se ejercita en la tribulación. La fe es preciosa y su prueba también lo es. Sin embargo, no dejes que esto te desanime a ti, que eres joven en la fe. Ya tendrás suficientes pruebas sin buscarlas; la porción completa te será dada a su debido tiempo. Mientras tanto, si aún no puedes reclamar el resultado de tanta experiencia, agradece a Dios por la gracia que tienes. Alábalo por ese grado de fe sagrada que ya has adquirido. ¡Vivirás conforme a lo que ya tienes y recibirás aún más de la bendición de Dios!

13 de noviembre

Como el sarmiento no puede dar fruto por sí mismo (Juan 15:4).

¿Cómo comenzaste a dar fruto? Fue cuando viniste a Jesús, te entregaste a Su gran expiación y descansaste en Su justicia consumada. ¡Ah! ¡Cuánto fruto tenías entonces! ¿Recuerdas aquellos primeros días? Fue entonces cuando la vid floreció, la uva tierna apareció, los granados brotaron y las eras de especias destilaron su fragancia.

¿Has decaído desde entonces? Si es así, te exhortamos a recordar ese tiempo de amor y a arrepentirte y a hacer las obras que hiciste al principio (Apocalipsis 2:5). Dedica la mayor parte de tu tiempo a aquellas cosas que has comprobado por experiencia que te acercan más a Cristo, porque de Él proceden todos tus frutos. Cualquier ejercicio santo que te acerque a Él te ayudará a dar fruto. El sol es, sin duda, un gran trabajador en la creación de fruto entre los árboles del huerto, y Jesús lo es aún más entre los árboles de su jardín de gracia. ¿Cuándo has sido más infructuoso?

¿No ha sido cuando has vivido más alejado del Señor Jesucristo, cuando has descuidado la oración, cuando te has apartado de la sencillez de tu fe y cuando tus talentos y actividades han ocupado tu atención en lugar de la de tu Señor? ¿No fue cuando dijiste: "Mi montaña se mantiene firme; jamás seré conmovido", y olvidaste dónde reside tu fuerza? ¿No fue entonces cuando tu fruto dejó de crecer?

A algunos de nosotros, por mucha vergüenza y humildad de corazón ante el Señor, se nos ha enseñado que no tenemos nada fuera de Cristo. Al ver la absoluta esterilidad y muerte de todo poder humano, hemos clamado angustiados: "¡De Él debe provenir todo mi fruto, porque ningún fruto puede venir de mí!". La experiencia nos enseña que cuanto más simplemente dependamos de la gracia de Dios en Cristo y esperemos en el Espíritu Santo, más fruto daremos para Dios. ¡Oh, confiar en Jesús para obtener fruto, así como para recibir vida!

14 de noviembre

*Extenderé mi mano contra... los que se postran y juran por
el Señor, y juran también por Milcom* (Sofonías 1:4-5).

*E*stas personas creían estar a salvo porque estaban con ambos bandos: iban con los seguidores de Dios y también se inclinaban ante Milcom, o Moloc. Pero la doble moral es despreciable y abominable para Dios. ¡Él odia la hipocresía! El idólatra que se entrega abiertamente a su dios falso tiene un pecado menos que quien lleva su sacrificio contaminado y detestable al templo del Señor, mientras su corazón está con el mundo.

En la vida cotidiana, una persona de doble ánimo es despreciada, pero en la religión cristiana es detestable hasta el extremo. El castigo pronunciado en el versículo que nos ocupa es terrible, pero bien merecido. ¿Debería la justicia de Dios perdonar al pecador que sabe lo que es correcto, lo aprueba y profesa seguirlo, mientras que todo el tiempo ama el mal y le da dominio en su corazón?

Examínate esta mañana y comprueba si eres culpable de doble trato con Dios. Profesas ser seguidor de Jesús; ¿lo amas de verdad? ¿Es tu corazón recto con Dios? ¿Eres de la familia del anciano Padre Honesto o eres pariente del Sr. Fines?[59] Una mera profesión de fe en Cristo de poco vale si en realidad estoy muerto en delitos y pecados (Efesios 2:1). Tener un pie en la tierra de la verdad y otro en el mar de la falsedad terminará en una terrible caída y ruina total. Cristo debe ser todo para ti o nada.

Si Dios reina verdaderamente en mi corazón, no habrá lugar para otro poder reinante. ¿Descanso solo en Jesús crucificado y vivo solo para Él? ¿Es mi deseo hacerlo? ¿Está mi corazón puesto en hacerlo? Si es así, ¡bendita sea la poderosa gracia que me ha llevado a la salvación! Si no, *¡oh Señor, perdona mi triste maldad y une mi corazón para temer Tu nombre!*

---

59   El señor Fines (Mr. By-ends) es otro personaje de *El progreso del peregrino* de John Bunyan. Señor Fines sigue el cristianismo solo cuando le parece fácil y cuando puede usarlo a su conveniencia, para sus propios fines.

15 de noviembre

Pues la porción del Señor es Su pueblo (Deuteronomio 32:9).

¿Cómo es el pueblo de Dios Su porción?

Primero, por Su propia elección soberana. Él los escogió y puso Su amor en ellos. Los escogió completamente al margen de cualquier bondad en ellos en ese momento, o de cualquier bondad que Él previera en ellos. Tuvo misericordia de quien quiso tener misericordia (Romanos 9:15) y ordenó a un grupo escogido para vida eterna. Por lo tanto, son Suyos por Su elección sin restricciones.

No solo son Suyos por elección, sino también por compra. Él los compró y pagó por ellos hasta el último centavo; por lo tanto, no puede haber disputa sobre Su derecho a ellos. La porción del Señor ha sido completamente redimida, no con cosas corruptibles como plata y oro, sino con la preciosa sangre del Señor Jesucristo (1 Pedro 1:18-19). Vean la marca de sangre sobre todos los elegidos, invisible al ojo humano, pero conocida por Cristo, pues el Señor conoce a los suyos (2 Timoteo 2:19), ¡y no olvida a ninguno de los que ha redimido! Él cuenta las ovejas por quienes dio Su vida y recuerda bien a quienes se entregaron.

También son Suyos por conquista. ¡Qué batalla libró en nosotros antes de ser vencidos! ¡Cuánto tiempo asedió nuestros corazones! ¡Cuántas veces nos envió términos de rendición! Sin embargo, cerramos nuestras puertas y fortificamos nuestros muros contra Él. ¿No recordamos aquella gloriosa hora en que Él conquistó nuestros corazones, cuando colocó Su cruz contra el muro y escaló nuestras defensas, plantando la bandera roja como la sangre de Su misericordia omnipotente sobre nuestras fortalezas? Sí, en verdad, ¡somos los cautivos conquistados de Su amor omnipotente!

Así elegidos, comprados y conquistados, los derechos de nuestro divino Poseedor son inalienables. Nos regocijamos de que nunca podremos ser nuestros propios dueños y deseamos, día a día, hacer Su voluntad y manifestar Su gloria.

16 de noviembre

"El Señor es mi porción", dice mi alma(Lamentaciones 3:24).

El Señor es mi porción. No dice: "El Señor es en parte mi porción" ni "El Señor está en mi porción", sino que Él mismo constituye la suma total de la herencia de mi alma. Dentro de la circunferencia de ese círculo se encuentra todo lo que poseemos o deseamos.

El Señor es mi porción. Mi porción no es solo Su gracia, su amor o Su pacto, sino Dios mismo. Él nos ha elegido para Su porción y nosotros lo hemos elegido a Él para la nuestra. Es cierto que el Señor primero debe elegir nuestra herencia por nosotros, o de lo contrario nunca la elegiríamos por nosotros mismos, pero si realmente somos llamados según el propósito del amor electivo, podemos cantar:

> Amados por mi Dios, por Él otra vez
>> Con intenso amor ardo;
> Elegidos por Él antes del principio de los tiempos,
>> Yo lo elijo a Él a cambio[60].

El Señor es nuestra porción completamente suficiente. Dios se llena a Sí mismo, y si Dios es completamente suficiente en Sí mismo, debe ser completamente suficiente para nosotros. No es fácil satisfacer los deseos del hombre. Cuando sueña que está satisfecho, al poco tiempo despierta a la creencia de que hay algo más allá, e inmediatamente la sanguijuela en su corazón clama: *¡Dame! ¡Dame!* (Proverbios 30:15).

Pero todo lo que podemos desear se encuentra en nuestra porción divina, de modo que preguntamos: *¿A quién tengo yo en los cielos sino a Ti? Fuera de ti, nada deseo en la tierra* (Salmo 73:25). Bien podemos deleitarnos en el Señor (Salmo 37:4), quien nos hace beber del río de sus delicias (Salmo 36:8). Nuestra fe extiende sus alas y se eleva como un águila hacia el cielo del amor divino, como su morada apropiada. *Las cuerdas me cayeron en lugares agradables; en verdad es hermosa la herencia que me ha tocado* (Salmo 16:6).

Regocíjense en el Señor siempre (Filipenses 4:4). Demostremos al mundo que somos un pueblo feliz y bendecido y así hagamos que exclamen: *Iremos con ustedes, porque hemos oído que Dios está con ustedes* (Zacarías 8:23).

---

60 Esto es de un himno en inglés de Augustus Toplady que comienza: "Comparado con Cristo, en todo lo demás".

17 de noviembre

A Él sea la gloria para siempre. Amén (Romanos 11:36).

Él sea la gloria para siempre. Este debe ser el único deseo del cristiano. Todos los demás deseos deben estar subordinados a él y deben fluir de él. El cristiano puede desear prosperidad en su negocio, pero solo en la medida en que le ayude a promover esto: *A Él sea la gloria para siempre*. Puede desear adquirir más dones y más talento, pero solo para que *a Él sea la gloria para siempre*. No actúas como deberías cuando te motiva algo que no sea la gloria de tu Señor.

Como cristiano, eres *de Él y para Él*. Entonces, procura vivir *para Él* (Romanos 11:36). Que nada agite tu corazón con tanta intensidad como el amor por Él. Deja que este deseo encienda tu alma. Que este sea el fundamento de toda empresa en la que te embarques y tu motivación principal cuando tu celo comience a enfriarse. Haz de Dios tu único enfoque. ¡Ten por seguro que donde empieza el yo, empieza el dolor! Pero si Dios es mi supremo deleite y mi único propósito, entonces me da igual que Él ordene la vida o la muerte, la tranquilidad o el dolor.

Que tu deseo de la gloria de Dios crezca. Lo bendijiste en tu juventud; no te conformes con las alabanzas que le dedicabas entonces. ¿Te ha prosperado Dios en los negocios? Dale más, como Él te ha dado más. ¿Te ha dado Dios mayor gracia? Alábalo con una fe más fuerte que la que ejercitaste al principio. ¿Aumenta tu conocimiento? Entonces canta con más dulzura. ¿Disfrutas de momentos más felices que antes? ¿Te has recuperado de la enfermedad y tu tristeza se ha convertido en paz y alegría? Entonces, dedícale más música. ¡Pon más brasas y más incienso dulce en el incensario de tu alabanza!

Honra a Dios de manera práctica en tu vida, poniendo *amén* a esta doxología a tu gran y misericordioso Señor mediante tu propio servicio individual y una santidad cada vez mayor.

18 de noviembre

[Eres] Huerto cerrado, fuente sellada (Cantares 4:12).

En esta metáfora, que se refiere a la vida interior del creyente, tenemos muy claramente la idea de secreto. Es un manantial cerrado y sellado. Había manantiales en Oriente sobre los cuales se construyó una estructura para que nadie pudiera alcanzarlos excepto quienes conocían la entrada secreta. Lo mismo ocurre con el corazón del creyente cuando se renueva por la gracia; hay una vida misteriosa en su interior que ninguna habilidad humana puede tocar. Es un secreto que nadie más conoce, y ni siquiera quien lo posee es capaz de explicárselo a su prójimo.

El texto incluye no solo secreto, sino también separación. No es el manantial común del que todo el que pasa puede beber, sino uno guardado y preservado de todos los demás. Es una fuente que lleva una marca específica, el sello real de un rey, para que todos puedan ver que no es una fuente común, sino una fuente propiedad de alguien y colocada específicamente por sí misma.

Lo mismo ocurre con la vida espiritual. Los elegidos de Dios fueron separados en el decreto eterno. Fueron separados por Dios en el día de la redención y están separados por la posesión de una vida que otros no tienen. Ahora les es imposible sentirse cómodos con el mundo ni deleitarse con sus placeres.

También existe la idea de santidad. El manantial encerrado se preserva para el uso de alguna persona especial, y así sucede con el corazón del cristiano. Es un manantial reservado para Jesús. Todo Cristiano debería sentir que tiene el sello de Dios sobre sí y debería poder decir con Pablo: *De aquí en adelante nadie me cause molestias, porque yo llevo en mi cuerpo las marcas de Jesús* (Gálatas 6:17).

La idea de seguridad también es evidente en nuestro texto. ¡Cuán segura y a salvo está la vida interior del creyente! Si todos los poderes de la tierra y del infierno se unieran contra ella, ese principio inmortal aún existiría, pues Aquel que lo dio comprometió su vida para preservarlo. *¿Quién puede hacerte daño* (1 Pedro 3:13) cuando Dios es tu protector?

19 de noviembre

Procuren ocuparse en buenas obras... evita
controversias necias (Tito 3:8-9).

Tenemos pocos días. Es mucho mejor dedicarlos a buenas obras que a disputar sobre asuntos que, en el mejor de los casos, son de poca importancia. La discusión constante de temas sin valor práctico causa mucho daño. Nuestras iglesias sufren mucho por disputas insignificantes sobre puntos oscuros y cuestiones sin importancia. Después de haber dicho todo lo posible, ¡ninguna de las partes es más sabia! Por lo tanto, la discusión no promueve más el conocimiento que el amor. Es necio sembrar en un campo tan estéril.

Las preguntas sobre puntos que la Escritura no menciona, los misterios que pertenecen solo a Dios, las profecías de interpretación dudosa y los métodos para observar meras ceremonias humanas son todos necios. ¡La gente sabia los evitará! Nuestro deber no es hacer ni responder preguntas necias, sino evitarlas por completo. Si observamos la instrucción del apóstol de ser cuidadosos al dedicarnos a las buenas obras, nos encontraremos demasiado ocupados con negocios rentables como para interesarnos mucho en luchas indignas, contenciosas e innecesarias.

Sin embargo, hay algunas preguntas que son todo lo contrario a insensatas y no debemos evitarlas, sino considerarlas con justicia y honestidad. ¿Estoy creciendo en la gracia y en mi semejanza con Cristo? ¿Adorna mi vida la doctrina de mi Salvador? ¿Qué más puedo hacer por Jesús? Preguntas como estas exigen urgentemente nuestra atención.

Si hemos estado dispuestos a discutir y disputar, pasemos ahora a algo mucho más provechoso. Esforcémonos por guiar a otros, tanto con nuestra palabra como con nuestro ejemplo, a evitar *controversias necias*.

20 de noviembre

*Tú has defendido, oh Señor, la causa de mi alma, Tú
has redimido mi vida* (Lamentaciones 3:58).

Observa con qué firmeza habla el profeta. No dice que espera, confía
o piensa que Dios ha defendido el caso de su alma, sino que lo presenta como un hecho indiscutible.

Has defendido, oh señor, la causa de mi alma. Con la ayuda del misericordioso Consolador, despojémonos de esas dudas y temores que tanto obstaculizan nuestra paz y consuelo. Que esta sea nuestra oración para que podamos acabar con podamos acabar con la voz áspera y rasposa de la duda y la sospecha, y podamos hablar con la voz clara y melodiosa de la plena seguridad.

Fíjate en la gratitud con la que habla el profeta, atribuyendo toda la gloria solo a Dios. Puedes ver que no hay ni una palabra sobre sí mismo ni sobre sus propias súplicas. Él no atribuye su liberación en ninguna medida a ningún hombre, y mucho menos a sus propios méritos, sino a Dios: *Tú has defendido, oh Señor, la causa de mi alma, Tú has redimido mi vida.* El cristiano siempre debe fomentar un espíritu de gratitud. Especialmente después de las liberaciones, debemos preparar un cántico para nuestro Dios. La tierra debería ser un templo lleno de los cánticos de santos agradecidos y cada día debería ser un incensario que humee con el dulce incienso de la acción de gracias.

¡Qué gozoso parece Jeremías al registrar la misericordia del Señor! ¡Con qué triunfo ensalza el cántico! Ha estado en el calabozo y ahora no es otro que el profeta lloroso; sin embargo, en el mismo libro llamado Lamentaciones, oímos la voz de Jeremías ascender al Cielo: *Tú has defendido, oh Señor, la causa de mi alma, Tú has redimido mi vida.*

Oh hijos de Dios, busquen experimentar vivamente la bondad amorosa del Señor, y cuando la tengan, hablen de ella con entusiasmo. ¡Canten con gratitud y griten triunfalmente!

21 de noviembre

Y no entristezcan al Espíritu Santo (Efesios 4:30).

Todo lo que el creyente posee debe provenir de Cristo, pero llega enteramente a través del Espíritu de gracia. Además, así como todas las bendiciones fluyen hacia ti por medio del Espíritu Santo, tampoco nada bueno puede surgir de ti en pensamientos santos, adoración devota u obras de bondad sin la obra santificadora del mismo Espíritu. Incluso si la buena semilla se siembra en ti, permanecerá latente hasta que Él obre en ti tanto el querer como el hacer, por Su buena voluntad (Filipenses 2:13).

¿Deseas hablar por Jesús? ¿Cómo podrías hacerlo si el Espíritu Santo no toca tu lengua? ¿Deseas orar? ¡Qué tedioso es el trabajo si el Espíritu no intercede por ti! ¿Deseas vencer el pecado? ¿Quieres ser santo? ¿Te gustaría imitar a tu Maestro? ¿Anhelas alcanzar grandes alturas de espiritualidad? ¿Quieres ser como los ángeles de Dios, lleno de celo y pasión por la causa del Maestro? ¡No puedes lograr nada de esto sin el Espíritu!

Separados de Mí nada pueden hacer (Juan 15:5). ¡Oh, rama de la vid, sin la savia no puedes dar fruto! ¡Oh, hijo de Dios, sin la vida que Dios te da por medio de Su Espíritu, no puedes tener vida en ti! No lo contristemos ni lo provoquemos a ira con nuestro pecado. No lo apaguemos ni con el más mínimo gesto de nuestra alma. Sigamos cada una de Sus indicaciones y estemos dispuestos a obedecer cada una de Sus inspiraciones.

Si el Espíritu Santo es tan poderoso, ¡no intentemos nada sin Él! No emprendamos ningún proyecto, ni llevemos a cabo ninguna actividad ni plan sin buscar Su bendición. Rindámosle el debido respeto, reconociendo nuestra completa debilidad sin Él y luego dependamos solo de Él.

22 de noviembre

Israel sirvió por una mujer, y por una mujer
cuidó rebaños (Oseas 12:12).

*J*acob, mientras razonaba con Labán, describe su propia labor: Estos veinte años yo he estado contigo... No te traía lo despedazado por las fieras. Yo cargaba con la pérdida. Tú lo demandabas de mi mano, tanto lo robado de día como lo robado de noche. Estaba yo que de día el calor me consumía y de noche la helada, y el sueño huía de mis ojos (Génesis 31:38-40).

Aún más difícil fue la vida de nuestro Salvador aquí abajo. Él velaba por todas Sus ovejas, diciendo: *De los que me diste, no perdí ninguno* (Juan 18:9). Su cabeza estaba mojada por el rocío y Sus cabellos por la humedad de la noche (Cantares 5:2). El sueño se apartó de Sus ojos, pues toda la noche estuvo en oración, luchando por Su pueblo. Una noche, Pedro tuvo que ser intercedido; pronto, alguien más reclamó Su intercesión entre lágrimas. Ningún pastor, sentado bajo el cielo frío, mirando las estrellas, podría jamás expresar tales quejas por la dureza de su labor como las que Jesucristo podría haber expresado, si así lo hubiera querido, por el rigor de Su servicio para conseguir a Su esposa.

Es grato reflexionar en el paralelo espiritual de Labán, quien exigió todas las ovejas de manos de Jacob. Si eran desgarradas por las fieras, Jacob debía reparar el daño. Si alguna moría, él debía ser fiador de todas ellas. ¿No era el trabajo de Jesús por Su iglesia la obra de alguien que tenía la obligación de llevar a todo creyente sano y salvo a manos de Aquel que lo había encomendado a Su cuidado? Contemplen al afanoso Jacob y verán una representación de Aquel de quien leemos: *Como pastor apacentará Su rebaño* (Isaías 40:11).

23 de noviembre

Comunión con Él (1 Juan 1:6).

Cuando nos unimos a Cristo por la fe, entramos en una comunión tan completa con Él que fuimos hechos uno con Él. Sus intereses y los nuestros se volvieron mutuos e idénticos.

Tenemos comunión con Cristo en Su amor. Lo que Él ama, nosotros lo amamos. Él ama a los santos, y nosotros también. Él ama a los pecadores, y nosotros también. Él ama a la pobre raza humana que perece y desea ver los desiertos de la tierra transformados en el jardín del Señor, y nosotros también.

Tenemos comunión con Él en Sus deseos. Él desea la gloria de Dios, y nosotros también trabajamos por ella. Él desea que los santos estén con Él donde Él está (Juan 14:3), y nosotros deseamos estar con Él allí también. Él desea expulsar el pecado, y luchamos por la misma causa bajo Su estandarte. Él desea que el nombre de Su Padre sea amado y adorado por todas Sus criaturas, y oramos a diario: *Venga tu reino. Hágase tu voluntad, así en la tierra como en el cielo* (Mateo 6:10).

Tenemos comunión con Cristo en Sus sufrimientos (Filipenses 3:10). No estamos clavados en la cruz ni sufrimos una muerte cruel, pero cuando Él es vituperado, nosotros también. Es muy dulce ser culpado por Él, ser despreciado por seguir al Maestro y tener al mundo en contra. El discípulo no debe estar por encima de su Señor (Mateo 10:24).

En nuestra conducta, tenemos comunión con Él en sus labores, ministrando a las personas mediante la Palabra de Verdad y obras de amor. Nuestro alimento y nuestra bebida, como los Suyos, consisten en hacer la voluntad de Aquel que nos envió y terminar Su obra (Juan 4:34).

También tenemos comunión con Cristo en Sus gozos. Nos alegramos en Su felicidad. Nos regocijamos en Su exaltación. ¿Has experimentado alguna vez ese gozo, creyente? No hay deleite más puro ni más emocionante que experimentar en este lado del Cielo que el de tener el gozo de Cristo cumplido en nosotros, para que nuestro gozo sea completo (Juan 15:11). Su gloria nos espera para completar nuestra comunión, pues Su iglesia se sentará con Él en Su trono como Su amada novia y reina.

24 de noviembre

El Majestuoso, el Señor, será para nosotros lugar
de ríos y de anchos canales (Isaías 33:21).

Los ríos y arroyos anchos producen fertilidad y abundancia en la tierra. Los lugares cerca de ríos anchos son notables por su variedad de plantas y sus abundantes cosechas. Dios es todo esto para su iglesia. Con Dios, la iglesia tiene abundancia. ¿Qué puede pedir que Él no le dé? ¿Qué necesidad puede mencionar que Él no supla? *El Señor de los ejércitos preparará en este monte para todos los pueblos un banquete* (Isaías 25:6). ¿Necesitas el Pan de Vida? Cae como maná del cielo. ¿Necesitas arroyos refrescantes? La roca te sigue, y esa Roca es Cristo (1 Corintios 10:4). Si sufres alguna carencia, es tu culpa. Si estás limitado, no lo estás en Él, sino en tus propios afectos.

Los ríos y arroyos anchos también indican comercio. Nuestro glorioso Señor es para nosotros un lugar de comercio celestial. A través de nuestro Redentor, tenemos comercio con el pasado. La riqueza del Calvario, los tesoros del pacto, las riquezas de los antiguos días de la elección y las provisiones de la eternidad nos llegan por la ancha corriente de nuestro misericordioso Señor. También tenemos comercio con el futuro. ¡Qué grandes barcos, cargados hasta el borde del agua, nos llegan desde la gloria celestial! Por medio de nuestro glorioso Señor, tenemos trato con los ángeles y comunión con los brillantes espíritus lavados en sangre, que cantan ante el trono. Mejor aún, tenemos comunión con el Infinito.

Los ríos y arroyos anchos tienen el propósito específico de expresar la idea de seguridad. Los ríos fueron antiguamente una defensa. ¡Oh, amados, qué defensa es Dios para Su iglesia! El diablo no puede cruzar este ancho río de Dios. ¡Cuánto desearía poder cruzarlo, pero no teman, porque Dios permanece inmutablemente el mismo! Satanás puede perturbarnos, ¡pero no puede destruirnos!

25 de noviembre

Para poner en libertad a los oprimidos (Lucas 4:18).

Nadie más que Jesús puede liberar a los cautivos. La verdadera libertad proviene solo de Él.

Es una libertad otorgada con justicia, pues el Hijo, heredero de todo, tiene el derecho de liberar a las personas. Los santos honran la justicia de Dios que ahora asegura su salvación.

Es una libertad que ha sido comprada a un precio muy alto. Cristo la declara con Su poder, pero la compró con Su sangre. Él te hace libre, pero es con Sus propias cadenas. Eres libre porque Él llevó tu carga por ti. Eres liberado porque Él sufrió en tu lugar.

Sin embargo, aunque la libertad fue comprada a un precio muy alto, Jesús la otorga libremente. Jesús no nos pide nada como preparación para esta libertad. Nos encuentra sentados en cilicio y ceniza, y nos pide que nos vistamos con la hermosa vestidura de la libertad. Él nos salva tal como somos y todo sin nuestra ayuda ni mérito.

Cuando Jesús te libera, la libertad es permanente. Ninguna cadena podrá volver a atarte. Que el Maestro me diga: "¡Cautivo, te he liberado!", y será para siempre. Satanás puede conspirar para esclavizarnos, pero si el Señor está de nuestro lado, ¿a quién temeremos? (Salmo 118:6). El mundo, con sus tentaciones, puede intentar atraparnos, pero Aquel que está por nosotros es más poderoso que todos los que están contra nosotros (2 Reyes 6:16). Las maquinaciones de nuestros propios corazones engañosos pueden acosarnos y molestarnos, pero Aquel que comenzó la buena obra en nosotros la continuará y la perfeccionará hasta el final (Filipenses 1:6). Los enemigos de Dios y los enemigos del hombre pueden unir sus fuerzas y venir con furia concentrada contra nosotros, pero si Dios nos absuelve, ¿quién es el que nos condena? El águila que se remonta a su nido rocoso y luego se remonta sobre las nubes no es más libre que el alma que Cristo ha liberado.

Si ya no estamos bajo la ley, sino libres de su maldición, entonces demostremos nuestra libertad en la práctica sirviendo a Dios con gratitud y deleite. *Siervo Tuyo soy, hijo de Tu sierva; Tú desataste mis ataduras* (Salmo 116:16). *Señor, ¿qué quieres que yo haga?* (Hechos 9:6).

26 de noviembre

Todo lo que tu mano halle para hacer, hazlo
según tus fuerzas (Eclesiastés 9:10).

Todo lo que tu mano halle para hacer se refiere a las obras que son posibles. Hay muchas cosas que nuestro corazón encuentra para hacer y que nunca haremos. Es bueno que esté en nuestro corazón, pero si queremos ser muy útiles, no debemos conformarnos con hacer planes en nuestro corazón y hablar de ellos. Debemos llevar a cabo prácticamente todo lo que nos viniere a la mano para hacer. ¡Una buena acción vale más que mil teorías brillantes!

No esperemos grandes oportunidades ni un trabajo diferente, sino simplemente hagamos las cosas que encontramos para hacer día a día. No tenemos otro tiempo para vivir. El pasado ya pasó. El futuro no ha llegado. Nunca tendremos otro tiempo que el presente. No esperes a que tu experiencia madure para intentar servir a Dios. Esfuérzate ahora por dar fruto.

Sirve a Dios ahora, pero procura hacer con todas tus fuerzas lo que encuentres necesario. Hazlo con prontitud. No malgastes tu vida pensando en lo que harás mañana, como si eso pudiera compensar la ociosidad de hoy. Nadie sirvió a Dios haciendo cosas mañana. Si honramos a Cristo y somos bendecidos, es por las cosas que hacemos hoy.

Entreguemos toda nuestra alma a todo lo que hagamos por Cristo. No le demos a Cristo una pequeña rutina, un trabajo mínimo de vez en cuando, sino que cuando le sirvamos, hágalo con todo nuestro corazón, alma y fuerzas.

Pero ¿dónde está la fuerza del cristiano? No está en sí mismo, pues es una debilidad total. Su fuerza reside en el Señor Todopoderoso. Entonces, busquemos Su ayuda. Procedamos con oración y fe, y cuando hayamos hecho lo que nuestra *mano halle para hacer*, esperemos la bendición del Señor. Lo que hagamos así se hará bien y no fallará en su eficacia.

27 de noviembre

*Entonces me mostró al sumo sacerdote Josué, que
estaba delante del ángel del Señor* (Zacarías 3:1).

En Josué, el sumo sacerdote, vemos una imagen de cada hijo de Dios. Han sido acercados por la sangre de Cristo y han sido enseñados a ministrar en las cosas santas y a entrar tras el velo. Jesús nos ha hecho un reino y sacerdotes para Dios (Apocalipsis 1:6), e incluso aquí en la tierra ejercemos el sacerdocio de una vida consagrada y un servicio sagrado.

Se dice que este sumo sacerdote está de pie *delante del ángel del Señor*; es decir, está de pie para ministrar. Esta debería ser la posición perpetua de todo verdadero creyente. Todo lugar es ahora el templo de Dios y Su pueblo puede servirle con la misma sinceridad en su trabajo diario que en su casa. Deben estar siempre ministrando, ofreciendo el sacrificio espiritual de oración y alabanza, y presentándose como sacrificio vivo (Romanos 12:1).

Observa dónde se encuentra Josué para ministrar: es ante el ángel del Señor. Solo a través de un mediador nosotros, pobres, contaminados, podemos llegar a ser sacerdotes de Dios. Presento lo que tengo ante el mensajero, el Señor Jesús. Por medio de Él, mis oraciones encuentran aceptación, envueltas en las Suyas. Mis alabanzas se vuelven dulces al estar envueltas en manojos de mirra, áloes y las mejores especias del propio huerto de Cristo (Cantares 4:13-14). Si solo puedo traerle mis lágrimas, Él las pondrá con las suyas en su redoma (Salmo 56:8), porque Él una vez lloró (Juan 11:35). Si solo puedo traerle mis gemidos y suspiros, Él los aceptará como un sacrificio aceptable, porque una vez Él fue quebrantado de corazón y gimió profundamente en espíritu (Juan 11:33). Yo mismo, estando en Él, soy acepto en el Amado (Efesios 1:6) y todas mis obras contaminadas, aunque en sí mismas solo son objeto de aborrecimiento divino, son recibidas de tal manera que Dios percibe una dulce fragancia (2 Corintios 2:14-15). Él está contento, y yo soy bendecido.

Como ven, la posición del cristiano es la de un sacerdote *delante del ángel del Señor*.

28 de noviembre

*Pues me alegré mucho cuando algunos hermanos
vinieron y dieron testimonio de tu fidelidad a la verdad,
esto es, de cómo andas en la verdad* (3 Juan 1:3).

La verdad estaba en Gayo, y Gayo andaba en la verdad. Si no hubiera sido así, lo segundo nunca habría ocurrido. Si no se hubiera podido decir lo segundo de él, lo primero habría sido una mera fachada. La verdad debe penetrar el alma. Debe penetrarla y saturarla, o de lo contrario, no tiene ningún valor. Las doctrinas que se sostienen como una mera creencia son como pan en la mano que no nutre el cuerpo. Las doctrinas aceptadas por el corazón son como alimento digerido, que, al asimilarlo, sustenta y fortalece el cuerpo.

La verdad debe ser una fuerza viva en nosotros. Debe ser una energía activa, una realidad interior, parte del fundamento de nuestro ser. Si la verdad está en nosotros, no podemos desprendernos de ella. Una persona puede perder su ropa o sus extremidades, pero sus partes internas son vitales y no pueden ser arrancadas sin la pérdida absoluta de la vida. Un cristiano puede morir, pero no puede negar la verdad.

Es una regla natural que lo interior afecte a lo exterior, así como la luz brilla desde el centro de la linterna a través del cristal. Por lo tanto, cuando la verdad se enciende en nuestro interior, su brillo pronto se refleja en la vida y la conversación exterior.

Se dice que el alimento de ciertos gusanos de seda colorea los capullos de seda que hilan, y de la misma manera, el alimento del que vive la naturaleza interior de una persona da un matiz a cada palabra y acción que emana de ella.

Andar en la verdad significa una vida de integridad, santidad, fidelidad y sencillez: el producto natural de los principios de verdad que enseña el evangelio y que el Espíritu de Dios nos permite recibir. Podemos juzgar los secretos del alma por su manifestación en la vida de la persona.

*Oh Espíritu misericordioso, que seamos gobernados por
Tu divina autoridad para que nada falso ni pecaminoso
reine en nuestros corazones y no extienda su influencia
dañina a nuestro diario vivir entre los demás.*

29 de noviembre

No andarás de calumniador entre tu pueblo... ciertamente
podrás reprender a tu prójimo, pero no incurrirás
en pecado a causa de él (Levítico 19:16-17).

La calumnia, el chisme o la habladuría liberan un triple veneno. Dañan al que habla, al que escucha y a aquel de quien se habla. Sea cierto o falso el rumor, este precepto de la Palabra de Dios nos prohíbe difundirlo. La reputación del pueblo del Señor debe ser muy valiosa a nuestros ojos, y debemos considerar vergonzoso ayudar al diablo a deshonrar la iglesia y el nombre del Señor.

Algunas lenguas necesitan un freno en lugar de una espuela. Muchos se enorgullecen de humillar a sus hermanos, ¡como si se enaltecieran al hacerlo! Los dos sabios hijos de Noé pusieron una vestidura sobre su padre, y quien denunció la desnudez de Noé se ganó una terrible maldición (Génesis 9:21-25). En uno de estos días oscuros, quizá necesitemos paciencia y silencio de nuestros hermanos; brindémoslo con alegría a quienes lo necesitan ahora. ¡Debería ser nuestra regla familiar y nuestro voto personal no difamar a nadie (Tito 3:2)!

Ciertamente podrás reprender a tu prójimo, pero no incurrirás en pecado a causa de él. El Espíritu Santo, sin embargo, nos permite condenar el pecado y nos dice cómo hacerlo. Debemos hacerlo reprendiendo a nuestro hermano cara a cara en lugar de quejarnos a sus espaldas. Esta manera es varonil, fraternal y cristiana, y será útil con la bendición de Dios. ¿Se aparta la carne de esto? Entonces debemos poner más énfasis en nuestra conciencia y dedicarnos a la obra para no hacernos partícipes del pecado al permitir que nuestro amigo lo haga.

Cientos han sido salvados de pecados vergonzosos gracias a las advertencias oportunas, sabias y afectuosas de ministros y hermanos fieles. Nuestro Señor Jesús nos ha dado un ejemplo misericordioso de cómo tratar con amigos que yerran en su advertencia a Pedro, la oración que la precedió y la gentileza con la que manejó la jactanciosa negación de Pedro de que necesitaba tal advertencia.

30 de noviembre

Amasías dijo al hombre de Dios: ¿Y qué debo hacer
con las 3.4 toneladas que he dado a las tropas de
Israel?". "El Señor tiene mucho más que darle que esto",
respondió el hombre de Dios (2 Crónicas 25:9).

sta parecía ser una pregunta muy importante para Amasías, rey de
Judá. Es una pregunta que posiblemente tenga aún más peso para
el cristiano probado y tentado. Perder dinero no es agradable y cuando se
trata de principios, la carne no siempre está dispuesta a hacer el sacrificio.
"¿Para qué perder aquello que puede usarse tan provechosamente? ¿Acaso
la verdad misma no se puede comprar a un precio demasiado alto? ¿Qué
haremos sin ella? ¡Acuérdense de los hijos y de nuestros escasos ingresos!".
Todas estas cosas, y mil más, tentarían al cristiano a buscar ganancias injus-
tas, o le impedirían llevar a cabo sus convicciones de conciencia cuando
implican una pérdida grave.

No todas las personas pueden ver estos asuntos a la luz de la fe. Incluso
para los seguidores de Jesús, la doctrina de "¡Debemos vivir!" tiene bastante
peso. *El Señor tiene mucho más que darle que eso* es una respuesta satisfactoria a la angustiosa pregunta. Nuestro Padre tiene el control, y lo que
perdemos por Él, Él puede pagarlo mil veces más. Es nuestro deber obedecer
Su voluntad y podemos estar seguros de que Él proveerá para nosotros. El
Señor no le debe nada a nadie. Los santos saben que una pizca de paz en
el corazón vale más que una tonelada de oro. Quien envuelve una buena
conciencia con un abrigo desgastado ha obtenido una riqueza espiritual
mucho más deseable que cualquier cosa que haya perdido.

¡La sonrisa de Dios y un calabozo son suficientes eso para un corazón
sincero! El ceño fruncido de Dios y un palacio serían el infierno para
quienes conocen Su gracia. Si llega el peor momento y todas las riquezas
desaparecen, no hemos perdido nuestro tesoro, pues nuestro tesoro está arriba
(Mateo 6:20-21), donde Cristo está sentado a la diestra de Dios. Mientras
tanto, incluso ahora, el Señor da la tierra a los mansos (Mateo 5:5) y *nada*
bueno niega a los que andan en integridad (Salmo 84:11).

Diciembre

1 de diciembre

Tú has hecho el verano y el invierno (Salmo 74:17).

*C*omienza este mes invernal con tu Dios. Las frías nieves y los vientos penetrantes te recuerdan que Él cumple su pacto con el día y la noche, y te aseguran que también cumplirá ese glorioso pacto que hizo contigo en la persona de Cristo Jesús. Quien es fiel a Su Palabra en el cambio de las estaciones de este pobre mundo contaminado por el pecado (Génesis 8:22) no será infiel en su trato con Su amado Hijo.

El invierno en el alma no es en absoluto una estación cómoda, y si te azota ahora, te resultará muy doloroso; pero hay un consuelo: lo envía el Señor. Él envía las fuertes ráfagas de la adversidad para cortar los brotes de la expectativa. Esparce la escarcha como cenizas sobre los prados, antaño exuberantes, de nuestro gozo. Él lanza sus gélidos bocados, congelando las corrientes de nuestro deleite. Él lo hace todo. Él es el gran Rey del Invierno y gobierna en los reinos de la escarcha; por lo tanto, no puedes murmurar.

Las pérdidas, las cruces, la tristeza, la enfermedad, la pobreza y mil otros problemas son obra del Señor, y nos llegan con un designio sabio. Las heladas matan insectos dañinos y limitan las enfermedades devastadoras. El invierno en el alma deshace la tierra y la endulza. ¡Ojalá que tan buenos resultados siguieran siempre a nuestros inviernos de aflicción! ¡Cuánto valoramos el fuego ahora mismo! ¡Qué agradable es su alegre resplandor!

Valoremos a nuestro Señor de la misma manera, pues Él es la fuente constante de calor y consuelo en cada momento de dificultad. Acerquémonos a Él y hallemos gozo y paz al creer en Él. Envolvámonos en el cálido manto de Sus promesas y salgamos a trabajar según la época. Es malo ser como el perezoso que no ara por el frío, pues mendigará en verano y no tendrá nada (Proverbios 20:4).

2 de diciembre

*Toda tú eres hermosa, amada mía, y no
hay defecto en ti* (Cantares 4:7).

La admiración del Señor por Su iglesia es asombrosa, y Su descripción de su belleza es radiante. Ella no es solo hermosa, sino *completamente hermosa*. Él la ve en Sí mismo, lavada en Su sangre expiatoria y revestida de Su excelente justicia, y la considera llena de hermosura y belleza. No es de extrañar que así sea, ya que es simplemente su propia excelencia perfecta lo que Él admira. ¡La santidad, la gloria y la perfección de Su iglesia son Sus propias vestiduras gloriosas en la espalda de Su amada esposa!

Ella no es simplemente pura o hermosa, sino que es verdaderamente encantadora y absolutamente hermosa. ¡Tiene verdadera belleza! Sus deformidades del pecado han sido eliminadas. Más aún, ella, por medio de su Señor, ha obtenido una justicia excelente, la cual le otorga una verdadera belleza. Los creyentes reciben una justicia positiva cuando son aceptos en el Amado (Efesios 1:6).

La novia de Cristo no es simplemente un poco hermosa a sus ojos, sino magníficamente hermosa. Su Señor la llama *la más hermosa de las mujeres* (Cantar de los Cantares 6:1). Tiene un valor y una excelencia insuperables para toda la nobleza y realeza del mundo. Si Jesús pudiera intercambiar a Su novia elegida por todas las reinas y emperatrices de la tierra, o incluso por los ángeles del cielo, no lo haría, pues la pone en primer lugar: la más hermosa de las mujeres. ¡Ella eclipsa a las estrellas!

Esta no es una opinión de la que Él se avergüence, pues invita a todos a escucharla. Hay un "Mira" literal al comienzo de este capítulo, una nota especial de exclamación que invita y capta la atención. "¡Mira! Eres hermosa, amada mía".

Él publica Su creencia incluso ahora, y un día, desde el trono de Su gloria, declarará esta verdad ante el universo reunido. *Vengan, benditos de Mi Padre* (Mateo 25:34) será Su solemne declaración de la hermosura de Sus elegidos.

3 de diciembre

Toda tú eres hermosa, amada mía, y no
hay defecto en ti (Cantares 4:7).

Tras declarar a Su iglesia absolutamente llena de belleza, nuestro Señor confirma Su alabanza con una preciosa negativa: *no hay defecto en ti.* Como si al Novio se le ocurriera que el mundo crítico insinuara que solo había mencionado su hermosura y lo bueno que tenía, y que había omitido a propósito los rasgos deformados o impuros, lo resume todo declarándola universal y enteramente hermosa y completamente sin mancha.

Una mancha puede eliminarse rápidamente y es lo mínimo que puede desfigurar la belleza, pero el creyente es librado ante su Señor incluso de esta pequeña imperfección. Si hubiera dicho que no hay cicatriz espantosa, ni deformidad horrible, ni úlcera repulsiva, incluso entonces nos habríamos asombrado. Pero cuando Él testifica que ella está libre incluso de la más pequeña imperfección, todas estas otras formas de contaminación se incluyen, y el colmo de la maravilla aumenta.

Si Él simplemente hubiera prometido quitar todas las manchas del Cielo, tendríamos un motivo eterno de gozo; pero cuando habla de ello como si ya lo hubiera hecho, ¿quién puede contener las más intensas emociones de satisfacción y deleite? Esto es tuétano y grosura para ti. ¡Come hasta saciarte y sáciate con manjares regios!

Cristo Jesús no discute con Su esposa. A menudo se aleja de Él y lo entristece, pero Él no permite que sus faltas afecten Su amor. A veces la regaña, pero siempre lo hace con la mayor ternura y con las más buenas intenciones. Aun entonces, la llama "Mi amor". No hay recuerdo de nuestra necedad. Él no nos guarda rencor, sino que nos perdona y nos ama tanto después de la ofensa como antes. Es bueno para nosotros que sea así, porque si Jesús fuera tan consciente de las ofensas como nosotros, ¿cómo podría tener comunión con nosotros? Nuestro precioso Esposo conoce demasiado bien nuestros corazones necios como para ofenderse por nuestra necedad y nuestras faltas.

4 de diciembre

Yo tengo mucha gente en esta ciudad (Hechos 18:10).

Esto debería ser un gran estímulo para evangelizar, ya que entre los más viles, los más reprobados, los más depravados y borrachos, Dios tiene un pueblo elegido que debe ser salvo. Cuando les llevas la Palabra, lo haces porque Dios te ha ordenado ser el mensajero de vida para sus almas; y deben recibirla, porque eso es lo que decreta la predestinación. ¡Son tan redimidos por la sangre de Cristo como los santos ante el trono eterno! Son propiedad de Cristo, aunque todavía amen el alcohol y odien la santidad. Pero si Jesucristo los compró, los tendrá.

Dios no es infiel como para olvidar el precio que pagó Su Hijo. En ningún caso permitirá que Su sacrificio sustitutivo sea algo impotente e inservible. Decenas de miles de redimidos aún no han sido regenerados, ¡pero deben serlo! Este es nuestro consuelo cuando acudimos a ellos con la Palabra vivificante de Dios.

Más aún, Cristo ora por estos impíos ante el trono: *Pero no ruego solo por estos, sino también por los que han de creer en Mí por la palabra de ellos* (Juan 17:20). ¡Pobres almas ignorantes! No oran por sí mismos, sino que Jesús ora por ellos. Sus nombres están en su pectoral (Éxodo 28:29) y pronto deberán doblar su rodilla obstinadamente, suspirando con arrepentimiento ante el trono de la gracia.

Aún no es la época de los higos (Marcos 11:13). El momento predestinado aún no ha llegado, pero cuando llegue, obedecerán, ¡porque Dios tendrá a su propio pueblo redimido! Deben obedecer, porque el Espíritu no será resistido cuando manifieste la plenitud de Su poder salvador. Deben convertirse en siervos voluntarios del Dios vivo. *Tu pueblo se ofrecerá voluntariamente en el día de Tu poder* (Salmo 110:3). *Él lo verá y quedará satisfecho… el Justo, mi Siervo, justificará a muchos* (Isaías 53:11).

5 de diciembre

Pidan y se les dará (Mateo 7:7).

onocemos un lugar en Inglaterra donde se sirve un pedazo de pan a todo el que pasa. Sea quien sea el viajero, solo tiene que llamar a la puerta del Hospital de la Santa Cruz y se le dará el pedazo de pan. Jesucristo ama tanto a los pecadores que construyó un "Hospital de la Santa Cruz" para que cuando un pecador tenga hambre, solo tenga que llamar y se le satisfagan sus necesidades.

Sin embargo, Jesús ha hecho aún mejor. Ha añadido un baño a este hospital de la cruz. Cuando un alma está manchada y sucia, simplemente tiene que ir allí y ser lavada. La fuente siempre está llena y siempre es eficaz. Ningún pecador ha entrado en ella y ha descubierto que no puede lavar sus manchas. ¡Los pecados que eran escarlata y carmesí han desaparecido, y el pecador ha sido lavado más blanco que la nieve!

Como si esto fuera poco, un guardarropa está adjunto a este hospital de la cruz, y un pecador que llega simplemente como pecador puede ser vestido de pies a cabeza. Si quiere ser soldado, puede recibir no solo una vestimenta común, sino también una armadura que lo cubrirá desde la planta del pie hasta la coronilla. Si pide una espada, se la darán, y también un escudo. Nada de lo que sea bueno para él le será negado. Tendrá dinero para gastar mientras viva, y tendrá una herencia eterna de gloriosos tesoros cuando entre en el gozo de su Señor.

Si todas estas cosas se pueden obtener simplemente llamando a la puerta de la misericordia, entonces llama con fuerza esta mañana y pide grandes cosas a tu generoso Señor. No te alejes del trono de la gracia hasta que todas tus necesidades hayan sido presentadas ante el Señor, y hasta que por fe tengas la confianza de que todas serán suplidas. Ninguna timidez debe detenerte cuando Jesús te invita. Ninguna incredulidad debería detenerte cuando Jesús promete. Ninguna frialdad debería detenerte cuando tales bendiciones están a punto de ser alcanzadas.

6 de diciembre

Como es el celestial, así son también los que
son celestiales (1 Corintios 15:48).

La cabeza y el cuerpo son de una misma naturaleza, y no como aquella imagen monstruosa que Nabucodonosor vio en su sueño (Daniel 2:31-33). La cabeza era de oro fino, pero el vientre y los muslos eran de bronce, las piernas de hierro, y los pies eran en parte de hierro y en parte de barro. El cuerpo espiritual de Cristo no es una combinación absurda de opuestos. Los miembros eran mortales, y por lo tanto, Jesús murió. La cabeza glorificada es inmortal, y por lo tanto, el cuerpo también lo es, pues el testimonio es firme: *Porque Yo vivo, ustedes también vivirán* (Juan 14:19). Como es nuestra Cabeza amorosa, así es el cuerpo, y cada miembro de ese cuerpo específicamente. Hay una Cabeza elegida y miembros elegidos, una Cabeza aceptada y miembros aceptados, y una Cabeza viva y miembros vivos. Si la cabeza es de oro puro, todas las partes del cuerpo también lo son. Existe una doble unión de naturaleza como base para la comunión más estrecha.

Detente aquí, devoto lector, y trata de ver si puedes, sin asombro extático, contemplar al Hijo de Dios rebajándose voluntaria e infinitamente al exaltar tu miseria a la sagrada unión con Su gloria. Eres tan bajo que, recordando tu mortalidad, puedes decir a la corrupción: "Tú eres mi padre", y al gusano: "Tú eres mi hermana" (Job 17:14). Sin embargo, en Cristo eres tan honrado que puedes decir al Todopoderoso: "¡Abba, Padre!" y al Dios Encarnado: "¡Tú eres mi Hermano y mi Esposo!".

Ciertamente, si las relaciones con familias antiguas y nobles hacen que las personas se consideren muy superiores, tenemos algo de qué gloriarnos más que todos los demás. Que el creyente más pobre y despreciado se aferre a este privilegio. No permitas que la necia pereza le haga descuidar el rastreo de su linaje. ¡No permitas que ningún apego insensato a las cosas de este mundo le haga ocupar sus pensamientos hasta el punto de excluir este glorioso y celestial honor de la unión con Cristo!

7 de diciembre

*También Dios ha escogido lo vil y despreciado
del mundo* (1 Corintios 1:28).

Camina por las calles a la luz de la luna, si te atreves, y verás pecadores. Observa cuando la noche es oscura, el viento aúlla y el ladrón se prepara para atacar, y verás pecadores. Ve a la cárcel y recorre los pabellones, y observa a los hombres de cejas pobladas y prominentes, hombres con quienes no querrías encontrarte de noche, y allí hay pecadores. Ve a los centros de detención juvenil y observa a quienes revelan la corrupción juvenil ilegal, y allí verás pecadores. Cruza los mares hasta el lugar donde la gente roe un hueso con olor a carne humana, y allí hay un pecador. Ve a donde quieras; no necesitas buscar por toda la tierra para encontrar pecadores, porque son bastante comunes. Se pueden encontrar en cada calle de cada ciudad, pueblo y aldea.

Es por estas personas que Jesús murió. Si se elige al peor ejemplo de humanidad, si nace de mujer, aún tendré esperanza en él, porque Jesucristo vino a buscar y a salvar a los pecadores (Lucas 19:10). El amor electivo de Dios ha seleccionado a algunos de los peores para convertirlos en los mejores. La gracia convierte las piedritas del arroyo en joyas para su corona real. Dios transforma la escoria sin valor en oro puro. El amor redentor ha apartado a muchos de los peores de la humanidad para ser la recompensa del sufrimiento y la muerte del Salvador. ¡La gracia eficaz llama a muchos de los más viles entre los viles a sentarse a la mesa de la misericordia! Por lo tanto, que nadie desespere.

Por ese amor que brilla en los ojos llorosos de Jesús, por ese amor que fluye de esas heridas sangrantes, por ese amor fiel, fuerte, puro, desinteresado y perdurable, por el corazón y los afectos de la compasión del Salvador, te instamos a no alejarte como si no significara nada para ti. Cree en Él y serás salvo (Hechos 16:31). Confía tu alma a Él, y Él te llevará a la diestra de su Padre en gloria eterna.

8 de diciembre

Pero tienes unos pocos en Sardis que no han manchado
sus vestiduras; y andarán conmigo vestidos de
blanco, porque son dignos (Apocalipsis 3:4).

odemos entender que esto se refiere a la justificación. *Andarán con-*
migo vestidos de blanco, es decir, disfrutarán de un sentido constante
de su propia justificación por la fe. Comprenderán que la justicia de Cristo
les es imputada y que todos han sido lavados y emblanquecidos más que la
nieve recién caída.

También se refiere al gozo y la alegría, pues las vestiduras blancas eran
la vestimenta de fiesta entre los judíos. Quienes no han manchado sus vestiduras tendrán el rostro siempre radiante. Comprenderán lo que Salomón
quiso decir cuando dijo: *Vete, come tu pan con gozo, y bebe tu vino con*
corazón alegre, porque Dios ya ha aprobado tus obras. En todo tiempo sean
blancas tus ropas (Eclesiastés 9:7-8). El que es aceptado por Dios vestirá
vestiduras blancas de gozo y alegría mientras camina en dulce comunión
con el Señor Jesús.

¿Por qué, entonces, hay tantas dudas, tanta miseria y tanto duelo? Es
porque muchos creyentes contaminan sus vestiduras con el pecado y el
error, y por lo tanto pierden el gozo de su salvación y la grata comunión
del Señor Jesús. No andan de blanco aquí abajo.

La promesa también se refiere a andar de blanco en el Cielo ante el trono
de Dios. Quienes no han contaminado sus vestiduras aquí en la tierra,
ciertamente andarán de blanco allá arriba, donde las huestes vestidas de
blanco cantan aleluyas sin fin al Altísimo. Poseerán gozos inconcebibles,
una felicidad inimaginable, un deleite inimaginable y una bienaventuranza
que ni siquiera el pensamiento más grande ha alcanzado.

Los inmaculados tendrán todo esto, no por méritos ni obras, sino por
gracia. Andarán con Cristo de blanco, porque Él los ha hecho dignos. En
su dulce compañía, beberán de las fuentes de agua viva.

9 de diciembre

Por tanto, el Señor desea tener piedad de ustedes, y por eso se levantará para tener compasión de ustedes (Isaías 30:18).

Dios a menudo tarda en responder a la oración. Tenemos varios ejemplos de esto en las Sagradas Escrituras. Jacob no recibió la bendición del ángel hasta casi el amanecer y tuvo que luchar toda la noche para obtenerla (Génesis 32:24). La pobre mujer de Sirofenicia no recibió respuesta durante mucho tiempo (Mateo 15:23). Pablo suplicó al Señor tres veces que le quitara la espina en la carne y no recibió garantía alguna de que le fuera quitada, sino la promesa de que la gracia de Dios le bastaría (2 Corintios 12:8-9).

Si has estado llamando a la puerta de la misericordia y no has recibido respuesta, hay razones por las que el poderoso Creador no te ha abierto la puerta y te ha dejado entrar. Nuestro Padre tiene razones que solo Él conoce para hacernos esperar. A veces es para mostrar Su poder y Su soberanía, para que la gente sepa que Dios tiene derecho a dar o a negar.

Con frecuencia, la demora es para nuestro beneficio. Quizás te hagan esperar para que tus deseos sean más fervientes. Dios sabe que la demora fortalecerá y aumentará el deseo, y que si Él te hace esperar, verás tu necesidad con mayor claridad y Lo buscarás con más fervor. Atesorarás aún más la misericordia por su larga demora.

También puede haber algo malo en ti que deba ser eliminado antes de que el gozo del Señor te sea dado. Tal vez tu perspectiva del plan del evangelio sea confusa, o quizás estés confiando poco en ti mismo en lugar de confiar en el Señor Jesús simple y completamente.

Quizás Dios te haga esperar un tiempo para que Él pueda mostrarte más plenamente las riquezas de Su gracia a Su debido tiempo. Tus oraciones están todas guardadas en el cielo, y si no son respondidas de inmediato, ciertamente no son olvidadas; en poco tiempo se cumplirán para tu deleite y satisfacción. ¡No permitas que la desesperación te silencie, sino persevera diligentemente en ferviente súplica!

10 de diciembre

Y así estaremos con el Señor siempre (1 Tesalonicenses 4:17).

¡Incluso las visitas más dulces de Cristo son breves y pasajeras! En un momento nuestros ojos lo ven y nos regocijamos con un gozo inefable y glorioso; pero pronto lo dejamos de ver, porque nuestro Amado se aparta de nosotros. Como un corzo o un cervatillo, salta sobre los montes de la división. Se ha ido a la tierra del bálsamo y ya no se apacienta entre los lirios (Cantares 6:2).

> Si hoy Él se digna bendecirnos
>   con un sentimiento de pecado perdonado,
> mañana puede afligirnos,
>   haciéndonos sentir la plaga interior[61].

¡Oh, qué dulce la anticipación del momento en que no lo contemplaremos a distancia, sino que lo veremos cara a cara; cuando no será como un viajero que se queda solo una noche, sino que eternamente nos sostendrá en los brazos de su gloria! No lo veremos solo por un breve instante, sino que:

> Millones de años, nuestros ojos asombrados,
>   recorrerán las bellezas de nuestro Salvador;
> y por incontables siglos adoraremos,
>   las maravillas de Su amor[62].

En el cielo no habrá interrupciones por preocupaciones ni pecado, ningún llanto nublará nuestros ojos, y ningún asunto terrenal distraerá nuestros santos pensamientos. Nada nos impedirá contemplar eternamente al Sol de Justicia con ojos incansables. ¡Oh, si es tan dulce verlo ocasionalmente, qué dulce será contemplar ese rostro bendito para siempre, sin que ninguna nube se interponga, y sin tener que apartar la vista para contemplar un mundo de cansancio y aflicción!

Si morir es simplemente entrar en comunión ininterrumpida con Jesús, entonces la muerte es en verdad ganancia y la oscura gota de tristeza es absorbida por un mar de victoria.

---

61   Esto es de un himno en inglés de John Kent que comienza: "Hijos de Dios, en tribulación".
62   Esta estrofa es del himno en inglés de Isaac Watts "From Thee, My God, My Joys Shall Rise".

11 de diciembre

*Fiel es Aquel que los llama, el cual también
lo hará* (1 Tesalonicenses 5:24).

l Cielo es un lugar donde jamás pecaremos. Es un lugar donde pondremos fin a nuestra constante vigilancia contra un enemigo tenaz, porque no habrá tentador que nos ponga los pies en la trampa. Allí los malvados dejan de molestarnos y los cansados descansan. El Cielo es una herencia inmaculada (1 Pedro 1:4). Es la tierra de perfecta santidad y, por lo tanto, una tierra de completa seguridad. Pero ¿acaso no disfrutan incluso los santos en la tierra a veces de las delicias de la gozosa seguridad?

La doctrina de la Palabra de Dios es que todos los que están en unión con el Cordero están seguros. Todos los justos permanecerán firmes en su camino. Quienes han entregado sus almas a la guarda de Cristo encontrarán en Él un protector fiel e inmutable. Sostenidos por esta doctrina, podemos disfrutar de seguridad incluso en la tierra. No es esa seguridad elevada y gloriosa la que nos protege de todo tropiezo, sino esa santa seguridad que surge de la promesa segura de Jesús de que nadie que crea en Él perecerá jamás, sino que estará con Él donde Él está.

Creyente, reflexionemos a menudo con alegría en la doctrina de la perseverancia de los santos y honremos la fidelidad de nuestro Dios con una santa confianza en Él. Que nuestro Dios te traiga un sentido de seguridad en Cristo Jesús. Que Él te asegure que tu nombre está grabado en Su mano (Isaías 49:16). Que Él susurre en tu oído la promesa: *No temas, porque Yo estoy contigo* (Isaías 41:10).

Considéralo, el gran Garante del pacto, fiel y leal, y por lo tanto comprometido a presentarte a ti, el más débil de la familia, junto con toda la raza elegida ante el trono de Dios. En tan dulce contemplación, beberás el jugo del vino especiado de la granada del Señor (Cantares 8:2) y saborearás los deliciosos frutos del paraíso. Tendrás un anticipo de los goces que deleitan las almas de los santos perfectos de arriba si puedes creer con fe inquebrantable que *fiel es Aquel que los llama, el cual también lo hará*.

12 de diciembre

Sus caminos son eternos (Habacuc 3:6).

Lo que Dios hizo en un tiempo, lo hará de nuevo. Los caminos del hombre varían, pero los de Dios son eternos. Hay muchas razones para esta verdad tan reconfortante.

Los caminos del Señor son el resultado de una sabia deliberación. Él ordena todas las cosas según el consejo de Su propia voluntad (Efesios 1:11). La acción humana es con frecuencia el resultado precipitado del entusiasmo o el miedo, y es seguida por el arrepentimiento y el cambio. Sin embargo, nada puede tomar al Todopoderoso por sorpresa ni puede suceder de otra manera que la que Él ha previsto.

Sus caminos son el resultado de un carácter inmutable y los atributos establecidos y estables de Dios se ven claramente en ellos. A menos que el Eterno mismo pueda experimentar cambios, sus caminos, que son Él mismo en acción, deben permanecer eternamente iguales. ¿Es Él eternamente justo, misericordioso, fiel, sabio y tierno? Entonces, Sus caminos siempre deben distinguirse por las mismas excelentes cualidades. Los seres actúan según su naturaleza; cuando esa naturaleza cambia, su conducta también varía. Sin embargo, como Dios no puede conocer la sombra cambiante (Santiago 1:17), sus caminos permanecerán eternamente iguales.

Además, no hay razón externa que pueda revertir los caminos divinos, ya que son la personificación de un poder irresistible. El profeta Habacuc dijo que la tierra está dividida por ríos, los montes tiemblan, el abismo alza sus manos, y el sol y la luna se detienen cuando Dios avanza para la salvación de Su pueblo (Habacuc 3:9-13). ¿Quién puede detener Su mano?

Pero no es solo el poder lo que da estabilidad. Los caminos de Dios son la demostración de los principios eternos de la rectitud y, por lo tanto, nunca pueden pasar. El pecado engendra decadencia y conlleva ruina, pero la verdad y la bondad tienen una vitalidad que el tiempo no puede disminuir.

Acudamos a nuestro Padre celestial con confianza esta mañana, recordando que *Jesucristo es el mismo ayer y hoy y por los siglos* (Hebreos 13:8), y en Él el Señor siempre es misericordioso con Su pueblo.

13 de diciembre

[Debes darle] sal sin medida (Esdras 7:22).

La sal se usaba en toda ofrenda encendida al Señor y, por sus propiedades preservadoras y purificadoras, era el agradecido símbolo de la gracia divina en el alma. Es digno de atención que cuando Artajerjes le dio sal al sacerdote Esdras, no puso límite a la cantidad. Podemos estar completamente seguros de que cuando el Rey de Reyes distribuye gracia entre Su sacerdocio real, la provisión no es recortada por Él. A menudo nos empobrecemos en nosotros mismos, pero nunca en el Señor. Quien elige recoger mucho maná encontrará que puede tener tanto como desee.

No hay tanta hambruna en Jerusalén como para que los ciudadanos coman su pan por peso y beban su agua por medida (Ezequiel 4:16). Algunos aspectos de la administración de la gracia de Dios son medidos. Por ello ejemplo, el vinagre y la hiel nos son dados con tal exactitud que nunca nos sobra ni una gota. Pero la sal de la gracia es ilimitada. *Pidan lo que quieran, y les será hecho* (Juan 15:7). Los padres deben cerrar con llave el armario de dulces y los frascos de galletas, pero no hay necesidad de mantener bajo llave el salero, pues pocos niños comerán de él con demasiada avidez. Una persona puede tener demasiado dinero o demasiado honor, pero no puede tener demasiada gracia.

Cuando Jesurún engordó, se rebeló contra Dios (Deuteronomio 32:15), pero no hay temor de llenarse demasiado de gracia, pues un exceso de gracia es imposible. Más riqueza trae más preocupaciones, pero más gracia trae más alegría. Un mayor conocimiento implica mayor tristeza, pero la abundancia del Espíritu es plenitud de alegría.

Creyente, ¡acércate al trono para recibir una gran provisión de sal celestial! Sazonará tus aflicciones, que son desagradables sin sal. Preservará tu corazón, que se pudre sin sal. Matará tus pecados, así como la sal mata a los reptiles. Necesitas mucho, así que busca mucho, ¡y tendrás mucho!

14 de diciembre

Van de poder en poder (Salmo 84:7).

Hay varias interpretaciones de estas palabras, pero todas contienen la idea de progreso. *Van de poder en poder.* Es decir, se fortalecen cada vez más. Por lo general, si caminamos, vamos de la fortaleza a la debilidad. Empezamos frescos y preparados para nuestro viaje, pero al poco tiempo el camino se vuelve áspero y el sol calienta. Nos sentamos a la orilla del camino y descansamos, y luego, con dolor, proseguimos nuestro fatigoso camino. Pero el peregrino cristiano, habiendo recibido nuevas provisiones de gracia, se siente tan vigoroso después de años de arduo viaje y lucha como cuando partió. Puede que no esté tan entusiasmado y despreocupado como al principio, ni quizás tan apasionado e impulsivo en su celo como antes, pero es mucho más fuerte en todo lo que constituye el verdadero poder, y aunque viaje más despacio, lo hace con mucha más constancia.

Algunos veteranos canosos han sido tan firmes en su comprensión de la verdad y tan celosos en difundirla como en su juventud; pero, lamentablemente, debemos confesar que a menudo es diferente, pues el amor de muchos se enfría y abunda la maldad (Mateo 24:12). Sin embargo, este es su propio pecado, y no culpa de la promesa, que sigue vigente: *Aun los mancebos se fatigan y se cansan, y los jóvenes tropiezan y vacilan, pero los que esperan en el Señor renovarán sus fuerzas. Se remontarán con alas como las águilas, correrán y no se cansarán, caminarán y no se fatigarán* (Isaías 40:30-31).

Algunos, propensos a quejarse, prefieren sentarse y preocuparse por el futuro. Dicen: "Vamos de aflicción en aflicción". Puede que sea cierto, oh hombres de poca fe, pero ustedes también van de poder en poder. Nunca encontrarás un bulto de aflicción que no tenga suficiente gracia contenida en su interior. Dios dará la fuerza de un hombre maduro para igualar la carga que se da a los hombros maduros.

15 de diciembre

Orfa besó a su suegra, pero Rut se quedó con ella (Rut 1:14).

Tanto Orfa como Rut sentían cariño por Noemí, y por eso partieron con ella a su regreso a la tierra de Judá. Pero llegó la hora de la prueba. Con gran generosidad, Noemí les expuso a cada una las pruebas que les aguardaban y les dijo que regresaran con sus amigas moabitas si buscaban tranquilidad y comodidad. Al principio, ambas declararon que se unirían al pueblo del Señor, pero tras considerarlo mejor, Orfa, con mucha tristeza y un beso respetuoso, dejó a su suegra, junto con el pueblo de Noemí y su Dios, y regresó con sus amigas idólatras. Rut, sin embargo, se entregó al Dios de su suegra con todo su corazón.

Una cosa es amar los caminos del Señor cuando todo marcha bien, pero otra muy distinta es aferrarse a los caminos de Dios ante todo desánimo y dificultad. El beso de la profesión externa es muy fácil y barato, pero el apego práctico al Señor, que debe manifestarse en una santa decisión por la verdad y la santidad, no es tan poca cosa.

¿Cuál es nuestra situación? ¿Está nuestro corazón puesto en Jesús? ¿Está el sacrificio atado con *cuerdas a los cuernos del altar* (Salmo 118:27)? ¿Hemos calculado el costo (Lucas 14:28) y estamos sinceramente dispuestos a sufrir toda pérdida terrenal por amor al Maestro? La ganancia en la otra vida será una compensación abundante, pues los tesoros de Egipto no se comparan con la gloria que será revelada (Romanos 8:18).

De Orfa ya no se sabe nada. En gloriosa comodidad y placeres idólatras, su vida se desvanece en la oscuridad de la muerte. Pero Rut vive en la historia y en el Cielo, porque la gracia la ha colocado en la noble línea de la que provino el Rey de reyes. Serán benditas entre las mujeres que renuncian a todo por amor a Cristo, pero aquellas que regresan al mundo y rechazan lo que es correcto serán peor que olvidadas.

Oh, que no nos contentemos con una forma de devoción a Dios, que quizá no sea mejor que el beso de Orfa, sino que el Espíritu Santo obre en nosotros una adhesión de todo nuestro corazón a nuestro Señor

16 de diciembre

Vengan a mí (Mateo 11:28).

El clamor de la religión cristiana es la dulce palabra: *Vengan*. La ley judía decía con dureza: "Anden, presten atención a sus pasos, al camino que vas a seguir. Quebranten los mandamientos, y perecerán; guárdenlos, y vivirán". La ley era una dispensación de terror que azotaba a la gente como con un látigo. El evangelio atrae a la gente con lazos de amor. Jesús es el Buen Pastor que va delante de sus ovejas, llamándolas a seguirlo y guiándolas siempre hacia adelante con la dulce palabra: *Vengan* (Juan 10:11). La ley repele, pero el evangelio atrae. La ley muestra la distancia entre Dios y el hombre, pero el evangelio tiende un puente sobre ese terrible abismo y lleva al pecador a través de él. Desde el primer momento de tu vida espiritual hasta que seas llevado a la gloria, el lenguaje de Cristo para ti será: *Ven. ¡Ven a mí!*

Así como una madre le extiende el dedo a su hijo pequeño y lo invita a caminar diciéndole: "Ven", así también lo hace Jesús. Él siempre estará delante de ti, instándote a seguirlo como un soldado sigue a su capitán. Él siempre irá delante de ti para preparar tu camino y despejar tu senda, y oirás Su voz llena de vida llamándote a Él durante toda tu vida. En la hora solemne de la muerte, sus dulces palabras con las que te conducirá al mundo celestial serán: *Vengan, benditos de Mi Padre* (Mateo 25:34).

Este no es solo el clamor de Cristo para ti, sino que, si eres creyente, también es tu clamor a Cristo: "¡Ven! ¡Ven!". Anhelarás su segunda venida. Dirás: "Ven pronto. *Amén. Ven, Señor Jesús*" (Apocalipsis 22:20). Anhelarás una comunión cada vez más íntima con Él. Cuando Su voz te diga: "¡Ven!", tu respuesta será: "¡Ven, Señor, y mora conmigo! ¡Ven y mora en el trono de mi corazón! ¡Reina allí sin rival y conságrame por completo a Tu servicio!".

17 de diciembre

De ti recuerdo (Jeremías 2:2).

onsideremos que Cristo se deleita en pensar en Su iglesia y contemplar su belleza. Como el pájaro regresa con frecuencia a su nido y como el viajero se apresura a su hogar, así la mente persigue continuamente el objeto de su deseo. Nunca nos cansamos de contemplar ese rostro que amamos. Deseamos tener siempre presentes nuestras cosas preciosas.

Así es con nuestro Señor Jesús. Desde la eternidad, Su deleite estuvo en *los hijos de los hombres* (Proverbios 8:31). Cuando el mundo fue establecido sobre sus pilares, Él estaba allí y Sus pensamientos se extendieron hacia el momento en que Sus elegidos nacerían al mundo. Los vio en el espejo de Su presciencia. Muchas veces antes de Su encarnación, descendió a esta tierra en semejanza de hombre, visitando a Su pueblo en las llanuras de Mamre (Génesis 18), junto al arroyo de Jaboc (Génesis 32:24-30), bajo los muros de Jericó (Josué 5:13) y en el horno de fuego de Babilonia (Daniel 3:19-25).

Porque Su alma se deleitaba en ellos, no podía separarse de ellos, pues Su corazón los anhelaba. Había grabado sus nombres en Sus manos (Isaías 49:16). Nunca estuvieron ausentes de Su corazón, pues así como el pectoral con los nombres de las tribus de Israel era el adorno más brillante que usaba el sumo sacerdote, así también los nombres de los elegidos de Cristo eran Sus joyas más preciadas y brillaban en Su corazón.

A menudo podemos olvidarnos de meditar en las perfecciones de nuestro Señor, pero él nunca deja de recordarnos. Reprendámonos por nuestros olvidos pasados y oremos por la gracia de tenerlo siempre en el más profundo recuerdo.

¡Señor Dios, pon la imagen de Tu amado
Hijo en los ojos de mi alma!

18 de diciembre

Rasguen su corazón y no sus vestidos (Joel 2:13).

asgar las vestiduras y otras señales externas de emoción religiosa se manifiestan fácilmente y con frecuencia son hipócritas. Sentir un verdadero arrepentimiento es mucho más difícil y, en consecuencia, mucho menos común. Las personas no salvas participan en todo tipo de ceremonias y reglamentos religiosos, pues tales cosas agradan a su carne. Pero la verdadera piedad es demasiado humillante, demasiado escrutadora y demasiado espiritual para el gusto de los carnales. Prefieren algo más elaborado, inferior y mundano. Los rituales religiosos externos son temporalmente cómodos. Se complace la vista y el oído, se alimenta la vanidad y se infla la justicia propia. Pero, en última instancia, son engañosos, pues en el día del juicio, el alma necesita algo más sustancial que las ceremonias y rituales religiosos en lo que apoyarse.

¡Sin la piedad necesaria, toda religión es completamente vana! Cuando se ofrece sin un corazón sincero, toda forma de culto religioso es una farsa ceremonial y una burla descarada de la majestad de Dios.

El desgarramiento del corazón es obra divina y se siente genuinamente. Es una angustia secreta que se experimenta personalmente, no solo en forma, sino como una obra profunda y conmovedora del Espíritu Santo en lo más profundo del corazón de cada creyente. No es algo para simplemente hablar de ello, sino que también debe sentirse intensa y tiernamente en cada hijo vivo del Dios vivo. ¡Es poderosamente humillante y purificador del pecado! Pero también nos prepara dulcemente para esos consuelos misericordiosos que las almas orgullosas e inhumadas no pueden recibir. Este desgarramiento del corazón es claramente diferenciador, pues pertenece a los elegidos de Dios, y solo a ellos.

El texto nos manda desgarrar nuestros corazones, ¡pero son naturalmente duros como el mármol! ¿Cómo, entonces, podemos hacerlo? ¡Debemos llevarlos al Calvario! La voz de un Salvador moribundo partió las rocas una vez (Mateo 27:51), y es igual de poderosa ahora.

¡Oh, bendito Espíritu, haz que escuchemos los gritos de muerte de Jesús y nuestros corazones se desgarrarán ante esa solemne visión!

19 de diciembre

La suerte se echa en el regazo, pero del Señor
viene toda decisión (Proverbios 16:33).

Si el Señor controla la tirada de dados, entonces Él también gobierna toda nuestra vida. Si Él guía un simple lanzamiento de dados, cuánto más los acontecimientos de nuestra vida, especialmente cuando nuestro bendito Salvador nos dice: *¿No se venden dos pajarillos por una monedita? Y sin embargo, ni uno de ellos caerá a tierra sin permitirlo el Padre. Y hasta los cabellos de la cabeza de ustedes están todos contados.* (Mateo 10:29-30). Querido amigo, recordar esto siempre te traería una santa calma. Te aliviaría de preocupaciones y podrías vivir con paciencia, calma y alegría, como un cristiano.

Cuando una persona está ansiosa, no puede orar con fe ni servir a su Maestro. Cuando te preocupas y te inquietas por tu situación y circunstancias, te estás entrometiendo en los asuntos de Cristo y descuidando los tuyos. Has estado intentando proveer, olvidando que es tu deber obedecer. Sé sabio y atiende a obedecer, y deja que Cristo se encargue de proveer.

Ven y examina el tesoro de tu Padre y pregúntate si te dejará morir de hambre mientras Él ha guardado tanta abundancia. Observa Su corazón misericordioso y pregúntate si eso alguna vez puede resultar cruel. Observa Su insondable sabiduría y pregúntate si eso alguna vez será un error. Sobre todo, mira a Jesucristo, tu intercesor, y pregúntate, mientras Él intercede, si tu Padre podría alguna vez tratarte con inclemencia. Si siquiera se acuerda de los gorriones, ¿se olvidará de alguno de Sus pobres hijos?

Echa sobre el Señor tu carga, y Él te sustentará; el nunca
permitirá que el justo sea sacudido (Salmo 55:22).

20 de diciembre

Con amor eterno te he amado (Jeremías 31:3).

A veces, el Señor Jesús le revela a Su iglesia Sus pensamientos de amor. No cree que sea suficiente decirlo a sus espaldas, sino que en su misma presencia dice: *Toda tú eres hermosa, amada mía* (Cantares 4:7). Es cierto que este no es Su método habitual. Nuestro Amado es sabio y sabe cuándo guardar silencio y cuándo expresar Su amor; pero hay momentos en que no lo oculta. Hay momentos en que lo dejará indudable en las almas de Su pueblo.

El Espíritu Santo a menudo se complace, con gran gracia, en darnos prueba del amor de Jesús por nuestras almas. Toma las cosas de Cristo y nos las revela. No se oye voz alguna de las nubes, ni visión alguna en la noche, pero tenemos un testimonio más certero que cualquiera de estos. Si un ángel volara del Cielo e informara personalmente al santo del amor del Salvador por él, la evidencia no sería ni un ápice más satisfactoria que la que el Espíritu Santo lleva al corazón. Pregúntale al pueblo del Señor que ha vivido más cerca de las puertas del Cielo y te dirán que han tenido momentos en que el amor de Cristo hacia ellos ha sido un hecho tan claro y seguro que no podían dudarlo, como tampoco cuestionar su propia existencia.

Sí, amado creyente, tú y yo hemos tenido momentos de refrigerio en la presencia del Señor (Hechos 3:19) y nuestra fe se ha elevado entonces a las más altas alturas de seguridad. Hemos tenido la confianza de apoyar la cabeza en el pecho de nuestro Señor y no hemos cuestionado el afecto de nuestro Maestro por nosotros, como tampoco lo hizo Juan cuando apoyó la cabeza en el pecho del Señor. Esa terrible pregunta: *¿Acaso soy yo, Señor?* (Mateo 26:22), ha sido alejada de nosotros. Él nos ha besado con los besos de su boca y ha disipado nuestras dudas con la cercanía de su abrazo. Su amor ha sido más dulce que el vino para nuestras almas (Cantares 1:2).

21 de diciembre

Él ha hecho conmigo un pacto eterno, ordenado
en todo seguro (2 Samuel 23:5).

Este pacto es divino en su origen. Él *ha hecho conmigo un pacto eterno.* ¡Oh, esa gran palabra, *Él!* Dios, el Padre eterno, ha hecho un pacto contigo. Sí, el Dios que creó el mundo con una palabra. Él, descendiendo de Su majestad, toma tu mano y hace un pacto contigo. ¿No es esta asombrosa y voluntaria condescendencia, una acción que podría llenar nuestros corazones de deleite para siempre, si realmente pudiéramos comprenderla?

Si un rey hubiera hecho un pacto conmigo, sería algo especial; pero el Príncipe de los reyes de la tierra, El-Shaddai, el Señor Todopoderoso, el Dios de los siglos, el Elohim eterno, *Él ha hecho conmigo un pacto eterno.*

Pero nota que es específico en su aplicación: Él *ha hecho conmigo un pacto eterno.* En esto reside la dulzura para cada creyente. No me importa que Él haya hecho la paz para el mundo; ¡quiero saber si la hizo para mí! Es bueno que haya hecho un pacto, pero quiero saber si lo ha hecho conmigo. ¡Bendita sea la seguridad de que ha hecho un pacto eterno conmigo! Si Dios el Espíritu Santo me da la seguridad de esto, entonces Su salvación es mía, Su corazón es mío y El mismo es mío. ¡Él es mi Dios!

Este pacto es eterno en su duración. Un pacto eterno significa un pacto que no tuvo principio ni terminará jamás. Qué dulce es, en medio de todas las incertidumbres de la vida, saber *que el sólido fundamento de Dios se mantiene* (2 Timoteo 2:19), y tener la propia promesa de Dios: *No quebrantaré Mi pacto, ni cambiaré la palabra de Mis labios* (Salmo 89:34). Como David moribundo, cantaré de esto (2 Samuel 23:4-5), ¡aunque mi casa no esté tan con Dios como mi corazón desea!

22 de diciembre

Te fortaleceré (Isaías 41:10).

Dios tiene la capacidad de llevar a cabo este plan, pues Él es capaz de hacer todas las cosas. Creyente, hasta que puedas agotar el océano de la omnipotencia y romper en pedazos las imponentes montañas de la fuerza todopoderosa, no tendrás que temer. No pienses que la fuerza del hombre podrá jamás vencer el poder de Dios. Mientras los inmensos pilares de la tierra se mantengan en pie, tienes razón suficiente para mantenerte firme en tu fe. El mismo Dios que dirige la tierra en su órbita, que alimenta el horno ardiente del sol y que prepara las lámparas del cielo, ha prometido proveerte de fuerza diaria. Si bien Él es capaz de sostener el universo, no imagines que será incapaz de cumplir Sus propias promesas.

Recuerda lo que hizo en los días de antaño, en las generaciones pasadas. Recuerda cómo Él habló, y se hizo; cómo Él ordenó, y se mantuvo. ¿Se cansará Aquel que creó el mundo? ¿Acaso cuelga Su mundo de la nada y quien hace esto será incapaz de sustentar a Sus hijos? ¿Será infiel a su Palabra por falta de poder? ¿Quién detiene la tormenta? ¿Acaso no cabalga sobre las alas del viento y hace de las nubes su carroza (Salmo 104:3)? ¿Acaso no sostiene el océano en el hueco de Su mano (Isaías 40:12)? ¿Cómo podría fallarte?

Cuando Él ha puesto por escrito una promesa tan fiel como esta, ¿te permitirías por un momento pensar que Él ha prometido más de lo que puede manejar y que ha excedido Su poder para cumplir? ¡No! ¡Ya no puedes dudar!

Oh, tú que eres mi Dios y mi fortaleza, puedo creer que esta promesa se cumplirá, porque la reserva ilimitada de Tu gracia nunca se agotará, y el rebosante depósito de tu fuerza nunca podrá ser vaciado por Tus amigos ni robado por Tus enemigos.

Que ahora todos los débiles sean fuertes,
    y que el brazo de Jehová sea Su cántico[63].

---

[63]   Esto es del himno en inglés de Philip Doddridge, "Now Let the Feeble All Be Strong".

23 de diciembre

Amigo, ven más adelante (Lucas 14:10).

Cuando la vida de la gracia comienza en el alma, ciertamente nos acercamos a Dios, pero con mucho temor y temblor. Quien es consciente de su culpa y se humilla ante ella, se acobarda ante la gravedad de su situación. Es arrojado al polvo por la sensación de la majestad de Dios, en cuya presencia se encuentra. Con sincera vergüenza, ocupa el lugar más bajo. Más adelante en la vida, sin embargo, a medida que el cristiano crece en la gracia, aunque nunca olvidará la solemnidad de su posición ni perderá ese santo temor que debe envolver a quien ha recibido la gracia, cuando está en la presencia del Dios que puede crear o destruir, su temor desaparece por completo. Se convierte en santa reverencia y deja de ser un temor que lo ensombrece.

Es llamado a un lugar más alto, a un mayor acceso a Dios en Cristo Jesús. Entonces el hombre de Dios, caminando entre los esplendores de la Deidad y velando su rostro como los gloriosos querubines, se acercará al trono con reverencia y postrado en espíritu, con la sangre y la justicia de Jesucristo. Entonces, al ver allí a un Dios de amor, bondad y misericordia, comprenderá el carácter de pacto de Dios, más que Su deidad absoluta. Verá en Dios Su bondad, más que Su grandeza. Comprenderá más Su amor que Su majestad. Entonces, inclinándose con la misma humildad que antes, disfrutará de una libertad de intercesión más sagrada. Porque, al inclinarse ante la gloria del Dios infinito, se sentirá sostenido por la reconfortante conciencia de estar en la presencia de la misericordia ilimitada y el amor infinito, y por la comprensión de su aceptación en el Amado.

Así, el creyente es invitado a elevarse, y se le permite ejercer el privilegio de regocijarse en Dios y acercarse a Él con santa confianza, diciendo: "¡Abba, Padre!".

> Que así podamos ir fortaleciéndonos,
>   y crecer cada día en la gracia,
> hasta que, a tu imagen, finalmente resucitado,
>   te veamos cara a cara[64].

---

64 Esto proviene de un himno del clérigo inglés bautista Wriothesley Noel. El primer verso del himno dice: "Señor, tú has prometido bautizar".

24 de diciembre

*…nuestro Señor Jesucristo, que siendo rico, sin embargo
por amor a ustedes se hizo pobre* (2 Corintios 8:9).

El Señor Jesucristo fue eternamente rico, glorioso y exaltado; pero *siendo rico, sin embargo por amor a ustedes se hizo pobre.* Así como el santo rico no puede ser honesto en su comunión con sus hermanos pobres a menos que atienda sus necesidades con sus recursos, así también (siendo la misma regla válida tanto para la Cabeza como para los miembros) es imposible que nuestro divino Señor hubiera tenido comunión con nosotros a menos que nos hubiera dado de Su propia y abundante riqueza. Se hizo pobre para hacernos ricos. Si Él hubiera permanecido en Su trono de gloria y nosotros hubiéramos continuado en las ruinas de la caída sin recibir Su salvación, la comunión habría sido imposible para ambos.

Nuestra posición al caer, aparte del pacto de gracia, hizo tan imposible para el hombre caído comunicarse con Dios como lo es para Belial estar en armonía con Cristo (2 Corintios 6:15). Para que se lograra la comunión, era necesario que el Pariente rico otorgara Sus bienes a Sus parientes pobres. Era necesario que el Salvador justo diera de Su propia perfección a Sus hermanos pecadores. Era necesario que nosotros, los pobres y culpables, recibiéramos de Su plenitud gracia por gracia. Estas cosas eran necesarias para que, al dar y recibir de esta manera, uno descendiera de las alturas y el otro ascendiera de las profundidades, y así pudieran abrazarse en verdadera y genuina comunión.

La pobreza debe ser enriquecida por Aquel en quien hay tesoros infinitos antes de que pueda comenzar a comulgar. La culpa debe perderse en la justicia imputada e impartida antes de que el alma pueda andar en comunión con la pureza. ¡Jesús debe revestir a Su pueblo con Sus propias vestiduras, o no podrá admitirlos en Su palacio de gloria! Él debe lavarlos en Su propia sangre o de lo contrario estarán demasiado contaminados para el abrazo de Su comunión. ¡Oh, creyente, esto es amor! Por ti, el Señor Jesús se hizo pobre para poder elevarte a la comunión con Él.

25 de diciembre

Miren, una virgen concebirá y dará a luz un hijo, y
le pondrá por nombre Emmanuel (Isaías 7:14)

Vayamos hoy a Belén y, en compañía de pastores maravillados y magos que lo adoran, veamos a Aquel que nació Rey de los judíos, porque por la fe podemos reclamar parte en Él y cantar: *Porque un Niño nos ha nacido, un Hijo nos ha sido dado* (Isaías 9:6).

Por Él fueron creadas todas las cosas, las que están en los cielos y las que están en la tierra, visibles e invisibles, ya sean tronos, dominios, principados o potestades; sin embargo, Cristo es nuestro hermano y amigo. ¡Adorémoslo y admirémoslo!

Observemos primero Su concepción milagrosa. Fue algo inaudito y sin precedentes: que una virgen concibiera y diera a luz un hijo. La primera promesa se refería a la descendencia de la mujer (Génesis 3:15), no a la del hombre. Dado que una mujer audaz abrió el camino al pecado que dio origen al Paraíso Perdido, ella, y solo ella, introduce a Aquel que puede recuperarlo. Nuestro Salvador, aunque verdaderamente hombre, fue, en cuanto a su naturaleza humana, el Santo de Dios. Inclinémonos reverentemente ante el santo Niño cuya inocencia devuelve a la humanidad su antigua gloria. Oremos para que Él, *la esperanza de gloria*, se forme en nosotros (Colosenses 1:27).

No pasen por alto Su humilde linaje. Su madre ha sido descrita simplemente como *una virgen*, y no como una princesa, una profetisa o alguien que administra una gran propiedad. Es cierto que la sangre de reyes corría por sus venas y que su mente no era débil ni inculta, pues podía cantar un cántico de alabanza con la mayor dulzura (Lucas 1:46-55). Sin embargo, ¡cuán humilde era su posición, cuán pobre era el hombre con quien estaba comprometida, y cuán precario el alojamiento que se le ofreció al recién nacido Rey! Emanuel, Dios con nosotros en nuestra naturaleza, en nuestro dolor, en nuestra obra, en nuestro castigo, en nuestra tumba, y ahora con nosotros —o mejor dicho, nosotros con Él— en la resurrección, la ascensión, el triunfo y el esplendor de Su segunda venida.

26 de diciembre

El último Adán (1 Corintios 15:45).

Jesús es la Cabeza unificada de Sus elegidos. Al igual que en Adán, cada heredero de carne y sangre tiene un interés personal porque él es la cabeza del pacto y representante de la raza según el pacto de obras. De la misma manera, bajo el pacto de gracia, toda alma redimida es una con el Señor celestial, ya que Él es el Segundo Adán, el Patrocinador y Sustituto de los elegidos en el nuevo pacto de amor.

El escritor de Hebreos declara que Leví estaba en los lomos de Abraham cuando Melquisedec lo encontró (Hebreos 7:10), y es una verdad innegable que el creyente estaba en los lomos de Jesucristo, el Mediador, cuando en la antigua eternidad se decretaron, ratificaron y aseguraron para siempre los acuerdos del pacto de gracia. Por lo tanto, todo lo que Cristo ha hecho, lo ha obrado para todo el cuerpo de Su iglesia. Fuimos crucificados en Él y sepultados con Él (Colosenses 2:10-13) y para hacerlo aún más maravilloso, resucitamos con Él e incluso ascendimos con Él a los tronos celestiales (Efesios 2:6). Es así como la iglesia ha cumplido la ley y es aceptada en el Amado (Efesios 1:6). Es por esto que la iglesia es considerada con deleite por el Dios justo, pues Él la ve en Jesús y no la considera separada de su Cabeza del pacto.

Como el Ungido Redentor de Israel, Cristo Jesús no tiene nada distinto de Su iglesia, pero todo lo que tiene, lo reserva para ella. La justicia de Adán fue nuestra mientras la mantuvo y su pecado fue nuestro en el momento en que lo cometió. De la misma manera, todo lo que el Segundo Adán es o hace es también nuestro, ya que Él es nuestro representante. Este es el fundamento del pacto de gracia. Este sistema de gracia de representación y sustitución impulsó a Justino Mártir a exclamar: "¡Oh, bendito cambio! ¡Oh, dulce sustitución!". Este es el fundamento mismo del evangelio de nuestra salvación, y debe recibirse con fe firme y gozo extasiado.

27 de diciembre

¿Puede el junco crecer sin agua? (Job 8:11)

Los juncos, o cañas, son esponjosos y huecos, y así es el hipócrita. No hay sustancia ni estabilidad en él. La caña se sacude con cualquier viento, así como quienes solo son religiosos en apariencia ceden a cualquier influencia. Por esta razón, la caña no se quiebra ante la tormenta, y los hipócritas no sufren persecución.

No quiero engañar ni ser engañado voluntariamente; tal vez el texto de hoy me ayude a ver si soy un hipócrita o no.

La caña, por naturaleza, vive en el agua. Debe su existencia al cieno y la humedad donde ha echado raíces. Si el cieno se seca, la caña se marchita rápidamente. Su verdor depende absolutamente de las circunstancias: la abundancia de agua la hace florecer, y la sequía la destruye de inmediato.

¿Es este mi caso? ¿Solo sirvo a Dios cuando me va bien o cuando mi religión es provechosa y respetable? ¿Amo al Señor solo cuando recibo consuelos mundanos de sus manos? Si es así, soy un hipócrita deshonroso y, como la caña que se seca, pereceré cuando la muerte me prive de las alegrías externas.

Pero ¿puedo afirmar honestamente que, cuando las comodidades corporales han sido escasas y mi entorno ha sido desagradable a la gracia en lugar de serle útil, he mantenido firme mi integridad hacia Dios? Si es así, entonces tengo la esperanza de que hay una piedad genuina y activa en mí. La caña no puede crecer sin cieno, pero las plantas que el Señor plantó pueden florecer, y de hecho lo hacen, incluso en años de sequía (Salmo 80:15). Un hombre piadoso a menudo crece mejor cuando sus circunstancias mundanas decaen. ¡Quien sigue a Cristo por su bolsa de dinero es un Judas (Juan 12:6)! Quienes siguen a Cristo por panes y peces (Juan 6:26) son hijos del diablo. Pero quienes lo siguen por amor a Él son sus verdaderos amados.

Señor, ¡déjame encontrar mi vida en Ti, y no en el cieno
de los favores o las ganancias de este mundo!

28 de diciembre

*...la vida que ahora vivo en la carne, la vivo por
la fe en el Hijo de Dios* (Gálatas 2:20)

Cuando el Señor, en Su misericordia, pasó y nos vio en nuestra sangre, primero dijo: ¡*Vive!* (Ezequiel 16:6). Hizo esto primero porque la vida es una de las cosas absolutamente esenciales en los asuntos espirituales, y hasta que no se nos da, somos incapaces de participar en las cosas del reino de Dios. La vida que la gracia confiere a los santos en el momento en que reciben vida no es otra que la vida de Cristo, que, como la savia del tallo, fluye hacia nosotros —las ramas— y establece una conexión viva entre nuestras almas y Jesús.

La fe es la gracia que percibe esta unión, habiendo procedido de ella como su primicia. La fe es el cuello que une el cuerpo de la iglesia a su gloriosa Cabeza. La fe se aferra al Señor Jesús con firmeza y determinación. ¡La fe conoce Su excelencia y valor, y ninguna tentación puede persuadirla a depositar su confianza en otro lugar!

Jesús se deleita tanto con esta gracia celestial que nunca deja de fortalecerla y sostenerla con el abrazo amoroso y el apoyo incondicional de Sus brazos eternos. Aquí, pues, se establece una unión viva, sensible y deliciosa que emana ríos de amor, confianza, compasión, deleite y alegría, de los cuales tanto la novia como el novio disfrutan. Cuando el alma percibe claramente esta unidad entre sí misma y Cristo, se siente el pulso latiendo por ambos, y la misma sangre fluyendo por las venas de cada uno. El corazón está entonces tan cerca del cielo como puede estarlo en la tierra, y está preparado para disfrutar de la comunión más magnífica y espiritual.

29 de diciembre

Hasta aquí nos ha ayudado el Señor (1 Samuel 7:12).

Las palabras *Hasta aquí* parecen una mano que señala el pasado. Veinte años o setenta, y sin embargo, hasta aquí nos ha ayudado el Señor. En la pobreza, en la riqueza, en la enfermedad, en la salud, en casa, en el extranjero, en la tierra, en el mar, en la honra, en la deshonra, en la perplejidad, en la alegría, en la prueba, en el triunfo, en la oración y en la tentación; *hasta aquí nos ha ayudado el Señor.*

Nos deleita contemplar una larga avenida de árboles. Es un deleite contemplar de un extremo a otro la extensa vista, una especie de templo verde con sus columnas ramificadas y sus arcos de hojas. De la misma manera, contempla a lo largo de tus años las verdes ramas de la misericordia que se alzan sobre tus cabezas y los fuertes pilares de bondad y fidelidad que sostienen tus alegrías. ¿No hay pájaros cantando en esas ramas? Seguramente debe haber muchos, y todos cantan sobre la misericordia recibida *hasta aquí.*

Pero *hasta aquí* también apunta hacia adelante. Porque cuando una persona llega a cierto punto y escribe "hasta aquí", aún no ha llegado al final; aún queda un largo camino por recorrer. Hay más pruebas, más alegrías, más tentaciones, más triunfos, más oraciones, más respuestas, más esfuerzos, más fuerza, más luchas y más victorias; y luego vienen la enfermedad, la vejez, la dolencia y la muerte. ¿Se acabó ya? ¡No! Aún hay más. ¡Hay un despertar a semejanza de Jesús (Salmo 17:15)! Hay tronos, arpas, cánticos, salmos, vestiduras blancas, el rostro de Jesús, la compañía de los santos, la gloria de Dios, la plenitud de la eternidad y la infinitud de la dicha.

¡Oh, ten ánimo, creyente, y con agradecida confianza alza tu Ebenezer, tu piedra de ayuda (1 Samuel 7:12), porque Aquel que te ha ayudado hasta aquí te ayudará en todo tu camino! Al leerlo a la luz del Cielo, ¡cuán gloriosa y maravillosa visión para tu *hasta aquí* se desplegará ante tus ojos agradecidos!

30 de diciembre

Mejor es el fin de un asunto que su comienzo (Eclesiastés 7:8).

Mira el principio de Cristo. *Fue despreciado y abandonado por los hombres, varón de dolores y experimentado en aflicción* (Isaías 53:3). ¿Quieres ver el fin? Él se sienta a la diestra de Su Padre, esperando hasta que Sus enemigos sean puestos por estrado de Sus pies (Hebreos 10:12-13).

Como es Él, *así somos también nosotros en este mundo* (1 Juan 4:17). ¡Debes llevar la cruz o nunca llevarás la corona! ¡Debes caminar por el lodo o nunca caminarás por el empedrado dorado! Anímate, entonces, pobre cristiano. *Mejor es el fin de un asunto que su comienzo.*

¡Mira qué despreciable es la apariencia de ese gusano rastrero! Es el principio de algo. Observa esa mariposa con alas hermosas, jugando bajo los rayos del sol, saboreando las campanillas, llena de felicidad y vida; ese es el resultado final. Esa oruga eres tú, hasta que estés envuelto en la crisálida de la muerte; pero cuando Cristo aparezca, serás como Él, porque Lo verás tal como es (1 Juan 3:2). Conténtate con ser como Él, un gusano despreciado, para que, como Él, estés satisfecho al despertar a Su semejanza (Salmo 17:15).

Ese diamante de aspecto tosco se coloca en la rueda del joyero. Lo talla por todos lados. Pierde mucho, mucho que parecía valioso. El rey es coronado. La diadema se coloca sobre la cabeza del monarca con el alegre sonido de la trompeta. Un rayo resplandeciente brilla desde esa corona e irradia desde ese mismo diamante que recientemente fue tan perturbado por el joyero. Puedes proceder a compararte con ese diamante, porque eres parte del pueblo de Dios, y este es el momento del proceso de tallado.

Deja que la fe y la paciencia tengan su obra perfecta (Santiago 1:3-4) porque en el día en que la corona sea colocada sobre la cabeza *del Rey eterno, inmortal, invisible* (1 Timoteo 1:17), ¡un rayo de gloria fluirá de ti! *"Y ellos serán Míos"*, dice el Señor de los ejércitos, *"el día en que Yo prepare Mi tesoro especial"* (Malaquías 3:17). *Mejor es el fin de un asunto que su comienzo.*

31 de diciembre

En el último día, el gran día de la fiesta, Jesús
puesto en pie, exclamó en alta voz: "Si alguien tiene
sed, que venga a Mí y beba" (Juan 7:37).

La paciencia obró a la perfección en el Señor Jesús y Él suplicó a los judíos hasta el último día de la fiesta, así como en este último día del año nos suplica a nosotros y espera para ser misericordioso con nosotros. La paciencia del Salvador es ciertamente admirable al soportar a algunos de nosotros año tras año, a pesar de nuestras provocaciones, rebeliones y resistencia a su Espíritu Santo. ¡Es una maravilla de maravillas que todavía estemos en la tierra de la misericordia!

La compasión se expresó con la mayor claridad, pues *Jesús clamó*, lo que implica no solo la intensidad de su voz, sino también la ternura de su tono. Nos insta a reconciliarnos con Él. *Les rogamos*, dice el apóstol Pablo, *como si Dios rogara por medio de nosotros* (2 Corintios 5:20). ¡Qué palabras tan sinceras y conmovedoras! ¡Cuán profundo debe ser el amor que hace al Señor llorar por los pecadores y, como una madre, procurar traer a Sus hijos a Sus brazos amorosos! Sin duda, nuestros corazones dispuestos responderán al llamado de tal clamor.

Se provee con la mayor abundancia. Se provee todo lo que una persona necesita para saciar la sed de su alma. Para su conciencia, la expiación trae paz. Para su entendimiento, el evangelio trae la instrucción más rica. Para su corazón, la persona de Jesús es el mayor objeto de afecto. Para el hombre integral, la verdad tal como es en Jesús proporciona el alimento más puro. La sed es algo terrible, pero Jesús puede quitarla. Incluso si el alma estuviera completamente hambrienta, Jesús podría restaurarla.

Se provee con la mayor liberalidad para que todo el que tenga sed sea bienvenido. No se hace otra distinción excepto la de la sed. Ya sea sed de codicia, ambición, placer, conocimiento o descanso, quien la padece es invitado. La sed puede ser mala en sí misma y no ser señal de gracia, sino más bien una señal de pecado excesivo que anhela ser gratificado con tragos más profundos de lujuria. Pero no es la bondad en la persona lo que le trae la invitación; el Señor Jesús lo envía libremente y sin acepción de personas.

La provisión se declara con toda claridad. El pecador debe acudir a Jesús, no a obras, ordenanzas ni doctrinas, sino a un Redentor personal, quien llevó nuestros pecados en su cuerpo en la cruz (1 Pedro 2:24). El Salvador sangrante, moribundo y resucitado es la única estrella de esperanza para el pecador. ¡Oh, si tuviéramos la gracia de venir ahora y beber antes de que se ponga el sol en el último día del año! No se sugiere ni siquiera espera ni preparación.

Beber representa una recepción para la que no se requiere preparación. Un necio, un ladrón y una prostituta pueden beber. La pecaminosidad de carácter no es obstáculo para la invitación a creer en Jesús. No necesitamos una copa de oro ni un cáliz adornado con joyas para llevar agua al sediento. La boca del pobre es bienvenida a inclinarse y beber del torrente que fluye. Los labios ampollados, leprosos e impuros pueden tocar la corriente del amor divino. No pueden contaminarla, sino que serán purificados por ella. Jesús es la fuente de esperanza.

Querido lector, escuchas la amorosa voz del amado Redentor mientras clama a cada uno de nosotros: *Si alguien tiene sed, que venga a Mí y beba.*

Charles H. Spurgeon
Una breve biografía

Charles Haddon Spurgeon nació el 19 de junio de 1834 en Kelvedon, Essex, Inglaterra. Fue uno de diecisiete hijos en su familia (nueve de los cuales murieron en la infancia). Su padre y su abuelo eran ministros no conformistas en Inglaterra. Debido a dificultades económicas, Charles, de dieciocho meses, fue enviado a vivir con su abuelo, quien le enseñó los caminos de Dios. Más adelante, Charles recordó haber visto las imágenes de *El progreso del peregrino* y *El libro de los mártires de Foxe* cuando era niño.

Charles no recibió una educación formal muy completa y nunca fue a la universidad. Sin embargo, leyó mucho a lo largo de su vida, especialmente libros de autores puritanos.

Incluso con padres y abuelos piadosos, el joven Charles se resistió a entregarse a Dios. No fue hasta los quince años que nació de nuevo. Iba camino a su iglesia habitual, pero cuando una fuerte tormenta de nieve le impidió llegar, se detuvo en una pequeña capilla metodista primitiva. Aunque solo había unas quince personas presentes, el predicador habló de Isaías 45:22: *Vuélvanse a Mí y sean salvos, todos los términos de la tierra.* Los ojos de Charles Spurgeon se abrieron y el Señor convirtió su alma.

Comenzó a asistir a una iglesia bautista y a enseñar en la escuela dominical. Pronto predicó su primer sermón y, a los dieciséis años, se convirtió en pastor de una pequeña iglesia bautista en Cambridge. La iglesia pronto creció a más de cuatrocientas personas y Charles Spurgeon, a los diecinueve años, se convirtió en pastor de la Iglesia de New Park Street en Londres. La iglesia creció de unos pocos cientos de asistentes a unos pocos miles. Construyeron una ampliación, pero aún necesitaban más espacio para acomodar a la congregación. El Tabernáculo Metropolitano se construyó en Londres en 1861, con capacidad para más de 5,000 personas. El pastor Spurgeon predicó el sencillo mensaje de la cruz, atrayendo así a muchas personas que deseaban escuchar la Palabra de Dios predicada en el poder del Espíritu Santo.

El 9 de enero de 1856, Charles se casó con Susannah Thompson. Tuvieron gemelos, Charles y Thomas. Charles y Susannah se amaron profundamente, incluso en medio de las dificultades y problemas que enfrentaron en la vida, incluyendo problemas de salud. Se ayudaron espiritualmente y a menudo leían juntos los escritos de Jonathan Edwards, Richard Baxter y otros escritores puritanos.

Charles Spurgeon era amigo de todos los cristianos, pero se aferraba firmemente a las Escrituras, lo cual no agradaba a todos sus oyentes. Spurgeon creía y predicaba sobre la soberanía de Dios, el Cielo y el infierno, el arrepentimiento, el avivamiento, la santidad, la salvación solo por medio de Jesucristo, y la infalibilidad y necesidad de la Palabra de Dios. Habló contra la mundanalidad y la hipocresía entre los cristianos, y contra el catolicismo romano, el ritualismo y el modernismo.

Una de las mayores controversias de su vida se conoció como la "Controversia de la Degradación". Charles Spurgeon creía que algunos pastores de su época estaban "degradando" la fe al comprometerse con el mundo o las nuevas ideas de la época. Decía que algunos pastores negaban la inspiración de la Biblia, la salvación solo por la fe y la verdad de la Biblia en otras áreas, como la creación. Muchos pastores que creían lo que Spurgeon condenaba no estaban contentos con esto, así que Spurgeon finalmente renunció a la Unión Bautista.

A pesar de algunas dificultades, Spurgeon llegó a ser conocido como el "Príncipe de los Predicadores". Se opuso a la esclavitud, fundó una universidad para pastores, abrió un orfanato, lideró la ayuda para alimentar y vestir a los pobres, creó un fondo para libros para pastores que no podían comprarlos, y mucho más.

Charles Spurgeon sigue siendo uno de los predicadores con más publicaciones de la historia. Sus sermones se imprimían semanalmente (incluso en los periódicos) y luego, al final del año, se reeditaban como libros. Los primeros seis volúmenes, de 1855 a 1860, se conocen como *El púlpito de la capilla New Park Street*, mientras que los siguientes cincuenta y siete volúmenes, de 1861 a 1917 (sus sermones continuaron publicándose mucho después de su muerte), se conocen como *El púlpito del Tabernáculo Metropolitano*. También supervisó una publicación mensual tipo revista llamada *The Sword and the Trowel* y escribió numerosos libros, entre ellos *Discursos a mis estudiantes*, *Todo por Gracia*, *Around the Wicket Gate*, *Advice for Seekers*, *John Ploughman's Talks*, *El ganador de almas*, *Words of Counsel for Christian Workers*, *Libro de cheques del Banco de la Fe*, *Morning and Evening*, su autobiografía y más, incluyendo algunos comentarios, como su estudio de veinte años sobre los Salmos: *El Tesoro de David*. (Nota del traductor: los títulos en ingles pertenecen a obras que no han sido traducidas al español).

Charles Spurgeon solía predicar diez veces por semana, predicando a aproximadamente diez millones de personas durante su vida. Generalmente predicaba a partir de una sola página de notas y a menudo de un simple bosquejo. Leía unos seis libros por semana. A lo largo de su vida, leyó *El progreso del peregrino* más de cien veces. Al morir, su biblioteca personal contaba con más de 12,000 libros. Sin embargo, la Biblia siempre fue su libro más importante.

Spurgeon pudo hacer lo que hizo gracias al poder del Espíritu Santo de Dios porque siguió su propio consejo: se reunía con Dios todas las mañanas antes de reunirse con otros y mantenía su comunión con Dios durante todo el día.

Charles Spurgeon sufría de gota, reumatismo y algo de depresión, entre otros problemas de salud. Viajaba con frecuencia a Menton, Francia, para recuperarse y descansar. Predicó su último sermón en el Tabernáculo Metropolitano el 7 de junio de 1891 y falleció en Francia el 31 de enero de 1892, a la edad de cincuenta y siete años. Fue enterrado en el cementerio de Norwood en Londres.

Charles Haddon Spurgeon vivió una vida dedicada a Dios. Sus sermones y escritos siguen influyendo en cristianos de todo el mundo.

www.ingramcontent.com/pod-product-compliance
Lightning Source LLC
Chambersburg PA
CBHW071134130626
46553CB00004B/1369